전면
개정판

근대 사회경제사상의 탐구

경제교육연구회 공저

Σ 시그마프레스

근대 사회경제사상의 탐구 전면개정판

발행일 | 2018년 3월 5일 1쇄 발행

저　자 | 경제교육연구회
발행인 | 강학경
발행처 | ㈜시그마프레스
디자인 | 강경희
편　집 | 문수진

등록번호 | 제10-2642호
주소 | 서울시 영등포구 양평로 22길 21 선유도코오롱디지털타워 A401~403호
전자우편 | sigma@spress.co.kr
홈페이지 | http://www.sigmapress.co.kr
전화 | (02)323-4845, (02)2062-5184~8
팩스 | (02)323-4197

ISBN | 979-11-6226-053-1

* 책값은 책 뒤표지에 있습니다.
* 이 도서의 국립중앙도서관 출판예정도서목록(CIP)은 서지정보유통지원시스템
　홈페이지(http://seoji.nl.go.kr)와 국가자료공동목록시스템(http://www.nl.go.
　kr/kolisnet)에서 이용하실 수 있습니다. (CIP제어번호 : CIP2018005936)

『근대 사회경제사상의 탐구』 초판이 출판된 지 어느덧 햇수로 10년이 되었다. 그동안 여러 대학에서 강의교재로 사용해주시고 여러 독자들이 읽어 주신 덕분에 몇 번의 중쇄를 발행했고, 그때마다 잘못된 표현이나 어색한 문장들과 오탈자들을 바로잡을 수 있었다. 하지만 그런 소소한 수정을 넘어 책의 내용을 전면적으로 다시 쓰고 싶은 필요를 느끼면서도 기회를 갖지 못했다. 특히 이 책을 교재로 사용해 강의하면서 학생들의 관심이나 문제의식 등을 더 적극적으로 반영해야 할 필요를 크게 느꼈다. 10여 년의 시간이지만 경제사상의 역사에 대한 관심이 시대적 상황과 필요에 따라 많이 달라졌기 때문이다. 그러던 차에 출판사인 ㈜시그마프레스 강학경 대표님 이하 편집부와 전정판의 필요에 공감하면서 드디어 새 책을 내게 되었다.

이번 전면개정판을 내는 데는 새로운 공저자들이 참여했다. 여러 대학에서 경제사상사를 강의하는 젊은 교수님들과 연구자들이 참여함으로써 책의 내용을 쇄신하는 데 큰 도움이 되었다. 전면개정판은 모든 장과 절의 내용을 수정했지만, 특히 서장은 초판에 없던 내용을 새로 넣었다. 본문에 앞서 경제사상사 연구와 학습에 필요한 기본 개념들에 대한 간략한 정리가 필요하다는 생각에서 새로 넣었다. 현대 경제학에 관한 내용들도 보충했다. 본문의 서술 내용이 달라졌을 뿐 아니라 편집도 많이 달라졌다. 초판에서는 독자들의 이해를 돕기 위해 지나치게 많다 싶을 정도의 사진과 참고사항들을 삽입했는데, 오히려 읽기에 불편하다는 의견들이 많아서 이번 전정판에서는 분량도 대폭 줄이고 가급적 각주로 처리했다. 아무쪼록 경제사상의 역사에 관심 있는 독자들, 대학에서 경제사상사를 강의하는 교수님들과 학생들에게 이 전정판이 작으나마 도움이 되기를 바라는 마음이다. 책을 내는 데 고생하신 ㈜시그마프레스 편집부 여러분에게 감사드린다.

2018년 새 봄
공저자들 드림

현실의 변화가 지나치게 급박하고 복잡하게 진행될 때 우리는 흔히 역사를 되돌아보는 일을 소홀히 하기 쉽다. 그러나 오늘날과 같이 현실의 변화가 근본적이고 그 전망이 불확실할수록 오히려 역사에 대한 진정한 성찰이 필요하다. 특히 지금까지의 경제 이론과 사상들이 새로운 변화를 충분히 설명하지 못하는 때일수록 사회경제 사상사에 대한 이해는 더욱 중요한 의미를 가진다. 왜냐하면 역사 속에서 인류의 경제 활동과 경제 사상이 서로 어떻게 영향을 주고받으면서 그 시대가 제기한 문제들을 해결해 왔는가를 성찰하고 이해함으로써 우리 시대의 현실을 정확하게 통찰하고 그 미래에 대해서도 올바른 전망을 수립할 수 있기 때문이다. 이러한 목적에 충실하기 위해 이 책은 다음과 같은 몇 가지 점에 특히 유의하면서 서술하고자 노력했다.

첫째, 이 책은 사회 경제 사상의 생성과 발전을 그 시대의 사회 구조 및 사회 경제 질서와 관련시켜 설명했다. 흔히 경제 학설사가 하나의 독립 학문으로서 경제학과 경제 이론 그 자체의 발전 과정을 중시하는 데 대해 사회경제 사상사의 과제는 경제 현실과 경제 사상이 어떻게 상호 침투하면서 발전해 왔는가를 해명하는 데 있기 때문이다.

둘째, 이 책은 어떤 시대나 사회의 지배적인 사상만을 다루거나 변혁적인 사상만

다루기보다는 이들을 통일적으로 파악함으로써 그 시대의 현실과 사상에 대한 종합적인 인식과 이해를 제공하고자 했다. 이렇게 기존의 사회 질서와 사회 경제구조에 대하여 진보적인 태도를 취하는 사상과 보수적인 사상을 함께 인식할 때에만 그 사회의 전체상을 올바로 이해할 수 있을 뿐만 아니라 사회의 변화 발전과 사상의 관계도 보다 명확하게 이해할 수 있기 때문이다.

셋째, 더 나아가 이 책에서는 한 시대에 있어서는 진보적인 사상이 다른 시대나 다른 사회에서는 보수적인 사상이 되기도 하고, 또 때로는 그 반대의 현상이 나타나기도 한다는 점을 강조했다. 왜냐하면 사회와 사상의 관계는 고정적인 것이 아니라 그 사회의 경제적 상황과 이해관계의 대립을 종합적으로 표현하기 때문이다. 마지막으로 이 책은 가능한 한 독자들의 편의를 위해 쉽게 읽히고 쉽게 이해될 수 있도록 서술하고자 노력했다. 사실 사상사라고 하면 흔히 고답적이고 난해하다고 생각하는 것이 보통이며, 대학에서도 사상사만큼 강의하기에나 학습하기에 어려운 과목이 없다고 해도 과언이 아닐 것이다. 장구한 시기에 걸친 위대한 사상가들의 사상과 이론 체계를 간결하고 알기 쉽게 압축시키면서도 그 사상이 가지고 있는 본래의 심오한 의미를 손상시키지 않는다는 것은 거의 불가능한 일이기 때문이다. 따라서 저자들의 의도가 얼마나 충실히 실현되었는가에 대해서는 두려운 마음도 없지 않지만, 부족한 점에 대해서는 앞으로 독자 여러분의 질정과 충고에 따라 계속 보완해 나갈 생각이다.

2008년 4월
공저자

서 장

역사 발전과
사회사상의
역할

제 **1** 절

역사 발전과 사회적 의식

1. 인간과 자연, 그리고 사회

인류의 생존과 진보는 끊임없는 자연과의 관계 속에서 이루어져 왔다. 인간은 자연으로부터 필요한 물자를 조달하고 이를 소비하면서 자신의 생활 자체를 유지하고 발전시켜 왔다. 그러나 이러한 인간과 자연의 상호작용이나 물질적 대사과정에는 인간을 제외한 다른 생물이나 동물과는 근본적으로 다른 점이 존재한다. 동물의 경우를 보면 자연과의 상호작용 속에서 생활을 유지한다는 점에서는 동일하지만, 이들의 활동은 자연이 제공해주는 자료를 그대로 채취하는 데 지나지 않는다. 이때 자연에 작용을 가하는 도구도 동물 자신이 가지고 있는 신체기관을 넘어서는 경우가 거의 없다. 따라서 동물이 자연에 영향을 주는 방식이란 결국 자신의 신체기관을 직접 자연에 적용시켜 자연이 제공하는 식물食物을 있는 그대로 이용하는 데 그친다.

그러나 이에 반해 인간의 물질대사과정은 스스로 노동생산물을 만들고, 이것을 매개로 하여 자연에 작용을 가한다는 점에서 간접적이고 우회적이다. 이러한 간접적인 과정을 통해 인류는 자연을 지배해 왔다. 그런데 이와 같이 자연에 작용을 가하는 과정에서 인간의 노동생산물, 즉 노동 수단이나 원료, 재료 등을 개입시킨다는 것은 인간이 자신의 신체기관의 제약성을 해방시키는 것이기도 하다. 또 이러한 한계성을 극복함으로써 인간은 자신의 물질대사과정과 그 기초가 되는 노동과정을 인간 스스로 편성하고 발전시킬 수 있게 되었다. 이러한 측면에서 노동은 인류를 발전시키고 인간의 역사를 만들어 온 원천이 된다.

그런데 인간의 물질대사과정은 역사와 더불어 발전해 왔고, 따라서 역사적 시기에 따라 그 형태를 달리해 왔다. 인간이 자연에 작용할 수 있는 힘의 총체, 즉 인간이 자연을 변형시켜 자신에게 필요한 물자를 조달할 수 있는 능력으로서의 생산력은 노동 수단의 발전과 노동과정에서의 결합방식에 달려 있는데, 이것들은 역사에 따라서 뚜렷이 구분되는 단계들을 거쳐 왔다. 따라서 모든 시대의 인간의 경제생활은 그 시대의 특정한 생산력 구조 위에서 전개된다는 성격을 띠게 된다.

한편 인간과 자연과의 물질대사과정에서 가장 근저에 있는 것은 노동과정인데, 이 과정에서 인간은 혼자서 독립적으로 노동을 행하는 것이 아니라 다른 사람들과 일정한 관계를 맺으면서 집단적으로 노동한다. 이것은 직접적으로 자연에 작용을 가하는 동물의 경우, 물질대사과정이 개별적 과정으로 나타나는 것과 근본적으로 다르다. 이러한 차이는 인간의 물질대사과정이 인간 스스로 만드는 노동생산물을 매개로 이루어진다는 데 기인한다. 따라서 인간의 물질대사과정에는 다른 동물에서는 볼 수 없는 인간과 인간 사이에 맺어지는 사회관계가 있게 되며, 이 관계 또한 역사적 시기에 따라 매우 독특한 모습을 보이며 변화되어 왔다. 이처럼 인간의 물질대사과정, 즉 경제생활이 특정한 역사적 단계의 산물이며, 따라서 특정한 역사적 형태를 지닌다는 것은, 자연을 이용하고 개조하여 자신에게 유리한 방향으로 변형시키려는 인간의 의도 또한 인간이 자연에 작용하는 방식이 다름에 따라 특정한 역사적 형태를 띠게 됨을 의미한다.

인간은 자연을 개조할 때 노동생산물을 중간에 개입시킴으로써 인간 노동의 생산물이 인간 노동과의 직접적 관계로부터 분리된다는 매우 중요한 현상에 직면하게 된다. 다시 말해서 인간들 사이에서는 중간에 개재된 노동생산물, 즉 생산수단의 소유라는 사회적 관계를 통해 노동생산물이 분배되는 현상이 나타나게 된다. 이러한 현상은 그 자체로서 하나의 사회적 실재로서 존재하는 것이고, 사람들은 그것을 객관적인 존재로 받아들이게 된다. 따라서 경제에 대한 사람들의 인식은 이와 같은 경제생활의 사회적 관계에 주목할 수밖에 없다. 사회와 경제에 대한 인간의 사고를 가장 깊은 곳에서 규제하는 것은 바로 이러한 인간의 물질대사과정, 즉 경제생활의 성격이다. 어떤 시대의 경제에 대한 사상을 이해하기 위해서는 먼저 그 시대의 경제생활과 이 과정에서 맺어지는 사회적 관계의 역사적 성격을 이해해야만 하는 이유도 여기에 있다.

2. 사회적 존재와 사회적 의식

물질과 의식, 존재와 사유 또는 자연과 정신 가운데서 무엇이 보다 일차적인 것인가

하는 문제는 인류의 역사 이래 철학의 가장 근본적인 문제가 되어 왔다. 철학자들은 어떤 형태로든 이러한 물음에 답해 왔고, 또 답하지 않으면 안 되었다. 그런데 인식론의 영역을 넘어서 역사와 사회발전의 영역으로 들어오면 이 대립은 사회적 존재와 사회적 의식의 관계라는 문제로 바뀐다.

사회적 존재란 사회의 물질적 생활과 그 생산 및 재생산을 의미한다. 다시 말해서 사회적 존재는 사회적 생산활동과 인간 자신의 재생산을 포함하여 그것을 위해 필요한 여러 가지 조건, 물질적 재화의 생산과정에서 발생하는 사회적 관계들의 체계, 즉 생산관계와 가족, 계급, 민족 및 다른 형태의 사회생활의 물질적 측면을 의미한다. 이에 대해 사회적 의식이란 인간의 관념 및 의식 활동 속에서 다양한 형태로 반영된 사회적 존재를 의미한다. 이 반영은 물론 정확한 것일 수도, 혹은 그렇지 못한 것일 수도 있다.

인류의 역사발전, 특히 사회발전은 하나의 자연사적인 과정natural historical process이라는 특징을 가지고 있다. 여기서 자연사적 과정이란 그것이 자연의 운동 및 발전과정과 마찬가지로 합법칙적이고 필연적이자 객관적인 과정, 즉 인간의 의지나 의식에 의존하지 않을 뿐만 아니라 실제로 그 의지나 의식을 규정하는 과정을 말한다. 역사발전에 대한 이러한 관점은 사회적 존재가 사회적 의식보다 일차적이라는 것을 의미한다. 사회적 존재가 일차적인 것은 그것이 사회적 의식으로부터 독립되어 있기 때문이며, 반면에 사회적 의식은 인간의 사회적 존재의 반영이기 때문에 이차적이다. 즉 사회생활의 체계와 사회발전의 방향을 규정하는 것은 사회적 의식이나 사상적·정치적 지도자들의 생각이 아니라 이와 반대로 사회적 존재가 사회적 의식과 개인과 사회계급의 사상과 지향이나 목적을 궁극적으로 규정하는 것이다. 물론 역사와 사회의 발전은 하나의 자연사적인 과정을 이루면서 동시에 단순한 자연의 여러 과정과는 달리 인간 자신의 활동결과이기도 하다. 그렇다면 의식과 의지를 가지고 있고 그들 자신이 어떤 목표와 임무를 설정하는 인간에 의해 역사과정이 창조된다는 사실과, 역사는 인간의 의지나 의식과는 무관한 어떤 필연적이고 객관적인 법칙을 따른다는 사실이 어떻게 양립할 수 있는가 하는 문제가 생긴다. 얼핏 모순되는 듯 보이는 이 관계는 인간들, 특히 민족이나 계급과 같은 대규모의 인간 집단들이 그들의 목적을 추구하며 특정한 이해관계, 생각, 희망 등에 의해 유인되면서도 동시에 그들의 의지나 희망과 무관할 뿐만 아니라 그들의 활동이나 이해관계, 생각, 감정 등의 방향과 성격을 궁극적으로 규정하는 객관적인 조건 속에서 항상 살아가고 있다는 점을 상기하면 쉽게 이해할 수 있다.

인간 자신이 자신의 사회적 생활을 구축한다는 것은 분명하다. 그러나 언제 어디서나 인간이 사회를 의식적으로 구축하는 것이 아니다. 또 인간들이 의식적으로 생산활동을 수행하는 것은 사실이지만, 그렇다고 해서 그들이 생산과정에서 맺어진 사회적 관계들의 성격을 항상 의식하고 있다거나, 이 관계들이 어떻게 변화하고 있으며 이 변화의 사회적 결과가 무엇인지를 항상 의식하고 있는 것은 아니다. 인간은 생활상의 필요 때문에 노동하고 재화를 생산하고 소비하며 그들 행위의 결과물을 교환하지만, 이렇게 형성된 경제적 관계는 그들의 의식적인 선택이나 소망에 의해 결정되는 것이 아니라 그들이 지금까지 이룩해 낸 사회적 생산력의 수준에 의해 결정된다.

3. 사회적 의식의 상대적 독립성

사회적 의식은 사회적 존재에 의해 규정되는 동시에 일정한 상대적 독립성을 가지고 있기도 하다. 가령 현실에서 경제구조에 근본적인 변화가 발생했다 하더라도 여기에 조응하는 사회 의식의 변화가 자동적으로 일어나지 않는다. 사회적 의식의 개혁과정은 상이한 사회집단 사이에서는 물론 하나의 특수한 집단이나 개인들에서조차 항상 불균등하게 이루어진다. 뿐만 아니라 여러 형태의 사회적 의식 사이에서도 발전의 연속성과 상호작용이 나타난다. 예를 들어 사회적 존재를 보다 직접적으로 반영하는 정치사상이나 사회사상에 비해 현실과의 관련이 비교적 적은 철학이나 윤리학은 발전의 독립성과 연속성을 보다 많이 갖는다. 역사와 사회의 발전에서 사회적 의식의 적극적인 역할은 이러한 상대적 독립성에서 비롯된다.

사회적 의식의 상대적 독립성은 그 형태 간의 상호관련이나 상호영향에서도 드러난다. 여러 가지 사회적 의식 형태의 역사는 궁극적으로 경제발전에 의해 규정되지만, 그 역사 속에서 다른 의식 형태의 발전과의 관련에 의해서도 특정한 문제들이 발생하고 해결된다. 가령 고대 그리스 사회에서는 철학과 예술이 여러 형태의 사회의

식들 가운데 특히 중요한 역할을 수행했었다. 중세 유럽에서 종교는 철학, 도덕, 예술, 정치사상 등에 지배적인 영향을 미쳤다. 반면 계몽주의 시대 Age of Enlightenment 에는 철학과 문학이 인간 개개인의 발전과 중세적인 봉건적 속박으로부터 인간의 해방을 위한 운동의 주요한 도구가 되었다. 철학과 문학이 이러한 운동에서 수행한 역할은 이 시기 유럽 국가들의 특수한 사회적·경제적 발전의 조건에 근거한 것일 뿐만 아니라, 사람들의 삶과 그들의 자유에 대한 열망이 그러한 진보적 철학 및 문예운동과 유기적으로 연계된 결과였다.

이처럼 인류의 역사는 전적으로 자연발생적으로 수행된 것이 아니며 사회적 의식 또한 여기에 중요한 역할을 한다. 따라서 역사와 사회발전을 하나의 자연사적 과정으로 이해한다는 것은 사회적 의식이나 인간의 다양한 정신적 활동의 중요성을 부정하는 것이 아니다. 오히려 그와 반대로 사회발전을 자연사적 과정으로 규정한다는 것은, 인간이 자연과정이나 법칙들을 인식함으로써 그 자연발생적인 힘을 가장 효과적으로 정복할 수 있는 기회를 제공받는 것과 마찬가지로 사회발전의 법칙과 추동력을 올바로 인식함으로써만 의식적으로 역사를 창조하고 사회진보를 달성할 수 있음을 의미한다.

제 **2** 절

사회적 의식의 여러 형태

1. 사상

사상 thought 이란 일반적으로 인간의 사고작용의 결과로 생겨난 사유 思惟 의 내용을 말한다. 우리의 인식은 항상 무엇에 대하여 작용하고 있으며, 그것은 사고의 작용으로 나타나고 사고작용은 어떤 내용을 낳는다. 그리고 이 내용에 체계성과 통일성이 주어질 때 그것은 한 사상의 견해, 관념, 개념 등의 형태를 취한다. 한편 시대적 현실 속에 있는 개인이나 집단이 자기가 처해 있는 현실에 정당하게 대처하여 의미 있는 행동을 하는 데 실천적 규준이 되는 것을 사상이라고 부르기도 한다. 이때의 사상은 각 시대의 개인, 사회, 민족, 인류 속에 잠재하여 그 시대의 현실을 움직이는 원동력이 되고, 정치, 경제, 사회, 문화 일반을 지도하며, 때에 따라서는 변혁까지 일으킨다. 여기에 이르면 사상은 단순한 사고의 내용이 아니라 '…설說', '…주의主義', '…교敎' 등의 표현을 획득한다. 이리하여 사상은 이상과 정의 또는 선악과 관계를 맺게 된다. 또 예술적 미추와 문화적 가치, 종교적 가치 등과 관련해서도 사상이라는 말이 사용된다.

2. 철학

철학philosophy이란 세계 전체 및 세계 속에서의 인간의 위치에 대한 견해로서 종교나 신화와는 달리 이론적으로 정리된 견해를 가리킨다. 그 어원을 더듬어보면, 철학이라는 말은 고대 그리스의 헤라클레이토스Heraclitus, B.C. 540?-B.C. 480?와 헤로도토스Herodotos, B.C. 484?-B.C. 430?에 의해 처음 사용되었는데, 글자 그대로 해석하면 '지혜sophia에 대한 사랑philos'을 의미했다. 이 용어를 특수하고 제한된 의미에서 사용한 것은 플라톤Plato, B.C. 428?-B.C. 347?과 아리스토텔레스Aristotle, B.C. 384-B.C. 322이다. 이들에 따르면 철학이란 무엇보다도 사물의 궁극적인 원리를 추구하는 사변적 작업이다. 철학에 이론적 과제뿐만 아니라 실천적 의의를 함께 부여한 것은 스토아학파Stoicism와 에피쿠로스Epikouros, B.C. 341-B.C. 270학파의 철학이었다. 이들은 철학이란 삶의 지혜, 즉 삶을 올바르게 영위하기 위한 지식이라고 주장했다.

기독교의 지배 아래 있던 중세시대에는 신학이 곧 철학이었다. 교부철학patristic philosophy이라고 불리는 초기 신학의 대표자들은 기독교의 신앙과 철학적 전통을 동일시했다. 반면 스콜라철학Scholasticism, 특히 토마스 아퀴나스Thomas Aquinas, 1224?-1274와 그 제자들은 신학의 우위를 인정하는 범위 안에서 신학과 철학의 화해를 시도했다. 근대의 철학자들은 중세의 교권주의와 투쟁하는 과정에서 고대의 철학적 전통으로 되돌아가서 다시 철학에 자립적인 지위를 부여했다. 르네 데카르트René Descartes, 1596-1650로부터 게오르그 헤겔Georg Wilhelm Friedrich Hegel, 1770-1831에 이르기까지 근대 철학은 플라톤이나 아리스토텔레스에 의하여 정립된 견해, 즉 철학은 사물의 보편적인 본질과 법칙에 관한 이론이라는 견해를 다양한 방식으로 제시했다. 또한 이들은 철학의 실천적 의의에 대한 스토아주의와 에피쿠로스학파의 주장도 함께 받아들였는데, 이것은 철학적 인식을 개별 과학, 특히 자연과학적 탐구를 통해 실천적으로 검증하거나 사회적 실천을 통해 확증하는 형태로 나타났다.

흔히 철학은 시대와 사회적 토대를 떠나 보편타당한 진리를 추구하는 학문인 것처럼 주장된다. 그러나 사회적 의식의 한 형태로서 모든 철학과 세계관은 그 시대와 사회의 경제적·사회적 조건과 관계에 의해 규정된다. 다시 말해서 모든 철학은 그 시대의 특정한 사회계급 및 계층의 이해관계나 요구와 불가분의 관련을 맺고 있다. 모든 철학이 의식적으로든 무의식적으로든 당파적이라는 것은 이 때문이다. 이 점은 의식적으로 세계관의 문제를 배제하고자 하는 현대 철학에서도 마찬가지이며, 역설적인 표현이기는 하지만 오히려 그렇기 때문에 현대 철학은 더욱 당파적인 본질을 가지고 있다.

3. 종교

종교religion는 자연과 사회의 여러 가지 현상을 초자연적인 원인이나 목적으로 환원하거나 초자연적인 사건 또는 힘으로 표상하며, 인간은 이 초자연적인 목적이나 힘에 직접적으로 의존함으로써만 자신의 안녕을 유지할 수 있다고 믿는 세계관이다. 종교는 자연과 사회의 구체적 관련을 객관적으로 파악하는 과정에서 그 시대의 생활조건과 생산조건에서 비롯된 인식의 한계를 공포감이나 의존심과 같은 감정에 의해 발동된 사고와 상상을 통해 극복하려는 데서 기원했다. 초기의 종교 형태가 자연의 힘, 식물과 동물의 신성화와 연관된 것은, 원시시대의 인간이 자연과의 투쟁에서 자신들의 무력감을 느낌으로써 초자연적인 존재에 대한 믿음으로 나아갔기 때문이다. 마찬가지로 계급 사회 이후의 종교는 주로 역사와 사회발전의 맹목적인 힘 앞에서 인간이 느끼는 무력감과 관련되어 있다.

세계와 인간에 대한 초자연적이고 환상적인 관념에 대한 믿음 이외에도 모든 종교에서는 그 기원을 원시 제의祭儀나 주술呪術에 두는 종교적 예배와 여러 가지 의식들이 중심적인 역할을 한다. 원시인들이 주술적 의식의 수행을 통해 초자연적인 힘이 자신들의 욕구와 의도를 달성해주기를 원했던 것처럼, 역사 이후의 모든 종교는 인간으로 하여금 의식의 수행과 금기에 대한 복종을 통해 그들이 현실의 억압적 조건과 맹목적인 힘에 대해 갖는 무력감을 위안받도록 만든다.

외형적으로 볼 때 종교는 철학과 함께 그 사회적 토대로부터 가장 멀리 떨어져 있는 것처럼 보인다. 그러나 역사는 거대한 사회적 변화의 영향 아래서는 어떤 종교가 다른 종교에 의해 대체되어 왔음을 보여준다. 예를 들어 다신론적이고 아직 애니미즘animism이나 토테미즘totemism과 같은 원시적 형태를 극복하지 못했던 고대 종교들은, 노예사회의 쇠퇴기에 기독교에 의해 정복되었다. 동시에 기독교는 고대 종교들로부터 어떤 특징들, 예를 들어 유대교의 '구약Old Testament'에 나타나는 여러 선지자들의 교의, 여러 민족들에게 내려온 신의 고난과 죽음 및 부활에 관한 전설들, 그리고 동방의 다양한 민족들의 신화들을 받아들이기도 했는데, 이 모든 것들은 고대 철학, 특히 스토아주의의 속류화된 변형태로 나타났다.

그러나 로마 제국 시대에는 가난하고 억압받는 대중의 종교로서 나타났던 기독교가 지배계급에 의해 수용되면서 차츰 그것이 가지고 있던 본질적 특성을 상실한 채, 봉건적 위계질서에 가장 적합한 종교로 발전했다. 종교개혁운동으로 프로테스탄티즘은 봉건적 가톨릭 교회로부터 분리되어 나왔는데, 새로운 기독교가 주장한 신과 인간의 직접 소통이라는 생각, 개개인의 인격에 대한 호소, 그리고 절약과 근면 등의 미덕은 근대 시민계급의 요구와 그들의 이해관계를 보다 잘 반영한 것이었다.

4. 도덕

도덕morality은 개인 활동의 규제, 타인이나 공동체의 이익에 대한 개인 행동의 조정, 인간을 교육시키고 특정한 윤리와 관계를 창조하거나 강화하는 방법의 조정에 관련된 견해, 생각, 규범과 평가의 체계이다. 도덕적 의식은 개인의 보편적 세계관의 한 부분이며, 여러 방식으로 인간의 본질이나 주위 세계에서의 인간의 위치와 역할, 선과 악, 삶의 의미에 대한 생각, 도덕적 이상과 가치의 문제를 해결하는 데 중요한 역할을 한다. 도덕의 가장 초보적이고 단순한 형태는 원시사회에서도 이미 발견된다. 그러나 인간의 사회생활이 보다 복잡해지면서 씨족이나 부족의 전통과 관습 이상의 의미를 지닌 새로운 규범과 특수한 도덕률이 나타나게 되었다. 오랫동안 그것들은 주로 종교적 성격을 띠었으나, 종교가 인간의 지성과 감성에 미치는 영향이 축소되고 오히려 종교가 적응해야 할 비종교적 의식들의 역할이 증대함에 따라 도덕은 윤리학의 주제를 이루면서 철학적 지식의 한 분야가 되었다.

도덕은 인간의 의식과 의지를 형성하거나 인간 행위를 규제하는 데 있어서 특수한 역할을 수행한다. 그것은 개인의 심리와 의식에 영향을 미침으로써 행위의 규제자로서 기능하고 노동이나 일상생활, 사회적 교제에서 인간 사이의 도덕적 관계를 형성하는 데 기여한다. 특정한 도덕 정신으로 교육된 인간은 자신의 도덕적 의무, 즉 타인과 공동체에 대한 그의 개인적 의무를 의식하고, 자신의 행위를 판단할 수 있으며, 책임과 의무를 위반하거나 회피한 데 대해 스스로를 도덕적으로 질책한다. 인간의 도덕적 자각, 행위나 행위 양식에 대한 개인적 책임의 자각, 자신의 행위에 대한 자기평가는 양심으로 표현된다. 인간의 행동을 통제하는 방식으로서 도덕이 갖는 특징은 그것이 국가의 강제적 집행력에 의해 지지되는 법과는 달리, 도덕규범을 강제하기 위해 만들어진 특정 제도에 직접 의존하지 않는다는 점이다. 도덕은 설득, 모범, 여론, 교육, 전통이라는 힘에 의해, 즉 개인이나 조직, 제도의 도덕적 권위에 의해 지지된다.

인간의 도덕률에 관한 윤리학의 관점은 일반적으로 도덕적 행위에 대한 요구를 이타적 또는 이기적이라고 규정되는 영원한 인간 본성으로부터 추론해내는 것이다. 여기서 문제가 되는 것은 개인적 이해관계와 사회적 이해관계, 행복과 의무, 이기심과 자기희생을 어떻게 결합시키느냐 하는 것이다. 일반적으로 윤리학은 개인적 이해관계나 그들의 욕구와 열망을 보편적 도덕 법칙이라는 일반적 이해관계에 종속시킴으로써 이러한 문제를 해결하고자 했다.

그러나 모든 도덕과 윤리체계는 그 시대와 계급적 특성의 각인을 받는다는 사실이다. 중세의 봉건적, 기독교적 도덕률이 봉건 귀족 및 성직자계급의 이해관계를 합리화했던 것처럼, 근대 시민사회에 지배적인 도덕과 윤리체계는 근대 부르주아 Bourgeoisie계급의 이해관계를 옹호하고 정당화한다. 근대로의 이행과 함께 나타난 이 새로운 도덕과 윤리체계들은 그것이 영원한 인간 본성에 부합하기 때문이 아니라 그 시대의 경제적 발전과 근대 부르주아계급의 발흥을 반영했기 때문에 봉건적, 기독교적 도덕률의 자리를 물려받은 것이다. 물론 각각의 시대를 반영하는 상이한 도덕체계들이 토대의 변화와 발전에 따라 서로 대립하고 교체되기만 하는 것은 아니다. 때때로 그것들은 서로 영향을 주고받으며 변화하기도 한다. 자본주의의 이해관계가 종교를 지배하게 되면서 기독교 공동체의 윤리적인 규범 가운데 상당 부분이 자본주의의 윤리로 전화한 것이 바로 그 예이다.

5. 정치의식

정치의식은 사회의 정치 조직, 국가 형태, 다양한 계급과 사회집단들 간의 상호관계와 그들의 사회적 역할, 그리고 국가와 민족과의 관계 등에 관한 체계적이고 이론화된 견해들이다. 그것은 현존하는 정치질서와 그 경제적 기초를 옹호하고 강화하거나 또는 변화시키는 데 중요한 역할을 한다. 법의식은 정치의식과 밀접하게 연계되어 있는데, 그것은 법적 관계, 규범, 제도의 성격과 목적 등에 대한 견해를 체계화 내지 이론화한 것이다. 정치의식과 마찬가지로 법의식은 현존하는 법적 질서를 유지하거나 변혁시키는 데 중요한 기여를 한다. 사회적 의식의 이론화된 다른 형태들이 그렇듯이 정치의식과 법의식은 흔히 국가이론과 법이론에 의해 논리적 형식으로 표현된다.

정치의식은 계급, 집단, 개인의 정치적 태도에 대한 규범 및 가치와 정치적 관계에 대한 정치적 규율의 법전을 포함한다. 정치의식의 가장 중요한 특징은 대중을 정치적 행위로 나아가게 하는 의식 내용을 대중을 위해 창출해내는 데 있다. 이러한 목적을 달성하려면 대중이 정치의식적인 언명 속에서 자신들의 이해관계를 인식할 수 있고, 또 그럼으로써 적절한 정치적 구호에 자신을 일치시킬 수 있도록 만들어주는 형태로 정치적 이해관계를 표현하지 않으면 안 된다. 이러한 경우에만 비로소 대중이 그 정치이론과 사상에 의해 정립된 목표와 가치를 실현하기 위한 운동에 동원될 수 있기 때문이다. 이때 정치의식이 반영하는 대상에는 권력과 지배를 지향하는 특정 계급의 이해관계, 그것과 결부되어 설정된 정치적 목표, 그리고 권력을 획득하거나 유지하기 위한 방법에 관한 견해들이 포함된다.

적대적 계급 사회에서 지배적인 정치의식은 바로 지배계급의 정치의식이다. 지배계급의 정치의식에서 중요한 것은 언제나 이 계급의 이해와 욕구에 대한 이념적 표현이다. 그러나 지배계급의 정치의식이 대중에게 영향을 미치기 위해서는 사회에서의 권력과 지배에 관한 물음들에 대한 자신의 견해를 공공연하게 드러낼 수는 없으며, 대중이 받아들일 만한 형태를 그것에 부여하지 않으면 안 된다. 근대 시민계급이 이미 확고해진 경제적 지배력을 바탕으로 정치권력까지도 자신들이 장악하기 위해 봉건계급과 투쟁할 때, 자신들의 목적과 요구가 사회 전체의 공동 이해와 일치한다고 주장했던 것도 이러한 이유에서이다.

제 **3** 절

사회적 의식의 구조

1. 개인의식과 사회의식

사회발전에서 인간의 의식적이고 정신적인 활동이 중요한 역할을 수행하는 것은 사회의 발전법칙이 단순한 자연법칙과는 달리 인간의 실천 활동에 관한 법칙이기 때문이다. 따라서 모든 사회는 자신의 시대적 과제와 목적을 가지고 있다. 그러나 사람들은 때로는 사회의 발전법칙과 각각의 시대에 주어진 역사적 과제들을 충분히 이해하기도 하고, 때로는 그것을 신비화하고 종교화함으로써 잘못 이해하기도 한다. 단순한 사회심리보다 체계적인 사회사상이, 개별적인 이해관계를 반영한 개인의식보다 집단적이고 계급적인 사회의식이 갖는 의의가 여기에 있다.

개인의식은 개인 자신과 함께 태어났다가 소멸하고 만다. 그것은 개인의 특수한 인생 경험이나 교육과정과 다양한 정치적·사상적 영향을 표현한다. 이에 반해 사회의식은 개인의식들의 특수하고 복합적인 총합으로서, 개인의 경험이나 그들이 받은 영향이 아니라 사회법칙에 의해 지배된다. 사회의식의 발전은 궁극적으로 그것이 조응하고 있는 사회적 존재의 변화를 따른다. 사회의식과 개인의식은 지속적으로 상호작용하고 상호침투한다. 모든 개인은 그의 일생을 통해 타인과의 관계, 교육, 훈련에 의해 사회의식의 영향을 받는다. 이것은 설령 이 영향에 대한 그의 태도가 수동적이지 않고 능동적이며 선택적일지라도 마찬가지다. 사회에서 역사적으로 전개되어 온 의식규범은 개인을 정신적으로 성장시키고 그의 신념에 영향을 미쳐 도덕적 태도나 미적 관념과 감정의 원천이 된다. 그러나 다른 한편으로 한 개인에게서 나온 신념이나 사상이 개인적 실존의 한계를 뛰어넘어 다른 사람들의 신념과 행위 기준을 형성하면서 일반 의식의 한 부분이 될 때 그것은 사회적 소유가 되어 사회적 힘으로서의 의미를 획득하게 된다.

2. 사회심리와 사회사상

인간의 사회적 생존 조건, 감정, 동기 및 습관의 형태를 띤 그들의 일상 활동 등은 보통 사회심리social psychology라고 불린다. 사회심리는 의견과 견해의 일반화된 체계라는 형태를 띠기보다는 주로 정서, 감정, 기분 등으로 표현된다. 따라서 사회심리의 차원에서 인간의 생각이나 견해는 이론적 표현을 갖기보다는 경험적 경향을 띠게 되며, 정서적 요소들과 뒤섞여 존재하게 된다. 이러한 사회심리는 인간들의 일상 의식의 중요한 한 부분이다. 일상 의식의 가장 중요한 특징은 그것이 인간의 사회적 존재 조건과 활동 조건을 감정, 정서, 습관, 전통, 윤리와 관습, 욕구, 이해, 정신적 태도, 취미와 기호의 경향 등의 형태로 반영한다는 데 있다.

　기본적으로 사회심리와 사회사상은 공통의 사회적 토대를 가지고 있다. 양자는 모두 특정한 사회적 조건 아래서 특정 계급의 이해관계로 표현되는 경제적 및 사회적 관계들에 의해 규정된다. 그러나 사회심리가 주로 개인적인 경험을 반영하는 반면, 사회사상은 광범위한 사회적 경험에 기초한다. 또 사회심리가 인간의 일상 활동과 상호 교류의 과정에서 직접적으로 형성되는 일상 의식인 반면, 사회사상은 철학적·도덕적·미적·종교적인 견해와 명제들의 다소 정연한 체계이다. 따라서 인간의 사회심리적 현상들은 의식과 무의식, 감정적인 것과 합리적인 것의 혼재, 그리고 구조적 형상의 복잡성 등에서 사회적 의식의 보다 이론적인 표현 형태인 과학적 의식이나 사회사상과는 구별된다.

　일반적으로 사회심리가 인간의 일상 활동과 교류 속에서 자연발생적으로 나타나는 반면, 사회사상은 특수한 지적 능력을 갖춘 소수의 사상가들에 의해 제시되고 체계화된다. 이 때문에 사회사상은 때때로 그것의 객관적인 토대로부터 분리되어 창조적인 사상가들의 순수하게 개인적인 지적 노력의 산물인 것처럼 오해받기도 하며, 때로는 나아가 역사와 사회의 발전에서 이러한 사상가들의 능동적·주체적 역할이 사회의 객관적 조건들을 변화시키는 것처럼 주장되기도 한다. 그러나 역사에서 나타난 모든 사회사상은 직접적이든 간접적이든 사회의 경제적·사회적 특징을 반영하며, 현존하는 사회구조의 유지 또는 변혁을 지향하는 특정 사회계급의 입장과 이익 및 목표들을 체계적으로 표현할 때만 현실적인 힘을 획득할 수 있다. 가령 시민계급 발흥기의 경제발전과 사회변화의 객관적 과정은 이 시기에 나타난 철학과 정치경제학 등에 정확하게 반영되어 있다. 그러나 다른 한편, 사회사상들이 역사적으로 특수하고 일시적인 사회체제를 인간의 본성이나 이성에 부합하는 영원하고 보편적인 것처럼 표현함으로써 신비화된 허위의식을 만들어내는 것도 바로 같은 이유에서 비롯된다.

3. 사회사상의 역사적 성격

사상이란 사람들이 품고 있는 생각이다. 그런데 사람들은 태어날 때부터 사회적 존재이며, 또 그러한 의미에서 역사적 존재이기도 하다. 따라서 보다 구체적으로 말하면 사상이란 사회적·역사적 존재인 인간이 특정한 사회와 역사에 대해 가지고 있는 생각이라 할 수 있다. 그렇다면 특정한 시대에 있어서도 서로 대립하는 여러 가지 사상들이 나타나는 것은 무엇 때문인가?

사상이 사람들이 가진 생각이라는 것은 개인의식을 의미하는 것이 아니라 많은 사람들이 함께 가진 사회적·집단적 의식을 의미한다. 이와 같이 여러 사람이 집단적으로 유사한 생각을 갖게 되는 것은 공통된 사회생활에서 형성된 공통의 생활감정과 사회인식을 가지고 있기 때문이다. 즉 사회생활 속에서 공통된 생활양식을 가지고 있는 사람들 사이에서는 대체로 유사한 생활과정과 이해관계가 형성되기 쉬우며, 이것들이 구체적인 표현으로서 체계화되면 사회사상으로 나타나는 것이다. 바로 이러한 의미에서 사상이란 사회적 상황의 산물이라 할 수 있다.

그러나 한 시대, 한 사회에서도 모든 사람들의 사회적·경제적 이해가 완전히 조화될 수는 없다. 어떤 집단의 사람들은 현존하는 사회경제체제가 매우 이상적이라고 생각할 수 있지만, 다른 집단의 사람들은 그것을 못 견딜 정도로 고통스럽게 생각할 수도 있는 것이다. 따라서 각각의 입장을 대변하는 사상들은 서로 상이할 뿐만 아니라 대립하는 내용을 갖지 않을 수 없게 된다. 나아가 기존의 사회경제질서가 자신에게 유리하다고 판단하는 쪽에서는 그 질서를 유지하고 강화하는 데 관심을 두게 될 것이고 이들의 이해를 대변하는 사상은 필연적으로 현상유지적이고 보수적이기 마련인 반면, 기존의 질서를 변화시키는 데 이해를 가지는 사람들은 현존 질서를 비판하는 진보적인 사상을 갖게 된다.

따라서 한 시대, 한 사회 안에는 항상 서로 대립하는 사상들이 나타나게 된다. 물론 이 두 가지의 사상이 공존한다고 해서 그 영향력이 동일할 수는 없다. 대체로 한 시대에 있어서 지배적인 사상은 그 사회의 지배층, 즉 현실의 질서에서 이득을 보는 계층의 입장을 대변하는 사상이며, 그 지배자적 위치로 말미암아 이들의 사상은 사회의 전체 구성원들의 사고방식을 지배하게 된다. 그러나 사회가 발전하고 변모함에 따라 변화된 사회질서에 의해 생겨난 새로운 사상은 낡은 사상과 마찰을 일으키게 되는데, 이때 기존의 지배적인 사상이었던 낡은 사상은 결정적으로 기존의 사회경제질서를 유지하려는 보수적인 경향을 나타내게 되며, 이에 반해 새로운 사상은 변혁을 위한 진보적인 사상이 된다. 이러한 과정을 통해 낡은 사상은 퇴조하고 비로소 사상의 변화가 나타난다.

01
Chapter

근대 이전의
경제사상

원시사회의 경제사상

경제학은 흔히 근대의 산물이라고 말한다. 근대를 탄생시킨 것은 시민혁명과 산업혁명이다. 특히 산업혁명 이후의 자본주의 사회에서는 그 이전의 사회들과 비교하여 경제활동의 규모가 매우 커지고 내용도 복잡해졌다. 자연히 경제에 대한 사상과 이론도 복잡해지고 발달하게 된 것이다. 경제학의 아버지로 불리는 애덤 스미스^{Adam} Smith, 1723-1790의『국부론』이 막 산업혁명industrial revolution이 시작되던 시기에 발표된 것도 그런 이유에서이고, 복식부기나 은행제도, 그리고 주식회사 등이 모두 근대 자본주의 경제체제의 발생과 더불어 출현하거나 보편화된 것도 그런 이유에서이다. 거꾸로 말하자면 근대 이전의 사회에서는 경제활동이 단순했기 때문에 경제에 대한 사상이나 이론도 그다지 발달하지 못했다는 뜻이 된다. 무엇보다도 이런 사회에서는 경제활동의 내용이 경험과 관습에 많이 의존했다. 경제활동의 내용이 그다지 변화하지 않았기 때문에, 노인들의 경험은 곧 경제활동의 중요한 지혜이자 전통으로 존경받았다. 달의 기울기나 별자리의 움직임을 보고 파종할 시기와 수확할 시기를 결정하는 것이 그런 예이다. 그런 경험을 넘어서 체계화된 지식이나 이론은 거의 필요하지 않았다. 물론 그렇다고 근대 이전에는 경제에 관한 사상이 전혀 없었다는 뜻은 아니다. 다만 근대 이후 경제학과 경제사상의 발달과 비교해보면, 과거로 거슬러 올라갈수록 그 시대의 경제사상들은 매우 소박하고 단순했다는 뜻이다.

인류의 먼 조상들이 수행한 최초의 경제활동은 나무열매를 따먹거나 물고기를 잡아먹는 채집·어로·수렵 등이었다. 이런 경제활동은 자연을 인간의 의도나 목적에 맞게 변형시키지는 못했고, 자연에 존재하는 먹을거리를 있는 그대로 이용하는 수준에 머물러 있었다. 수렵과 함께 목축의 흔적도 보이지만 보편적인 현상은 아니며, 사로잡은 들짐승을 일시적으로 사육했던 것으로 보인다. 농경은 훨씬 이후에 가서야 나타난다. 유럽에서 발견된 알타미라 동굴이나 라스코 동굴의 벽화는 원시사회의 경제활동이 어떠했는지를 살펴볼 수 있는 유적들이다. 우리나라의 여러 지역에서 발견되는 조개무지貝塚도 그러하다. 돌칼 같은 유물들을 보면 인류의 조상들은 매우 일찍부터 도구를 만들어 사용했다는 사실을 알 수 있다. 영장류의 일부나 새들 가운데도 나뭇가지 같은 재료를 이용하여 먹이를 구하는 경우가 있지만, 인간이 사용한 도구는 자연 그대로가 아니라 자연을 가공했다는 점에서 다르다.

도구의 사용과 함께 원시사회의 경제활동에서 보이는 또 하나의 중요한 특징은 인류의 조상들이 일찍부터 집단을 이루어 생활했다는 사실이다. 이 시대의 인류는 생산력이 매우 낮았기 때문에 혼자서는 먹을거리를 구하기가 어려웠다. 따라서 집단은 자연스럽고 필연적인 현상이었다. 그러나 집단을 이루어도 인간은 자연에 비해 불리한 처지에 있었으므로 여전히 먹을거리가 풍족한 경우는 거의 없었다. 늘 일어나는 결핍과 기아의 위험에서 나온 또 다른 중요한 현상은 원시사회에서는 분배가 지극히 평등했다는 사실이다. 원시사회에서 구성원들 간의 평등분배는 발달한 사회제도나 목적의식적으로 형성된 사회적 합의의 결과는 아니다. 겨우 생존을 유지할 정도의 먹을거리밖에는 구하기 어려웠기 때문에, 누군가가 다른 사람보다 많이 가져가면 다른 누군가가 굶어야 하는 것이 원시사회의 질서였다. 평등한 분배는 이러한 조건으로부터 나온 자연스러운 결과였다. 원시사회를 원시 공동체 사회라거나 원시 공산주의 사회라고 부르는 것도 그러한 이유에서이다.

원시시대의 인류가 구체적으로 어떤 경제사상을 가졌는지를 직접 알아볼 수 있는 방법은 없다. 말 그대로 원시시대에는 아직 문자가 존재하지 않았으므로 그 시대의 인류가 어떤 생각을 하고 어떻게 서로의 생각을 나누었는지 알 수 없기 때문이다. 다만 그들의 경제사상을 간접적으로나마 짐작해볼 만한 방법은 있다. 아메리카 대륙은 오랫동안 다른 문명과 격리되어 있다 보니, 유럽인들이 진출할 때까지 아메리카 원주민들은 원시 공동체에 가까운 사회조직을 가지고 있었다. 이들의 경제사상에서 가장 눈에 띄는 측면은 분배와 소유의 평등이다. 특히 인류의 생존과 생활을 위한 재료를 제공해주는 가장 중요한 원천인 토지는 그 누구도 사적으로 소유하거나 이용할 수 없는 신성한 대상이다. 이런 경제사상은 모호크족의 위대한 추장인 시애틀Seattle의 편지에서 잘 나타난다. 1854년 미국 정부는 원주민 부족들에게 땅을 팔라고 요구했다. 만약 이 요구를 거부한다면 원주민들은 강제로 내쫓길 것이 뻔했다. 이에 시애

틀 추장은 당시의 대통령인 프랭클린 피어스Franklin Pierce, 1804-1869에게 편지를 보낸다.

워싱턴의 대추장이 우리 땅을 사고 싶다는 전갈을 보내왔다. 대추장은 우정과 선의의 말도 함께 보냈다. 그가 답례로 우리의 우의를 필요로 하지 않는다는 것을 잘 알고 있으므로 이는 그로서는 친절한 일이다. 그의 부족은 숫자가 많다. 그들은 초원을 뒤덮은 풀과 같다. 하지만 나의 부족은 적다. 마치 폭풍이 휩쓸고 간 다음에 드문드문 서 있는 들판의 나무들과 같다. 백인 대추장은 우리의 땅을 사고 싶다는 제의를 하면서, 우리에게는 아무런 불편 없이 살 수 있도록 하겠다고 덧붙였다. 우리가 땅을 팔지 않으면 백인이 총을 들고 와서 우리 땅을 빼앗을 것임을 우리는 알고 있다. 그대들은 어떻게 저 하늘이나 땅의 온기를 사고팔 수 있는가? 우리로서는 이상한 생각이다. 공기의 신선함과 반짝이는 물을 우리가 소유하고 있지도 않은데 어떻게 그것들을 팔 수 있다는 말인가?(Chief Seatle's Letter)[1]

땅은 모든 사람들과 나아가 위대한 자연의 것이므로 사사로이 팔거나 소유할 수 없다는 시애틀 추장의 사상은 경제사상이 경제현실의 반영이라는 사실을 잘 보여준다. 원시시대의 인류는 공동소유라는 사상을 먼저 가짐으로써 그러한 사회제도를 만든 것이 아니라, 원시 공동체 사회의 특수한 조건에서 불가피하게 모든 생산수단과 생산물을 공동으로 소유하지 않으면 안 되었기 때문에 자연히 그러한 경제사상을 가지게 된 것이다.

물론 이러한 사실이 경제사상과 사회사상이 언제나 경제적 현실과 사회현상들을 수동적으로 반영하고, 그것들을 사후적으로 설명하거나 정당화하는 데 그친다는 뜻은 아니다. 거꾸로 사회사상은 사회현실을 변혁하고 변화시키는 데 능동적이고 적극적인 역할을 수행하기도 한다. 특히 사회가 발전할수록 인간의 의식적인 실천 활동이 사회의 변혁에서 더 중요한 역할을 하게 되고, 따라서 사회적 실천에 합목적적인 방향성과 합리성을 부여해주는 사회사상의 역할은 더욱 중요해지기도 한다.

---

1 *Chief Seatle's Letter*(http://www.csun.edu/~vcpsy00h/seattle.htm)

고대사회의 경제사상

인구가 증가하고 생산력이 높아지면서 인류의 경제활동과 사회관계에도 큰 변화가 일어났다. 생산력의 발달은 잉여 생산물의 축적을 가능하게 했고, 그 결과 사유재산과 이를 둘러싼 공동체 성원들 간의 분열과 대립이 나타나기 시작했다. 사회적 지위와 역할, 즉 계급의 분화와 경제활동에서의 분업도 점차 확대되었다. 사유재산과 계급의 출현에 따른 구성원들 간의 갈등을 조정하고 해결하기 위해 법과 제도들이 제정되었고, 이를 집행하고 강제하기 위한 기구와 조직들도 만들어졌다. 다른 한편 문자가 사용되기 시작하면서 지식의 교류와 전승이 가능하게 되었다. 이러한 과정을 통해 원시 공동체 사회는 해체되고, 고대문명과 고대국가가 출현하게 된 것이다.

인류 최초의 문명은 대체로 기원전 3000~2300년 사이에 티그리스강과 유프라테스강 유역, 나일강 유역, 황허 유역, 인더스강 유역 등에서 나타났다. 이들 지역은 모두 큰 강을 이웃하고 있었기 때문에 흔히 대하大河 문명이라고 불린다. 대하 유역에서는 토지가 비옥하기 때문에 일찍부터 습지농업이 발달했고, 높은 생산성과 사회적 잉여를 바탕으로 문명이 출현할 수 있었다. 그래서 이들 지역에서는 청동기 시대에 이미 높은 수준의 사회조직과 중앙집권적인 전제국가가 형성되었다.

그러나 정작 고대문명을 더 높은 수준으로 발전시킨 것은 동양의 전제국가들이 아니라 에게해와 지중해를 중심으로 발달한 서양의 고대국가들이다. 한 예로 그리스의 철학과 예술은 오늘날에도 서양 문화의 원류로 평가받는다. 늦게 문명이 형성되었음에도 서양의 고대사회가 동양에서보다 더 빠르게 발전하게 된 데는 여러 가지 이유가 있지만, 무엇보다도 사회적 분화와 분업이 훨씬 더 높은 수준이었다는 사실이다. 고대사회에서 가장 현저한 계급 분화는 노예와 노예주 또는 노예와 자유민 간에 나타난다. 동양의 고대사회에서도 최초로 나타난 것은 노예에 대한 소유와 지배였다. 그런데 동양에서는 천자天子, 파라오Pharaoh 등으로 불리는 전제군주에게 국가권력이 집중되어 있었던 반면에 여러 사회집단 간의 분화는 아직 낮은 수준에 머물러 있었다. 그래서 동양의 노예제는 '총체적 노예제' 또는 '관념적 노예제'라고 불린다. 전제군주를 제외한 모든 구성원이 군주의 노예라는 생각이 바로 총체적 노예제이다. 모든 토지는 왕의 것이며, 모든 백성은 왕의 신하라는 '왕토신민王土臣民' 사상도 이러한 생각을 반영한 것이다.

반면에 지중해의 고대국가들에서는 강력한 전제군주가 존재하지 않는 대신, 지배계급과 피지배계급, 귀족과 평민, 노예와 자유민과 같은 사회계급의 분화가 훨씬 다양하게 나타났다. 경제활동에서도 서양의 고대사회에서는 훨씬 다양한 분업의 형태들이 나타났다. 중국의 만리장성, 이집트의 피라미드 등에서 보듯이 고대문명의 여명기에는 동양의 전제국가들이 훨씬 거대한 생산력과 사회적 부를 가지고 있었다. 그러나 동양사회의 생산력이 오랫동안 비슷한 수준에 머물러 있을 동안 서양의 여러 국가들은 더 빠르게 성장과 풍요를 확대해 갔다.

고대사회에서 가장 중요한 사회적 분화는 노예와 자유민 사이에서 일어났다. 동양의 총체적 노예제에서는 이러한 분화가 아직 미숙한 수준에 머물러 있었지만, 서양의 고대사회에서는 이러한 분화가 상대적으로 훨씬 더 현저했다. 그런데 노예와 자유민 간의 분화는 생산활동과 경제활동에서만 중요한 역할을 한 것이 아니다. 노예와 자유민 간의 계급 분화는 자유민들로 하여금 철학이나 예술과 같은 정신노동에 전념할 수 있도록 했다. 노예들이 담당한 육체노동은 천하고 정신노동은 고귀하다는 생각이 보편화될수록 더 높은 수준의 철학적·예술적 성과들이 창조되고 축적되었다. 이러한 사정은 당연히 고대사회의 경제사상에 그대로 반영되어 있다.

그리스의 사회구조를 이야기할 때 빼놓을 수 없는 것이 민주주의이다. 물론 이때의 민주주의는 어디까지나 노예주만의 민주주의라고 말해도 틀리지 않는다. 아무튼 그리스의 시민들은 정치에의 참여를 자신들의 권리일 뿐 아니라 건전한 시민으로서의 의무라고 생각했다. 플라톤의 『국가Politeia/The Republic, B.C. 375』나 아리스토텔레스의 『정치학Politika/The Politics, B.C. 384』이 정치 조직과 정치 행위의 원리에 대해 이야기하고 있는 이유도 바로 그 시대를 살던 사람들이 그러한 문제에 큰 관심을 갖고 있었기 때문이다. 이에 반해 이 위대한 철학자들이 경제에 대해서는 거의 아무런 저술도 남기지 않았다는 사실은 뜻밖이다.

그리스에서는 토지소유자만이 시민이 될 수 있는 권리를 가졌다. 따라서 이들에게 재산권은 매우 중요한 문제였다. 물론 플라톤처럼 사회의 지도층인 군인과 철학자들은 공공의 이익에 봉사하기 위해 사유재산을 소유해서는 안 된다고 주장한 철학자도 있지만, 동시대 대부분의 철학자들은 사유재산권을 옹호했다. 그런데도 그리스의 철학자들이 경제에 관한 저술을 따로 남기지 않은 이유는, 이들이 재산권이나 상업, 금융과 같은 경제문제들도 인간의 정치 활동의 영역에 속하는 문제로 생각했기 때문이다. 이 시대에는 정치학이 요즘의 사회학과 경제학은 물론 때로는 법학과 윤리학까지 포함하는 학문이었다. 먼 후대의 일이지만 경제학의 아버지라 불리는 애덤 스미스가 도덕철학 교수였던 사실도 같은 맥락에서 이해할 수 있다.

오늘날 경제economy 또는 경제학economics이라는 말의 어원은 그리스어 '오이코노미쿠스Oeconomicus'이다. 그 시대에는 여러 사람들에 의해 널리 사용되었을 테지만, 기록상으로 이 말이 처음 사용된 것은 소크라테스Socrates, B.C. 470?-B.C. 399의 제자로 알려진 역사학자 크세노폰Xenophon, B.C. 431–B.C. 350?이다. 크세노폰은 자신의 책 이름을 『외코노미쿠스Oeconomicus, B.C. 362?』라고 붙였는데, 그 의미는 가정을 효율적으로 경영한다는 것이다. 가정을 경영한다는 말은 얼핏 앞뒤가 맞지 않는 듯이 여겨질 수 있지만, 농업사회에서는 가정이 생산활동으로부터 분리된 생활의 영역만을 의미하는 것이 아니라 동시에 생산활동의 단위이기도 했다. 따라서 가정을 경영한다는 말은 생산에서 소비에 이르는 경제활동의 전 과정을 관리한다는 의미이다.

아리스토텔레스의 경제사상에서 가장 눈에 띄는 대목은 바로 노예에 관한 것이다. 『정치학』에서 아리스토텔레스는 노예를 '살아 있는 재산living property'이라고 정의했다. 재산은 가정의 일부이고, 재산을 획득하고 유지하는 기술은 가사 관리의 일부이다. 그런데 어떤 기술이 주어진 과제를 완수하려면 적절한 도구들이 반드시 공급되어야 하며, 따라서 가사 관리인도 자신의 도구를 가져야 한다. 도구 가운데 어떤 것은 생명이 없고, 어떤 것은 생명이 있다. 가령 배의 선장에게 노는 생명 없는 도구이고, 망보는 선원은 생명 있는 도구이다. 재산은 도구들의 집합이다. 노예는 살아 있는 재산이며, 다른 도구들에 우선하는 도구다. 노예는 그 자신이 도구이면서 다른 도

구를 사용하기 때문이다.[2]

그렇다면 노예주가 없어도 노예는 스스로 생산할 수 있지 않은가? 만약 노예주가 없어도 노예가 스스로 생산할 수 있다면 노예주가 노예를 소유하고 지배해야 할 필요는 어디에서 오는가? 이에 대해 아리스토텔레스는 마치 악기가 스스로 소리를 낼 수 없는 것과 마찬가지로 노예는 도구를 사용하기는 하지만 그 스스로 생산하지는 못한다는 말로 노예제도를 합리화했다. 그렇다면 왜 어떤 사람은 노예가 되고 어떤 사람은 노예주가 되는가? 여기에 대해서도 아리스토텔레스는 노예는 그 본성이 노예이기 때문에 노예라는 순환논리로 정당화했다. 아리스토텔레스는 자신의 저술 여러 곳에서 노예에게 보다 인도적인 처우를 하라고 주장했다. 하지만 그에게도 노예제도 그 자체는 자연의 질서처럼 감히 누구도 부인하거나 파괴할 수 없는 것이었다.[3] 고대

이탈리아의 고대 도시 폼페이의 유적에서 발견된 알렉산드로스 대왕의 벽화

알렉산더 모자이크(Alexander Mosaic)라고 불린다. 서양 문명의 두 뿌리는 헬레니즘(Hellenism)과 헤브라이즘(Hebraism)이다. '헬레니즘'이라는 말이 처음 사용된 것은 1863년 독일의 역사가 요한 드로이젠(Johann Gustav Droysen, 1808-1884)이 자신의 저서인 『헬레니즘의 역사(Geschichte des Hellenismus, 1836)』에서 사용하면서부터였다. 헬레니즘 문화의 본질에 대해서는 그리스 문화의 확대와 발전으로 보는 견해와, 반대로 오리엔트 문화를 통한 그리스 문화의 퇴보로 보는 견해가 있으나, 그리스 문화와 오리엔트 문화가 서로 영향을 주고받으면서 새롭게 태어난 문화로 보는 것이 일반적인 견해이다. 헬레니즘 시대의 범위에 관해서는 기원전 330년 알렉산드로스(Alexandros the Great, B.C. 356-B.C. 323)의 페르시아 정복에서 기원전 30년 로마가 이집트를 병합하기까지의 300년간을 헬레니즘 시대로 본다. 지역적 범위는 마케도니아와 그리스에서부터 알렉산드로스의 정복지 전역까지이다. 어떤 학자들은 시대적으로나 지역적으로나 아우구스투스(Augustus, B.C. 63-14) 시대의 로마까지를 헬레니즘 문화로 보기도 한다. 헬레니즘 문화의 특징은 미술 작품들, 특히 사실적이고 육감적인 표현으로 육체의 운동과 정신의 격동을 그려낸 조각품들에서 잘 나타난다. 학문 분야에서는 문헌학과 자연과학 등이 발달한 반면 그리스 문화의 특색인 창조성은 점차 퇴보한 것으로 평가되기도 한다.

---

2   Aristoteles, *Politika*, vol.1, ch. 4. (손명현 옮김, 『니코마코스 윤리학/정치학/시학』. 동서문화사, 2013, 265쪽.)

3   아리스토텔레스, 손명현 옮김, 같은 책, 268쪽.

그리스의 화려한 고전문화를 가능하게 했던 전제조건이었던 육체노동과 정신노동의 분리에 대해서도 아리스토텔레스는 신이 노예에게는 육체노동에 적합한 신체와 정신을, 자유민에게는 정신노동에 적합한 신체와 정신을 부여했다는 말로 정당화했다.[4]

오늘날에는 거의 받아들이기 어렵지만, 이러한 사고방식은 아리스토텔레스에게서만 보이는 것이 아니라 노예제 사회에서는 보편적인 것이었다. 가령 로마의 저술가 마르쿠스 바로Marcus Terentius Varro, B.C. 116-B.C. 27도 노예를 언어를 가진 도구articulate instrument로 정의했다. 바로에 따르면 농업에는 세 가지 도구가 사용되는데, 언어를 가진 도구, 언어가 없는 도구, 소리 없는 도구가 그것이다. 언어를 가진 도구는 노예를 의미하고, 언어가 없는 도구는 가축을, 소리 없는 도구는 수레나 연장을 의미한다. 그리스와 로마의 고대사회를 고전고대Classical Ancient라고 부르는 이유도, 이 시대의 정신문명이 그만큼 높은 수준을 달성하면서 오늘날까지 서양 문화의 원류로 평가받기 때문이다. 그러나 고전고대의 찬란한 문화도 실은 노예제라는 인류의 역사에서 가장 가혹하고 비인간적인 제도 위에서 가능했던 것이기도 하다.

제 **3** 절

중세시대의 경제사상

로마 제국이 붕괴한 이후 그 영토에는 게르만족의 여러 민족이 정착하게 되었다. 게르만족이 세운 나라들 가운데 가장 세력이 큰 것은 프랑크 왕국Fränkisches Reich이었다. 프랑크 왕국의 영토는 오늘날의 프랑스 동부와 독일의 서부, 그리고 이탈리아의 북부 지역에 이른다. 중세는 프랑크 왕국의 성립에서 산업혁명과 시민혁명에 의해 근대사회가 출현할 때까지의 시기를 일컫는다. 중세사회의 사회경제체제는 봉건제feudalism라고 부른다. 봉건제 사회의 신분구조는 '기도하는 자와 싸우는 자와 일하

---

4   아리스토텔레스, 손명현 옮김, 같은 책, 268쪽.

는 자'로 비유된다. 기도하는 자는 승려계급을, 싸우는 자는 기사계급을, 그리고 일하는 자는 농노계급을 각각 가리킨다. 중세의 농노는 노예처럼 재산으로 취급받아 직접 매매의 대상이 되지는 않았다. 그러나 영주들에게 예속되어 신분상의 권리를 전혀 인정받지 못했다는 점에서는 농노도 노예나 크게 다르지 않았다. 이렇게 비합리적이고 비인간적인 제도가 그 시대 사람들에게 저항받지 않고 수용되었던 이유는 바로 그것이 신의 섭리로 설명되었기 때문이다.

이처럼 중세 시대의 경제사상에서 가장 중요한 과제는 현실과 교리를 양립시켜 설명하는 일이었다. 어떤 역사학자들은 중세를 암흑시대라거나, 천 년 동안 아무런 변화도 발전도 없었던 시대로 묘사하기도 한다. 중세의 유럽 사회가 이후의 근대 자본주의 사회와 비교해서는 물론이거니와, 이전의 고전고대사회와 비교해서도 상공업의 발전이나 과학적 지식의 발전이 훨씬 낮은 수준이었던 것은 사실이다. 그리스나 로마에서도 농업이 가장 중요한 산업이기는 하지만 상업과 수공업도 상당한 수준으로 발전해 있었다. 그러나 중세는 고대사회보다 훨씬 자급자족적인 사회여서 상공업의 발전은 정체되었다. 특히 농업 경영에서는 새로운 지식이나 기술보다 경험과 관습이 더 중요한 역할을 했기 때문에 사상적 측면에서도 새로운 발전은 그다지 눈에 띄지 않았다.

하지만 그렇다고 해서 중세사회가 천 년 동안 아무런 변화나 발전도 이룩하지 못했다는 주장은 지나치게 과장되었다. 또 중세사회에서는 상업이나 금융거래에 따른 현실적 분쟁들이 전혀 없었으리라는 생각도 잘못되었다. 느리게나마 중세사회에서도 경제활동의 변화는 나타났고, 경제문제를 둘러싼 새로운 쟁점들도 점점 확산되었다. 중세사회를 정신적으로 지배한 것은 바로 스콜라철학인데, 세속에서의 경제활동들과 그로 인한 분쟁들에 대해 종교적인 해석과 규범을 제시하는 것이 바로 이들이 고민했던 가장 중요한 과제 가운데 하나였다. 특히 초기의 기독교 공동체에서는 사유재산이나 영리행위를 부정했으며, 『성경』에도 그러한 생각들이 거듭하여 언급되어 있다. 그런데 정작 중세사회의 현실에서는 다른 누구도 아닌 교회가 가장 큰 토지소유자였다.

경제사상의 관점에서 토마스 아퀴나스의 가장 위대한 공헌은 바로 이러한 모순을

르네상스 시대의 화가 미켈란젤로(Michelangelo di Lodovico Buonarroti Simoni, 1475-1564)의 시스티나 성당 천정화 가운데 〈아담의 창조(Creación de Adám)〉

헬레니즘과 함께 서양 문화의 뿌리를 형성한 '헤브라이즘'은 고대 이스라엘인의 종교에서 시작했다. 그러나 헬레니즘이 그리스 문화에서 나왔으나 동시에 그것을 부정했듯이 헤브라이즘이 유대교에서 나온 것은 사실이나 헤브라이즘을 유대인의 전승을 넘어 인류 보편의 정신으로 만든 것은 바로 예수와 그 제자들이다. 크리스트교는 유대교의 폐쇄성을 극복함으로써 세계 종교로 발전하게 되고, 헤브라이즘이 서양 문화의 근원을 형성할 수 있었던 것도 바로 크리스트교에 의해서이다. 서양 문화의 두 근원을 비교해보면, 헬레니즘은 세계주의, 자유주의, 개인주의적인 정신을 표방하면서 인간의 가능성을 파악하고 이것을 발전시키려는 삶의 방식 또는 이상이다. 따라서 헬레니즘은 인간 중심적 세계관이며, 인간의 육체적·본능적인 측면에 대한 적극적인 긍정이자 나아가 그것을 이상화하려는 태도로 볼 수 있다. 헬레니즘 문화는 인종적·민족적 특성이나 차이보다는 인류 보편의 교양을 지닌 인간을 이상으로 했다. 따라서 학문적으로도 우주의 원리와 인간 행위에 대한 객관적 탐구에 몰두했고, 세계가 어떻게 변화하는가 하는 원리를 구명하여 그것을 체계화하고자 했다. 예술 사조로 보면 사물을 정교하게 분석하며 기술, 가공적일지라도 다양한 상상의 세계, 일상사나 남녀 간의 아름다운 사랑의 이야기 등이 담긴 문학 작품들이 이 시대를 대표한다. 이에 반해 헤브라이즘은 유일 인격신의 역사적 계시와 이에 대한 신앙을 토대로 하고, 여기서 생기는 신에 의한 우주의 창조와 세계사의 주재, 이 유일신과의 계약에 의한 인간의 책임을 주장하는 세계관과 인간을 영육 일체로 파악하는 인간관에서 헬레니즘과 대립된다. 헬레니즘이 세계를 신들로부터의 타락에서 생긴 것이라고 생각하는 것과 달리, 헤브라이즘은 세계를 신이 만든 피조물로서 파악하는 것이다. 따라서 헬레니즘에서처럼 인간의 육체나 물질계는 그 자체가 악으로 취급되지 않고 피조물의 하나로서 의의가 부여된다. 헤브라이즘은 신과 인간에 대한 사랑과 영적인 만족을 추구하며, 세속적이고 현실 집착적인 인간 중심의 사고를 경시한다. 이처럼 헤브라이즘이 신 중심의 세계관을 가진 것은 사실이다. 하지만 그렇다고 해서 인간이 운명이나 필연에 의해서만 움직이는 것은 아니다. 인간 자신의 인격적 결단과 책임에 의해 행동하는 것이며, 역사는 단지 신의 인도에 의해서만이 아니라 그와 함께 인간의 책임에 의해 명확한 목표를 향하여 전개된다는 것이 진정한 헤브라이즘의 사상이다.

조화롭게 설명한 데 있다고 해도 틀리지 않는다. 사유재산제도에 대해 아퀴나스는 『신학대전 Summa Theologica』에서 사유재산을 의복에 비유하여 설명했다. 자연상태에서는 벌거벗고 있는 것이 당연하다. 그러나 인간 사회에서는 의복을 입고 있는 것이 당연하며, 그런 행위가 자연법natural law의 관점에서도 잘못되었다고 할 수 없다. 마찬가지로 자연법의 원리에 따르자면 모든 재산이 공동체의 소유여야 하지만, 사유재산을 허용한다 하더라도 그것은 의복처럼 자연법에 반하는 것이 아니라 자연법을 보완하는 행위이므로 정당하다는 것이다.[5] 냉정하게 말하면 스콜라철학의 경제사상은 아리스토텔레스가 이미 설명했던 학설들을 넘지 못했다. 그들의 관심은 학문과 사상의 발전이 아니라 현실과 교리 간의 모순을 화해시키는 데 있었기 때문이다.

가톨릭 교회와 스콜라철학을 중심으로 중세사회에는 몇 가지 중요한 경제적 쟁점들이 있었다. 사유재산제도가 정당한가 하는 문제도 그 가운데 하나지만, 공정가격(fair price)과 이자의 문제도 주요한 쟁점이었다. 아퀴나스는 교환을 두 가지로 구분했는데, 생활의 필요에 따른 교환은 정당하지만 고리대를 비롯해 화폐적 이익을 얻기 위한 모든 교환행위는 정의의 관점에서 비난받아 마땅하다고 주장했다.[6] 하지만 그렇다면 교회가 고리대를 금지하면서 정작 현실에서는 고리대가 횡행하고, 더 나아가 교회가 고리대금업자의 역할을 했던 데 대해서는 어떻게 설명할 수 있을까? 상인들이 가격을 속이고 매점매석 행위로 부를 모으는 데 대해서는 또 어떻게 설명할 수 있을까? 어쩌면 바로 이러한 이유에서 적당한 이자는 정당하다고 설파한 장 칼뱅John Calvin, 1509-1564의 종교개혁이 필연적일 수밖에 없었던 듯싶다.

---

5   Aquinas T., *Summa Theologica*, Q. 94, Art. 5. (Landreth & Colander, History of Economic Thought, Houghton Mifflin, 1994에서 재인용)

6   Galbraith, J. K., *Economics in Perspective-A Critical History*, Houghton Mifflin, 1987. (장상환 옮김, 『경제학의 역사』, 책벌레, 2002, 37쪽)

02
Chapter

근대 사회경제
사상의 기초

르네상스

1. 르네상스란 무엇인가?

중세사회에서 근대사회로 이행하는 과정에서는 사회경제적으로뿐 아니라 사상과 학문의 영역에서도 중요한 사건들이 일어난다. 그 가운데 근대로의 이행에 가장 큰 영향을 미친 사건은 바로 르네상스Renaissance, 즉 문예부흥운동과 종교개혁Protestant Reformation이다. 물론 르네상스나 종교개혁이 사회경제적 변화와 무관한 순수하게 정신적 차원의 운동이었다는 뜻은 아니다. 이들은 중세사회를 그 근본에서부터 비판하고 개혁하고자 한 운동들이다. 따라서 당연히 사회경제적으로도 중대한 의의를 가지지만, 그에 못지않게 사상사적으로도 매우 중대한 의의를 갖는다는 뜻이다.

르네상스란 대략 14세기부터 시작되어 종교개혁과 절대주의의 시기로 접어드는 16세기까지 초기 시민계급의 발전과 더불어 나타난 다방면에 걸친 진보적인 문화운동을 의미한다. 흔히 문예부흥으로 번역되는 르네상스는 재생, 부흥 등을 의미하는 프랑스어로서, 이 운동의 목표는 고전 고대의 언어, 문학, 예술 일반을 연구하고 부흥시킴으로써 중세 스콜라철학과 가톨릭 교회의 절대적인 정신적 지배를 타파하고, 교회의 권위로부터 독립적이면서 지식과 이성에 근거를 둔 세계상과 인간상을 창조하려는 것이었다. 이러한 세계상 및 인간상은 인간으로 하여금 자기 자신의 힘과 인간적인 개성을 무제한적으로 육성하도록 할 것을 목표로 삼았다. 이러한 이유에서 르네상스 운동은 휴머니즘 르네상스Humanism Renaissance, 즉 인문주의 부흥운동을 의미했으며, 16세기 이후 이 운동의 대표자들은 일반적으로 인문주의자Humanist들이라 불리게 되었다. 이에 대해 회화, 조각, 건축 등의 예술 부문에서 일어난 문예부흥운동은 아트 르네상스Art Renaissance라고 부른다.

르네상스 운동의 발원지는 베네치아, 피렌체, 제노바 등 이탈리아의 여러 도시국가들이다. 흔히 '마지막 중세인'이라 불리는 알리기에리 단테Alighieri Dante, 1265-1321는 근본적으로 중세에 속한 인물이긴 하지만, 다른 한편에서 보면 13세기에서 14세기 초에 걸쳐 르네상스적 기풍을 처음으로 보여준 인물 가운데 한 사람이기도 하다. 그 후 이탈리아 르네상스 운동의 창시자로 불리는 프란체스코 페트라르카Francesco Petrarca, 1304-1374와 그의 제자로서 근대 소설문학의 효시로 평가받는 『데카메론Decameron』을 쓴 지오바니 보카치오Giovanni Boccaccio, 1313-1375는 고전고대의 문학적 전통을 14세기의 유럽사회에서 재현함으로써 문예부흥의 전환기를 만들었다. 15세기 후반 이후 르네상스 운동은 독일, 영국, 프랑스 등 유럽 각국에 전파되어 이른바 인문주의 르네상스를 개화시켰다. 네덜란드의 데시데리위스 에라스뮈스Desiderius Erasmus, 1466-1536, 영국의 토머스 모어Thomas More, 1478-1535, 그리고 이탈리아의 니콜로 마키아벨리Niccoló Machiavelli, 1469-1527 등 르네상스 시대를 대표하는 사상가들이 모두 이 시기에 활동했다. 그 후 16세기 후반에서 17세기에 걸쳐서 나타난 미구엘 드 세르반테스Miguel de Cervantes Saavedra, 1547-1616 윌리엄 셰익스피어William Shakespear, 1564-1616, 그리고 『실락원The Lost Paradise』을 쓴 존 밀턴John Milton, 1608-1674 등은 이 운동의 말미를 장식했다.

사회경제사상사에서 르네상스 운동이 특히 주목받는 이유는 이 운동을 통해 거의 천 년에 걸쳐 지속되어 온 중세의 조직, 제도, 사고방식 등이 비판의 대상이 됨으로써 이른바 근대 사회사상의 형성에 중요한 기초가 이루어졌기 때문이다. 봉건사회의 인간 생활은 신분과 관습에 의해 정해진 채로 오랫동안 거의 변화가 없었다. 직접 생산자인 농민은 겨우 생존을 유지할 수 있을 정도만 남기고 생산물의 대부분을 영주에게 지대로 바쳐야 했으며, 영주는 이 지대를 사치와 전쟁 이외에는 소비할 방법을 알지 못했다. 따라서 봉건사회의 생산은 축적되어 다음 생산의 확대에 이용되지 못했고, 사람들의 생활 규모와 생활 방식은 향상될 수 없었다. 여기에 영주의 권력과 교회의 권력이 그러한 진보를 더욱 가로막고 있었다. 사실 교회 자신이 가장 큰 영주 가운데 하나였기 때문에 승려들은 불평등하고 불변적인 현실의 신분질서에 따르는 것이 인간의 본분이라 가르쳤다.

르네상스는 바로 이러한 중세의 현실에 대한 비판으로서 나타났다. 예를 들어 보카치오의 유명한 소설 『데카메론』에는 중세의 도덕과 종교에 구애받지 않고 살아가는 인물들이 등장하는데, 이들은 교회와 승려들과 교의를 조롱하면서 물욕과 쾌락의 추구를 찬양한다. 특히 보카치오는 그중 한 사람의 입을 빌려 "사람은 모두 평등하게 태어났으며, 차별이 생기는 것은 능력 때문"이라는 말로 중세의 신분적 질서를 비판했으며, "사람은 누구나 이 세상에서 힘이 닿는 한 생명을 보존할 자연의 권리가 있다"고 선언함으로써 신의 섭리나 관습으로부터 부여받은 것이 아니라 모든 인간에게 그 본성으로서 부여된 자연적 권리를 처음으로 주장했다.

르네상스 시대, 특히 15세기와 16세기 인문주의자들의 사상은 주로 고대를 부흥한다는 형태로 나타났다. 이들에게 있어서 고대의 부흥은 현실의 비판, 즉 중세에 대한 강한 부정과 도전을 의미했다. 실은 르네상스 그 자체가 특히 당시에는 아직 후진국이었던 독일의 역사가들에 의해 이상화된 개념이다. 이들은 뒤떨어진 독일의 현실 속에서 발견할 수 없는 부르주아적 인간상을 르네상스에서 찾으려고 했다. 그 때문에 르네상스가 그 전후 관계에서 분리되어 유형화된 것이기도 하다. 르네상스라는 말을 학술어로 정착시킨 초기의 르네상스 연구자들은 이 시대를 고전고대의 재생이라는 측면에서 절대적으로 찬양한 반면, 고대와 르네상스 사이에 놓인 중세는 혼란기, 암흑시대로 평가했다. 즉 이들은 르네상스를 중세의 암흑 속에서 발생한 돌연 변이적인 현상으로 파악하고 진정한 의미에서의 인간의 발견, 자연의 회복 시대가 시작된 것으로 보았던 것이다. 그러나 중세에 대한 재평가와 함께 이러한 역사 해석은 적지 않은 비판을 받고 있기도 하다.

이들이 고대를 자유인의 자유로운 세계로 이상화한 것은 고대는 기독교를 모르는 사회, 다시 말해서 교회의 지배로부터 자유로운 사회였기 때문이다. 즉 고대는 봉건적 수탈, 교회의 부패, 정치적 분열과 외국의 지배 등 숱한 모순을 안고 있는 그 당시 현실 세계의 혐오스러운 상태를 비판하고 개혁하기 위한 근거로서 이상화되었다. 따라서 인문주의자들에게 고대란 단순한 과거라기보다는 그들이 지향하고자 한 일종의 이상향이었던 것이다.

르네상스는 근대를 향한 첫걸음을 내딛기는 했지만, 그 시대적 한계로 인하여 중세적 세계관으로부터 완전하게 벗어날 수는 없었다. 즉 신의 섭리나 관습과 같은 외부로부터의 권위가 아닌 인간의 내면적 자각에 기초한 근대사회와 근대문화는 르네상스로부터 바로 나오지는 못했으며, 시민혁명 이후에야 비로소 가능했다. 그러나 르네상스 운동이 인간의 권위, 개인의 자유와 독립, 종교로부터 학문과 예술의 해방을 주장함으로써 사상과 이념에서 근대에 큰 영향을 주었다는 것만은 부정할 수 없는 사실이다.

2. 에라스뮈스

르네상스 시대의 가장 유명한 인문주의자라고 해야 할 에라스뮈스는 네덜란드의 로테르담에서 태어나 청년기까지 교회의 부속 학교와 수도원에서 연구 생활을 하다가 1945년 파리대학에 유학했다. 그 후 영국, 프랑스, 이탈리아, 독일 등의 여러 도시를 유랑했는데, 특히 영국을 방문한 길에 토머스 모어를 만나 오랫동안 교류했다. 그의 대표작인 『바보 예찬*Morias Enkomion, 1511*』을 집필하게 된 것도 모어의 권유 때문이었다. 에라스뮈스는 탁월한 언어학자, 문법학자, 수사학자였을 뿐만 아니라 무엇보다도 타고난 탐구자였다. 그에게는 연구와 저술만이 자신이 살아 있는 보람이었으며, 연구에 필요한 자유와 독립을 획득하기 위해서는 관직이나 경제적 여유와 같은 다른 모든 것을 희생하는 일도 마다하지 않았다. 특히 라틴어와 그리스어에 능통했던 그는 탁월한 어학 실력을 바탕으로 고대 문헌의 연구에 정진하고 그 성과를 저술로 간행함으로써 휴머니즘 르네상스 운동의 중심적인 인물이 되었다.

그러나 에라스뮈스는 중세의 제도적·사상적인 잔재를 비판하고 대결했다는 점에서는 사회변혁의 편에 서 있었지만, 현실의 변혁 운동에서는 그다지 활동이 없었다. 이것은 그의 몽상적·은둔적 개성과, 정치나 경제, 법률과 같은 현실문제에 대한 의도적인 무관심에서 비롯된 것이었다. 이러한 이론과 현실의 대립은 종교개혁에 관해 루터파와 가톨릭 교회 사이에서 보인 그의 모호한 태도에서도 엿볼 수 있다. 인문주의자들과 루터파의 종교개혁은 중세 교회에 대한 비판이라는 점에서는 명백하게 공통점을 가지고 있다. 그러나 에라스뮈스는 신의 의지는 인간이 탐구할 수 없다고 한 루터의 결정론적 세계관이나 인간은 의인인 동시에 죄인이며 인간이 신으로부터 멀어진 까닭은 인간의 타락 때문이라고 한 그의 인간관에는 동의하지 않았다. 에라스뮈스의 신학적 태도는 흔히 순수복음주의라고 불리는데, 교회나 사제에 대한 의존에서 벗어나 신앙심과 참된 지식에 근거한 내적인 신앙으로 복귀할 것을 주장했기 때문이다.

루터파와 로마 교황청의 대립이 심각해지자 에라스뮈스는 자신의 태도를 명확하게 밝히기를 거부하고 분쟁에 개입하는 대신 학구적 중립을 고집했다. 순수이념적으로 볼 때 에라스뮈스는 전자의 편에 서야 했을 것이지만, 실제로는 후자에 맞는 표현을 강요당하지 않을 수 없었다. 1525년 에라스뮈스는 종교개혁의 원리들, 특히 루터의 논문 「노예화된 의지에 대하여」를 공격하기 위해 「자유의지에 관한 고찰」이라는 논문을 발표했는데, 이것은 종교개혁에 역습을 가하기 위해 집결한 반동적 가톨릭과 합스부르크가의 황제 카를 5세의 명령을 받아 집필한 것이었다.

에라스뮈스의 학문활동은 고대문헌에 대한 연구에 치우쳐 있었지만, 근본적인 측면에서 교회와 전제군주제에 대한 비판과 부정의 요소를 가지고 있었다. 그러나 다른 한편으로 그는 철학이나 역사에 대해서는 그다지 전문적인 지식을 가지고 있지 못했으며 정치나 법률, 경제 등에 대해서는 항상 경멸을 섞어 가며 이야기하곤 했다. 요컨대 에라스뮈스의 개성과 재능에 가장 적합한 것은 고전의 문헌학적인 추구와 수사학적인 연마였던 반면, 사회과학적인 시각은 결여되어 있었던 것이다.

3. 토머스 모어와 『유토피아』

에라스뮈스와 함께 르네상스 운동을 대표하는 또 한 사람의 인문주의자는 영국의 토머스 모어이다. 전혀 관직에 나간 적이 없는 에라스뮈스와는 달리 모어는 옥스퍼드 대학에서 수학한 뒤 법률가로 입신하여 대법관의 지위에까지 올랐으나, 헨리 8세 Henry VIII, 1491-1547의 영국 국교회 Church of England 설립에 반대했다가 처형되고 말았다. 이 때문에 모어는 오랫동안 가톨릭의 성자로 추앙되기도 했지만, 그의 학문적 명성은 오히려 인문주의자로서의 업적에 의한 것이었다. 인문주의자이자 독실한 가톨릭 신도로서 모어는 고전에 능통한 한편, 종교부흥에도 강한 정열을 지니고 있었다. 그의 저서인 『최선의 국가 상태와 유토피아라는 새로운 섬에 대한 유익하고 재미있는 저작Libellus vere aureus, nec minus salutaris quam festivus, de optimo rei publicae statu deque nova insula Utopia, 1516』에는 상당히 신랄한 종교 비판이 담겨 있다. 그러나 모어는 가톨릭을 개혁할 필요는 인정했지만, 교의 그 자체를 전복하는 일은 있을 수가 없다고 주장했다. 따라서 그는 루터파와 헨리 8세의 종교개혁 모두에 반대했으며, 왕권을 거역하면서까지 가톨릭의 신성을 지키고자 했다.

모어가 살던 시대는 바로 영국에서 절대주의의 기초가 형성된 시기로서, 봉건적 질서들이 붕괴되고 자본의 본원적 축적이 폭력적으로 진행되면서 사회에는 무질서와 퇴폐, 빈곤이 넘치고 있었다. 특히 지주와 농업자본가들에 의해 추진된 인클로저운동enclosure movement은 전통적으로 토지에 대한 권리를 인정받고 살아온 수많은 농민들을 강제적으로 추방함으로써 그들을 빈민으로 전락시켰다. "양은 본래 온순한 동물이었지만, 지금은 사람을 잡아먹는다"[1]는 유명한 구절은 바로 이러한 현실을 묘사한 것이었다. 여기서 주목해야 할 것은 바로 이 시기에 영국의 와트 타일러의 난Wat Tyler's Rebellion, 1381, 프랑스의 자크리의 난Jacquerie, 1358과 같은 농민과 직인들의 반란이 유럽 각지에서 매우 활발하게 일어났다는 사실이다. 르네상스 운동의 인문주의 정신 속에는 바로 이러한 봉건사회의 동요가 반영되어 있었다. 이와 같이 『유토피아』는 당시 영국의 참상을 독실한 가톨릭적 보수주의의 입장에서 비판하고자 한 목적에서 저술된 것이었다.

그런데 여기서 특히 주목해야 할 것은 모어가 이러한 참상의 근본적인 원인을 사유재산제도에서 찾고 있다는 점이다. 그는 "사적 소유가 존재하는 곳, 돈이 모든 것을 재는 척도인 곳, 이런 곳에서 정당하고 행복한 정치는 불가능하다"고 주장하면서 "국가의 복지에 이르는 유일한 길은 소유의 평등을 도입하는 것이다. … 소유물을 어떤 식으로든 평등하고 정당하게 분배하고 모든 사람에게 행복을 안겨주는 유일한 수단은 온갖 사적 소유를 모조리 폐지하는 것이다"[2]라는 말로 공산사회적 이상향을 제시하고 있다. 모어 사상의 핵심은 결국 경제적 대립을 제거할 때 비로소 개별적 이해관계와 사회적 이해관계의 일치가 가능하다는 것이다. 이러한 점에서 모어야말로 유토피아적 공산주의 사상의 선구자라고 부를 만하다.

모어가 묘사한 유토피아 사회의 모습에서 가장 인상적인 내용은 6시간 노동제이다. 로버트 오언Robert Owen, 1771-1858이 10시간 노동제를 주장한 것이 무려 300년 뒤의

---

1   More, T., *Libellus vere aureus, nec minus salutaris quam festivus, de optimo rei publicae statu deque nova insula Utopia*, vol.1. (김현욱 옮김, 『유토피아/자유론/통치론』, 동서문화사, 2008, 21쪽)
2   모어, 김현욱 옮김, 같은 책, 40쪽.

일이고, 국제 노동자의 날, 즉 메이데이May Day의 유래가 된 시카고 노동자들의 8시간 노동제를 위한 시위가 1886년의 일이었음을 생각해보면, 누구나 똑같이 하루에 6시간만 일하면 충분히 필요한 재화를 얻을 수 있다는 모어의 주장은 혁명적이다 못해 비현실적으로 들리기도 한다. 그러나 모어는 자신의 주장이 충분히 현실적이라고 강변한다. 왜냐하면 당시의 영국 사회에서는 인구의 절반을 넘는 사람들이 노동하지 않으므로, 누구나 똑같이 노동한다면 6시간으로도 충분하다는 것이다.[3]

현실의 모어는 반드시 그 자신이 묘사한 이상사회의 사람들처럼 사고하고 행동하지만은 않았다. 그는 농민들의 반란에 대해 기존의 사회질서를 옹호하기도 했으며, 책에서는 종교의 자유와 관용주의를 주장했지만 실제로는 오직 가톨릭 교회에만 헌신했다. 이러한 모순은 그가 추구한 이상사회가 다분히 관념적인 것이었음을 의미한다. 다시 말해 모어는 그 혼자만의 상상력에 의존해서가 아니라, 그 시대의 지식인들이 어느 정도씩 공유하고 있던 이상사회의 모습을 유토피아라는 가상의 사회에 그려 넣었던 것이다. 무엇보다도 모어야말로 세속의 부와 명예와 권력을 누구보다 많이 가졌던 사람이라는 점이 그의 근본적인 한계였는지도 모르겠다.

4. 마키아벨리와 『군주론』

마키아벨리는 르네상스의 고향이라 할 수 있는 피렌체에서 태어나 그곳에서 생애를 보냈다. 그는 특별한 교육을 받지는 못했지만, 천성적으로 인문주의적 소양과 자질을 갖고 있었다. 그는 문학이나 예술에 특별한 관심을 갖고 있지는 않았으며, 고전 부흥이나 종교개혁과 같은 당시의 중요한 문제에 대해서도 마찬가지였다. 이러한 관점에서 본다면 마키아벨리는 르네상스 시대를 살았으면서도 전통적인 인문주의자의 범주를 벗어난 인물이었다. 그가 특별히 관심을 나타낸 것은 정치와 국가 통치의 문제였다. 그러나 인간의 본성에 대한 이해나 세속적 학문으로서의 정치학에 대한 그의 현실주의적 태도는 넓은 의미에서 볼 때 르네상스 운동의 본성과 일치하는 것이었다.

---

3   모어, 같은 책, 52-54쪽.

이탈리아에서 문예부흥이 한창 진행되고 있을 때 마키아벨리가 독특하게 국가 통치의 기법에 대한 생각을 전개하게 된 직접적인 동기는 그의 직업적 경험에서 기인한 것으로 보인다. 그는 1498년 29세 때 피렌체 공화국의 서기관으로 채용된 이후 메디치 가문에 의해 관직에서 추방된 1512년까지 15년간 피렌체의 정치, 외교, 군사문제에 관련된 업무를 담당했다. 이 무렵 유럽 각국에서는 통일국가와 강력한 절대 왕정으로의 이행이 본격적으로 진행되고 있었다. 그러나 당시의 이탈리아는 나폴리 왕국, 로마 교황령, 밀라노, 베네치아, 피렌체와 같은 도시국가들이 분열하여 서로 대립하는 등 정치적으로 매우 혼란스러운 상태였다. 도시들은 서로 자신들의 무역권과 상업권을 확대하기 위해 경쟁했고, 영토의 유지와 확대를 위한 동맹과 대립이 끊이지 않았다. 또한 도시에서도 대상인들을 중심으로 한 부유층과 평민층 사이의 충돌이 내란으로 확대되곤 했다. 1494년 프랑스의 샤를 8세가 침공했을 때 이탈리아의 도시국가들이 굴복할 수밖에 없었던 것도 결국은 이러한 분열 때문이었다.

『군주론』을 통해 마키아벨리가 지향하고자 한 것은 바로 이탈리아를 강력한 통일집권국가로 만드는 것이었으며, 이를 위해 그는 강력한 의지와 힘을 가진 절대군주가 필요하다는 것을 역설하고자 했던 것이다. 마키아벨리가 현실에서 이러한 군주의 모범으로서 찾은 것이 바로 체사레 보르자Cesare Borgia, 1475-1507와 그의 정적 교황 율리우스 2세Julius II, 1443-1513였다.

이들은 결코 도덕적 인간은 아니었다. 그러나 마키아벨리의 관점에서 이들은 현명한 지배자였다. 마키아벨리에 의하면 현명한 지배자는 약속을 지키는 것이 자신의 이익에 어긋나거나 그를 구속하고 있던 이유가 이미 존재하지 않는 경우에는 약속을 지켜서는 안 된다. 이러한 주장 때문에 흔히 마키아벨리즘Machiavellism이라 하면 목적을 위해서라면 수단을 가리지 않는 권모술수주의로 이해되기도 한다. 그러나 마키아벨리가 진실로 의도했던 것은 도덕에 대한 무시가 아니라 이탈리아의 통일이었고, 이를 위해서 그는 정치적 자율성을 강조했던 것이다. 이러한 의미에서 마키아벨리는 최초로 정치를 도덕으로부터는 물론 종교나 예술로부터 독립된 분야로 인식한 인물이었다.

그런데 마키아벨리가 군주의 권력 행사를 무제한적으로 긍정하고 목적을 이루기 위해서 수단을 무시해도 좋다는 등의 극단적인 주장을 피력한 데는 다른 한편으로 인간의 본성에 대한 그의 독특한 이해가 그 밑바탕을 이루고 있었다. 그에 의하면 인간은 일반적으로 배은망덕을 일삼고 위선적이며, 사기를 즐기고 자신의 이익만을 추구하는 비열한 존재이다. 따라서 이러한 인간들을 복종시키기 위해서 군주는 사랑을 받기보다는 오히려 두렵게 느껴지도록 해야 하며, 여우와 사자의 자질을 갖추어야 하고, 운명의 여신을 복종시킬 힘과 결단이 필요한 것이다. 이러한 인간관에 기초한 그의 정치학이 종래의 종교적 인간관이나 사회사상과 융합될 수 없는 것은 당연했다.

요컨대 마키아벨리 사상의 본질은 종교나 도덕 등의 가치를 무시하는 데 있는 것이 아니라 중세의 질곡을 깨고 나와 새로운 인간상과 새로운 정치를 만들어내는 데 있었다. 물론 근세 초기의 혼돈기를 살았던 그의 사상에는 많은 개념상의 혼란과 불

르네상스 시대를 대표하는 화가 라파엘로(Sanzio Raffaelo, 1483-1520)의 〈아테네 학당(School of Athens)〉
그림의 중앙에 있는 두 사람이 플라톤과 아리스토텔레스다. 플라톤은 하늘을 가리키는 모습으로, 아리스토텔레스는 땅을 가리키는 모습으로 그려져 있어 두 사람의 철학적 태도가 잘 대비된다. 중앙 하단 왼쪽에 앉아 있는 사람이 만물의 근원은 불이라고 주장한 헤라클레이토스이며, 오른쪽에 비스듬히 누워 있는 사람은 견유철학자로 유명한 디오게네스(Diogenes, B.C. 412?-B.C. 323?)이다.

명확하고 서로 모순된 점들이 많은 것도 사실이다. 그럼에도 불구하고 마키아벨리는 국민주의를 옹호함으로써 근대 세계의 형성에 있어서 중요한 기여를 했다. 특히 사회 현상에 대한 접근 방법에 있어서는 인문주의자들을 능가하는 변혁을 이루어 놓았다고 해야 옳을 것이다.

제 **2** 절

종교개혁

1. 마르틴 루터

마르틴 루터^{Martin Luther, 1483-1546}는 1501년 에르푸르트대학의 자유교양학부에서 수학을 시작하여 1505년부터 법학과 신학을 연구하기 시작했으며, 1507년 에르푸르트 대성당에서 신부 서품을 받았다. 1512년 비텐부르크대학에서 박사 학위를 받고 성서 신학 교수가 된 후 이 교수직은 그의 평생 직업이 되었다. 1517년 10월 31일, 루터는 당시 횡행하던 면죄부 판매를 포함하여 교회의 부패를 비판한 '95개 논제'를 비텐부르크대학의 교회 문 위에 내걸고 토론을 요구했다. 라틴어로 쓰인 이 논제는 곧 독일어로 번역되어 독일 전역에 퍼짐으로써 독일 종교개혁의 시발점이 되었다. 종교개혁은 이 '95개 논제'의 게시와 함께 시작되었다고 해도 틀리지 않다.

　루터의 비판에 교회는 종교재판을 열어 그의 주장을 이단으로 규정했다. 그러나 루터는 1520년 12월 자신을 파문할 것이라는 교황의 칙서를 공개적으로 불태움으로써 교황청과의 결별을 행동으로 입증했다. 1521년 루터는 이단자로서 파문되었고, 보름스에서 열린 의회에 출두하여 자신의 주장들을 철회할 것을 요청받았다. 그러나 이러한 상황에서도 루터는 자신의 주장들을 취소할 것을 거부했고, 그로 인하여 국외 추방령이 내려졌다. 그러나 작센의 선제후^{選帝侯} 프리드리히의 배려로 바르트부르크로 도피한 루터는 신약 성서의 독일어 번역에 주력하다가 1522년 비텐부르크로 다시 돌아왔다. 이후 사망할 때까지 그는 자신의 교설을 발전시키면서 이를 교회 제도, 학교 제도 및 구빈 제도 등의 다양한 영역으로 적용해 나갔다.

루터 사상의 핵심은 '이신득의론以信得義論', 즉 사람은 신앙에 의해서만 의롭게 된다는 것이다. 이에 따르면 인간은 죄인이지만 동시에 신의 은혜를 믿는 것만으로 구원될 수 있다. 이때 신앙의 유일한 근거가 되는 것은 바로 성서이다. 그런데 지극히 평범한 사람들도 성서를 근거로 하여 신앙만으로 구원받을 수 있다면 지금까지 가톨릭 교회가 신앙의 근거로 삼아 온 교회 전승은 무의미해지게 되며, 신과 인간의 중개 역할을 맡아 온 교회와 은혜 전달제 자체가 부정될 수밖에 없다. 이는 교황과 교회의 권위를 근본적으로 부정하는 것일 뿐만 아니라 나아가 그것을 지탱해 온 물질적 기반, 즉 중세 이래 민중을 억압해 온 사회경제체제를 부정하는 것이 된다. 이 때문에 독일의 직접생산자들은 루터의 종교개혁을 열렬히 지원하게 되었던 것이다

루터의 종교개혁운동이 전개된 16세기 초 독일에서는 여러 신분과 계급이 복잡하게 얽힌 채 반가톨릭이라는 이념을 둘러싸고 크게 세 부류의 세력이 형성되고 있었다. 첫째는 보수적 가톨릭 세력으로서 현상 유지를 바라는 모든 집단, 즉 황제의 권력과 제후 및 성직자, 부유한 상층 귀족과 도시 귀족이 여기에 속했다. 둘째는 시민적, 개혁적 세력으로서 하급 귀족과 신흥 부르주아계급, 그리고 이 기회에 교회의 재산을 몰수하여 치부하거나 황제의 권력으로부터 독립하고자 한 일부 제후들이 여기에 참여했다. 마지막은 혁명적 세력으로서 일체의 억압으로부터의 해방을 원하는 농민들과 평민들이 바로 그들이었다. 루터는 가톨릭 교회에 대한 공공연한 비판에 의해 농민과 도시 평민, 대부분의 하급 귀족들의 지지를 받았으며, 상당수의 세속 제후들도 직간접적으로 그의 개혁을 옹호했다.

그러나 농민전쟁이 일어나면서 여러 세력들 간의 대립이 명확해지자 루터의 외면적인 초당파성의 시기도 막을 내리게 된다. 농민전쟁에 대해 루터는 양자의 화친을 권고했으나 그의 기대와는 달리 반란은 급속히 확대되어 시민적 개혁의 차원을 넘어서게 되었다. 특히 한때 루터파의 전도사였던 토마스 뮌처Thomas Müntzer, 1490-1525가 이끄는 빈농 중심의 신비주의적인 혁명적 운동의 분파가 독일 전역을 내란의 소용돌이 속으로 내몰면서 자신이 추구했던 시민적 개혁운동이 평민적, 농민적 혁명에 휩쓸리자 루터는 "폭도같이 유독하고 유해하며 악마적인 것은 없다"라고 역설하면서 농민

전쟁을 격렬하게 비판하기 시작했고, 뮌처를 향해서는 '악마의 두목'이라 불렀다. 루터의 가톨릭에 대한 저항과 개혁은 어디까지나 시민적 개혁의 한계 내에 있었던 것이다.

루터의 의도가 무엇이었든 간에 종교개혁은 독일이 근대 국민국가를 형성해 나가는 데 중요한 계기가 되었다. 이미 서유럽의 다른 나라들에서 진행된 절대 국가의 성립이 뒤늦었던 독일에서도 자유로운 독립소생산자로 성장하고 있던 시민계급은 이를 강력히 요구하고 있었다. 루터의 개혁운동과 농민전쟁의 결합은 이러한 방향으로의 발전에 기여했다. 그러나 농민전쟁이 시민적 개혁의 한계를 넘어 나아가면서 이 결합은 붕괴되고 말았다. 뮌처가 주도한 운동은 교황과 성직 제후들뿐만 아니라 세속 제후의 지배까지도 부정했다. 이 때문에 농민전쟁은 제후들의 강한 반격에 의해 진압되었다. 하지만 그 자체로서는 비록 좌절되고 말았을지라도 이 농민전쟁은 절대주의의 성립을 저지해 왔던 봉건적, 교회적인 낡은 요소들을 일소하는 중요한 변화의 기초가 되었다. 루터의 개혁과 농민 반란, 그리고 그것의 진압을 통해 제후들은 각자의 영내에서 절대권력을 굳히게 되었고, 교회령의 국유화와 교회의 국교화가 이루어지게 되었다.

2. 칼뱅과 프로테스탄트 윤리

독일의 역사학파 경제학자이자 사회학자인 막스 베버Max Weber, 1864-1920는 『프로테스탄트 윤리와 자본주의 정신The Protestant Ethic and the Spirit of Capitalism, 1904-05』이라는 저서에서 근대 자본주의가 종교개혁 이후 널리 퍼진 금욕적 프로테스탄티즘Protestantism의 윤리, 특히 칼뱅주의Calvinism에 의해서 발전했다고 주장했다. 칼뱅주의는 금욕적 생활윤리와 직업에 대한 소명 의식, 그리고 구원의 수단으로서 노동을 강조했다. 이러한 윤리는 노동을 통한 부의 획득과 축적을 가능하게 했고, 그 결과 합리적 자본주의가 발전하는 데 결정적인 영향을 미쳤다는 것이다.

칼뱅은 프랑스에서 태어나 처음부터 성직자가 되기 위한 교육을 받았다. 칼뱅의 영향으로 프로테스탄트 운동은 비로소 단순히 독일적인 토대가 아니라 전 유럽적인 토대를 가진 신앙과 생활양식이 되었다. 칼뱅의 사상은 루터의 그것과 근본적으로 다른 사상은 아니었다. 그러나 그 차이점은 근대사회의 성립에 있어서 매우 중요한 의미를 지닌다. 루터는 사회에 대해 보수적이며 기존의 정치 세력을 옹호했을 뿐만 아니라 개인적으로는 정숙주의라고 해도 좋을 만큼 경건한 심성을 설교했다. 또 루터는 농촌 출신이었기 때문에 그의 사상 속에는 농촌적인 비합리성이 짙게 남아 있었고, 종교적인 급진성과 사회적인 보수성이라는 이중성이 기묘하게 결합되어 있었다. 이에 반해 칼뱅은 활동적이며 진보적인 개혁을 주장하여 개인을 기독교 도덕으로 순화시켜 교회와 국가를 재건하고자 했으며, 생활의 모든 부문을 기독교의 영향으로 일관함으로써 사회를 혁신하고자 했다.

루터가 중세적인 농촌의 계층적 구조의 전통 위에 자신의 교설을 세웠던 반면, 도시에서 태어난 칼뱅은 도시적인 사회를 생각했으며 일관된 합리성을 가지고 있었다. 칼뱅의 사상은 루터의 그것과는 달리 종교와 사회에 대한 관점이 일관되어 있었다. 그는 자본이나 부의 추구를 부정하지 않았을 뿐만 아니라, 나아가 근면한 노동과 신에 대한 헌신에 의해 부를 추구하는 사회를 이상적인 사회로 보았다. 칼뱅의 교설이 중산적 산업자본가들 사이에서 널리 받아들여지게 된 것도 결국 이러한 이유에서이다.

그러나 흔히 이해되고 있는 것처럼 종교개혁이 자본주의 정신을 직접 자각적으로 창조했다는 주장은 반드시 옳은 것은 아니다. 이러한 생각이 일반적으로 받아들여지게 된 것은 아마도 베버가 그의 『프로테스탄트 윤리와 자본주의 정신』에서 주장한 바를 무비판적으로 수용한 때문일 것이다. 그러나 베버의 사회과학 방법론, 특히 유형론적 역사 인식은 이미 그의 생전에 많은 논란을 겪었을 뿐만 아니라 지금도 그러하다. 종교개혁과 자본주의적 가치관의 관계는 초기에는 오히려 적대적이었다고 할 수 있다. 칼뱅의 경우만 하더라도 기독교 왕국을 건설하려고 했을 때 그가 원했던 것은 신정神政 정치였으며, 실제로 그는 제네바에서 매우 엄격한 종교적 독재정치를 실시했었다. 그러나 그 내용은 중세 이래로 기독교 세계에서 금지되어 왔던 이자를 노동자의 수입인 임금이나 지주의 지대와 같이 정당한 것이라고 인정하는 등 어느 정도는 신흥 상공업자들의 이해를 반영한 것이었다.

칼뱅이 자라고 활동한 프랑스와 스위스는 루터의 배경이 된 독일보다 시민사회의 발전과 절대주의의 성립이 빨랐으며 훨씬 견고했다. 특히 당시 제네바는 유럽 상업자본의 중심지로서 봉건 세력보다는 신흥 상공업 계층의 세력이 더욱 강한 곳이었다. 정치에 대해 적극적이었던 칼뱅은 신흥 상공업자의 힘을 인정하면서 시민 활동이나 사회조직을 생각하지 않을 수 없었다. 칼뱅주의는 이 때문에 농촌 공동체의 가부장적인 덕을 이상화하는 농민 운동이 아니라 도시적인 운동이었으며, 중산적 생산자와 새로운 시민계급에 기초한 교설이 되었던 것이다.

이와 같이 칼뱅의 교설은 중산적 산업자본가 계급의 사회적·정치적 요구를 뒷받침하는 사상으로서, 그들의 이해를 관철시키면서 급속히 확산되어 갔다. 칼뱅의 사상은 자본제 사상이 일반화되고 자유 경쟁이 지배적이 되어 시민적 권리가 인간적 자연 그 자체에 의해 인정되고 그것에 기초한 사회 질서가 근대적 자연법으로서 경험적으로 확정되기까지 부르주아계급의 정신적 지주를 이루었다.

그러나 당시까지는 새로운 산업자본가 계급이 봉건사회의 태내에서 태어난 지 얼마 되지 않은 데다가 여전히 봉건적 사회조직과 얽혀 있었기 때문에 그들은 아직 하나의 계급으로서 자신을 자각할 수 없었고, 이로 말미암아 자신들의 사회적·역사적·정치적 사명을 스스로 이해할 수 없었다. 이러한 한계 내에서 칼뱅주의는 근대 시민계급의 주장을 부정적·역설적으로 파악하여 신의 조화와 예정에서 설명했던 것이다. 특히 칼뱅주의는 당시의 절대주의를 인정했을 뿐만 아니라 절대군주체제에서 메시아를 찾기도 했다. 하지만 그러한 신학적 외피 속에서도 칼뱅주의는 근대 개인주의와 자연법을 배태시키고 교회를 신자 개인들의 자유로운 결합에 기초하도록 함으로써 중세의 원리로부터의 근본적인 해방에 중대한 기여를 했다.

3. 영국의 종교개혁

영국의 종교개혁은 그 발단에서 보면 독일과는 성격이 많이 다르다. 원래 헨리 8세는 독실한 가톨릭 신자였으며 교황청과의 관계도 좋았다. 종교개혁 이전에 헨리 8세는 루터의 「교회의 바빌론 유폐」라는 논문을 반박한 「7성사聖事 옹호론」을 써서 로마 교황으로부터 '신앙의 옹호자'라는 칭호를 받기도 했었다. 그러나 다른 한편 헨리 8세는 윌리엄 틴들William Tyndale, 1494?-1536이 루터의 교설에 근거하여 군주의 절대주권을 옹호한 『그리스도교도의 복종』을 썼을 때에는 "이 책은 모든 국왕이 읽을 만한 책"

이라며 기뻐했다고 한다. 이 책에는 "국왕은 이 세상에서 법의 지배 밖에 있어서 그가 원하는 대로 좋은 일이든 나쁜 일이든 할 수 있다. 그는 다만 신에 대해서만 책임을 질 뿐이다"라고 씌어 있다. 이러한 일화는 영국에서의 종교개혁이 종교적인 동기보다는 정치적인 동기에서 비롯되었음을 보여주기도 하지만, 다른 한편에서는 종교개혁 그 자체가 가지고 있는 이중적 성격을 보여주는 것이기도 하다.

영국에서 종교개혁의 직접적인 원인이 된 사건은 헨리 8세가 왕위를 계승할 아들을 낳지 못한 그의 왕비 캐더린과 이혼하고자 했으나 교황 클레멘스 7세가 이를 허락하지 않은 데서 비롯되었다. 이에 왕은 문제를 의회의 힘을 빌려 해결하고자 1529년 의회를 소집하여, 8년에 걸친 종교개혁 회의에서 로마의 지배로부터 이탈하는 법안을 차례로 가결시켰다. 특히 1534년 선포된 「수장령首長令, Act of Supermacy」은 국왕을 '영국 국교회 지상 유일의 최고 수장'으로 선언함으로써 교황과 공의회가 가지고 있던 법률제정권이나 성직자의 임명권을 국왕이 장악할 수 있도록 했다. 그 결과 종래의 세속재판권은 물론 종교상 재판권까지도 국왕에게 부여되었으며, 또 그때까지는 로마 교황청으로 지불되었던 각종 부과세도 모두 국왕의 수입이 되었다. 더구나 국왕의 종교상 지상권은 신으로부터 직접 주어진 것으로서 지상권 그 자체에 대해서는 의회의 동의조차 필요로 하지 않은 채 「수장령」이라는 이름으로 모든 국민에게 법적 의무를 부과한 것이었다.

이처럼 영국에서 종교개혁의 직접적인 목적은 종교적이라기보다는 다분히 정치적이고 세속적인 차원에 있었다. 그런데 이 외에도 영국에서 종교개혁을 진전시킨 사회경제적 요인이 있었는데, 그것은 주로 교회의 타락과 교회가 가지고 있던 막대한 재산이었다. 그 당시 급속히 성장하고 있던 신흥 시민계급은 교회의 막대한 재산과 특권이 자신들의 성장에 방해가 된다고 느꼈으며, 국왕이나 세속 제후들로서도 재정적 지출의 재원 조달에 어려움을 겪고 있었다. 헨리 8세는 수도원의 재산을 몰수하여 그 일부분을 중앙 및 지방의 귀족들에게 분배해줌으로써 그들의 동의와 충성을 얻어낼 수 있었다. 결국 헨리 8세의 시도가 의회에서 큰 저항 없이 실현될 수 있었던 것은 당시 의회의 성직 귀족들은 사망이나 그 밖의 이유로 공석이 많았고 보충된 자는 국왕에게 저항할 만한 힘이 없었던 반면, 세속 귀족이나 시민계급은 수도원의 해산에 따른 재정적 이익을 기대하고 적극적으로 찬성했기 때문이었다. 특히 젠트리gentry라 불리는 지방의 신흥 하급 귀족들은 인클로저운동의 담당자들로서 광대한 교회령의 토지를 탐내고 있었다. 따라서 이들의 대표자를 포함하고 있던 하원이 국왕의 조치에 적극적으로 찬성했던 것은 당연했다. 그리고 실제로 수도원의 토지는 그 대부분이 하사나 매매를 통해 이들의 수중으로 들어가게 되었다.

이와 같이 국왕이 세속계의 최고 통치자임과 동시에 종교계의 유일한 수장이 됨으로써 영국의 정치제도는 말단의 지방정치까지 세속권과 교권이 일체화되어 종교와 정치가 유착된 형태로 이루어지게 되었다. 국왕 아래 국왕이 임명하는 대주교, 주교, 부주교 등으로 이루어진 위계질서는 말단의 교구 목사에게까지 위로부터의 지배권이 관철되었고, 교구는 교회행정의 기본 단위를 형성하고 있을 뿐만 아니라 동시에 세속 행정의 단위를 형성했다. 그러나 영국의 종교개혁을 주도한 헨리 8세 자신은 스스로를 진실로 프로테스탄트라고 생각하지는 않았다. 「수장령」에 의해 새로 설립된 교회는 가톨릭의 교리와 예배의식을 그대로 유지했으며, 수도원을 해산시키고 영국 국교회의 수장으로서 교황의 지위를 부정했지만 신앙상의 근본적인 개혁은 없었다. 그 출발부터 국왕의 자의적인 의지에 기초했던 영국의 종교개혁은 이후 여러 국왕들의 개인적 의지에 따라 동요하거나 약간의 굴절을 겪기도 했으나, 정치와 종교, 신교와 구교 사이에서 절충적인 성격은 변하지 않았다. 헨리 8세 이후 메리 1세 여왕Mary I, 1516-1558은 가톨릭을 다시 부활시켰다.

메리 여왕 이후 국교도와 신교도 사이의 대립이 격화되자 엘리자베스 1세 여왕 Elizabeth I, 1533-1603은 신구 교회의 중도를 택한 영국 국교회의 원칙을 확립했다. 그러나 제임스 1세James I, 1566-1625와 찰스 1세Charles I, 1600-1649는 전제정치를 실시하여 신교도에 대한 종교적 박해와 성장하고 있는 신흥 시민계급에 대한 정치적 탄압을 계속했다. 특히 1628년 의회가 국왕의 전제적 지배를 제한한 「권리청원Petition of Rights」을 제안하자 찰스 1세는 1629년 의회를 해산하고 11년 동안이나 의회 없이 통치해 나갔다.

진정한 의미에서 영국의 종교개혁은 청교도Puritans 운동에서 시작된다. 청교도 운동은 영국 국교회의 가톨릭적 성향을 개혁하고 그 내부를 순화하든가, 그로부터 분리하여 순화된 회중 조직을 만들고자 하는 목적에서 나타났다. 사회계층적으로 볼 때 청교도들은 대부분 요먼yeoman에 속하는 사람들이었다. 그러나 종교와 정치가 일체화된 영국 국교회 아래서 청교도들은 필연적으로 반체제적인 성격을 띠게 되었다. 1640년 11년 만에 소집된 의회와 국왕파 사이의 대립이 내전으로 발전했을 때 청교도 혁명은 이미 종교개혁의 범위를 넘어 시민혁명으로 발전하고 있었다. 이 당시 의회군을 이끈 사람이 바로 올리버 크롬웰Oliver Cromwell, 1599-1658이다.

수년에 걸친 내전에서 결국 국왕군에게 승리를 거둔 의회파는 1649년 국왕을 처형하고 왕정과 상원을 폐지하고 공화국을 선포했다. 그러나 청교도 혁명은 여러 정파 간의 연합에 의해 달성되었기 때문에 당파적 분쟁이 끊이지 않았고, 무엇보다도 통일된 정치적 프로그램을 가지고 있지 못한 채 구세력을 타도했기 때문에 정치 혁명으로서도 철저하지 못해 구세력과의 타협으로 끝나고 말았다. 크롬웰의 사망 후 아들 리처드 크롬웰Richard Cromwell, 1626-1712이 직책을 인계받아 권력을 승계했지만, 권력을 지탱할 만한 능력이 없었고, 1660년 프랑스로 망명했던 찰스 1세의 아들 찰스 2세Charles II, 1630-1685가 다시 왕권을 되찾았다.

크롬웰 이후 영국에서는 숱한 정부가 부침했지만 그가 창안한 군대조직과 민주정치의 틀은 영국이 수백 년 동안 강대국의 자리를 지킬 수 있게 했다. 또한 그 자신은 종교적 원리에 입각한 독재정치를 했지만 그가 만든 민주적·제도적 장치들은 궁극적으로 프랑스 대혁명과 미국 독립전쟁에 간접적 영향을 끼쳤다. 무엇보다도 이 혁명을 통해서 개인의 신앙과 양심의 자유, 학문의 자유, 그리고 정치적·경제적 자유 등의 요구가 최초로 달성되었다는 점은 세계사에서 매우 중요한 의미를 지닌다고 해야 옳다.

4. 르네상스와 종교개혁

르네상스 운동은 주로 고대를 부흥한다는 형태로 나타났다. 르네상스 인문주의자들에게 고대의 부흥은 현실의 비판, 즉 중세에 대한 강한 부정과 도전을 의미했다. 실은 르네상스 그 자체가 특히 당시에는 아직 후진국이었던 독일의 역사가들에 의해 이상화된 개념이다. 이들은 뒤떨어진 독일의 현실 속에서 발견할 수 없는 부르주아적 인간상을 르네상스에서 찾으려고 했다. 그 때문에 르네상스가 그 전후 관계에서 분리되어 유형화된 것이다. 이들이 고대를 자유인의 자유로운 세계로 이상화한 것은 고대는 기독교를 모르는 사회, 다시 말해서 교회의 지배로부터 자유로운 사회였기 때문이다. 즉 고대는 봉건적 수탈, 교회의 부패, 정치적 분열과 외국의 지배 등 숱한 모순을 안고 있는 그 당시 현실세계의 혐오스러운 상태를 비판하고 개혁하기 위한 근거로서 이상화되었다. 따라서 인문주의자들에게 고대란 단순한 과거라기보다는 그들이 지향하고자 한 일종의 이상향이었다. 반면에 고전고대와 르네상스 사이에 놓인 중세는 혼란기이자 암흑시대라고 폄하되었다.

그러나 엄밀히 말하면 르네상스인들이나 후대의 역사학자들이 이상화했던 고대는 노예제에 기반을 둔, 결코 전적으로 자유로웠다고는 말할 수 없는 사회였다. 그럼에도 불구하고 르네상스인들이 현실 비판을 위해 고대를 이상화하고자 했던 것은 바로 현실을 변화시킬 수 있는 힘을 가지고 있지 못했기 때문이다. 더구나 고대로의 복귀는 오히려 현실을 변혁시키고자 하는 힘을 더욱 약화시킬 수밖에 없다. 그러한 나약함의 표현으로서 이들은 현실 그 자체에 대한 실천적인 비판과 개혁이 아니라 고대의 모방을 자신들의 목적으로 삼게 되었던 것이다. 여기에 르네상스 운동이 가지는 근본적인 한계가 있다고 하겠다.

흔히 종교개혁이라고 하면 루터와 칼뱅에 의해 대표되며, 자본주의적인 직업윤리의 모태가 되었다는 해석은 오늘날 상식처럼 되어 있다. 근대 사회사상사 전체의 흐름에서 볼 때 이러한 해석은 대체로 타당하지만, 종교개혁의 전개과정을 좀 더 자세히 살펴보면 기독교의 내부에서 교황의 권위에 저항하여 종교를 개혁하려는 시도는 봉건사회에서 이미 상당한 정도로 있었다. 나중에 정통파의 대표적 경향으로 부상한 프란체스코회, 도미니크회 등도 처음에는 기독교의 개혁을 목표로 한 운동이었다. 종교개혁 속에서는 교회로부터 국가의 독립, 즉 국가주권의 문제와 개인의 독립, 즉 양심의 자유라는 문제가 함께 나타나고 있다. 양자는 봉건사회의 해체라는 동일한 근원에서 나타나면서 때로는 격렬하게 대립하기도 했는데, 전자를 대표하는 것이 바로 위클리프의 사상이다.

교회 내부로부터의 개혁을 위한 움직임들이 교황을 정점으로 하는 기존의 교회 조직이나 그와 결합된 봉건영주의 권력에 명확하게 대립하기 시작한 것은 봉건사회의 밑으로부터 직접생산자층의 저항이 확대되면서부터이다. 14세기 후반을 전후하여 유럽 각국에서 활발하게 전개된 농민반란들이 바로 그것인데, 가령 1381년에 일어난 와트 타일러의 난은 영국의 선구적인 종교개혁가 존 위클리프 John Wykliffe, 1330?-1384와 그 추종자들인 롤라드파Lollards의 영향을 받은 것이었다. 이 반란의 지도자 가운데 한 사람이었던 존 볼John Ball, ?-1381 목사는 "애덤이 밭을 갈고 이브가 베를 짤 때 어디에 지주가 있었는가?"라는 유명한 설교를 남겼다. 1419년 보헤미아에서 일어난 후스파의 농민반란은 공산 도시 타보르를 중심으로 20년간이나 지속되었는데, 이 반란의 종교적 지도자인 존 후스John Huss, 1370-1415 역시 프라하대학 시절에 이미 위클리프의 저서를 읽고 크게 감명을 받았다고 한다. 위클리프는 종교적·정치적 권력의 행사자는 신의 은총을 받을 때만 그 자격을 갖는다고 주장함으로써 이후 절대주의의 이념적 지주가 되는 왕권신수설의 맹아적 사상을 전개했다. 이에 대해 루터는 복음과 율법 간의 명백한 구분에서 출발하여 이원 왕국론을 주장했는데, 이 교설에서 그는 세속에 대한 성직자들의 감독권을 철회할 것을 표명했다.

그러나 이러한 초기의 개혁파들은 이단으로 억압되거나 로마 교황청의 지배 체제에 흡수되어 본래의 목적을 달성하지 못했다. 이들 선구적인 종교개혁운동이 결국 이단에 머물거나 개혁을 추진하지 못한 까닭은 이들이 르네상스인들과는 다른 의미에서 새로운 생활을 창조할 능력이 없었기 때문이다. 즉 종교개혁운동이 루터와 칼뱅의 경우처럼 교회의 개혁에서부터 인간의 생활방식과 사회체제의 변혁에까지 확대되기 위해서는 그만한 생산력이 직접 생산자의 수중에 축적되어야만 했다. 그러나 이 단계에서도 독일 농민전쟁의 좌파나 영국 청교도혁명의 좌파 등은 기본적으로 복고적인 성격을 가질 수밖에 없었다.

빈농계급 반란운동의 대표적인 인물들이 독일 농민전쟁의 중심인물이었던 뮌처와 영국의 청교도 혁명 당시 디거스 운동Diggers' Movement이라는 유토피아적 공동체 운동을 지도했던 제라드 윈스탄리 Gerrard Winstanly, 1609-1652이다. 뮌처가 주도한 독일 농민운동과 루터의 관계는 이미 잘 알려진 대로지만, '모든 사람들에게 토지의 혜택을 공동의 보고로서 누리게 하는 사랑과 정의의 공동체'를 실현하고자 했던 디거스 운동이 크롬웰의 군대에 의해 분쇄되고, 빈농층을 중심으로 한 윈스탄리의 신비주의가 퓨리

터니즘Puritanism에 승리를 양보하지 않으면 안 되었던 것도 바로 이러한 운동들이 안고 있던 근본적인 한계 때문이었다. 사실 루터나 칼뱅조차도 개인적으로는 그러한 한계를 가지고 있었다. 이 한계를 극복한 것은 종교개혁의 지도자들이 아니라 그들이 창조하고 주도한 운동 그 자체였다.

종교 그 자체를 무시하고자 했던 르네상스가 아니라 단지 종교를 개혁하고자 했던 루터나 칼뱅의 운동이 오히려 그 지도자들의 한계를 넘어 사회 변혁으로 발전하게 된 이유는 크게 두 가지로 요약된다. 첫째, 르네상스의 경우 낡은 사회 질서를 혐오한 나머지 사회 그 자체를 거부했지만, 종교개혁은 인간과 사회 사이의 불가분적 관계를 강조함으로써 새로운 사회관계를 창조하는 데 능동적인 역할을 담당할 수 있었다는 것이다. 둘째, 종교개혁의 중요한 참가자들은 바로 농민이나 중하층 시민과 같은 직접생산자들이었다는 점이다. 이들은 르네상스 운동의 중심이었던 상인과 도시 귀족에 비해 사회의 기초를 형성하는 생산 활동과 보다 밀접한 관계를 맺고 있는 계층이었다. 따라서 그들은 자신들의 생존을 위해 일정한 사회관계가 반드시 필요하다는 사실을 의식적으로든 무의식적으로든 체득하고 있었다. 더구나 이들은 봉건적 사회관계의 압박을 가장 강하게 받아 왔기 때문에 자연히 낡은 사회관계의 개혁을 추구하게 되었던 것이다. 이러한 요구들이 종교개혁의 형태로 분출되고 전개된 것은 낡은 사회의 변혁을 추구하면서도 이들 또한 여전히 종교적 사고방식 이외에는 알지 못했기 때문이다. 근대 시민혁명이 종교전쟁의 형태로 처음 나타난 것도 바로 같은 이유에서인 것이다.

르네상스와 종교개혁은 근대사회의 탄생에 있어서 인간 의식의 변화와 사회구조의 변화를 동시에 가져온 큰 흐름이었다. 그런데 르네상스가 주로 의식과 이념의 측면에서 더 중요한 영향을 주었다고 한다면, 종교개혁은 보다 사회 개혁적인 성격이 강했다. 따라서 근대사회의 형성에 보다 직접적이고 강한 영향을 준 것은 종교개혁이라 할 수 있다. 종교개혁을 배태시킨 사회는 크게 볼 때 르네상스의 사회와 근본적으로 이질적인 사회는 아니었다. 그러나 종교개혁은 르네상스와는 또 다른 사상을 발전시켜 나갔는데, 이러한 차이는 먼저 이 두 운동의 시기적·지리적 특징들에서부터 발견된다. 즉 르네상스가 주로 14~15세기의 운동이었던 반면, 종교개혁은 16세기의 운동이었다. 또한 르네상스가 주로 이탈리아를 중심으로 일어난 데 반해, 종교개혁은 독일이나 프랑스, 영국 등에서 주로 진행되었던 운동이었다.

그러나 보다 중요한 것은 이 두 운동을 주도한 계급 및 계층의 차이다. 르네상스의 주된 담당자들은 상층 시민, 즉 부유한 상인층들이었다. 이들은 새로운 사회를 창조하지는 못했지만 사회의 상류층이 되어 봉건 지배층과 경제적으로나 도덕적으로나 대등한 지위를 얻을 수 있는 계층이었고, 실제로 이들은 상업과 무역을 통해 부를 축적함에 따라 봉건 세력과 매우 긴밀하게 유착되어 나갔다. 따라서 르네상스 운동의 대표자들은 가톨릭 교회가 대표하는 봉건사회의 규율을 비판하기는 했어도 그것을 부정하거나 극복할 수는 없었던 것이다. 종교개혁이 르네상스와는 시기적으로나 지리적으로 또 다른 무대를 필요로 했던 것도 결국은 이 때문이다.

인문주의자들과 루터파의 종교개혁은 중세 교회에 대한 비판이라는 점에서는 명백하게 공통점을 가지고 있다. 그러나 종교개혁과 르네상스는 때로 이질적이거나 심지어 적대적이기도 했다. 물론 양자는 모두 봉건사회의 해체라는 같은 뿌리에서 나온 것이었다. 종교개혁도 르네상스도 현실의 인간이 신에게서 아득히 멀어졌다는 것을, 다시 말해서 낡은 사회질서에서 벗어났다는 것을 인식했다. 그러나 이와 같이 동일한 사실에서 양자가 이끌어낸 결론은 대조적이었다. 르네상스는 이 사실을 불가피한 것이라고 인정하고 낡은 질서를 무시하려고 한 데 반해, 종교개혁은 이 사실을 인간의 철저한 타락이라고 비난했다. 그 결과 종교개혁은 르네상스를 타락의 극치라고 규탄했고 르네상스는 종교개혁을 광신적이라고 조소했다. 종교개혁이 르네상스의 부패를 비난하고, 가톨릭 교회가 종교개혁에 대항하여 반대 개혁을 시작하면서 르네상스는 양자로부터 모두 맹렬한 공격을 받게 된다. 그러나 휴머니즘 르네상스의 기조를 이루는 관용과 반反광신의 정신은 곧 양자에 스며든다.

근대 합리주의와 경험주의 철학

1. 합리주의 사상의 발전

근대 철학의 커다란 두 조류는 유럽 대륙을 중심으로 한 합리론 철학과 영국에서 성행한 경험론 철학이다. 일반적으로 합리주의란 인식과정 가운데서 이성적인 단계를 절대화하여 사유 또는 이성만이 진리를 발견할 수 있다는 생각에서 출발하는 인식론적 경향을 가리킨다. 경험주의나 감각주의에 대립하는 철학체계로서의 합리주의는 사유만 진리의 기준으로 삼으며, 인식의 감각적인 단계를 기만적이며 혼란스러운 것으로 배척한다. 물론 이러한 의미에서의 합리주의는 이미 초기 그리스 철학에서부터 나타났다.

고대 그리스의 엘레아학파^{Elea School}는 기원전 5세기에 그리스 식민 도시 엘레아에서 생긴 철학의 한 유파이다. 이들은 날카로운 논리적 사고가 특징이다. 진실로 존재하는 것은 불생·불멸·불변의 존재뿐이라는 일원론의 입장에서 존재의 다양성과 운동·변화를 부정했다. 엘레아 출신 파르메니데스^{Parmenides, B.C. 515?-B.C. 445?}와 그의 제자 제논^{Zenōn ho Eleates, B.C. 490?-B.C. 430?}이 대표적인 인물이다. 이들은 감각에 의해 인식된 모든 진리 내용을 부정하면서, 오직 변화하지 않는 존재만이 참 존재인데 이러한 존재는 감각을 통해서는 인식될 수 없으므로 추상적인 사유만이 진리를 발견할 수 있다고 주장했다. 이렇게 엘레아학파에서 이미 지각에 대립되는 순수사유에 대한 최초의 적극적인 규정이 나타나는데, 논리적 합법칙성이 바로 그것이다. 이후 그리스 철학의 합리주의적 전통은 두 가지 방향으로 발전하는데, 하나는 피타고라스와 데모크리토스의 유물론적 합리주의이며 다른 하나는 소크라테스로부터 플라톤과 아리스토텔레스에게 계승된 관념론적 합리주의이다.

그러나 근대 이전의 모든 철학은 사유를 창조적인, 즉 내용을 산출해내는 활동으로서가 아니라 이미 존재하는 개념들을 탐색하는 활동으로 간주했다. 합리주의를 새로운 단계로 끌어올린 것은 임마누엘 칸트^{Immanuel Kant, 1724-1804}나 헤겔과 같은 독일의 고전철학자들이었는데, 이러한 전환의 전기를 마련한 것은 데카르트와 그 후계자들이었다. 데카르트는 갈릴레오 갈릴레이 Galileo Galilei, 1564-1642에 의해 기틀이 마련된 자연과학의 수학적 토대에서 근대 합리주의의 기초를 만들었다. 갈릴레이는 자연의 여러 현상을 가장 단순한 수학적 요소로 나눈 다음, 수학이 자연현상을 가장 완전하게 설명하고 해석할 수 있음을 증명했다. 데카르트는 모든 인간 지식의 기초를 이루는 보편수학을 추구했으며, 고트프리트 라이프니츠 Gottfried Wilhelm Leibnitz, 1646-1716도 이와 유사한 보편과학 및 보편언어를 만들고자 했는데, 그는 이 궁극적인 통일을 수학의 본성으로 간주했다. 데카르트와 라이프니츠의 철학은 네덜란드의 바뤼흐 스피노자 Baruch de Spinoza, 1632-1677와 독일의 크리스티안 볼프 Christian Wolff, 1679-1754 등에 의해 계승되었다.

합리주의 철학의 전통을 그 정점으로까지 끌어올린 것은 독일의 고전철학자들이었다. 라이프니츠만 하더라도 아직 영혼의 활동을 실체적인 것으로 간주했으나, 칸트는 그것을 비판주의라는 방법으로 순수하게 인식론적으로 취급했다. 한편 헤겔은 자신의 철학체계 전체를 개념의 논리적인 연속으로 전개했다. 이른바 사유와 존재의 통일을 통해 헤겔은 합리주의의 전통을 실제적인 현실과 통일시키고자 했다. 그러나 독일 고전철학은 합리주의 철학이 가지고 있는 관념론적인 한계를 극복하지는 못했는데, 합리주의가 가지는 긍정적인 계기들을 보존하면서 이러한 한계를 극복한 것은 카를 마르크스 Karl Marx, 1818-1883에 와서야 비로소 가능했다.

근대 합리주의 철학은 중세의 질곡으로부터 인간의 해방과 인간 이성의 자유를 추구함으로써 모든 근대사상과 철학, 특히 18세기의 계몽운동에 직접적인 영향을 주었다. 물론 엄밀히 말하면 다소 감각주의적인 철학적 인식론에 기초했던 계몽주의는 합리주의 철학과는 본질적으로 대립되는 성격을 가지고 있기도 했다. 일반적으로 계몽주의자들은 영원히 타당한 진리나 단지 사유에 의해서만 합리주의적으로 획득된 체계적이고 독단적이며 형이상학적인 지식은 전혀 인정하지 않았다. 하지만 그럼에도 불구하고 계몽주의를 포함한 근대사상 전체에 미친 합리주의 철학의 영향은 결코 부정할 수 없을 만큼 분명하다. 왜냐하면 모든 근대 사회사상의 출발점이 되는 것은 바로 데카르트에 의해 최초로 정립된 '절대개인 absolute individual'의 개념이었기 때문이다. 따라서 사상사적으로 볼 때 계몽주의는 근대 합리주의의 계승이자 극복이라는 의미를 갖는다고 해야 옳다.

2. 데카르트

철학자이자 수학자이며 물리학자였던 데카르트는 독특한 인식론적 합리주의와 자연의 물리적 통일에 관한 학설로 인하여 근대 철학의 창시자들 가운데 가장 중요한 사람으로 간주된다. 처음 데카르트는 라플레슈의 예수회 학교에서 철학, 자연과학, 고전어 등에 관한 교육을 받았는데, 그가 가장 좋아한 것은 수학이었다. 이 시절에 이미 기하학적 도형의 크기를 대수방정식으로 풀 수 있다는 점을 인식함으로써 그는 해석기하학의 선구자가 되었다. 데카르트가 새롭게 발견한 방법은 과학적으로 선구적인 업적일 뿐만 아니라 그의 인식론 및 방법론에 결정적인 영향을 미쳤다. 1629년 그는 프랑스를 떠나 네덜란드로 이주했는데, 그 이유는 당시의 네덜란드는 가장 시민혁명이 활발하게 진행된 나라로서 도덕적·철학적 문제에 대해 보다 많은 사상의 자유가 보장되었기 때문이다. 1649년 데카르트는 스웨덴 여왕의 초청으로 스톡홀름을 방문했다가 갑작스런 발병으로 그곳에서 생을 마쳤다.

데카르트의 철학은 진리를 발견하는 방법, 직관적 진리로부터 다른 진리로 전진해 나가는 방법의 토대이고자 했다. 그는 모든 감각적인 진리와 사념에 대한 회의와 부정에서부터 출발한다. 왜냐하면 이것들은 최고의, 그리고 직접적인 확실성을 가지고 있지 못하기 때문이다. 데카르트는 이러한 방법을 통해 제1의 기본적인 진리 Le premier principe 인 의식의 자명성에 도달한다. 즉 나는 내가 생각하며 의식하는 존재라는 것을 부정할 수 없다는 것이다. "나는 생각한다. 그러므로 나는 존재한다 cogito ergo sum" 라는 명제의 의미가 이것이다. 그러나 여기서 '생각한다'는 것은 단지 지적 작용에만 국한되는 것이 아니라 판단, 의욕, 감각의 작용을 아울러 의미하는 것이다. 자신의 대표적 저작인 『성찰 Meditationes de prima philosophia, 1641 』에서 데카르트는 "생각한다는 것은 의심하고, 이해하고, 긍정하고, 의지하며, 의지하지 않으며, 또한 상상하며, 감각하는 것"이라고 부연하고 있다. 또한 『철학의 원리 Principia philosophiae, 1644 』에서 그는 "생각한다는 말로써 내가 이해하는 것은 우리 속에서 이루어지되 우리 자신이 직접

의식하는 모든 것이다. 따라서 이해한다는 것, 바란다는 것, 상상한다는 것만이 아니라 또한 감각한다는 것도 생각한다는 것과 같다"고 규정하고 있다. 이와 같이 데카르트에게 있어서 '생각한다'는 것은 인간의 정신적 활동 전체를 의미하는 것이었다.

세계관의 면에서 볼 때 데카르트는 이원론자였다. 그는 서로 독립적이면서 서로 다른 것으로부터는 도출되지 않는 두 가지 영원한 실체를 자신의 방법론의 출발점으로 삼았는데, 그것은 물질적 실체 res extensa 와 정신적 실체 res cogitans 이다. 이를 통해 데카르트는 신의 존재를 이론적으로 정당화하려고 했다. 데카르트의 이원론은 한편으로는 시민계급의 경제적 성장을 반영한 것이지만, 다른 한편으로는 여전히 강력한 성직자계급과 봉건적 절대주의에 대한 정치적 승인이기도 했다. 그러나 이러한 자기모순과 비일관성에도 불구하고 데카르트는 우주를 그 자체로부터 설명하려 했으며, 인간의 윤리적 행동도 인간 자신, 즉 인간 본연의 성질로부터 이끌어냈다는 점에서 모든 근대철학의 출발점이라 할 수 있다. "나는 생각한다. 그러므로 나는 존재한다"고 선언했을 때 그는 중세의 위계적 세계관에 대항하여 인간의 주체성을 명확하게 주장한 근대 최초의 인물이 되었던 것이다.

3. 경험주의 철학의 발전

합리주의 철학의 지나친 이성주의에 대한 비판은 동시대에 이미 나타나고 있었다. 이 철학 사조는 주로 영국을 중심으로 발전했는데, 베이컨으로 대표되는 근대 경험론 철학이 바로 그것이다. 앞에서 본 것처럼 합리주의 철학의 창시자인 데카르트는 인간의 이성을 신뢰하고, 우리가 이성적으로 확실한 것에서 확실한 것으로 추리해 가면 진리를 인식할 수 있다고 생각했다. 따라서 신의 존재, 물체의 존재라는 것도 추리에 의해 확실한 신뢰로서 연역된다고 생각했다. 그러나 이에 대해 경험론자들은 초경험적 존재나 선천적인 능력보다 감각과 내성內省을 통하여 얻는 구체적인 사실을 중시하여, 전자도 후자에 의해 설명된다고 주장함으로써 지식의 근원을 이성에서 찾는 이성론·합리론과 대립했다.

경험론의 의미는 다양하게 사용되지만 일반적으로 가장 넓은 의미로는 믿음들이 무엇보다도 실제 경험에 의해 확증되기만 하면 받아들여질 수 있고 행동기준이 될 수 있다는 철학적 입장을 의미한다. 합리론이 인식의 형식적 측면, 즉 사유의 필연성과 보편타당성이라는 인식의 이상을 추구한 데 반하여, 경험론은 인식의 내용적인 측면, 즉 사태의 특수적·개별적인 것에 주목하여, 인식의 현실을 강조한다. 현실적 인식이 우리에게 보여주는 특징은 감각 기관을 통해서만 사물에 대한 지식이 획득될 수 있다는 사실이다. 이렇게 보면 모든 현실적인 지식은 감각경험에 의존하는 것처럼 보이며, "이미 감각 속에 없는 것은, 지성 속에도 없다"는 중세 이래 경험론의 전통이 말하는 것처럼, 감각적인 인식만이 본질적일 수 있다는 것이다.

철학이론으로서 경험론은 이미 고대 철학의 역사 속에 존재해 왔다. 고대 그리스의 소피스트 sophist, 소크라테스학파의 일부, 에피쿠로스학파 등이 이 경향에 속하며, 플라톤과 아리스토텔레스의 이성주의·초월주의의 경향과 대립된다. 그러나 경험론적 경향이 유력해진 것은 역시 과학의 발전과 더불어 경험적 사실이 중시되고, 또 인식론이 철학의 중심과제가 된 근대 이후의 일이다. 17세기 갈릴레이에 의해서 시작된 자연과학 연구의 방법론적인 변혁은 아이작 뉴턴 Isac Newton, 1642-1727 의 역학적 자연과학으로 집대성되었다. 역학적 자연과학의 이러한 성공은 철학의 방법론에 반성을 촉구했다. 자연과학적 방법론에서 수학의 성과에 착안한 사람들이 합리론자들이라면, 자연에 대해서 신학적·철학적 선입견을 버리고 직접적으로 감각경험과 관찰·실험에 호소한 사람들은 경험론자들이었다. 특히 영국은 경험론의 전통에 있어 대륙의 이성론이나 독일의 관념론 등과는 대조적인 성격을 띤다.

영국 경험론의 진정한 기원은 관찰과 실험을 중시하고, 연역적 추리에 대하여 개별적 경험에 근거를 두는 귀납법을 제창한 프랜시스 베이컨 Francis Bacon, 1561-1626 이다. 베이컨에 의하면 지성이란 자연을 정복하고 변혁하며, 인간 생활에 유효케 되는 힘이고, "아는 것이 힘이다". 자연의 정복은 지성에 바탕을 두고, 그것에 겸허하게 따라서 자연을 충실하게 관찰 정리하고, 법칙을 찾아내서 변혁해 가는 일이다. 베이컨은 "자연은 그것에 복종하지 않으면 정복되지 않는다"고 말했다. 이처럼 베이컨은 경험에 앞선 지식이 있다는 것을 부정하지는 않았지만 진정한 지식은 자연 세계에 대한 경험에서 얻을 수 있다고 주장했다.

베이컨 이후 경험론 철학은 홉스를 거쳐 로크에 이르러 명료화되었다. 유물론자이자 유명론자인 토머스 홉스Thomas Hobbes, 1588-1679는 개념에 관한 경험론과 지식에 관한 합리론을 결합하여 모든 관념은 물질이 감각을 자극함으로써 생겨나지만 지식은 그 관념들에 대한 연역적 계산에서 생겨난다고 보았다. 경험론 철학의 발전에서 가장 정교하면서도 영향력이 컸던 것은 『인간오성론Essay Concerning Human Understanding, 1690』을 쓴 존 로크John Lock, 1632-1704의 철학이었다. 경험론 철학은 인간의 인식에서 경험이라는 것이 수행하는 역할을 중시한다. 베이컨은 경험을 중히 여기며 자연연구를 해야 한다고 주장하고 자연연구에서의 귀납법의 중요성을 역설했으며, 홉스도 기계론적 자연관을 절대라고 생각하고 정신적인 것도 똑같이 기계론적으로 설명하려 했다. 두 사람 모두 경험론적 입장에 섰으나 진정한 경험론 철학의 기초를 세운 것은 로크이다.

로크에 의하면 인간의 인식은 모두 감각과 반성이라는 두 가지 경험에서 생기며 이 경험으로 단순관념이 주어진다. 아무리 복잡한 관념이라도 그 기원은 단순관념으로 분해된다는 것이다. 로크는 모든 지식이 감각작용 혹은 반성작용에서 생겨난다고 주장함으로써 본유관념의 가능성을 부정했다. 로크는 개념의 본성 문제와 지식의 정당화 문제를 혼동하기는 했지만 개념의 경험적 성격을 철저하게 고수함으로써 어떻게 단순관념에서 복합관념이 생겨나는지를 자세히 설명했다.

그런데 로크는 모든 인식의 기원을 경험에 두었다는 점에서는 경험론자이기는 하지만, 그의 철학체계 속에는 아직 합리주의적인 요소들이 내재하고 있기 때문에 곳곳에서 합리론자로서의 측면도 함께 나타나고 있다. 따라서 로크는 형식적인 의미의 경험론자에 지나지 않는다. 이런 로크의 입장에 대해 철저하게 비판을 제기하고 실질적인 의미의 경험론자로서 등장한 사람이 버클리이다. 그리고 버클리보다 더 경험론적 측면을 더욱 계승해 나간 마지막 경험론자가 바로 흄이다. 유신론적 관념론자 조지 버클리George Berkeley, 1685-1753는 정신 외부의 물질세계의 존재를 부정하면서 물체를 지각된 관념의 복합체로 보는 현상론을 내놓았다. 스코틀랜드의 회의론자 데이비드 흄David Hume, 1711-1776은 로크 경험론의 원칙을 더욱 철저하게 고수함으로써 물체·정신·인과관계 등의 개념 속에는 경험으로 확인되는 내용 이외의 것이 들어 있지 않다고 주장했다.

경험론자들은 추상 개념, 경험의 배후에 있는 실체 개념, 인과율因果律 등에 대한 날카로운 비판을 보였다. 특히 흄은 추상 관념을 비판하여 관념의 기원을 감각인상에서 찾음으로써 후일 독일 철학자 칸트로 하여금 이성론의 독단이라는 잠에서 깨어나게 했다. 경험론은 볼테르를 거쳐 프랑스에 유입되자 프랑스 계몽사상, 특히 프랑스 유물론의 발전에 크게 기여했다. 또 영국 경험론은 이와 같은 프랑스의 계몽사상이나 유물론과 합류, 봉건제에서 깨어나지 못했던 독일을 일깨웠는데, 그것은 단순한 충격에 그치지 않고 독일 관념론 형성의 기반이 되었다. 그러나 근대 경험론으로서의 영국 경험론은 이 동안 프랑스 유물론이나 독일 관념론의 형태로 소멸한 것이 아니라, 독자적으로 발전하여 19세기 전반에는 영국의 부르주아 급진주의의 철학적 지주가 되었다.

칸트의 비판철학은 경험론과 합리론의 대립을 해소하기 위한 노력의 결실이었다. 그는 모든 지식이 경험과 더불어 시작하지만 경험에서 생겨난 것은 아니라고 주장함으로써 본유적인 것과 선천적인 것을 명확히 구별했다. 그에 따르면 인간 정신은 여러 선천적 개념과 선천적 종합 판단을 갖고 있지만 그것들은 경험을 초월해 있는 실재와는 관계하지 않는다. 영국에서는 19세기 말까지 로크의 경험론이 성행했다. 특히 고전학파의 마지막 거장인 존 스튜어트 밀John Stuart Mill, 1806-1873은 가장 철저한 경험론자였다. 그는 수학적 지식도 다른 모든 지식과 마찬가지로 경험적, 귀납적이라고 주장했다.

그러나 경험론에 대해 비판적인 철학자들은 아리스토텔레스의 연역 논리에 대항하여 생겨난 베이컨의 근대 경험론은 과학의 시대를 맞아 진가를 발휘했지만, 갈릴레이 역학에 내포되어 있는 수학의 혁명적 성격을 제대로 인식하지 못한 결함이 있다고 비판한다. 베이컨과 비슷한 시대에 이미 데카르트는 명석한 관념은 본유적이며, 비록 인간 지성의 한계 때문에 경험에 의존하는 일이 불가피하더라도 원칙적으로 모든 지식은 선천적이라고 비판했다. 이처럼 17세기 이후 철학의 주요한 영역으로 자리 잡은 인식론의 주요 문제는 지금도 여전히 경험론과 합리론 사이의 문제이다. 경험론의 강점은 인간의 개념과 지식이 외부 세계에 적용되고, 세계는 감각을 통해 인간에게 작용한다는 점을 인정한 데 있다. 그러나 감각 자료를 처리하는 과정에 정신이 어느 정도 개입하는지는 그 누구도 쉽게 답할 수 없는 문제이다.

4. 베이컨

베이컨은 영국의 계몽주의의 선구자이자 영국 유물론과 모든 근대 경험과학의 아버지라 불린다. 사실 베이컨은 많은 면에서 모순적인 인물이었다. 그는 귀족 출신이었을 뿐만 아니라 스스로도 높은 수입을 주는 관직을 얻고자 노력했으며, 뇌물 사건으로 말미암아 의회로부터 추방되기도 했다. 그는 엘리자베스 여왕 치하에서 국회의원이 되었고, 제임스 1세 치하에서는 사법 장관과 기타 요직을 지내 '벨럼 남작', 이어서 '오르반즈 자작'이 되었다. 1613년에 검찰 총장, 1618년에 대법관 등 날로 권세가 높아갔으나, 수뢰사건으로 의회의 탄핵을 받아 관직과 지위를 박탈당하고 정계에서 실각한 후 만년을 실의 속에 보내면서 연구와 저술에 전념했다. 당시 영국 의회에서는 신흥 상공업자계급과 자본주의적 지주계급의 대표자들이 국왕 제임스 1세와 치열하게 대립하고 있었는데, 베이컨은 일관되게 국왕의 무제한적인 권력을 옹호했다. 그러나 베이컨의 주장은 당시 쟁점이었던 왕권신수설에 대해서는 그다지 긍정하지 않았다. 그는 국가의 본질로부터 국왕의 권력을 도출하고자 했는데, 이것은 완전히 부르주아적이고 합리주의적인 사상이었다. 따라서 그의 사상에는 전제군주가 아니라 의회와 공동으로 권력을 행사하는 인도적인 계몽군주에 대한 요구가 부각되어 있었다.

철학자로서 베이컨은 냉정하면서도 유연한 지성을 가진 현실파 인물이었으며, 그의 철학적 경향은 전통적인 스콜라적·아리스토텔레스적 경향과 근본적으로 결별한 것이었다. 물론 근세 초기의 사상가답게 그 역시 천동설을 신봉했고, 아리스토텔레스에 대하여 반대하면서도 아리스토텔레스적 사고를 완전히 불식하지 못한 점도 많았다. 그러나 그의 기본적인 의도는 스콜라철학의 결함을 비판하고 새로운 경험론적 방법을 발견하려는 데 있었다. 그는 우주 일체의 활동의 원인, 그 가운데서 특히 우리 인간이 자유롭게 지배하고 명령할 수 있는 원인을 규명하려고 힘썼으며, 그러기 위해서 인류가 현재 소유하고 있는 지적 재산의 일람표를 작성하여 무엇이 결핍되었고 무엇을 보충해야 하는지를 분명히 하려고 했다. 처음 그는 『학문의 대혁신』이라는 제목으로 전 6부의 집필을 구상했으나, 실제로 간행된 것은 3부뿐이었는데, 특히 제1부 『학문의 진보 *The Advancement of Learning, 1605*』와 제2부 『신오르가눔 *Novum Organum, 1620*』이 중요하다. 이 '신오르가눔'이라는 제목은 아리스토텔레스가 쓴 논리학 서적 『오르가논』에 대항하여 새로운 논리기관, 수단이라는 의미이다.

베이컨은 인간의 정신능력을 기억·상상·이성으로 구분하고, 이에 따라서 학문을 역사·시학·철학으로 구분했고, 다시 철학을 신학과 자연철학으로 나누었다. 그의 최대 관심과 공헌은 자연철학 분야에 있었고 과학방법론·귀납법 등의 논리를 제창하는 데 있었다. 『신오르가눔』에서 그는 인간의 지성이 진리에 접근하는 것을 방해하는 편견으로 4개의 이도라 *Idora*, 즉 우상 또는 환영을 지적했는데, 그것은 종족의 우상, 동굴의 우상, 시장의 우상, 극장의 우상이다. 종족의 우상은 인류라는 종족에 대한 보편적인 선입관이고, 동굴의 우상은 개인적 편견으로서, 마치 동굴 속에 있듯이 자연의 빛이 보이지 않는 상태를 비유한 것이다. 시장의 우상은 언어의 부적당한 사용에 기인하는 것으로, 시장에서 있지도 않은 풍설이 나도는 것과 같은 것이며, 극장의 우상은 논증의 잘못된 규칙이나 철학의 그릇된 학설과 체계에 의하여 일어나는 것으로서, 마치 무대 위에서 상연되는 가공의 이야기에 비유되는 것을 말한다.

베이컨은 이러한 편견을 일소함으로써, 지식의 확대에 기여하지 못하는 연역적 삼단논법이 아니라 실험과 관찰에 기초를 둔 귀납적 방법을 중시했다. 베이컨이 주장한 "아는 것이 힘이다", 또 "자연은 그에 순종함으로써만 정복할 수 있다"는 등의 말을 통해서도 알 수 있듯이 그의 목적은 인간이 자연을 지배하는 방법의 확립이었다. 그러나 그의 본질은 역시 중세적 '형상'이라는 사고방식에서 벗어나지 못하고 있고, 자연법칙의 의미를 명확히 하고 있지 않으며, 수학에 대한 몰이해 때문에 자연 속의 보편적 법칙을 양적 관계로 파악할 수단을 가지지 못했다는 점에서 그의 시론은 불충분한 것이었다.

그러나 베이컨의 철학은 근대 과학의 중요한 일면을 확실하게 강조하고 있다. 베이컨에 있어 '형상'의 탐구는 형이상학이었지만, 그 형이상학의 응용 부문은 미신적 마술과 구별된 '자연적 마술'이었다. 여기에 르네상스적 마술이 근대과학의 공학적 기술로 전신하려 한 전환점이 나타나 있다고 할 수 있다. 따라서 그의 철학이 지향하는 것은 그와 같은 새로운 마술, 즉 발명·발견을 뜻하는 대로 성취시킬 수 있는 기계공학적 마술의 달성이었는데, 그는 이것을 『뉴아틀란티스*The New Atlantis, 1627*』라는 미완성의 유토피아 이야기에서 항공기·잠수함·인공의 합성금속 등의 과학적 발명을 실현하고 있는 이상국의 꿈을 묘사하여 나타냈다.

베이컨은 과학의 진보에 장대한 꿈을 싣고 과학연구의 방법을 제창했지만, 그 방법을 실제로 이루는 데 성공하지는 못했다. 그러나 그의 철학 속에서 구현된 방법의 정신, 즉 미래를 예견한 광대한 전망적 정신과 그 지적 전망에 의하여 '인류의 왕국'을 확대하여 자연에 대한 인간의 승리를 달성하려고 한 그의 장대한 포부는 그 후에 영국뿐만 아니라 널리 전 유럽의 근대 철학에서 그를 선각자 속에 자리 잡게 했다.

제 **4** 절

근대 자연법 사상

1. 자연법 사상의 발전

자연법이란 자연적 존재질서 또는 인간의 자연적 속성에서 출발하여 이로부터 공동생활, 윤리적 행동, 정치적 삶의 규범을 이끌어내고자 하는 모든 도덕이론과 법이론 및 정치이론의 기본 개념이다. 물론 자연적 존재질서가 도덕법칙과 정치규범의 척도이므로 자연규범을 따르고 모방해야 한다는 사상은 근대 이전부터 존재했다. 가령 그리스의 소피스트들은 자연을 정의의 기초라고 불렀으며, 소크라테스는 자연법을 신의 불문율이라 보고 그것이 국가를 지배하는 법의 도덕적 기초라고 생각했다. 그러나 자연법 사상이 역사적으로 정초된 사회이론과 국가이론의 형성에 결정적으로 중요한 의미를 갖게 된 것은 17~18세기의 세속적 자연법 또는 이성법의 시대에 와서이다.

근대 자연법 사상과 이론을 처음으로 제시한 사람은 네덜란드의 법학자이자 정치가인 휘호 흐로티위스*Hugo Grotius, 1583-1645*이다. 흐로티위스의 선구적 의의는 그가 자연법을 인간의 모든 법률뿐만 아니라 신의 계시보다도 더 우월한 것으로 설정했다는 점과, 자연법을 세속화시켰다는 점에 있다. 흐로티위스에 의하면 원시적 자연상태에서는 인간들이 도덕적으로 완전했으며 재산을 공동으로 소유했다. 그러나 인간은 이러한 단순한 삶에 영원히 만족할 수 없었고, 서로간의 사랑이 이러한 상태를 유지할 수 있을 만큼 충분히 강력하지 못했기 때문에 자연상태는 오래 지속될 수 없었다. 따라서 사적 소유가 생겨났으며, 인간들은 서로의 폭력으로부터 자신을 보호하기 위해서 서로 결합하여 사회를 이루게 되었고, 나아가 모든 개인은 자신의 권리를 자발적으로 국가에 위임하거나 지배자의 권력을 인정하게 되었다는 것이다. 그로티우스가 주권의 본래적인 주체를 인민으로 보고 절대권력이 전제주의로 타락하는 데 대해 저항할 권리를 제한적으로나마 인민에게 허용함으로써 지배자가 신으로부터 주권을 부여받았다는 신학적 견해를 부정하고 있다는 점은 주목할 만하다. 그러나 다른 한편으로 그의 자연법 이론은 자유와 권리에 대한 인민의 자발적 포기를 인정함으로써 기존 질서와의 타협적 자세를 보여주고 있기도 하다. 이러한 점에서 그의 이론은 이중적이며 과도기적이라고 할 수 있다.

자연법적 사회이론 및 국가이론의 발전에 가장 중요한 기여를 한 것은 영국의 홉스와 로크이다. 이러한 이론들이 특히 영국에서 가장 먼저 발달한 이유는 물론 근대 시민사회가 가장 먼저 또 가장 전형적으로 발전한 국가가 바로 영국이며, 시민혁명과 근대 국민국가의 형성도 영국에서 가장 먼저 일어났기 때문이다. 먼저 홉스에 의하면 인간은 이성에 의해 '만인의 만인에 대한 투쟁' 상태를 극복할 수 있고, 또 자연상태의 자연법, 즉 자연권에 지배되지 않고 그 상태를 넘어서서 이성적 사회 질서를 건설할 수 있다. 따라서 인류의 발전은 자연상태로부터의 타락이 아니라 자연상태로부터 사회상태로의 진보라는 것이다.

홉스의 이론을 계승하여 보다 발전한 자연법 사상을 제시한 사람은 로크이다. 로크는 자유주의적 관점에서 불완전한 자연상태로부터 이성적인 사회 질서로의 발전에 관한 사상을 주장했다. 그는 자연상태의 인간이 홉스가 생각했던 것보다는 더 조화로운 공동생활을 영위했다고 생각했다. 하지만 그도 역시 자연상태를 정치권력이나 확정된 권리가 없었다는 점에서 불완전한 상태라고 보았다. 따라서 자연상태의 여러 관계를 정치적·법적으로 안정시키고자 하는 욕구와 그 필요성에 대한 인식에서 사회계약과 국가계약이 나타나게 된다는 것이다. 그러나 정치적 질서의 최초 형식은 전제주의를 성립시키기 때문에 역시 불완전하다. 절대 권력은 부패하기 쉽다는 것을 경험한 뒤에야 인간은 완전하고 이성적인 질서를 만들어낼 수 있는데, 로크에 의하면 이 이성적 질서에서는 입법권과 행정권이 분리되어 국왕은 행정권의 정상에만 위치할 뿐이다. 여기서 알 수 있듯이 로크의 이론은 당시 영국 시민계급의 요구를 직접적으로 반영한 것이었다.

홉스와 로크의 자연법 사상은 프랑스를 비롯한 각국의 계몽운동에 중요한 영향을 미쳤으며, 이들에 의해 계승되고 발전되었다. 루소는 원시적 자연상태가 보편적 자유와 평등이 지배했던 이성적 상태지만 인류의 역사발전에 따라 이러한 자연상태는 필연적으로 종결될 수밖에 없었다고 주장했다. 여기서는 인류의 역사발전이 정신적·정치적으로 끊임없이 진보해 가는 과정이 아니라 타락의 시기를 거쳐 이성적인 정치적·법적 질서를 확립해 가는 변증법적인 과정으로 나타나고 있다. 한편 독일의 고전철학자들인 칸트, 요한 피히테 Johann Gottlieb Fichte, 1762-1814, 프리드리히 셸링 Friedrich Wilhelm Joseph Schelling, 1775-1854, 그리고 헤겔 등은 자연상태를 이상적 상태로 보는 전통적인 자연법 이론에서 벗어나 반대로 그러한 상태가 역사의 필연적인 종결점이며, 역사는 자신의 궁극 목적인 이성국가에 도달함으로써 완성된다고 주장했다. 이들의 자연법 이론에는 근대 국민국가의 건설이라는 당시 독일의 시대적 과제가 반영되어 있다.

계몽사상가들은 중세적인 편견이나 권위와 억압에 반대하여 이성의 권위와 개인의 존엄성을 강조했는데, 이들로 하여금 인간의 자아와 개성의 존엄성을 주장할 수 있도록 기반을 제공한 것은 바로 자연법이었다. 뿐만 아니라 자연법 이론은 실천적으로도 근대국가 및 사회질서의 형성에 커다란 영향을 미쳤는데, 1776년의 「미합중국 독립 선언문」과 1789년 프랑스 대혁명 당시의 「인간 및 시민의 권리선언」이 바로 그것이다.

2. 토머스 홉스

토머스 홉스는 영국 국교회 사제의 아들로 태어나 옥스퍼드대학에서 논리학과 철학을 전공했다. 그가 태어난 해는 에스파냐의 무적함대가 영국을 침공한 해이기도 하다. 이 전쟁에서 패한 에스파냐는 쇠퇴의 길을 걸었고, 반면 대서양의 제해권을 장악한 영국은 절대주의 왕권의 전성시대를 누렸다. 청교도 혁명 이후 홉스는 자신이 가정교사로 있던 캐번디시 가문과 함께 프랑스로 망명했는데, 이 동안 역시 프랑스로 망명해 있던 황태자, 즉 후일의 찰스 2세에게 수학을 가르치기도 했다. 그는 1651년 크롬웰 정부의 사면을 받아 영국으로 돌아왔으며, 1660년에는 자신이 가르쳤던 찰스 2세가 국왕으로 즉위했다. 그러나 무신론적 입장과 합리적 국가이론을 고수했기 때문에 그는 죽을 때까지 교회와 정부의 박해를 받아야 했다.

홉스 시대에 있어서 가장 중요한 사상적 쟁점은 인간이 이성에 의해 공동사회를 구성할 수 있는가에 관한 것이었다. 홉스는 자신의 사회계약설과 국가론을 통해 이 문제를 구명하고자 했다. 홉스에 따르면 인간의 본성은 자기보존에서 찾을 수 있다. 인간에게 있어서 생존 유지야말로 모든 규범에 우선하는 최고의 선이며, 인간은 그 자신의 자연, 즉 자신의 생명을 유지하기 위해 자의대로 그 자신의 힘을 사용하는 자유로서의 자연권을 갖는다는 것이다. 그러나 모든 인간이 평등한 대신 평화로운 공동생활을 보장해줄 권력이 존재하지 않는 상태에서 인간의 자기보존 욕구는 '만인의 만인에 대한 투쟁bellum omnium contra omnes'으로 나아가지 않을 수 없다. 이와 같이 인간의 자연상태는 그 본성에 의해 인간의 존재 그 자체를 부정하는 경향을 갖는다. 그러나 인간은 자기보존 욕구와 함께 사유할 수 있는 능력을 가지고 있기 때문에 이러한 자연상태를 극복하려고 노력하게 되었고, 그 결과 단결과 평화를 보장해줄 수 있는 지배자에게 복종계약이라는 형식으로 권력을 양도하게 되었다는 것이다. 이러한 논리를 전개하기 위하여 홉스는 자연권natural right과 자연법칙natural law을 구분했다. 여기서 자연권이란 인간이 자기보존을 위하여 자신의 힘을 자의로 사용할 수 있는 권리를 의미하며, 이에 대해 자연법칙은 인간으로 하여금 모든 권리를 포기하고 공동생활에서의 평화로운 관계를 유지하도록 의무를 부과하는 법칙이다.

홉스 국가이론의 핵심은 바로 자연적 존재인 인간은 자연법칙에 맞게 행동해야 한다는 말로 요약될 수 있다. 홉스의 국가이론은 개인주의적인 것에서 출발했으면서도 현실적으로는 군주의 전제를 옹호하는 이론으로 귀결되고 말았다. 하지만 그렇다고 해서 그가 봉건적 절대군주체제를 그대로 정당화했다는 의미로만 해석할 수는 없다. 실제로 그는 당시의 군주제도가 가지고 있는 결함을 결코 간과하지 않았다. 무엇보다도 당시 국왕파의 국가이론은 절대군주의 권력이 종교적인 권위에 의해 주어진 것이라고 간주한 반면, 홉스는 그것이 민중의 승인에 의해서만 부여되는 것이므로 어떤 초월적 존재의 권위를 빌려야 할 필요가 없다고 주장했다는 사실이다. 나아가 그는 절대군주가 어느 특정한 혈통에 속하는 개인만이 아니라 불특정 개인이 민중 속에서 나와 절대 권력을 잡을 수도 있다고 주장하기도 했다. 홉스가 의회파는 물론 국왕파로부터도 비난받았던 것도 이러한 이유 때문이다. 홉스가 1640년에 출판한 처녀작 『법학요강 The Elements of Law』은 국왕파로부터 절대 왕권을 옹호하는 이론으로 환영받았다. 의회파는 홉스가 민중에게 군주에 대한 절대복종을 요구한다는 이유로 그를 배척했다. 그러나 1651년의 『리바이어던 Leviathan』은 그 속에 나타난 무신론적 경향 때문에 오히려 교회와 국왕파로부터 격렬하게 비판받았다. 홉스의 사상은 근대 시민사회와 국민국가이론의 발전에 커다란 공헌을 했으며, 그에 의해 개척된 사상은 이후 로크나 루소와 같은 계몽주의자들에게 중요한 영향을 미쳤다. 근대 정치철학은 홉스에게서 비로소 체계적인 형식을 갖추게 되었는데, 이는 홉스의 이론이 매우 다양한 관점에서 비판적으로 분석되었다는 사실에서도 알 수 있다.

3. 존 로크

로크는 영국 남서부 브리스톨 근교의 농촌에서 젠트리 출신 법률가의 아들로 태어났는데, 그의 부친은 청교도 혁명 당시 의회군의 기병대장이었다고 한다. 로크는 웨스트민스터스쿨과 옥스퍼드대학에서 자연과학과 의학을 전공했는데, 특히 이때부터 데카르트의 저작에 관심을 갖기 시작했다. 자신이 가정교사 겸 정치고문으로 있던 섀프츠베리 백작 Anthony Ashley Cooper Shaftesbury, 1621-1683 이 찰스 2세의 왕위계승에 반대하는 정치사건에 연루되어 네덜란드로 망명하자 함께 망명했다. 명예혁명 Glorious Revolution 이후 귀국하여 한때 관직에 진출하기도 했으나 곧 은퇴하여 런던 근교의 시골에서 조용히 여생을 보냈다.

로크는 영국이 시민혁명을 완수함으로써 최종적으로 산업혁명을 준비하는 대전환기에 살았다. 로크의 철학적 과제는 철학에서 종교문제를 제외하는 것과, 인식론의 문제를 자연과학으로부터 사회문제로 그 근원을 바꾸는 것이었다. 이러한 시대적 과제를 그는 인간오성론으로 해결하고자 했다. 로크도 홉스와 마찬가지로 지식의 본성과 기원을 규명하고자 했다. 그러나 홉스가 원리로부터 연역하여 얻어지는 지식을 존중한 반면, 로크는 경험에서 나타나고 감각에서 유도되는 지식 속에서 진리를 발견하고자 했다. 로크에 의하면 태어날 때 인간의 오성은 백지나 암실과 같은 상태이다. 감각 속에 이미 없는 것은 오성 속에도 없으며, 따라서 인간이 사물에 대해 인식할 수 있는 것은 오직 경험과 감각적 지각을 통해서라는 것이다. 그는 종교는 경험을 초월한 의견에 관한 것이라고 하여 철학적 문제를 종교로부터 분리시켰다. 또 그는 사회과학을 이러한 경험론적인 인식론에 의해 이루어지는 경험과학으로 보고 과학적 탐구와 철학적 성찰을 각각 독립된 것으로 분리시켰다.

이와 같이 인식의 경험적 토대를 강조함으로써 흔히 로크는 유물론적 감각론의 창시자로 평가받는다. 그러나 또한 그의 인식론 속에는 경험론적 주관주의와 불가지론이 결합되어 있었다. 로크의 이론에 의하면 인간은 외부 세계의 본질에 대해서는 영원히 알 수 없게 된다. 이러한 모순적 요소들 때문에 로크의 인식론은 한편으로는 계몽주의자들에 의해, 다른 한편으로는 버클리나 흄과 같은 주관적 관념론자들에 의해 각각 계승되었다. 로크의 인식론에 토대를 이룬 이러한 입장은 그의 윤리관에서도 나타난다. 그는 인간이 태어날 때부터 어떤 도덕적 원리를 가지고 있다든가 자연상태에서도 선과 악을 구별하는 능력을 가지고 있다는 식의 생각을 거부했다. 그에 의하면 자연상태는 만인이 자연법의 한도 내에서 자신이 적당하다고 생각하는 대로 행동하고 자신의 소유물과 신분을 처분할 수 있는 완전한 자유를 갖는 상태를 지칭한다. 이것은 평화와 선의와 상호부조를 통해 생존을 유지하는 상태로서, 성경에서 묘사되고 있는 것과 같은 낙원은 아니지만 그렇다고 홉스의 주장과 같은 전쟁 상태도 아닌 것이다. 로크는 인간이 전쟁 상태에 들어가는 것은 오직 군주가 시민에 대해 전제정치를 할 때뿐이라고 주장했다.

일반적으로 자연법에 관한 당시의 사상과 이론들은『성서』속의 자연상태를 그 출발점으로 삼고 있었다. 그러나 로크는『성서』가 아니라 아메리카 인디언의 사회를 인류 최초의 역사로 보고 이를 정치사회의 기원으로 삼았다. 당시 신대륙은 유럽인들에 의한 수탈과 착취의 대상이기도 했지만, 다른 한편에서 보면 근대 초기의 유럽 지식인들에게 새로운 지적 지평을 열어준 계기이기도 했다. 로크 자신도 직접 식민지 경영에 참여한 적이 있으며, 다른 사람들의 항해기 등을 통해 얻은 신대륙의 사회와 지식에 관한 지식을 자국의 현실에 대한 인식과 비판의 근거로 삼았다. 특히 로크는 아메리카 인디언 사회와 당시의 유럽을 비교함으로써 상업사회로서의 시민사회 성립 근거를 단계적으로 밝히고자 했다. 이런 의미에서 로크는 인류의 경제사를 진보의 관점에서 파악한 최초의 인물이라고 할 만하다.

로크는 아메리카 인디언 사회에 대한 연구를 통해 인류의 역사를 수렵 중심의 채집 사회, 토지 점유 이후의 농경사회, 그리고 교환이 일반화된 상업사회로 구분했다. 로크는 홉스가 보지 못했던 새로운 사회의 흐름에 주목했다. 노동에 기초한 소유의 교환 관계가 진전되던 영국의 새로운 사회경제현상에 주의를 기울였던 것이다. 로크에 의하면 소유의 본질이란 원래 인격이 투영되고 대상화, 객관화된 것이지만, 인격과는 달라서 양도와 교환의 대상이 될 수 있다. 인격에 고유한 것이 바로 소유권이라는 흐로티위스의 이론에 로크는 노동의 개념을 도입한 것이다. 그는 자연상태에서 생존에 필요한 양 이상을 축적하고 소유하기 위해서는 화폐의 발명과 교환경제의 성립이 전제 조건이라고 생각했다. 그러나 이와 같이 소유가 증대하여 교환이 일반화되고 한편으로 불평등이 증대되면 당연히 사람들 사이에서 소유를 둘러싼 투쟁도 격화될 수밖에 없다. 따라서 사회구성원들의 정직한 노동의 산물을 보호하고 소유를 교환하는 질서를 유지하기 위해서는 법과 그것을 준수하게 하는 강제기관으로서 정부가 요구되는 것이다.

이와 같이 로크는 권력관계의 성립을 사회계약에 참가한 사람들이 그 권력을 특정인에게 양도하는 신탁 행위에서 찾고 있지만, 주권자가 이 신탁을 어겼을 때는 국민의 저항권을 적극적으로 인정한다는 점에서 홉스의 국가이론과 구별된다. 그러나 로크 역시 실제로 이 저항권이 행사되는 경우에는 최소한으로 줄어들 것이라고 보았는데, 그 이유는 국민에게 혁명의 권리를 인정함으로써 지배자를 법적 한계 내에 억제해둘 것이라고 보았기 때문이다. 로크의 국가이론은 사회계약설에 그 토대를 두고 국민주권, 권력분할, 입법권의 존엄성, 국민의 저항권 등 오늘날 민주주의 정치제도의 기초를 이루는 여러 개념을 전개했다. 특히 그의 유물론적 인식론과 역사철학적 입장은 유럽의 계몽주의 철학이 형성되는 데 중요한 역할을 했으며, 토머스 페인Thomas Paine, 1737-1809이나 토머스 제퍼슨Thomas Jefferson, 1743-1826과 같은 미국 독립전쟁의 이념적 지도자들도 로크의 사상과 이론으로부터 지대한 영향을 받았다.

그러나 시민사회이론으로서 로크의 이론은 분명한 한계를 가지고 있기도 하다. 한 예로 그는 자연상태에서 시민사회로 이행하는 계기를 화폐의 발명과 상업의 발달에서 찾고 농업생산력이 증대되어도 외국무역이 없는 나라에서는 부의 축적과 증대가 불가능하다고 주장했는데, 이것은 로크가 교환사회로서 시민사회가 분업을 전제로 하고, 이 분업이야말로 근대적 생산력의 원천임을 파악하지 못했음을 보여준다. 이러한 로크의 경제학적 견해와 그 한계는 영국의 고전학파 경제학자들에 의해 비판적으로 발전하게 된다. 한편 자기의식을 가지고 실천적으로 활동하는 시민계급의 양성과 훈련에 목표를 둔 그의 교육관은 프랑스의 계몽사상가들, 특히 루소에 의해 보다 발전한 형태로 나타나게 된다.

제 5 절

계몽주의와 시민혁명

1. 계몽이란 무엇인가?

르네상스의 휴머니즘, 종교개혁, 근대 합리주의 철학을 계승하고 완성시킴과 동시에 그 한계를 극복함으로써 진정한 근대사상으로서의 면모를 확립한 것은 계몽주의였다. 중세의 질곡으로부터 인간을 해방시키고 근대 시민사회의 형성을 지향한 근대 사상운동 및 문예운동의 본격적인 전개는 계몽주의에서부터 시작되었다. 봉건적 질서에 신성한 후광을 비쳤던 형이상학적·신학적 세계관은 계몽주의에 의해 파괴되었다.

계몽aufklärung이란 말은 인간이 신의 계시에 의존한다는 신학적 견해와 대비되는 것으로서, 인간 자신의 자연적 본성에 관한 자각과 인간 본성과 이성에 적합한 조화롭고 인간적인 사회 제도 내에서 이루어질 수 있고, 또 반드시 이루어져야 하는 인류의 자기실현에 대한 자각을 의미한다. 독일의 고전철학자 칸트는 1784년 『계몽이란 무엇인가』라는 책에서 계몽을 "인간이 스스로 자초했던 미성숙으로부터의 해방이며, 모든 면에서 자신의 이성을 공개적으로 사용하게 되는 인간의 자유"라고 정의했다. 즉 어떤 사람이 자신을 계몽주의자라고 부르는 것은 그가 다른 사람의 지도 없이 자신의 지성을 사용할 용기를 가지고 있다는 의미인 것이다.

계몽운동의 발전은 당시 유럽 각국의 역사적·사회적 조건들에 따라 여러 가지 방식으로 이루어졌으며 각기 다른 일반적 의미를 획득했다. 또한 일국 내에서조차도 계몽운동은 다양한 사상적 경향을 포괄하고 있었으며, 다양한 발전 단계를 거쳐 전개되었다. 그러나 설령 그것들이 지역적·시기적으로 매우 광범한 차이를 안고 있다 하더라도 계몽주의 시대의 모든 사상과 문예운동에는 그것들을 계몽주의라고 부르게 되는 일정한 공통점이 있었는데, 그것은 바로 인간의 이성에 대한 신뢰였다.

계몽주의는 본질적으로 저항 문예로서 종교, 자연관, 사회, 국가 조직 등 기존의 모든 것이 이성에 의해 가차 없이 비판되었으며, 그것들은 이성의 법정에서 존재를 인정받든가 아니면 존재를 포기할 수밖에 없었다. 그러나 동시에 계몽주의자들은 이성만이 절대적이라고 보는 합리주의의 형이상학적 인식론에는 반대했다. 그들의 인식론적 기초는 오히려 감각주의적, 실증주의적 성격을 더 강하게 띠고 있었다. 이러한 의미에서 보면 계몽주의는 근대 합리주의 철학의 후계자인 동시에 그것을 극복하고자 한 사상운동이었다.

계몽주의는 근대 시민계급이 자신을 하나의 계급으로 형성하고 신분적, 봉건적 질서와 절대군주제에 대한 투쟁을 전개하던 시기에 형성되었다. 시대와 국가에 따라서 다양하게 나타났던 계몽운동의 형태들은 각각의 사회가 도달해 있던 시민계급 해방운동의 발전 단계와 각국에서의 특수한 조건들을 반영한 것이었다. 그러나 다른 한편 계몽주의의 부르주아적인 계급적 성격은 이 운동의 대표자들로 하여금 근대 부르주아계급의 이해관계를 인간 일반의 자연적이고 보편적인 이해 관계로 가정하게 했다. 따라서 그들이 인간의 해방이라 부른 것은 엄밀히 말하면 근대 시민계급의 해방을 의미할 뿐이었다.

계몽주의는 인간, 사회, 국가에 관한 이론과 사상에서 비약적인 진보를 이룩했으며, 학문을 종교적 교리의 속박으로부터 해방시켰다. 계몽주의를 통하여 비로소 근대의 인간들이 가지고 있던 다음과 같은 모순들이 일반적으로 인식될 수 있었다. 첫째, 지식과 신앙 사이의 모순이었다. 이 모순은 자연을 지배하고 인간의 실생활을 변화시킨 근대 자연과학을 출현하게 했다. 둘째, 역사적으로 신성시해 온 기존의 모든 제도들과 자연법 사이의 모순이었다. 이러한 제도들이 폭력에 의하여 붕괴됨으로써 비로소 근대 시민사회와 자본주의적 질서가 발생할 수 있는 조건이 마련되었다. 마지막으로 개인적 이해를 추구하는 이기주의와 정의로운 사회 질서에 관한 공동체의 이해 사이의 모순이었다. 이 모순은 계몽사상기의 모든 국가이론 및 사회이론의 본질적인 내용을 이루었다.

계몽주의가 근대 시민혁명 운동에 사상적·이론적 기초를 제공했다는 것은 분명하다. 흔히 근대 시민혁명, 특히 프랑스 대혁명이 계몽주의의 이상을 현실에서 구현했다는 것은 이러한 의미에서이다. 그러나 동시에 시민혁명과 그것에 의해 건설된 사회체제는 계몽주의의 계급적 본질과 한계를 명백히 드러내게 한 결정적인 계기이기도 했다. 이로써 계몽주의의 시대는 종결되고, 시민혁명 이후의 새로운 사회적 문제들에 대해 어떻게 사상적·이론적으로 해명할 것인가 하는 임무는 부르주아적 자유주의와 사회주의 사상에게로 넘어가게 되었다.

계몽운동은 영국에서 가장 먼저 시작되어 특히 18세기 프랑스에서 완성되었다. 이 때문에 유럽의 다른 나라들에서도 계몽주의가 있었음에도 불구하고 계몽주의는 흔히 프랑스 계몽주의와 영국 계몽주의의 공생관계 속에서 고찰되어 왔다. 영국이나 프랑스 계몽주의와 유사한 형태를 띤 다른 유럽 국가들의 사상 및 문예운동은 부분적으로만 계몽주의라고 간주되거나, 때로는 전혀 계몽주의와는 무관한 것으로서 그들의 특수한 민족적 성격만이 일면적으로 강조되기도 했다.

영국에서 가장 먼저 계몽주의가 나타난 것은 물론 대륙의 다른 어떤 나라에서보다 영국에서 절대주의의 형성과 신흥 시민계급의 성장이 가장 일찍부터 이루어졌기 때문이었다. 영국의 절대주의는 튜더 왕조, 즉 15세기 말의 헨리 7세부터 16세기 말 엘리자베스 시대에 걸쳐 형성되었다. 그 후 스튜어트 왕조의 제임스 1세와 찰스 1세는 왕권신수설에 근거하여 강력한 왕권을 행사했으나, 이로 인하여 당시 급속히 성장하던 신흥 상공업자계급과 극단적으로 대립하게 되었다. 이 대립은 청교도 혁명[1642-49]과 명예혁명[1688-89]으로 폭발했는데, 그 결과 영국의 절대주의는 해체되고 근대 부르주아적 국가가 성립하게 되었다. 영국의 계몽주의는 바로 이러한 영국에서의 근대 시민혁명의 성과들을 반영한 것이었다.

이 시기 영국의 계몽주의 사상에 자연과학적 토대를 마련해준 사람은 바로 뉴턴이었다. 뉴턴은 1687년에 발표된 『자연철학의 수학적 원리 *Philosophiae Naturalis Principia Mathematica*』에서 중력이론을 기초로 지상역학과 천체역학 모두를 포괄하는 자연과학의 체계로 완성했다. 그의 궁극적 목표는 일반 중력이 어떻게 우주를 작동시킬 수 있는가를 증명하는 것이었다. 이러한 뉴턴의 자연관은 역학적 유물론과 이신론의 방법론적 기초가 되었으며, 17세기의 형이상학과 스콜라철학에 대한 중대한 근본적인 비판이기도 했다.

영국 계몽주의의 선구자는 영국 유물론과 모든 근대 경험과학의 아버지라 불리는 베이컨이었다. 베이컨에 의해 시작된 영국 계몽주의 사상은 두 사람의 자연법 사상가인 홉스와 로크에 의해 한 단계 더 발전되었다. 이들은 베이컨의 경험철학과 당시의 자연과학적 지식의 발전과 새로운 과학적 인식방법의 발견에 기초하여 감각주의적이고 실증주의적인 인식론을 체계화하는 데 기여했다. 홉스는 베이컨에게 아직 남아 있던 신학적 편견들을 제거했으며, 로크는 지식과 관념의 원천을 감각에서 구하려는 시도를 통해 베이컨과 홉스의 원리를 근본적으로 정초했다. 특히 로크는 여전히 본유관념이 존재한다고 가정함으로써 플라톤주의의 흔적을 남기고 있던 데카르트의 한계를 넘어 18세기 프랑스 유물론자들의 인식론적 토대가 된 감각적 유물론으로의 길을 열어놓았다.

18세기에 접어들어 영국 계몽주의의 발전을 규정한 것은 한편으로는 산업혁명이었으며, 다른 한편으로는 1688년의 명예혁명으로 출현한 입헌군주제가 확립되어 감에 따라 영국의 중산계급이 자신들의 혁명적 전통으로부터 차츰 이탈해가는 현상이 일반화되었다는 사실이었다. 이 시기의 영국 계몽주의가 그 진보적 전통과 결별했음을 가장 잘 보여주는 것은 버클리 주교와 흄의 철학이었다. 특히 흄의 불가지론은 18세기 영국 중산계급의 견해를 철학적으로 가장 잘 표현하고 있었는데, 『국부론』의 저자인 애덤 스미스도 그의 철학에서 많은 영향을 받았으며, 그 후 실증주의자들도 흄의 철학을 원용했다. 흄은 철학뿐만 아니라 도덕과 정치, 역사 및 종교에 이르기까지 다양한 문제에 관해 많은 저서와 논문을 남겼다. 1754년에서 1761년에 걸쳐 출판된 『카이사르의 침입으로부터 1688년 혁명에 이르기까지의 영국 역사』는 중세 이후 영국에서의 사회적 대변동, 즉 중산계급의 성장과 봉건귀족의 몰락 및 이와 관련된 자유주의적 국가제도의 건설 등을 서술하고 있다. 이것은 시민혁명 이후 부르주아지의 관점에서 영국사를 다룬 최초의 역사책이었다.

계몽운동이 시민혁명을 사상적으로 선취해 갔던 프랑스에서와는 대조적으로, 영국의 계몽주의는 16세기 말부터 시작된 영국 시민혁명운동의 성과를 반영한 것이었다. 그렇기 때문에 영국의 계몽주의는 영국의 시민혁명이 완료되자마자 그 진보적 성격을 잃고 말았다. 18세기에 들어오면 이미 계몽운동의 중심지는 영국이 아니라 프랑스였으며, 여기에서 계몽주의는 사상적으로나 실천적으로 완성되었다. 프랑스의 계몽주의자들은 영국 계몽주의의 영향을 받으면서도 독자적인 사상을 발전시켜 프랑스 대혁명의 사상적 기초를 제공했다. 프랑스 계몽주의는 17세기에서 18세기로의 전환기에 구체제Ancien Régime의 위기의 시작을 알리는 루이 14세 통치의 위기와 더불어 시작되었으며, 18세기 말의 부르주아 민주주의 혁명으로 근대 시민계급의 정치적 우위가 확보되었을 때 그 절정에 달했다.

프랑스 계몽주의의 선구자는 샤를-루이 몽테스키외Charles-Louis de Secondat Montesquieu, 1689-1755였다. 그의 첫 번째 저술인 『페르시아인의 편지Lettres persanes, 1721』는 당시 프랑스의 현실을 우회적으로 비판하기 위한 것이었는데, 여기서 그는 이단에 대한 종교적 박해를 이성의 완전한 결여라고 비판했다. 이 저술에서 배태된 이성과 자연의 조화가 정치의 요체가 되어야 한다는 사상은 후일 『법의 정신De l'esprit des lois, 1743』에서 보다 구체화되었다. 또한 몽테스키외는 『로마 흥망의 원인에 대한 고찰Considerations sur *les causes de la grandeur des romains et leur decadence, 1734* 」에서는 로마의 번영과 몰락의 원인을 기본적으로 시민의식에서 찾았는데, 이것은 프랑스 시민사회의 형성을 지지했던 그의 역사의식을 반영한 것이었다. 물론 귀족 출신인 데다가 가톨릭 신자였던 몽테스키외의 사상과 이론 속에는 모순된 측면들이 혼재해 있었던 것이 사실이다. 그는 자유와 평등을 요구하면서도 귀족의 특권과 관직의 세습은 인정했고, 종교를 탄핵하면서 동시에 종교를 용인하기도 했다. 그러나 이러한 그의 절충적 태도는 당시의 프랑스를 지배하고 있던 봉건적·절대주의적 권력과의 타협을 위해서라기보다는 그의 사상이 르네상스 휴머니즘의 전통인 관용에 기초하고 있었기 때문이었다.

몽테스키외와 비슷한 시기에 활동하면서 후대 계몽주의자들에게 보다 직접적인 영향을 미친 사상가는 프랑수아–마리 아루에 볼테르Francois-Marie Arouet Voltaire, 1694-1778 였다. 젊은 시절 영국에서 수년간 체재하면서 뉴턴의 새로운 자연과학과 로크의 감각론적 인식론을 접하게 된 볼테르는 이를 토대로 당대의 거대한 사상적 흐름을 이해하게 되었으며, 그 후 이 사상을 전파하는 데 일생을 바쳤다. 그는 철학자이자 시인이었으며, 동시에 지칠 줄 모르는 선동가이자 투사였다. 봉건적 예속과 신분상의 특권, 행정상의 전횡과 비인간적인 사법제도, 검열과 박해, 교회의 불관용과 미신 등 인간을 억압하는 모든 것으로부터 인간을 해방시키기 위한 그의 투쟁은 그의 제한된 계급적 관점에도 불구하고 모든 계몽주의자들로 하여금 그를 프랑스 계몽주의의 아버지로 부르게 했다.

프랑스 계몽주의를 완성시킨 것은 역시 장 자크 루소Jean Jacques Rousseau, 1712-1778 이다. 루소의 사상이 볼테르를 비롯한 이전의 계몽주의자들과 가장 구별되는 점은, 그가 현존하는 봉건적·절대주의적 질서에 대한 하층 민중들Sans-culotte의 투쟁을 이론적으로 정당화했다는 데 있었다. 그는 자연상태로부터 현재의 사회상태에 이르는 인류의 역사는 부자도 빈민도 없고, 지배자도 피지배자도 없으며, 일반의지가 정치권력의 토대가 되는 그러한 사회체제와 질서만이 모든 인간에게 행복과 복지를 보장해 준다는 사실을 입증하고 있다고 주장했다. 사실 루소의 사상에는 보수주의적이고 염세주의적인 요소가 포함되어 있었다. 그가 생각한 이상사회는 소小소유자들의 사회주의였다. 하지만 그럼에도 불구하고 그의 사상에서 가장 중요한 것은 인류의 진보에 대한 혁명적·낙관적 경향이었다.

이 시기의 프랑스 계몽주의를 대표하는 사상가로는 루소 이외에도 드니 디드로 Denis Diderot, 1713-1784, 클로드 엘베시우스 Claude Adrien Helvétius, 1715-1771, 장 르 롱 달랑베르 Jean Le Rond d'Alembert, 1717-1783, 폴 홀바흐 Paul Heinrich Dietrich von Holbach, 1723-1789 등이 있었다. 18세기 후반에 이르러 계몽주의가 프랑스에서 어느 정도 사회를 규정하는 요소가 되었는가 하는 것은 1751년부터 1772년에 걸쳐 총 28권으로 출판된 『백과전서 또는 과학·예술·기술에 관한 합리적 사전 Encyclopédie, ou dictionnaire raisonné des sciences, des arts et des métiers』에서 확인할 수 있다. 주로 디드로에 의해 편집되고 몽테스키외, 볼테르, 루소 등을 비롯한 200여 명의 집필자가 참여한 이 사전은 당시의 모든 계몽주의자들의 거대한 집단 작업의 산물이자 그들의 사상과 지식의 총결산이었다. 한편 이 시기 계몽주의의 큰 흐름 속에는 자연법 사상에 기초하여 당시의 지배적인 경제사상이던 중상주의에 반대하고 중농사상과 경제적 자유주의를 주장한 일련의 경제학자들도 포함되어 있었다. 이들은 프랑수아 케네 François Quesnay, 1694-1774를 중심으로 중농학파를 결성했는데, 루이 16세의 재무장관이던 안 로베르 자크 튀르고 Anne Robert Jacques Turgot, 1727-1781와 개혁주의자 오노레 가브리엘 리케티 미라보 백작 Honoré Gabriel Riquetti Comte de Mirabeau, 1749-1791도 케네의 제자들이었다.

농업의 육성에 기초하여 프랑스를 개혁하고 재생시켜 보려 했던 튀르고와 중농주의자들의 실패는 프랑스 계몽주의의 성격에 중요한 변화를 가져왔다. 대혁명의 직전에 등장한 장 폴 마라 Jean Paul Marat, 1743-1793나 자크 피에르 브리소 Jacques Pierre Brissot, 1754-1793, 그리고 에마뉘엘 조제프 시에예스 Emmanuel Joseph Sieyès, 1748-1836와 같은 사상가들은 이전 단계의 사상가들과는 달리 현존하는 봉건적·절대주의적 질서를 실천적으로 변혁하는 문제를 철학적 문제보다 훨씬 중요하게 생각했다. 한 예로 1789년 대혁명이 일어나기 직전에 출간된 『제3신분이란 무엇인가? Qu'estce que le Tiers État?, 1789』에서 시에예스는 시민계급에게 동등한 정치적 권리를 부여해야 한다고 구체적으로 요구했다. 이들의 사상에 중요한 영향을 미친 것은 미국의 독립전쟁과 미국에서 새로 탄생한 공화제였으며, 그 영향은 프랑스 대혁명으로 직접 이어졌다.

프랑스 대혁명에 이르러 계몽주의는 그 절정에 달했다. 계몽주의가 대혁명의 이성적 형태였다면 대혁명은 계몽주의의 현실적 형태였다. 그러나 혁명의 결과 계몽주의자들이 이성의 왕국이라고 선포했던 것이 사실은 부르주아지의 관념적인 왕국임이 드러나고, 그들이 주장한 영원한 정의는 부르주아적 정의로 실현되고, 평등은 법 앞에서의 부르주아적 평등으로 그치고, 이성국가는 부르주아 민주주의 공화국으로 실현될 수밖에 없게 되자 계몽주의 사상 역시 그 한계를 명백히 드러내고 말았다.

2. 몽테스키외와『법의 정신』

몽테스키외는 전통적인 법복 귀족의 가문에서 태어났다. 보르도대학에서 법률학을 공부한 그는 1714년 보르도 고등법원의 평정관이 되었으며, 1716년에는 고등법원장이 되었다. 그러나 대학 시절부터 이미 고전문학과 자연과학에 심취했던 그는 법관으로 재직하던 동안에도 사무 처리보다는 연구에 더욱 열중했다고 한다. 1726년 법관직을 사임한 몽테스키외는 유럽을 여행했는데, 특히 영국에서 2년간 머물면서 종교적 관용과 인신의 보호 등 정치적 자유의 여러 조건들에 대한 연구와 함께 방대한 자료들을 수집했다. 그가 자신의 정치이론을 형성하는 데는 바로 이때의 영국 헌법에 대한 연구와 로크의 사상으로부터 받은 영향이 크게 작용했다. 몽테스키외의 대표작인『법의 정신』은 이러한 경험과 준비 작업을 토대로 12년에 걸친 집필 끝에 1748년에 완성되었다. 이 책은 프랑스 계몽주의 최초의 체계적인 정치이론으로서, 부르주아적 국가이론의 고전적 전형이 되었다.

　몽테스키외에 있어서 법은 자연적인 사물 사이에 본질적으로 존재하는 필연적인 상호관계를 의미했다. 따라서 모든 사물은 법을 갖는데, 신에게는 신법이, 물질계에는 물질계의 법이, 동물계에는 동물계의 법이, 인간에게는 인간의 법이 존재한다는 것이었다. 몽테스키외 역시 실정법 이전의 자연상태에서의 법으로서 보편적이고 이성적인 자연법이 존재한다고 생각했다. 그러나 동시에 그는 현실 사회는 기후, 풍토, 직업, 통치 형태, 상업, 종교, 관습 등의 여건에 따라 차이가 있기 때문에 자연법이 반드시 타당한 것은 아니며, 따라서 사회는 그 조건에 적합한 형태와 내용의 실정법을 갖지 않으면 안 된다고 주장했다. 바로 이러한 점에서 몽테스키외는 이전의 자연법 사상가들과 구별되었다.

몽테스키외의 정치이론 역시 실정법과 관련된 채 전개되었다. 그는 정부가 필요한 이유는 실정법을 만들고 유지하기 위해서라고 생각했다. 몽테스키외에 의하면 정부의 형태에는 세 가지가 있는데, 민주정, 군주정, 전제정이 바로 그것이다. 이 세 가지 정체 가운데 몽테스키외는 명백히 민주정에 공감하기는 했지만 그것을 현실에서 실현하기란 사실상 어렵다고 보고, 군주정을 인간을 지배하고 통합하는 데 가장 적합한 체제라고 주장했다. 물론 그가 주장한 것은 전제적 군주정이 아니라 확고하게 규정된 권한과 법적으로 확립된 자유를 보장하는 그러한 군주제였다. 그는 영국의 입헌군주제를 현실에서 가장 이상적인 정치체제의 모범이라고 생각했으며, 많은 계몽사상가들이 그러했듯이 군주제를 폭력적으로 타도하기보다는 군주를 계몽시킴으로써 구체제를 변혁시킬 수 있으리라고 기대했다.

몽테스키외의 정치이론 가운데 후대의 실제 정치에 가장 크게 영향을 미친 것은 역시 그의 권력분립론이었다. 몽테스키외에 의하면 국가에는 입법, 집행, 제재의 세 가지 권력이 있는데, 그것이 동일한 개인이나 단체에 집중되면 권력이 남용되고 인민의 자유가 존재하지 않게 된다. 따라서 권력은 각각 분리되어 별개의 개인이나 단체에 속하지 않으면 안 된다. 즉 입법권은 인민의 대표인 의회에, 집행권은 군주에, 제재권은 인민이 선출하는 제재관에게 주어져야 하는 것이다. 이러한 그의 권력분립론은 미국의 공화제에서 구체적으로 실현되었다. 그러나 몽테스키외의 공헌을 권력분립론에 한정시켜서 생각하는 것은 결코 옳지 않다. 몽테스키외는 국가의 역사와 총체성을 최초로 파악해낸 인물이었으며, 그의 사상과 이론은 루소의 그것과 함께 프랑스대혁명의 근본원리 가운데 하나가 되었다.

3. 볼테르

프랑스 계몽운동의 선구자 가운데 한 사람으로서 그 시대를 대표하는 철학자이자 문학가인 볼테르는 타락한 가톨릭 교회와 구체제Ancient Regime에 대한 가장 정력적인 비판자이자 실천적 투쟁가였다. 그는 타협할 줄 모르는 비판정신으로 많은 계몽사상가들에게 영향을 주었으며 디드로, 루소 등과 함께 『백과전서』의 저술에도 참여했다.

파리에서 비교적 유복한 법률가 집안에서 태어난 볼테르는 예수회 학교인 루이

르 그랑에서 공부했다. 어릴 때부터 문학에 재능을 나타낸 그는 1717년 당시 섭정이던 오를레앙공☆을 비판하는 시를 썼다가 투옥되었다. 옥중에서 비극 〈오이디푸스_d'Edipe, 1717〉를 완성했는데, 1718년에 상연된 이 작품은 큰 성공을 거두었고 이때부터 볼테르라는 필명으로 바꾸었다. 그 후 당시의 세력가이던 로앙 백작과의 싸움으로 재차 부당하게 투옥되었으며, 해외망명을 조건으로 석방되었다.

제정 치하의 불평등에 환멸을 느낀 볼테르는 1726년 영국으로 건너가 로크의 사상 등을 연구했으며, 영국의 자유로운 공기를 마시면서 타고난 비판정신을 더욱 굳건히 했다. 종교전쟁을 끝나게 한 앙리 4세를 찬양하는 서사시 〈앙리아드〉를 출판한 후 1729년에 귀국했다. 이후 셰익스피어 연극의 영향을 받은 사상극 〈자이르_Zaïre, 1732〉를 발표했고, 이어서 『철학서간_Lettres philosophiques ou Lettres sur les anglais, 1734』을 통하여 영국을 이상화하고 프랑스 사회를 비판함으로써 다시 프랑스 정부의 노여움을 샀다.

정부의 탄압을 피해 연인이던 샤틀레 후작 부인의 영지에서 1734년부터 10년간을 저술과 연구로 보냈다. 그동안 희곡 〈마호메트_Mahomet, 1741〉, 〈메로프_Mérope, 1743〉, 철학시 〈인간론_Discours sur l'homme, 1738〉 등을 발표했다. 1744년에 친구의 외무 장관 취임과 함께 프랑스 궁정에 들어가게 되었으며, 1746년에 아카데미 프랑세즈 회원으로 뽑혀 역사 편찬관이 되었으나, 또다시 궁정의 반감을 사서 불우한 나날을 보냈다.

1750년 프로이센의 프리드리히 2세의 초빙으로 베를린에 가서 역사서 『루이 14세의 세기_Le Siècle de Louis XIV, 1751』를 완성하고 베를린을 떠났다. 그 후 수년 동안 제네바에 머물다가, 1761년에 스위스 국경에 가까운 페르네의 시골 마을에 정착했다. 여기서 그는 프랑스 대혁명 직전인 1778년 자작 희곡인 〈이렌_Irene〉의 상연을 위해 파리에 갔다가 병사하기까지 약 20년 동안 생활했는데, 이 때문에 한동안 '페르네의 장로'라는 별명으로 불리기도 했다.

페르네의 시골에 머물면서도 볼테르는 반봉건·반교회 운동의 지도자로서 수많은 비판적 문서를 발표했으며, 종교적 편견에 의한 부정재판을 규탄한 '칼라스 사건' 등의 실천운동도 유명하다. 이 사건을 계기로 쓰여진 『관용론_Traité sur la tolérance, 1763』과 『철학사전_Dictionnaire philosophique portatif, 1764』 등이 만년의 대표작이다. 특히 생전의 볼테르는 많은 비극 작품을 발표하여 17세기 고전주의의 계승자로 인정되었으나, 오늘날에는 『캉디드 *Candide, 1759*』나 『자디그 *Zadig, 1747*』 등 문명사적 관점을 간결한 문체로 서술한 역사극들이 더 높이 평가된다.

종교관에 있어서 볼테르는 전투적 이신론자理神論者였으며, 인식론의 측면에서 보면 로크의 후계자였다. 대부분의 프랑스인들과 마찬가지로 그는 인식의 원천으로서 외적 지각만을 수용하고, 데카르트의 본유관념과 같은 보편개념은 존재하지 않는다고 생각했다. 그는 "우리는 결코 알지 못할 것이다"라는 말을 즐겨 사용하여 이러한 회의론적 입장을 자주 표명했다. 그러나 다른 한편 프랑스 계몽운동의 뚜렷한 특징 가운데 하나인 사회적 참여행위는 볼테르를 규정하는 중요한 성격이다. 그는 "참된 철학자는 변혁하기 위하여 사유한다"는 말로 자신의 참여관을 적극 표명했다. 또한 볼테르는 신앙적 역사관이 아닌 문명사적 역사관을 체계적으로 피력한 최초의 인물 가운데 한 사람이었다. 그러나 역사철학적으로 볼 때 볼테르는 지배자와 민중의 대립에 관심을 가졌으나, 진보사관을 신봉하지는 않았다. 아무튼 볼테르가 프랑스 계몽운동의 가장 영향력 있는 사상가이자 선동가였으며, 가장 인기 있는 작가였음에는 틀림이 없다.

사상가로서 또 문학가로서의 명성에 가려 잘 알려져 있지는 않지만 볼테르는 상업과 경제에 많은 관심을 가지고 있었다. 그 스스로 이재에도 밝았으며, 금융투기로 상당한 돈을 벌기도 했다고 한다. 일설에 의하면 프리드리히 2세의 초청으로 프로이센에 머물던 볼테르가 베를린을 떠나게 된 것도 실은 그가 관련된 그다지 정직하다고 할 수 없는 투기사건 때문이었다고 한다. 아무튼 볼테르가 '보이지 않는 손'이라는 말을 쓴 적은 없지만 그의 글 속에는 이미 그러한 사상의 맹아가 자라고 있었다. 『철학서간』 가운데 '상업에 관하여'라는 제목의 글에서 그는 "영국인을 부유하게 만든 상업이 영국인들을 자유롭게도 만들었다"고 지적했다. 나아가서 그는 영국의 젊은 귀족들이 상인에 대해서 가지고 있는 호감과 프랑스를 비롯한 대륙의 귀족들이 상인에 대해서 가지고 있는 혐오 가운데 "어느 것이 진실한 애국의 길인지 나는 알지 못한다"고까지 말했다. 상인에 대한 볼테르의 평가는 그 자신과도 매우 닮아 있다. 왜냐하면 바로 볼테르 자신이 어떤 의미에서는 '사상의 상인'이었기 때문이다.

4. 장 자크 루소

프랑스 계몽주의를 대표하는 가장 탁월한 사상가인 루소는 제네바에서 프랑스계의 시계공장 직공의 아들로 태어났다. 태어나자마자 모친을 여의고 10세 때는 목사의 가정에 위탁되는 등 그의 어린 시절은 매우 불우했다. 그 후 견습서기 등을 전전하면서 고달픈 생활을 하던 루소는 1728년부터 3년간 유럽 각지를 여행했는데, 이 동안에 민중들의 비참한 생활을 체험함으로써 당시 사회질서의 모순과 그 근저에 놓인 사회적 대립을 자각하게 되었다.

거의 체계적인 교육을 받아본 적이 없기 때문에 루소는 독학으로 데카르트와 홉스, 로크 등의 저작을 연구했다. 그가 유명해진 것은 1750년 디종아카데미가 "학예의 부흥은 도덕의 순화에 기여했는가?"라는 논제로 실시한 현상공모에서 학문과 예술의 발전은 일반적 기대와는 달리 오히려 인간의 도덕성을 타락시켰다는 취지의 논문으로 최고상을 받으면서부터이다. 이후 루소는 1755년 『인간불평등 기원론*Discours sur l'origine de l'inégalité parmi les hommes*』을, 1762년에는 『사회계약론*Du contrat social*』과 『에밀*Émile*』을 연이어 발표했다. 그러나 『에밀』과 『사회계약론』이 금서 처분을 받고 자신에게도 파리의 고등법원에 의해 체포령이 내려지자 루소는 수년간 스위스와 영국 등으로 피신했다. 1766년 다시 프랑스로 돌아온 그는 1770년에 자서전인 『고백록*Les Confessions*』을, 1776년에는 『장 자크 루소를 심판한다*Dialogues: Rousseau Judge of Jean-Jacques*』와 『고독한 몽상자의 산책*Les Rêveries du Promeneur solitaire*』을 각각 집필했다. 1778년 루소는 파리를 떠나 에르므농빌 성에서 만년을 보내다가 그 해 7월 2일 세상을 떠났다.

루소는 자연상태를 로크나 홉스와는 달리 생활자료가 풍부하기 때문에 고립된 자연인들은 서로를 부정하면서 투쟁할 이유도 없고, 공동체적 규제도 사유재산도 지배도 없는 상태라고 생각했다. 따라서 자연상태의 인간들에게는 자유와 평등이 있었으며, 또한 이들은 자연보존, 즉 생명유지의 본능과 연민의 정을 가지고 있었다. 이러한 자연상태를 해체시키고 사회적 불평등을 확산시킨 것은 분업과 소유의 성립이었다. 일단 소유가 발생하면 소유자는 자신의 욕구들을 충족시키기 위해 먼저 자연을 지배하고, 그다음에는 다른 인간들을 지배하게 된다. 이렇게 해서 국가가 건설되고 인간은 사회적 불평등과 폭력의 상태에 빠지게 되는 것이다.

루소에 의하면 이러한 상태는 절대주의에서 그 극단적인 한계에 도달하게 되는데, 절대주의의 전제 권력은 일체의 법과 계약에 대한 부정이므로 불평등이 제거된 새로운 자연상태의 성립이 요구된다. "자연으로 돌아가라"는 유명한 경구는 바로 이러한 자연상태에서 사회상태로의 이행을 거쳐 다시 자연상태를 회복할 것에 대한 루소의 주장을 담은 것이었다. 그러나 이때의 자연상태는 원시적 자연상태로의 복귀가 아니라 인류가 이룩한 문화적 성과와 도덕적 자유에 기초한 자연상태를 의미했으며, 이러한 자연상태에서 인간들 사이의 관계는 합법적인 사회계약을 토대로 한 평등이었다.

루소의 사회비판사상은 『사회계약론』에서 가장 성숙한 형태로 나타났다. 루소는 계약 체결에 있어서 계약당사자 상호 간의 평등이라는 관념이 갖는 보편적이고 합리적인 성격을 공법에도 적용할 수 있다고 생각했다. 물론 이러한 생각은 흐로티위스나 디드로에게서도 나타난 바 있지만, 이들의 계약이론은 연합계약의 체결에 의한 법적 단체로서의 국가의 형성과 복종계약의 체결에 의한 정부의 설립이라는 이중의 계약을 상정함으로써 현존하는 지배기구와 통치권력의 정당성에 대한 변호론으로 전락할 가능성이 있었다. 이에 대해 루소는 로크의 저항권 개념에 근거하여 인민주권과 군주주권 사이의 혼란을 제거하고 사회계약이론을 일원화시켰다.

루소의 사회계약이론에서 핵심적인 것은 자연상태의 인간은 자신의 모든 힘과 주권을 군주나 어떤 특정한 개인에게가 아니라 공동체 성원 모두에게 양도한다는 생각이었다. 이러한 전면적 양도에 의해 공통의 상위자로서의 일반의지 volonté générale 가 형성되고, 개인은 이 의지에 복종함으로써 정치체를 구성하는 불가분의 성원이 된다는 것이다. 루소에게 있어서 일반의지는 개개인의 특수의지와 다를 뿐만 아니라 특수의지의 총합으로서의 전체의지와도 다른 것이었다. 그는 국가건설의 궁극적 목적은 일반의지를 실현하는 데 있으며, 이 일반의지가 곧 국가의 주권이라고 주장했다. 그런데 일반의지의 현실적인 소유자는 바로 국민이며, 그것은 누구에게도 양도할 수 없으며 나눌 수도 없는 것이다. 이러한 근거에서 루소는 몽테스키외의 권력분립론에 반대했으며, 영국의 대의제를 비판하면서 직접민주주의를 주장했다.

한편 로크의 국민교육이론으로부터 많은 영향을 받았던 루소는『에밀』에서 자신이 생각한 이상국가의 시민을 지향하는 국민교육의 이론을 전개하기도 했다. 그는 교육의 형식을 본질적으로 자연에 의한 교육, 인간에 의한 교육, 사물에 의한 교육의 세 가지로 구분했으며, 교육의 목표가 노동을 존중하며 조국을 사랑하는 자각적이고 이성적인 인간을 형성하는 데 있다고 주장했다. 이러한 목표를 실현하기 위해 그는 교육과정에서 직관과 이해의 원리를 철저하게 적용할 것과 나아가 학생들의 자립성을 기르도록 의식적인 교육을 시킬 것, 그리고 습득한 지식과 노동방법을 창조적으로 사용할 수 있는 능력을 체계적으로 계발할 것 등을 요구했다.

루소의 사상은 이미 그 시대로부터 서로 상반되는 평가를 받았다. 한 예로 사적 소유권을 옹호했던 볼테르는 루소의『인간불평등 기원론』에 대해 '룸펜의 철학'이라고 비난했다. 그러나 독일의 계몽주의자들은 루소의 사회비판사상을 긍정적으로 평가하고 수용했다. 칸트와 피히테의 실천철학, 헤겔의 역사관과 국가이론 등이 형성되는 데는 루소의 영향이 매우 컸으며, 독일 고전주의 문학의 두 거장인 요한 볼프강 폰 괴테 Johann Wolfgang von Goethe, 1749-1832 와 요한 크리스토프 프리드리히 폰 실러 Johann Christoph Friedrich von Schiler, 1759-1805 의 휴머니즘적 인간상 역시 루소에게서 영향을 받았다.

제 6 절

독일 고전철학

1. 독일의 계몽주의

독일의 계몽주의는 프랑스와 거의 같은 시기에 진행되었다. 그러나 영국이나 프랑스에서와는 달리 독일의 계몽주의는 현실의 정치적·사회적 발전에 조응하는 사상운동으로서가 아니라 그것과 무관하게 독자적이고 순전히 관념적인 운동으로서 발전했다. 이러한 독일 계몽주의의 기본적인 특징은 당시 독일 사회의 후진성에서 비롯된 것이었다.

18세기 중반까지 독일의 경제적 발전 단계는 영국에 비해서는 200년, 프랑스에 비해서도 150년이나 후진 상태에 놓여 있었다. 이러한 독일의 후진성은 다음과 같은 요인들에서 비롯된 것이었다. 첫째, 독일에서는 해외무역과 식민지 활동을 통한 상업자본의 축적이 거의 없었다는 점이다. 둘째, 당시의 독일은 여전히 35개의 공국과 4개의 자유도시가 분열된 채 제각기 정치경제적으로 독립을 유지하고 있어서 근대적 국민국가로의 통일을 이루지 못했다는 점이다. 마지막으로 독일에서는 봉건질서가 오랫동안 고수되고 있었다는 점이다. 독일 계몽주의의 특성을 이해하기 위해서는 이러한 독일사회의 조건을 먼저 이해하지 않으면 안 된다.

독일 계몽주의의 진원지는 프로이센이었다. 상대적인 후진 상태에서도 프로이센은 18세기 초에 이르러 연방귀족제를 극복하고 국왕을 중심으로 한 중앙집권적 절대주의체제를 확립하기 시작했고, 특히 프리드리히 대왕Friedrich der Grosse, 1712-1786 시대에는 강력한 군사력을 바탕으로 정치적·경제적으로 크게 발전했다. 당시 프랑스에서 급속히 확산되고 있던 계몽주의의 영향을 받아 스스로 계몽 군주를 자처했던 프리드리히는 독일의 후진 상태를 극복하기 위해 농노제도의 폐지, 특권 매뉴팩처의 육성, 보호관세와 보조금 제도의 채택 등 위로부터의 개혁을 추진했다. 독일의 계몽사상이 프랑스에서와 같이 사회비판이나 시민혁명의 달성과 결부되지 못한 채 전개된 것은 결국 이러한 역사적 배경 때문이었다. 위로부터의 계몽에 의한 시민의식의 성장은 정치 혁명이 없는 관념적 철학 혁명으로 표현되었다. 그 결과 독일에서는 계몽사상도 정치적 혁명과 직접 연결되는 실천적 성격보다도 독일의 후진성을 극복하고자 하는 관념적·이념적 성격을 지니게 되었던 것이다.

독일 계몽주의의 본격적인 시작은 고트홀트 에프라임 레싱Gotthold Ephraim Lessing, 1729-1781에 의해서 이루어졌다. 그는 루소의 저작들을 높이 평가했고 디드로의 미학관과도 많은 부분에서 합치되는 경향을 가지고 있었던 반면, 볼테르의 보수적 경향에 대해서는 예리하게 비판했다. 이 당시 프로이센의 절대주의는 7년 전쟁1756-1763 등을 거치면서 사실은 계몽된 국가가 아니라 정복욕에 불타 주변 국가들에 대한 침략전쟁을 일삼는 군국주의 국가임을 노골적으로 드러내고 있었다. 레싱은 프리드리히의 프랑스적인 계몽주의를 극복함으로써 독일의 현실을 극복하고자 했다. 그러나 이 극복은 단지 관념적인 극복만을 의미하는 것이었으므로 계몽주의가 문제의식으로 가지고 있던 현실의 과제에 대해서는 아무런 해결도 되지 못했다. 왜냐하면 프랑스에서는 계몽주의가 민중의 해방과 결부되어 있었으나 독일에서는 절대주의적인 전제왕권과 결부되어 있었고, 프랑스에서는 휴머니즘이 계몽주의의 근거에 놓여 있었으나 독일에서는 휴머니즘이 압살되고 있었기 때문이다.

한편 이 시기에는 로크의 감각론과 영국 자유사상가들의 이신론을 수용하여 이를 라이프니츠와 볼프의 합리주의와 결합하고자 한 비판적 경향의 철학이 통속철학Popularphilosophie이라는 이름으로 나타났는데, 그 대표자는 모제스 멘델스존Moses Mendelssohn, 1729-1786이었다. 흔히 절충주의라고 비난받기도 했지만, 이 철학의 대표자들은 진정한 계몽주의자들로서 정통 교회와 가톨릭의 교리, 그리고 루터파 기독교의 교리들에 맞서 투쟁했다. 이와 함께 역사학과 국가이론에서도 계몽된 절대주의로부터 전환하여 공화주의와 입헌주의를 지향하는 일련의 경향이 나타났다.

그러나 레싱 이후 독일 계몽주의를 새롭게 전개시킨 것은 1770년경에 시작된 '질풍노도운동Strum und Drang'이었다. 이 운동은 부르주아 지식인과 농민 및 평민 사이의 동맹을 결성하려는 능동적인 실천운동으로 특정된다. 자연철학, 미학, 역사이론, 교육 등 다방면에 걸쳐 독일 계몽주의의 대표적인 이론가 가운데 한 사람이었던 요한 고트프리트 헤르더Johann Gottfried Herder, 1744-1803는 "철학자와 평민들이여! 우리에게 도움이 될 하나의 연합을 결성하자"는 요구로 이 운동의 목적을 표현했는데, 그의 급진적인 개혁사상은 특히 루소의 사상과 이론에서 많은 영향을 받았다. 독일 계몽주의의 이 새로운 단계를 대표하는 것은 괴테와 실러의 문학작품들이었다. 질풍노도운동의 시도들은 부르주아로 변해 가는 독일의 새로운 현실의 맹아들로부터 자극을 받은 것이었다. 그러나 이러한 맹아들은 아직 너무 미약한 수준이어서 단지 관념적, 이념적으로만 영향을 미치는 데 머물 수밖에 없었다.

영국에서는 이미 17세기에 시민혁명이 달성되어 시민사회가 성립하게 됨으로써 영국의 계몽사상은 오히려 현실을 옹호하고 변호하는 역할을 하게 되었다. 프랑스에서의 계몽사상은 시민사회의 성립을 촉진하기 위한 것이었으며 시민혁명을 위한 계몽을 그 사명으로 삼았다. 따라서 프랑스의 계몽사상가들은 르네상스와 종교개혁을 수행했던 휴머니스트들이 중세적인 인간 박해에 대항하여 근대적인 인간의 해방과 부흥을 도모했던 역사적인 사업을 더욱 새로운 단계인 절대주의에 대한 투쟁으로 발전시켰다. 그러나 독일의 계몽주의 시민혁명과 동떨어져 있었으며, 시민사회의 성립과 정과도 직접적으로 조응하지 못했다. 그래서 프랑스에서 대혁명이 일어났을 때도 독일에서는 단지 관념적인 동요만이 일어났을 뿐이었다. 독일 고전철학이 프랑스 대혁명의 관념적 대체물이었다고 일컬어지는 것도 바로 이 때문인 것이다.

독일 계몽주의 철학의 이러한 관념적 성격은 특히 칸트의 '물 자체 Ding an sich'라는 개념에서 잘 나타난다. "물 자체는 인식할 수 없다"는 그의 유명한 명제는 칸트가 모든 사회적 대립과 그것의 이론적·사상적 표현의 근저에는 객관적이고 물질적인 생산관계가 놓여 있다는 사실을 인식하지 못했거나 또는 부정하고자 했다는 것을 의미한다. 그는 인간의 의지를 토대인 물질적 이해관계로부터 분리시켜 자유 의지, 즉자대자적 의지, 인간적 의지 등과 같은 순수한 자기규정으로 추상화시켜 버렸다. 여기에는 부르주아지의 계급적 이해와 요구를 인류 보편의 요구로 간주한 계몽주의자들에게 공통된 태도가 나타나 있다.

독일의 계몽주의 철학은 칸트의 비판철학으로부터 피히테와 셸링을 거쳐 헤겔에게서 완성되었다. 피히테의 공헌은 고전적 부르주아 혁명에 의해 제기된 역사적·정치적 문제를 철학적 범주로 전치시켜 놓았다는 점이다. 피히테가 프랑스 대혁명에 대한 자신의 입장을 처음 공식적으로 밝힌 것은 1793년의 일이었다. 테르미도르 Thermidor 반동 이후 프랑스의 발전에 관한 피히테의 몰이해는 그의 사상이 지닌 역사적·철학적 한계를 드러내 주었다. 셸링이 독일 계몽주의 철학의 발전에 기여한 공헌은, 자연과학이 혁명적으로 변화하고 있던 시기에 프랑스 대혁명 이후 과학적 진보의 근본 문제를 사상적으로 극복하고자 했다는 점에 있다. 자연철학에 관한 그의 초기 저작들은 변증법적 자연관의 발전이라는 관점에서 주목할 만한 가치를 가지고 있었다. 그러나 1810년 이후 셸링의 철학은 그 진보적 성격을 잃어버리고 말았다.

독일 계몽주의 철학은 헤겔에 이르러 그 정점에 도달했다. 헤겔의 문제의식은 프랑스 대혁명의 시대이자 나폴레옹 제국의 시대이며, 부르주아지가 권력을 장악한 시대였던 그 자신의 시대가 제기한 질문에 대한 답을 발견하는 것이었다. 헤겔은 당시 부르주아 사회의 모순에 가득 찬 발전, 즉 봉건제로부터 자본주의로의 이행 과정을 이론적·철학적으로 파악하는 데 성공함으로써 자신의 철학을 규정하는 역사적·변증법적 발전이론을 만들어낼 수 있었다. 물론 헤겔이 이제 막 성립되기 시작했을 뿐인 부르주아적 사회질서를 인류 진보의 궁극적인 목적으로 간주했으며, 또한 테르미도르 반동 이후의 전개를 프랑스 대혁명에 뒤따른 필연적인 역사적 계기라고 긍정적으로 평가했다는 것은 그의 철학적 사유의 한계와 그것을 정당화하기 위한 그의 시도를 명백하게 보여주었다. 그러나 이러한 한계에도 불구하고 헤겔이 그 시대의 가장 보편적인 인물이었다는 사실만은 부인할 수 없다.

2. 칸트

칸트는 쾨니히스베르크에서 태어나 죽을 때까지 그곳을 떠나본 적이 없는 인물이다. 그의 집안은 원래 수공업자였으나 칸트는 철학, 수학, 신학 등을 공부한 뒤 가정교사로 일하다가 1755년에 대학교수 자격을 취득했다. 그 후 오랫동안 대학강사와 도서관 사서 등으로 일하다가 1770년 쾨니히스베르크대학의 교수로 취임하여 형이상학과 논리학을 강의했다. 흔히 칸트 철학의 발전 과정은 1770년대 초반까지의 비판철학 이전 시기와 그 이후 비판철학의 시기로 구분된다. 비판철학의 시기는 1781년의 『순수이성비판 Kritik der reinen Vernunft 』과 이어서 발표한 『실천이성비판 Kritik der praktischen Vernunft, 1788 』, 『판단력 비판 Kritik der praktischen Vernunft, 1790 』 등의 저작을 통해 그의 비판적 관념론 또는 선험적 관념론이 완성된 시기이다.

칸트 철학의 성격은 본질적으로 봉건제로부터 자본주의로의 이행이라는 역사적 상황에 의해 결정되었다. 그가 철학적 탐구를 시작한 18세기 전반은 프랑스의 계몽주의가 독일과 유럽 전역에 파급되어 계몽적 이성을 찬양하던 시기였다. 칸트 역시 자신의 철학적 출발점을 당시의 독일에서 지배적이었던 두 사상적 경향인 라이프니츠-볼프의 합리주의와 경건주의 Pietismus 에 두었다. 그러나 비판철학과 함께 칸트는 라이프니츠-볼프 철학의 독단적인 합리주의와 독일에 국한된 제한된 시야를 벗어나게 되었다. 이러한 칸트의 철학적 사색의 전환에 중요한 자극을 준 것은 바로 근대 합리주의와 형이상학의 한계를 신랄하게 비판했던 흄의 철학과 자연 감정 속에서 주체적이고 내면적인 인간을 발견하여 그 위에서 도덕론을 확립한 루소의 진보사상이었다. 이와 같이 영국과 프랑스 계몽주의의 감각론적 인식론과 도덕철학을 통해 칸트는 이론적 형이상학에 대해 회의를 품게 되었고, 특히 루소의 인간존중 사상에 크게 감화되었다.

칸트의 비판철학은 바로 이러한 사상적 감화의 토대 위에서 라이프니츠-볼프적인 형이상학을 극복할 뿐만 아니라 나아가 전통적인 형식주의를 전면적으로 대체한 새로운 실천적 형이상학을 건설하고자 하는 의도에서 출발했다. 이 새로운 형이상학은 자연과학적 인식과도 대립하지 않을 뿐만 아니라 오히려 기하학이나 다른 자연과학의 엄밀한 인식방법을 모범으로 해서 성립된 비판을 이겨낼 수 없었던 기존의 독단적 형이상학을 벗어나 그 자신 속에 확실한 기초를 가지고 어떤 비판도 이겨낼 수 있는 새로운 형이상학을 건설하고자 했던 것이다.

칸트의 사회정치적 견해와 역사관은 1784년의 『세계시민적 관점에서 본 보편사의 개념 Idee zu einer allgemeinen Geschichte in weltbürgerlicher Absicht』과 1795년의 『영구평화론 Zum ewigen Frieden, Ein philosophischer Entwurf』에서 전개되었다. 칸트는 봉건적 질서와 전제권력에 대항하는 사회적 이상으로서 부르주아적 법질서 사상을 제시했는데, 그 핵심은 국가란 인간을 법률로 통합시킨 것이라는 데 있었다. 따라서 부르주아적 자유의 본질은 자신이 찬성한 법률이 아니면 복종하지 않을 수 있는 개인의 권리에 기인하는 것이었다. 칸트가 생각한 이상적인 국가는 근대 시민혁명의 결과로 수립된 부르주아적 법치국가이며, 이 국가의 권력은 법률상의 것이므로 반항할 수 없다. 칸트는 국가를 이성적 존재자가 공통의 법칙에 의해 체계적으로 결합한 것으로 간주했다. 따라서 국가는 공통의 목적이자 보편적인 지배의 법칙으로서 부정할 수 없는 존엄성을 가진다는 것이었다.

칸트의 역사관에는 개별적인 행위들의 혼돈과 우연에도 불구하고 역사는 합법칙적으로 진행되고 있으며, 침체와 퇴보에도 불구하고 진보하고 있다는 신념이 깊이 각인되어 있었다. 그는 진보의 토대가 인간의 대립적인 두 성향, 즉 사회에 들어가려는 성향과 혼자 남으려는 성향 사이의 적대관계 Antagonismus이며, 이러한 모순이 없다

면 인류는 침체에 빠지게 된다고 생각했다. 칸트에 의하면 역사의 합법칙적인 운동
이 목표로 삼는 것은 개인 사이의 관계뿐만 아니라 민족 사이의 관계까지도 포함하
는 보편적인 법률 상황인데, 이 보편적 법률 상황은 그의 윤리적·법률적·역사철학
적 견해의 절정인 영구평화의 이념과 결합되어 있었다. 칸트의 이러한 유토피아적이
고 관념론적인 역사관은 비록 역사의 현실적인 합법칙성과 사회적 모순을 올바로 파
악하지는 못하고 있었다 하더라도 그 속에는 심오한 인간주의가 일관되게 관철되고
있었다. 특히 역사적 진보가 객관적 모순에 의해 이루어진다는 그의 사상은 역사와
세계를 과학적으로 인식하기 위한 주목할 만한 진전이었다.

3. 피히테와 셸링

피히테는 드레스덴 동북부 농촌에서 가난한 직포업자의 아들로 태어났다. 자녀가 많
은 가난한 가정의 수재였던 그는 영주의 일시적인 경제적 후원으로 예나와 라이프치
히대학에서 수학할 수 있었는데, 이때부터 이미 사회개혁의 정열을 가지고 프랑스혁
명을 예찬했다. 그는 프랑스 대혁명이 공포정치 단계로 접어들었을 때도 절대주의의
탄압 때문에 혁명의 과정이 그와 같은 방향으로 이행한 것이라며 혁명에 대한 지지
를 고수했다. 그는 국가권력이란 기본적 인권을 보장하기 위해서만 존재할 뿐이며,
인민은 저항권뿐만 아니라 국가 형성을 위한 사회계약에 참가하지 않을 수 있는 자
유도 가지고 있다고 생각했다. 그가 독일의 자코뱅주의자 또는 무정부주의의 선구자
라고 불리게 된 이유도 이러한 주장 때문이다.

피히테는 칸트의 철학으로부터 출발했으나 칸트처럼 이성을 추상화하는 데 만족하
지 않고, 강력한 실천이성을 가진 자아의 철학으로 자신의 철학체계를 마련했다. 그
에 의하면 인간은 자아의 주체자로서 모든 경험적 존재의 영향을 받지 않는 순수자
이고, 이 자아는 모든 진리를 인식하는 원인이자 도덕적 실천 원리의 기본이 된다는
것이었다. 그러나 초기의 피히테가 가졌던 이러한 실천적 자유주의의 경향은 후기에
이르면 그의 자유주의에 내재해 있던 개인주의가 극복되면서 차츰 사회주의적·민족
주의적 경향으로 발전하게 되었다. 즉 후기의 피히테는 자아와 비아의 대립을 종합
한 보다 고차적인 자아의 절대성을 이념화하고 실체화하여 국가사회와 민족의 중요

성을 강조했다.

피히테의 후기 사상은, 나폴레옹에게 점령당한 베를린에서 행한 강연들을 모은 『독일 국민에게 고함*Reden an die deutschen nation, 1808*』에 집약되어 있다. 여기서 피히테는 민족의 전통적인 지배층에게 직접 민족의 독립을 기대하기보다는 선행자들의 문화와 전통 속에 내재해 있는 근대 시민사회의 여러 원리를 민족으로 구체화하여 그것을 통해 민족의 독립과 통일을 쟁취할 것을 주장했다. 따라서 그것은 단순한 전통의 옹호가 아니라 전통을 민족의 통일과 독립이라는 맥락에서 새롭게 창조한 것이었다. 나아가 그는 독일 국민을 단순한 존재자로서가 아니라 새로운 문화적 발전의 주체로 파악함으로써 패전의 충격에 빠져 있던 독일 국민들에게 근대적 민족의식을 고취시키고자 했다. 그러나 이러한 피히테 사상의 민족주의적 성격은 그것의 진정한 본질과 무관하게 뒤에 파시스트들에 의해 악용되기도 했다.

셸링은 칸트와 피히테를 계승하여 헤겔로 이어지는 독일 관념철학의 대표자 가운데 한 사람이다. 튀빙겐대학에서 신학과 철학을 공부했다. 피히테에 의하여 세계의 궁극적 원리로까지 높여진 근대적인 자유로운 '자아'를, 객관적 '자연'의 방향으로 심화시킴으로써 거기에 궁극적 통일의 실현을 꾀했다. 그러나 그의 사상은 점차 유미주의적·낭만적 색채를 띠었고, 나중에는 종교적·신비주의적 방향으로 변질되어 갔다. 1798년 이래 예나대학 등의 교수직을 역임하고, 1831년 헤겔의 사후 그의 후임으로 베를린대학의 교수가 되었다. 헤겔의 사상을 '소극 철학'으로 보고, '적극 철학'을 설파하여 '이성'과 '체계'를 깨뜨리는 실존철학의 길을 열었다고 평가받는다.

4. 헤겔

독일 고전철학의 완성자인 헤겔은 고위관리의 아들로 태어나 처음에는 목사가 되려고 튀빙겐대학에서 신학을 전공했다. 학생 시절의 그는 그다지 두각을 드러낸 학생은 아니었다고 한다. 헤겔이 칸트의 철학을 본격적으로 연구하기 시작한 것은 대학을 졸업한 이후부터였다. 그 후 헤겔은 예나와 하이델베르크를 거쳐 1818년부터 베를린대학에서 철학을 강의했는데, 베를린에서 그의 강의는 폭발적인 인기를 누리면서 헤겔학파를 형성하게 되었다.

프랑스 대혁명이 일어났을 때 헤겔은 아직 학생이었으나, 이때부터 이미 프랑스 대혁명의 역사적 의의를 적극적으로 평가했다. 그리스 고전에 심취했던 그는 전체와 개인의 일치를 이상으로 삼았던 도시공화국의 이상적 자유주의 사회를 프랑스 대혁명에서 발견하고자 했으며, 프랑스 대혁명이 제시한 자유와 인간의 존엄성이 아직 전근대적 의식에 사로잡힌 채 빈곤 상태에 처해 있던 독일 국민을 각성시킬 것으로 기대했다. 이처럼 헤겔의 철학은 피히테나 셸링과 같이 계몽주의적인 급진적 자유주의로부터 출발했다. 또한 그는 당시의 독일 계몽주의자들에게서 일반적으로 볼 수 있었던 것처럼 종교에 새로운 합리주의적 근거를 부여함으로써 교회를 재정립시키려고 했던 이성신학의 입장에서 기존의 기독교를 대체할 수 있는 새로운 종교의 확립을 열성적으로 제창했다. 그의 의도는 전근대적인 종교적 인습과 윤리를 비판하여 근대적으로 정립시킴으로써 그것으로부터 구속과 제약을 받고 있는 개인의 자유를 해방시키고자 하는 것이었다. 심지어 그는 기독교를 개인과 전체의 분열에서 발생한 개인의 종교, 전제와 예속의 종교로 보았으며, 그것에 기반을 둔 독일의 헌법을 사법적 공법, 즉 봉건적 헌법으로 간주했다.

그러나 프랑스 대혁명이 공포정치로 나아가자 헤겔은 내면적 도덕의식에 기초를 두는 주관주의적 태도에 대해 반성하기 시작했다. 이것이 기존의 종교와 사회가 성립하게 된 필연성과 역사성을 파악하고자 하는 그의 객관주의적 태도에 이르게 된 계기가 되었는데, 이로써 헤겔은 칸트와 피히테의 주관주의적 도덕의 입장에서부터 객관주의적 '인륜Sittlichkeit'의 입장으로 전환했다. 그는 인륜을 인간의 직접적 의지에 대응하는 추상법과 그와 반대로 개인 속에 내면화된 도덕이 상호통일되고 저양된 것으로서 객관적 정신의 완성이라고 파악했다. 그리고 이 인륜의 구체적 실현은 가족으로부터 시민사회를 거쳐 국가에 이르러서 완성된다는 것이었다.

이러한 관점에서 헤겔은 영국과 프랑스의 시민사회에 대한 연구를 통해 자본주의 사회 속에 내재하는 현실성과 역사성을 이해했다. 그는 시민혁명으로 확립된 자본주의 사회의 본질이 이기심에 근거를 둔 인간 분열의 체제라는 것을 간파하고, 나아가 그러한 자본주의 발전 자체 내의 분열을 극복할 수 있는 가능성을 발견하고자 했던 것이다. 그는 이 시민사회에서 각 개인은 자신의 욕망을 달성하기 위해 타인에게 의존하지 않을 수 없기 때문에 개별화와 분열의 상태 그 자체 안에는 이미 분업과 교환에 의한 상호의존이라는 모습으로 보편성과 통일성이 잠재해 있다는 점에 주목했다. 그리고 이러한 개별성과 보편성의 통일, 부분과 전체의 통일이 바로 윤리적 이념의 현 실태인 국가라는 것이었다. 그러나 이와 같은 헤겔의 사회사상은 다른 한편으로 보면 현실과 이상, 부분과 전체라는 두 측면의 통일을 강조함으로써 현실 타협의 가능성을 처음부터 내포한 것이기도 했다. 이성이 현실의 전개 속에서 자신을 실현한다는 그의 사상은 역사의 현실성을 인정하지 않을 수 없었고, 그 결과 헤겔은 "이성적인 것은 현실적이고, 현실적인 것은 이성적이다"라고 하여 이성과 현실의 일치를 주장하게 되었다.

헤겔의 시대는 프랑스에서는 나폴레옹의 개혁이, 영국에서는 산업혁명이 진행되고 있던 시대이기도 했다. 따라서 자본주의의 발전이 상당히 진전됨에 따라 이기심에 근거를 둔 개인의 욕구 체계라는 자본주의의 본질적인 성격은 시민사회의 분열로 나타나고 있었다. 이러한 상황에서 헤겔은 시민사회의 극복과 민족의 통일이 절박한 과제이던 후진 독일의 특수성을 현실적인 것으로 받아들이게 되었고, 프로이센의 절대군주에 의한 위로부터의 근대화에 큰 기대를 걸게 되었던 것이다. 따라서 그의 사상도 보수적 현실성으로부터 근본적으로 벗어날 수는 없었다. 이처럼 헤겔의 사회사상은 시민사회의 사회관계에 내재하는 분열성을 극복함으로써 민족적 통일을 달성할 것을 그 중요한 과제로 삼고 있었다. 역사에 대한 변증법적 이해는 이러한 그의 사회사상을 담는 기본 틀이었다.

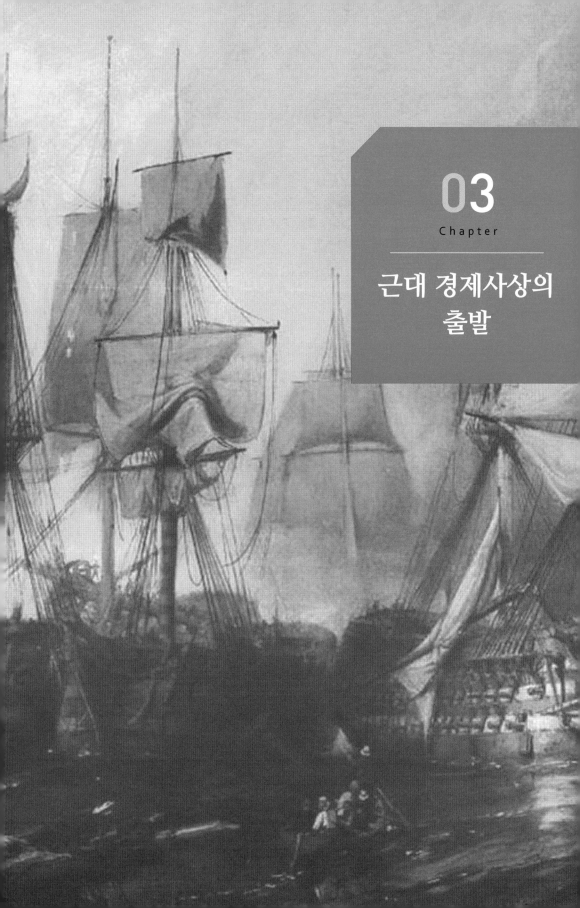

03
Chapter

근대 경제사상의 출발

중상주의

1. 중상주의의 개념과 시대적 배경

독립된 학문으로서 근대 경제학의 체계가 애덤 스미스에 의해서 정립되었다는 것은
분명하다. 하지만 그렇다고 해서 스미스의 경제학이 어느 날 갑자기 무無로부터 홀연
히 출현했을 리는 없다. 너무 당연한 말이지만 스미스의 사상과 이론은 그에 앞선 여
러 경제학자들 — 물론 그들의 사상과 이론을 오늘날의 관점에서 평가하자면 많은 점
에서 부족할지라도 — 로부터 배우고 빌린 내용이 적지 않다. 특히 스미스 시대의 영
국은 막 산업혁명을 앞둔, 경제적으로 유럽 여러 나라들 가운데 가장 앞선 나라였다.
이러한 사회경제적 배경에서는 당연히 경제에 관한 여러 사상과 이론이 다양하게 출
현했다. 스미스에 앞선 경제사상가와 이론가들은 흔히 중상주의자라는 이름으로 불
린다. 근대 경제학의 역사는 중상주의로부터 시작되었다고 해도 틀리지 않는다.[1]

일반적으로 중상주의mercantilism는 절대주의 국가의 성립기로부터 영국에서 산업혁
명이 시작되기까지, 15세기 말에서 18세기 말에 이르는 300여 년간 유럽 여러 나라
에서 영향력을 미쳤던 경제정책, 경제사상, 그리고 경제이론 등을 총칭하는 개념이
다. 이 시기는 흔히 자본의 본원적 축적의 시기라고 불린다. 봉건제로부터 근대 자본
주의로의 이행이 막 시작된, 따라서 아직 자본축적의 기반은 자본주의적이기보다 봉
건적이지만 그 사회경제적 영향을 자본주의라는 새로운 체제의 형성에 기여한 그러
한 시기이다. 봉건적 사회경제구조를 전복시킨 새로운 변화는 지리상의 발견과 그에
뒤이은 상업의 대규모적인 발전으로부터 시작되었다. 신대륙의 발견(1492년)과 인도
항로의 발견(1498년)은 농촌을 중심으로 자급자족적인 생활을 하던 유럽인들에게 상
업과 무역에 대한 관심을 크게 일으켰다. 중상주의라는 명칭도 이러한 상업에의 열
정에서 나온 것이다.

---

1   김광수, 『중상주의』, 민음사, 1984, 13쪽.

새로운 변화는 외부로부터의 충격에 의해서만 나타난 것은 아니다. 오히려 보다 근본적인 변화의 계기는 유럽 사회 스스로의 동요로부터 나타났다. 지방적이고 분권적이었던 중세적 경제질서가 붕괴되면서 유럽 전역에서는 근대 국민국가nation-state의 출현과 상업의 광범한 발전에 뒷받침되어 경제에 근본적 변혁이 이루어지기 시작했다. 영주의 장원을 단위로 영위되었던 자급자족적 농촌경제와, 주변의 농촌을 자신의 지배권 안에 넣고 배타적인 영향력을 행사하면서 하나의 독자적인 경제단위를 형성하고 있던 도시경제는 이제 국민경제의 틀 속으로 용해되어 갔다. 따라서 이 시기에 출현한 경제사상도 당시의 경제적 변화와 밀접한 관계를 가질 수밖에 없었다. 중상주의로 불리는 이 시기의 대표적인 경제사상의 형성에 영향을 미쳤던 중요한 사건들은 크게 큰 폭의 경제성장, 화폐 사용의 엄청난 증대, 원격지 무역의 확대, 해외 식민지의 획득, 그리고 국민국가의 등장으로 요약된다.[2]

그런데 중상주의라는 개념을 규정하는 데 있어서 가장 큰 어려움은 이 명칭이 오늘날의 체계화된 경제학과 같이 일관된 사상적 기초와 이론적 체계, 그리고 공통의 방법론 등을 가지고 있지 못하다는 사실이다. 이 시기에 경제문제를 다루었던 수많은 저자들의 관심은 대개 시사적이고 실제적인 것이었기 때문에 모든 문제에 대해 서로의 견해가 일치하는 것도 아니었다. 실제로 중상주의자들의 저서나 논문 어디에도 모든 경제현실을 포괄할 수 있는 통합된 중상주의 이론이라는 것은 공언되어 본 적이 없었다. 더구나 그들이 전개한 사상과 논리들은 때로는 경제현상에 대한 깊은 통찰력을 보여주기도 했지만 대체로 매우 조잡하고 더러는 서로 모순되기도 했다. 이론적이기보다는 현실문제의 실천적 해결을 지향했기 때문에 그들의 관심은 경제현상에 대한 일반적이고 체계적인 인식보다도 특수한 문제에 집중되는 경향이 강했다. 따라서 중상주의라는 이름은 하나의 이론체계라기보다는 절대주의 시대의 경제정책 일반에 대한 통칭으로 이해되기도 한다.

중상주의라는 용어가 본격적으로 사용되기 시작한 것은 애덤 스미스의 『국부론』에서부터이다. 영국에서 막 산업혁명이 시작되려는 시기에 살았던 스미스는 보호정

---

2 Clough, S. B., *European Economic History*, McGraw Hill, 1968, p. 218.

책체계로서의 중상주의를 자유로운 생산력의 발전과 산업의 발전을 제약하는 중대한 장애로 보고 신랄하게 비판했다.[3] 스미스가 비판하고자 했던 중상주의의 본질은 다음의 두 가지 측면에 있었다. 첫째, 중상주의는 화폐가 곧 국부라는 인식에 기초하여 국부를 증진하기 위해 유리한 무역차액을 확보하려 한 정책체계이다. 둘째, 중상주의는 또한 산업육성을 위한 여러 가지 보호주의의 정책체계이다. 이러한 견해는 스미스의 후계자들인 고전학파Classical school of economics 경제학자들을 거쳐 오늘날까지도 중상주의에 대한 가장 일반적인 규정으로 받아들여지고 있다.

그러나 이 당시 영국에 비해 후진국이었던 독일의 경제상황을 반영한 역사학파Historical school of economics 경제학자들은 중상주의에 대한 스미스적 견해를 비판하면서 다른 해석을 주장했다. 가령 역사학파의 창시자인 프리드리히 리스트Friedrich List, 1789-1846는 『정치경제학의 국민적 체계Das Nationale System der Politi-schen Ökonomie, 1841』에서 중상주의는 애덤 스미스의 주장처럼 상업적 체계commercial system가 아니라 오히려 공업적 체계industrial system로 해석되어야 한다고 주장했다.[4] 왜냐하면 중상주의의 보호정책은 단순히 무역만이 아니라 공업을 위시한 여러 산업의 육성이 국민적 이익에서 갖는 중요성을 인식한 데서 나온 것이기 때문이다. 따라서 그는 중상주의의 보호무역주의 역시 국내산업의 보호와 육성이라는 관점에서 옹호했다. 결국 리스트는 국민국가의 형성과 발전이라는 관점에서 국민적 산업의 발달을 위한 정책수단을 추구하는 데서 중상주의의 본질을 찾고자 했던 것이다. 중상주의에 대한 리스트의 해석은 그 후 역시 역사학파 경제학자인 구스타프 폰 슈몰러Gustav von Schmoller, 1838-1917와 카를 뷔허Karl Bücher, 1847-1930 등에 의해 계승되었다. 특히 슈몰러는 「중상주의와 그 역사적 의의Der Merkantilismus in seiner historischen Bedeutung」라는 논문에서 중상주의의 본질을 궁극적으로 통일적 국민국가를 형성하기 위한 국민경제의 건설 과정이라고 주장했다.[5] 중상주의의

---

3   Smith, A., *An Inquiry into the Nature and Causes of the Wealth of Nations, Clarendon* Press, Oxford, 1776. (김수행 옮김, 「국부론」, 동아출판사, 1992.)

4   List, F., *Das Nationale System der Politischen Ökonomie*, Kyklos-Verlag, Basel & J.C.B. Mohr Tübingen, 1959. (이주성 옮김, 「국민경제학」, 단국대학교 출판부, 1979, 342쪽 이하.)

5   Schmoller, G., "Der Merkantilismus in seiner Historischen Bedeutung", *Jahrbücher*, VIII, 1884. (김광수, 앞의 책, 16쪽에서 재인용)

본질은 국가기구와 제도는 물론 사회 및 그 조직의 총체적인 변혁과 국민국가의 경제정책이 지방적이고 국지적인 경제정책을 대체하는 데 있다는 것이다.

중상주의에 관한 다양한 개념 규정은 모두 암묵적으로든 명시적으로든 그것이 절대주의 및 근대 국민국가의 건설과 밀접하게 연계되어 있다는 점을 지적하고 있다. 그럼에도 불구하고 역사학파의 중상주의 규정에서 특히 국가 건설이 강조되고 있는 이유는, 19세기 후반까지도 아직 중세적 분립주의를 극복하여 국가적 통일을 이루지 못함으로써 국민국가의 형성과 국민경제의 발전이 지체되고 있던 당시의 독일적 사정을 반영하고 있었기 때문이다. 절대주의 국가는 봉건사회의 지방주의와 가톨릭 교회의 보편주의를 동시에 파괴함으로써 봉건적 권력을 세속 군주에게 집중시키는 과정에서 최초의 국민국가로서 나타났다. 절대왕정 absolute monarchy은 조세수입과 신흥 상공업자계급의 재정적 지원으로 상비군과 관료제를 유지하는 대신 상인에게 여러 가지 특권과 장려금, 그리고 군사적 보호를 제공했다. 절대왕정과 결탁한 상업자본의 축적은 대외상업의 성장으로 가속화되었는데, 특히 절대왕정이 상인들에게 부여한 특권과 독점은 국민국가의 교역을 확대하고 국가에 필요한 수입원을 획득하는 데 가장 안전한 방법이었다. 중상주의는 바로 이와 같이 근대 국가로서의 틀을 갖추기 시작한 절대주의 시대에 왕권과 결탁한 특권 상인자본의 성장과 밀접한 관련을 맺으면서 전개되었다.

2. 중상주의의 경제사상

화폐, 즉 금과 은이 국민의 부라는 중금주의 bullionism적 사고가 중상주의의 본질이라는 생각은 애덤 스미스 이후로 흔히 통용되어 왔다. 전기 중상주의자들이 화폐를 곧 부와 동일시했다는 사실은 부인하기 어렵다. 후기 중상주의 시대에 오면 이러한 생각은 다소 완화되지만, 여전히 중상주의자들의 경제사상과 이론을 일관하는 공통의 기초는, 화폐가 국부의 본질적인 구성요소라는 생각이었다.[6] 무역차액의 중시가 그 자체가 목적이 되어 이전의 화폐에 대한 중시를 대체한 것이었든, 아니면 다른 어떤

6 　Dobb, M., *Studies in the Development of Capitalism*, Routledge and Kegan Paul, London, 1963. (이선근 옮김, 『자본주의 발전 연구』, 광민사, 1980, p. 227.)

경제적 목적을 달성하기 위한 수단으로 사용되었든 간에 무역차액의 유리함을 강조하는 논의에서는 결국 화폐에 대한 중요성이라는 사고에 의존하지 않을 수 없다. 후기 중상주의 이론의 대표자로서 화폐차액주의monetary balance system의 편협한 사고에 대해 동인도회사의 무역을 변호했던 토머스 먼Thomas Mun, 1571-1641도 무역의 결과 더 많은 금은을 획득할 수 있다면 결국 국가의 부가 증대할 것이라며 정책의 목표를 국왕의 보화寶貨를 증대시키는 데 두었다. 결국 화폐에 대한 존중은 모든 중상주의자들에게 변함없이 공통된 생각이었던 것이다.

화폐의 재료가 되는 귀금속의 축적은 고대 세계에도 흔히 있는 일이었다. 관습적으로 저장할 수 있는 물품이 대단히 제한되어 있던 시기에 귀금속은 곡물이나 가축, 그릇 등과 더불어 축적과 상속의 주된 대상이 되어 왔다. 그러나 화폐에 대한 무조건적인 집착은 중상주의 시대 이전에는 거의 나타나지 않았다. 부가 화폐로 구성된다는 이러한 통념은 사적인 교환과 교환의 매개물이 일단 기본적인 사회제도가 되면, 화폐가 부의 원초적 형태가 된다는 사실로 설명될 수 있다. 그와 같은 관념과 그것을 실현시키려는 정책들이 출현했다는 사실은 그러한 경제발전의 단계에 도달했음을 의미한다.[7] 화폐의 축장蓄藏은 사적 교환과 사적 유통의 과정에서 큰 변화가 나타났음을 보여준다. 그것은 자연적 형태로 부를 축적하는 것과는 본질적으로 다르며, 부의 생산과 유통이 화폐에 의해 연결되고 상인이라는 특수한 계급에 의해 매개되는 별개의 과정이 되어버린 경우에만 가능하다. 이 단계에서는 부의 개념이 사용가치를 갖는 재화로부터 분리되게 되며 교환가치의 화폐적 축적이라는 형태로 다시 등장하게 된 것이다.

중상주의자들은 상업에 투하한 화폐가 이윤을 가져다준다는 점 때문에 화폐가 생산적이라고 하는 환상에 빠져들었다. 그리하여 그들은 사실상 화폐를 생산의 한 요인으로 취급했으며, 이자를 토지의 지대와 같이 화폐의 임대료로 파악했다. 이러한 사실은 곧 그들이 화폐와 자본을 혼동함으로써 양자를 동일시했다는 것을 의미했다. 잉여가치surplus value라는 개념이 완전히 인식되기 전까지 중상주의자들이 화폐에 대

---

7   Roll, E., A *History of Economic Thought*, Prentice-Hall Inc., 1954. (정윤형 옮김, 『경제사상사』, 까치, 1982. p. 55.)

해 보였던 집요한 집착은 바로 이와 같은 인식에 기초를 두고 있었다. 중상주의자들은 여전히 화폐의 소재와 기능의 차이를 충분히 인식하지 못하고 있었기 때문에 화폐와 자본을 동일시하고 생산 과정을 통해 획득하는 산업적 이윤보다 상업에서의 거래차액을 추구했다. 중상주의자들이 생각했던 유일한 잉여는 구매와 판매와의 차이에서 생기는 이윤이었다. 중상주의에 특유한, 판매에 대한 배타적인 집착도 여기서 생겨난 것이다. 판매는 언제나 화폐적 수입을 가져다주지만 구매는 불가피하게 화폐의 지출을 요구하기 때문이다. 이윤의 원천에 대한 이러한 소박한 관념은 생산이 아직도 전자본주의적 토대에서 이루어짐으로써 가치법칙이 완전히 성립하지 못했던 데서 비롯된 것이었다. 다시 말해서 중상주의 시대는 국가 간이나 지역 간에 생산조건이 서로 다르고 생산요소의 이동이 극도로 제한되어 있었기 때문에 상품의 가격에도 큰 차이가 있었다. 그래서 중상주의자들은 자연히 생산 과정에서보다 유통 과정에서 이윤이 창출된다는 생각을 하게 된 것이며, 또 이런 생각에 따라 화폐에 대한 독특한 관념을 형성하게 되었던 것이다.

중상주의의 경제사상에서 진정으로 중요하고 보다 본질적인 내용은 화폐에 대한 추구라기보다 독점과 규제이다. 후기 중상주의자들에게서부터 부분적으로 나타나기 시작해 고전학파에 의해 확립된 경제적 자유주의가 낡은 중상주의적 정책과 원리들을 근본적으로 비판할 때까지 독점과 규제는 오랫동안 그 시대의 경제생활을 지배해왔다. 중상주의자들은 잉여란 판매와 구매와의 차이, 즉 양도차액에서 생기는 것으로 생각했기 때문에 자유경쟁이라는 조건 아래서도 잉여가 생길 수 있다는, 오늘날에는 이미 일반화된 원리를 이해할 수 없었다. 양도차액에서 생기는 잉여를 부의 축적을 위한 유일한 원천으로 이해하게 됨에 따라 이윤이 창출되기 위해서는 상업에서의 경쟁이 배제되지 않으면 안 되었다. 자유경쟁이라는 조건, 즉 너무 많은 사람들이 상업에 참여하게 되면 양도이윤이라는 형태로 나타나는 잉여는 곧 사라질 것으로 생각되었기 때문이다. 중상주의자들은 경쟁과 이윤은 서로 양립할 수 없다고 생각했으며, 이 때문에 상업 활동에 참여하는 경쟁자의 수를 제한하는 독점과 규제를 옹호했다. 이 시대에 일반적인 현상이었던 상인과 절대왕정의 결탁은 이러한 이유에서 나타났다.

후기 중상주의 또는 고유의 중상주의 시대에 오면 중상주의자들의 사고에도 어느 정도 변화가 나타난다. 이들은 거래차액이 아니라 무역차액이 국부의 원천이며, 화폐는 단지 그 수단일 뿐이라고 생각했다. 이에 따라 화폐에 대한 맹목적인 추구는 없어지고 중상주의적 논의의 초점은 무역차액의 획득으로 옮겨진다. 이러한 사고를 거래차액주의 또는 화폐차액주의와 대비하여 무역차액주의 Theory of Trade Balance 라고 부른다. 중상주의자들의 변화는 국내공업의 발전이라는 경제구조의 변화에 대응한 것이었다. 물론 이들 역시 국내무역으로는 국민이 모두 부유하게 되는 것이 아니라 개개인이 지닌 부의 상대적인 양만 변화할 뿐인 반면, 외국무역은 한 나라의 부를 증가시킨다는 생각에는 차이가 없었다. 후기 중상주의에 와서도 진정한 의미에서의 자유무역이 옹호된 적이 없다는 것은 무역차액을 획득하기 위한 욕구가 보호체제를 강화했다는 사실에서도 알 수 있다. 그런데 수출과 무역차액에 대한 관심은 자연히 국내생산에 대한 관심으로 발전했다. 보호무역은 국내산업의 보호와 함께 추진되어야만 하기 때문이다. 특히 산업자본의 성장과 함께 중상주의의 경제사상과 정책은 점차 외국무역보다 국내산업 부문으로 옮겨 갔다. 그러나 여전히 중상주의의 근본원리는 자유경쟁이 아니라 독점과 규제에 의한 산업의 보호에 있었다.

3. 중상주의 경제학자들

중상주의는 봉건제로부터 자본주의로의 이행기, 즉 자본의 본원적 축적기에 나타난 다양한 경제사상과 이론 및 정책들을 통칭하는 개념이다. 따라서 어디까지를 중상주의로 규정할 것인가는 매우 어려운 일이다. 가령 민주주의 사상의 아버지로 불리는 로크는 경제이론에도 관심이 많아서 여러 편의 수준 높은 논문을 발표하기도 했다. 특히 화폐에 관한 그의 이론은 동시대 대부분의 경제학자들에 의해 인정되었다. 또한 로크는 애덤 스미스에 앞서서 노동가치설을 처음 주장한 사람이기도 하다. 이 때문에 중상주의자들은 물론 적지 않은 고전학파 경제학자들이 로크로부터 많은 영향을 받았다고 고백한다. 애덤 스미스의 스승이자 스코틀랜드 계몽주의Scottish Enlightenment 운동의 선구자인 프랜시스 허치슨Francis Hutcheson, 1694-1746은 분업과 교환에 관한 상당히 정교한 이론을 발표했다. 또 스미스와 같은 시대의 철학자로서 개인적으로도 매우 친밀한 사이였던 흄은 오늘날의 화폐수량설에 가까운 화폐이론을 주장했다. 또한 그는 경제적 자유주의와 실증주의적 연구방법론을 주장하여 스미스의 경제사상과 이론에도 중요한 영향을 주었다. 하지만 이들을 중상주의 경제학자라고 부르는 것은, 오히려 이들의 사상과 이론을 너무 협소한 범위 안에 가둬 버리는 어리석음이 아닐까 싶기도 하다.

중상주의는 하나의 체계를 갖춘 학파라고 부르기도 어렵지만 그 관심과 내용의 다양성만큼이나 사상과 이론의 수준도 제각각이어서, 더러는 조잡한 선전문에 불과한 주장도 적지 않다. 그러나 현실에서 산업의 발전과 더불어 고유의 중상주의로 불리는 후기 중상주의 시대로 오면 상당히 높은 수준의 체계적인 경제이론들이 나타난다. 토머스 먼, 윌리엄 페티William Petty, 1623-1687, 그리고 리샤르 캉티용Richard Cantillon, 1680?-1734 등이 바로 이 시대를 대표하는 경제학자들이다. 애덤 스미스의 『국부론』은 중상주의자들을 비판하기 위하여 출판했다고 해도 그리 틀린 말이 아니다. 그런데 이 책에서 스미스가 가장 많이 인용하고 있는 중상주의 경제학자는 바로 토머스 먼이다. 이는 먼이 그 시대의 중상주의자들 가운데 가장 이론적으로 잘못되었다는 뜻이 아니라, 그나마 스미스가 인용하고 비판할 만한 수준에 오른 몇 안 되는 중상주의자 가운데 한 사람이었다는 뜻이다.

먼의 경제이론은 주로 두 권의 저작에 정리되어 있는데, 『영국으로부터 동인도로의 무역에 관한 담화A Discourse of Trade from England unto the East Indies, 1621』는 동인도회사East India Company에 대한 세간의 비판을 반박하기 위하여 쓴 책이다. 먼은 경제학자인 동시에 성공한 상인으로서 동인도회사의 임원으로 20여 년을 재직했다. 이 책에서 그는 상업이 영국의 국부를 증가시키며, 그러한 의미에서 국왕의 재산관리인인 상인은 명예롭고 고귀한 직업이라고 주장했다. 먼의 경제이론을 파악하는 데 중요한 저작은 『외국무역에 의한 영국의 부England's Treasure by Foreign Trade, 1664』이다. 이 책에서 먼은 이전의 거래차액주의와 대비되는 무역차액주의를 본격적으로 전개했다. 책의 제목 그대로 국부는 외국무역으로부터 나온다는 것이 먼의 핵심적인 주장이다. 다른 중상주의자들이 그러했듯이 먼도 국부를 귀금속의 양과 동일시했다. 따라서 국부를 증가시키기 위해서는 금은의 순유입, 즉 무역흑자가 필요하고, 또 이를 위해서 정부는 무역을 규제해야 한다는 것이 먼의 주장이다. 공업제품의 수출을 장려하는 반면 수입품에는 높은 보호관세를 부가해야 한다는 그의 주장은, 이전의 거래차액주의자들에 비해서는 진일보한 것이지만 여전히 중상주의적 사고방식을 벗어나지는 못했다. 다만 인도에 대해서는 무역적자를 기록하더라도 다른 국가나 지역에 대한 무역흑자를 증가시킬 것이므로 오히려 영국에 이롭다고 지적하기도 했다. 이러한 주장은 경제학 연구의 결과이기도 하지만 동시에 오랫동안 동인도회사의 관리자로 재직한 그의 경험에서 나온 것이기도 하다.

페티는 가난한 직물업자의 아들로 태어나 옥스퍼드대학에서 의학 박사 학위를 받고, 크롬웰 정부와 찰스 2세의 행정관을 거쳐 성공한 사업가로서는 물론 학자로서도 명성을 누린 입지전적인 인물이다. 그가 살았던 당시에 중상주의자로서 페티의 영향력은 먼에 미치지 못했지만, 경제학의 발전에 미친 영향은 결코 먼에 못지않다. 페티는 통계적 방법을 경제연구에 사용할 것을 주장한 최초의 경제학자이며, 그의 『정치산술Political Arithmetic, 1690』은 실제로 통계적 방법을 적용한 최초의 체계적인 저술이다. 페티는 국가사회의 현재 상황을 과학적으로 인식하는 것이 사회불안이나 사회동요를 극복하고 국가정책 수립의 기초가 되어야 한다고 주장했다. 특히 수량적 관찰과 실증적 방법이야말로 시민사회의 분석 방법이 되어야 하며, 이러한 방법을 이용하여 각국의 국력을 비교함으로써 영국의 국력이 네덜란드와 프랑스를 능가한다는 것을 논증하고자 했다.

물론 페티가 사용한 방법은 아직 유치하고 조잡한 수준이었으며, 그의 분석 결과도 그다지 신뢰할 만한 수준이 못 되었다. 그래서 애덤 스미스는 페티의 연구 방법이 전혀 쓸모없는 시도라고 혹평하기도 했다. 하지만 페티가 제안한 새로운 연구 방법은 오늘날 경제학이 가장 널리 사용하고 있는 계량적 방법의 기초를 처음으로 제안했으며, 더 나아가 사회과학 전반에서 실증주의적 연구 방법을 확립하는 데도 중요한 영감을 제공했다. 또한 페티는 로크와 더불어 노동가치이론의 선구자 가운데 한 사람이다. 그는 "노동은 부의 아버지이며, 토지는 부의 어머니"라고 표현했다. 노동과 토지 모두 가치의 척도가 된다는 그의 주장은 다른 중상주의자들과는 또 다른 관점과 사상을 가지고 있었음을 보여준다. 하지만 그럼에도 불구하고 무역의 궁극적인 효과가 금은의 획득에 있다고 주장한 점에서 보면, 페티 역시 가장 기본적인 측면에서는 중상주의자라고 불러야 옳다.

캉티용에 대해서는 아일랜드에서 태어나 프랑스에서 성장했으며, 영국과 프랑스를 오가면서 사업가로 크게 성공했다는 정도 이외에 거의 알려진 바가 없다. 그럼에도 캉티용은 중상주의 시대의 경제학자들 가운데 가장 높은 수준의 경제이론을 완성한 인물로 꼽힌다. 어떤 평론가들은 개인적인 불행이 아니었다면 스미스가 아니라 캉티용이 경제학의 아버지로 불렸을지도 모른다고 평하기도 한다. 여기서 개인적인 불행이란 해고된 하인에 의해 살해된 일을 말한다. 그 당시에 이미 캉티용은 경제이론에 관한 체계적이고 종합적인 저서를 거의 완성했던 참인데, 이때 그의 원고도 불타 없어지고 말았다고 한다. 캉티용이 남긴 유일한 저작은 『상업의 일반적 본질에 관한 소론 *Essai sur la nature du commerce en général, 1775*』인데, 이마저도 오랫동안 경제학자들의 관심을 전혀 받지 못했다. 스미스도 캉티용을 인용하고 있기는 하지만, 후대의 경제학자들에게 그가 미친 영향은 거의 없다고 해도 틀리지 않는다.

캉티용이 다시 평가받게 된 것은 무려 100여 년이 지난 후에 신고전학파의 선구자 가운데 한 사람인 윌리엄 스탠리 제번스 William Stanley Jevons, 1835-1882 에 의해서이다.[8] 캉티용처럼 비범하고 통찰력 있는 경제이론을 제시한 인물이 그토록 오랫동안 잊혀져 있었다는 사실은 참으로 이해하기 어려운 일이다. 캉티용을 단순히 중상주의자라고 부르기는 어렵다. 그의 이론에는 뒤에 나타나는 중농주의 physiocracy 의 관점과 고전학파의 관점이 상당한 부분 섞여 있기 때문이다. 그는 국민경제의 여러 부분들 사이에서 이루어지는 소득의 순환을 하나로 체계화하여 분석하고자 시도했다. 이러한 아이디어가 케네의 『경제표 *Tableau économique, 1758*』에도 영향을 주었으리라는 사실은 분명하다. 또한 캉티용은 개인들이 자신의 이익을 위하여 행동하면 시장체제가 그것을 조정한다고 주장했다. 이는 정부에 의한 무역과 산업의 관리를 주장한 중상주의자들보다는 오히려 고전학파의 관점에 더 가깝다. 그러나 자유방임주의 Lassez-faire 에 대한 그의 확신은 스미스와 고전학파 경제학자들만큼 확고하지는 못했다. 어쩌면 캉티용이

---

8   Jevons, W. S., *The Theory of Political Economy*, Macmillan, 1871.

스미스에게 경제학의 아버지라는 영예를 양보하지 않을 수 없었던 이유도 하인 때문이 아니라 바로 여기에 있었는지도 모르겠다.

중상주의 시대의 가장 독창적인 경제사상가는 아마도 버나드 맨더빌 Bernard de Mandeville, 1670-1733 일 것이다. 맨더빌은 네덜란드 출신으로 원래의 직업은 의사이다. 경제이론에서 보면 그는 수출이 수입을 초과해야 하며, 이를 위해서는 정부가 무역을 규제해야 한다고 주장한 중상주의자였다. 맨더빌을 유명하게 한 것은 경제이론이 아니라 〈투덜거리는 벌집 The Grumbling Hive, or Knaves Turn'd Honest, 1705〉이라는 풍자시를 발표했기 때문이다. 이 시가 큰 화제를 불러일으키자 맨더빌은 내용을 더 보충하여 『꿀벌의 우화 : 또는 개인의 악덕과 공공의 이익 The Fable of the Bees: or, Private Vices, Public Benefits, 1714』이라는 우화집을 발표했다.[9] 이 책에서 그는 인간의 탐욕과 낭비, 악덕 등이 오히려 부를 증대시키고 실업을 해소한다고 주장해 동시대인들은 물론 후대에서까지도 많은 비난을 받았다. 『국부론』과 함께 애덤 스미스의 가장 중요한 저서인 『도덕감정론 The Theory of Moral Sentiments, 1759』도 맨더빌을 여러 번 인용하고 있다.[10]

그러나 스미스가 『꿀벌의 우화』를 비판하기 위해 『도덕감정론』을 썼다는 주장은 잘못된 이야기다. 더 나아가 스미스가 이 책을 읽고 감동을 받아 『국부론』을 썼다는 이야기는 더 잘못된 이야기다. 스미스가 『도덕감정론』의 여러 곳에서 맨더빌을 비판한 가장 중요한 이유는 그가 미덕과 악덕을 올바로 구분하지 않았기 때문이다. 맨더빌은 개인이 자신의 행복을 추구하는 감정을 모두 악덕으로 불렀다. 반면에 스미스는 행복해지고자 하는 욕구를 악덕이 아니라 존중받아야 할 인간의 천성이라고 주장했다. 또한 맨더빌은 인간이 타인을 존중하고 그를 연민하거나 동정하는 행위조차도 모두 이기적인 동기에서 나오는 것이라고 간주했다. 그러나 스미스는 동감과 이기심은 전혀 다른 감정이라고 생각했다. 스미스가 보기에 인간이 다른 사람을 존중하는 이유는, 그러한 행위를 통해 스스로 만족감을 느끼기 때문이 아니라 자신도 타인으로부터 그렇게 대접받고 싶어 하기 때문이다. 개인의 악덕이 사회의 이익이 된다

---

9   맨더빌, 최윤재 옮김, 『꿀벌의 우화』, 문예출판사, 2010.

10 Smith, A., *The Theory of Moral Sentiments*, Edinburgh, 1759. (박세일·민경국 옮김, 『도덕감정론』, 비봉출판사, 2009.)

는 맨더빌의 주장은 개인의 이기심이 사회 전체의 발전에 이익이 된다는 『국부론』의 사상과도 무관하지 않은 듯이 들린다. 그러나 스미스는 개인의 악덕이 때로는 사회의 이익이 될 수도 있다고 주장한 반면 맨더빌은 그것이 악덕이면 악덕일수록 더욱 사회의 이익이 된다고 주장했다. 개인과 사회의 조화를 중시한 스미스로서는 당연히 그와 같은 극단적인 주장에 동의할 수 없었을 것이다. 맨더빌의 이름을 다시 유명하게 만든 사람은 존 메이너드 케인스John Maynard Keynes, 1883-1946이다. 케인스는 『고용과 이자 및 화폐의 일반이론The General Theory of Employment, Interest and Money, 1936』에서 직접 『꿀벌의 우화』를 인용하면서 맨더빌을 옹호했다.[11] 사치와 낭비가 경제발전을 가져온다는 맨더빌의 주장이 자신의 유효수요effective demand 이론과 부합했기 때문이다. 케인스가 데이비드 리카도David Ricardo, 1772-1823를 비판하면서 토머스 맬서스Thomas Robert Malthus, 1766-1834를 옹호한 것과 같은 이유이다.

> 엄청난 무리가 이 풍요로운 벌집으로 몰려들었는데
> 엄청나게 몰려와서 오히려 잘살게 되었다.
> 몇백만이 애를 써서
> 서로 욕망과 허영을 채워 주었고
> 또 다른 몇백만은 일자리를 얻어
> 부서져 없어질 물건들을 만들어냈다.
> 온 세상 절반에 물건을 대는데도
> 아직도 일꾼보다 일자리가 많았다.
> ……
> 사치는 가난뱅이 백만에게 일자리를 주었고
> 얄미운 오만은 또 다른 백만을 먹여 살렸다.
> 시샘과 헛바람은 산업의 역군이니
> 그들이 즐기는 멍청한 짓거리인
> 먹고 쓰고 입는 것에 부리는 변덕은
> 괴상하고 우스운 악덕이지만

---

11 Keynes, J. M., *The General Theory of Employment, Interest and Money*, Palgrave Macmillan, 1936. (조순 옮김, 『고용, 이 자 및 화폐의 일반이론』, 비봉출판사, 1995, 362-63쪽)

시장을 돌아가게 하는 바로 그 바퀴였다.[12]

4. 중상주의의 역사적 의의

중상주의의 역사적 의의에 대한 평가는 오랫동안 애덤 스미스와 고전학파 경제학자들의 견해가 지배적이었다. 리스트나 슈몰러의 견해가 주목받게 된 것도 실은 그 시대보다 훨씬 뒤에 가서의 일이다. 중상주의에 대한 새로운 평가에는 케인스의 기여가 크다. 케인스는 『고용과 이자 및 화폐의 일반이론』 가운데 '중상주의에 대한 주석 Notes on Mercantilism'이라는 장에서 스미스를 비롯한 고전학파 경제학자들이 자유무역의 이익과 자유방임주의의 정당성을 강조하기 위하여 중상주의자들의 이론을 왜곡했다고 지적했다.[13] 중상주의자들을 신랄하게 비판하면서도 정작 스미스 자신도 먼이나 페티 등과 같은 후기 중상주의자들의 경제이론으로부터 많은 영향을 받았다는 사실을 상기해보면 케인스의 지적은 어느 정도 타당하다. 다만 케인스가 리카도 이후의 주류 경제학에 대해 매우 비판적이었으며, 특히 자유방임주의에 대립적인 견해를 가지고 있었다는 점도 충분히 감안되어야 옳을 것이다.

중상주의자들의 이론과 정책에서 발견되는 공통적 요소는 화폐와 재보에 대한 추구, 판매에 대한 배타적인 관심, 잉여의 원천에 대한 보호와 관련된 경제적 규제의 신봉 등으로 요약된다. 첫째, 화폐가 곧 부라는 생각은 모든 중상주의자들이 자신의 이론과 주장을 전개하는 데 있어서 가장 기본적인 토대였다. 화폐의 추구가 더 이상의 목표가 아니라는 견해가 확산된 이후에도 그들은 화폐의 물신에 호소하면서 자신들의 주장의 정당성을 입증하고자 했다. 둘째, 판매에 대한 배타적인 관심은 중상주의에 특징적인 식민지 정책을 형성했다. 중상주의에서 확인되는 고유한 특징은 식민지와의 관계에서 가장 잘 적용되었다. 그런 점에서 중상주의에서 식민지가 갖는 의의에 대한 평가는 매우 중요하다. 셋째, 경제적 원리로까지 정착되었던 국가적 규제에 대한 신봉이 지닌 본질은 독점에 있었다. 이러한 독점은 국민적 이익과 직접 연결되는 것은 아니었으며, 때로 독점에 근거한 국가의 규제가 결과적으로 국가의 부강과

---

12 맨더빌, 같은 책, 97-106쪽.
13 케인스, 조순 옮김, 앞의 책, 335쪽 이하.

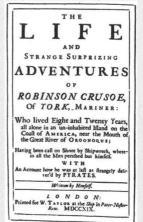

중상주의 시대의 작가이자 언론인이었던 대니얼 디포(Daniel Defoe, 1660-1731)의 소설 『로빈슨 크루소(1719)』는 상업과 금은에 대한 중상주의 시대의 열정을 잘 보여주는 작품이다. 제임스 조이스(James Joyce, 1882-1941)는 『로빈슨 크루소』에 대해 "남성적 독립심, 냉담한 잔인성, 끈질김, 효율적인 지적 능력, 성적 무관심, 실용성과 조화된 신앙심, 계산 아래 이루어지는 과묵성 등 영국 제국주의의 정신적 본질을 잘 보여준다"고 평했다.

경제발전으로 연결되는 경우에도 어디까지나 독점과 결부된 상인과 일부 산업자본가 등 특수계급의 이해를 매개로 한 것이었다. 따라서 국민국가의 건설이나 국민경제의 형성이 국민적 이해로 강조되었다 해도 그것은 여전히 특수계급의 이익의 옹호와 관련되어 있었다. 또 강력한 국민국가에 자신의 이해와 이익을 합치시킬 수 있는 위치에 있었던 특수계급의 의도와 노력의 반영으로 이해해야 한다.

그러나 중상주의자들이 의도하지 않았다 하더라도 결과적으로, 한 집단의 특수한 이익 추구가 그들의 의도와는 무관하게 다른 집단의 이해기반을 넓히고 마침내 그들의 이해를 전면에 등장시킴으로써 정책체계에 상당히 근본적인 변화를 가져오게 되었다는 점은 객관적으로 평가되어야 할 일이다. 후기 중상주의가 거래차액주의에서 무역차액과 보호주의에 대한 강조로 경제이론과 정책의 중심을 전환한 것은 이러한 이해기반의 변동으로부터 가능했다. 근대 자본주의의 형성과 발전이라는 관점에서 본다면 중상주의의 가장 기본적인 의의는 본원적 축적기의 경제정책으로서 성장기에 있던 자본가적 산업을 위한 자본축적을 수행했다는 데 있다. 이 축적은 무역을 통해 수행되었으며, 무역은 국가에 의해 통제되었다. 그런데 본질적으로는 산업자본의 축적을 위한 정책체계가 현실에서는 상업자본의 이해와 결합할 수밖에 없었던 이유는, 당시의 산업자본이 아직 외국무역에 종사하는 상업자본의 지배로부터 완전히 독립하지 못하고 있었기 때문이다. 따라서 이 정책들의 중심에 놓여 있던 것은 여전히 상업 자본주의적인 것이었다. 그러나 중상주의적 이론과 정책에는 국내산업의 발전을 위한 산업보호의 성격이 내재되어 있었고, 결과적으로는 오히려 산업자본을 위한 축적의 과제를 수행하게 되었다.

제 **2** 절

케네와 중농주의

1. 중농주의의 배경

중상주의는 그 시대의 경제현실에 대한 다양한 견해와 이론을 표명하고 있기는 했지만, 그들을 하나의 학파나 집단으로 묶을 만큼 공통의 세계관과 방법론, 그리고 일관된 이론체계를 갖추고 있지는 못했다. 경제학의 역사에서 하나의 학파라고 부를 만한 사건은 1760년대를 전후하여 중농주의physiocracy라 불리는 경제학자들이 출현하면서부터이다. 중농주의의 어원은 그리스어 'tes Phusesôs hiatèsis'로 자연의 지배government of nature를 의미했다. 중농주의는 주로 프랑스에서 전개되었기 때문에 다분히 프랑스적인 배경을 가지고 등장했다. 중상주의자들의 경제이론이 상인자본 시대의 영국 사회를 가장 잘 반영했다면, 중농주의 이론은 18세기 프랑스의 사회경제적 상태를 반영한 것이었다. 중농주의는 특히 루이 14세Louis XIV, 1638-1715의 재무장관으로서 강력한 산업보호정책을 추진했던 장 바티스트 콜베르Jean-Baptiste Colbert, 1619-1683 이후의 중상주의 정책에 대한 반발로서 등장했다. 콜베르는 관세를 통일하고 도로를 개설하는 등의 강력한 중상주의 정책을 실시했다. 당시의 가장 중요한 생산방식은 매뉴팩처였는데, 콜베르는 특히 재정확보와 공업육성을 위해 직접 왕실 매뉴팩처Manufacture royale를 건설하고 상인들이 지배하던 특권 매뉴팩처를 보호했다. 이 때문에 프랑스의 중상주의 정책은 그의 이름을 따 흔히 콜베르티즘Colbertism이라고 불린다.

콜베르 시대의 프랑스는 아직 영국에서처럼 농민층의 분해가 활발하게 진행되지 못하고 있었고, 산업발전을 위한 사회적 분업의 진전과 국내시장의 형성이라는 조건이 제대로 만들어지지도 못했다. 따라서 프랑스의 왕립 및 특권 매뉴팩처들은 처음부터 국내외의 봉건적 특권계급을 위한 사치품 공업을 중심으로 발전했다. 이처럼 고가의 사치품을 생산하고 수출하기 위한 통제와 보호는 장인적 기술에 기초한 수공업적 생산체제를 유지시킴으로써 프랑스의 산업이 대량생산체제로 발전하지 못한 주요한 원인이 되었다. 또한 사치품의 해외수출을 위해서는 품질에 대한 통제와 저임금 정책이 필요했다. 저임금 유지를 위해서는 농산물 가격을 낮게 유지하여야 했고, 이를 위해 농산물의 수출을 금지시켰다. 이처럼 프랑스의 중상주의 정책은 처음부터 농민들의 희생을 전제로 추진되었다.

대혁명(1789년) 이전까지 프랑스 농민들의 대다수는 분익소작농^{métayage}이라는 형태로 존재했다. 농민들의 지대 부담은 보통 생산물의 1/2에서 3/4에 이르렀으며, 가혹한 지대와 무거운 조세로 농민들의 삶은 극도로 피폐한 상태에 처할 수밖에 없었다. 영지로부터의 탈출과 농민반란은 이러한 경제적 현실의 당연한 결과였다. 여기에 농민들의 희생을 강요하는 중상주의 정책의 추진은 농촌경제를 더욱 황폐화시켰다. 후진적 농업기술, 곡물가격을 하락시킨 수출금지 정책, 그리고 지주들보다 농민들에게 더 큰 부담을 지운 조세제도 등의 요인들이 프랑스 농업의 발전을 저해했다.

중농주의는 이러한 프랑스 농촌의 현실에서부터 출발하여 중상주의 정책을 반대하고 농업과 농민을 위한 정책을 실시할 것을 주장한 경제사상이다. 중농주의자들은 그 당시 영국에서 이미 성공적으로 발전하고 있던 합리적 농업양식을 적극적으로 옹호했다. 그러나 반半봉건적인 프랑스 농촌에서 영국과 같은 지주-자본가-노동자의 삼계급제에 기초한 자본주의적 농업으로의 발전을 기대하기란 거의 불가능했다. 그 때까지 프랑스에서 농업 부르주아지의 성장은 아직 매우 미약한 상태였다. 중농주의자들의 경제정책, 특히 조세제도의 개혁에 대한 그들의 관심은 바로 이러한 농촌 부르주아지의 이해를 반영하여 그들의 성장을 도모하고자 했다.

2. 중농주의의 경제사상

자연의 지배라는 명칭에서도 드러나듯이 중농주의는 자연법 natural law 사상과 농업을 중시하는 중농사상이라는 두 개의 원리에 입각하여 전개되었다. 중농사상의 핵심은 모든 산업 가운데 농업만이 생산적이라는 견해에 있다. 중농주의자들은 이윤의 원천이 되는 잉여를 순생산물이라 불렀는데, 이들에 따르면 순생산물을 생산할 수 있는 것은 농업뿐이며, 상공업은 부를 창조할 수 없고 다만 부가할 수 있을 뿐이라는 것이다. 중농주의자들이 이와 같은 극단적인 견해를 표명하게 된 이유는 물론 상업이 부를 창출한다는 중상주의적 견해를 비판하기 위한 것이었다. 케네는 상인은 조국을 갖지 않는다는 표현으로 특권적 상인들을 비난했다. 그러나 이들은 공업 역시 순생산물을 생산하지 못한다고 보았는데, 그것은 당시의 프랑스에서는 산업자본의 축적이 미약한 채 공업의 중심이 여전히 중세적인 장인적 기술과 수공업적 생산방식에 기초한 사치품의 생산에 있었기 때문이다.

농업만이 생산적이라는 견해는 오랫동안 중농주의에 대한 비판의 가장 중요한 근거가 되기도 했다. 그러나 여기서 주목해야 할 것은 중농주의자들에 있어서 부富란 화폐적 부가 아니라 가치생산물을 의미한다는 것이다. 더 중요한 점은 중농주의자들이 유통 영역에서 이윤의 원천을 찾았던 중상주의에서 한 걸음 더 나아가 생산에서 가치가 창출된다는 점을 처음으로 명확하게 인식하고 서술했다는 사실이다. 이것은 경제학과 경제사상의 역사에서 커다란 진보를 의미하며, 고전학파 경제학자들이 자신들의 가치이론을 수립할 수 있었던 것도 중농주의자들에 의한 선구적 이론과 사상이 이미 제시되어 있었기 때문이다.

중농사상과 함께 중농주의자들의 사상과 이론에 더욱 중요한 영향을 미친 것은 자연법 사상이다. 자연법이란 자연적 질서 또는 인간의 자연적 속성에서 출발하여 이로부터 공동생활, 윤리적 행동, 정치적 삶의 규범을 이끌어내고자 하는 모든 도덕이론과 법이론 및 정치이론의 기본 개념이다. 자연적 존재질서가 도덕법칙과 정치법의 척도이므로 자연법을 따르고 모방해야 한다는 사상은 근대 이전에도 존재했었다. 가령 그리스의 소피스트들은 자연을 정의의 기초라고 불렀으며, 소크라테스는 자연법을 신의 불문율이라 보고 그것이 국가를 지배하는 법의 도덕적 기초라고 생각했다.

그러나 자연법 사상이 역사적으로 정초된 사회이론과 국가이론의 형성에 결정적으로 중요한 의미를 갖게 된 것은 근대에 와서이다.

근대 자연법 사상과 이론을 처음으로 제시한 사람은 네덜란드의 법학자이자 정치가인 흐로티위스이다. 흔히 흐로티위스는 근대 법학의 아버지 또는 근대 국제법의 아버지라고 불린다. 근대 자연법 사상의 형성과 발전에서 흐로티위스의 선구적 의의는, 그가 자연법을 인간의 모든 법률뿐만 아니라 신의 계시보다도 더 우월한 것으로 설정했다는 점과 자연법을 세속화시켰다는 점에 있다. 흐로티위스에 의하면 원시적 자연상태에서는 인간들이 도덕적으로 완전했으며 재산을 공동으로 소유했다. 그러나 인간은 이러한 단순한 삶에 영원히 만족할 수 없었고, 서로 간의 사랑이 이러한 상태를 유지할 수 있을 만큼 충분히 강력하지 못했기 때문에 자연상태는 오래 지속될 수 없었다. 따라서 사적 소유가 생겨났으며, 인간들은 서로의 폭력으로부터 자신을 보호하기 위해서 서로 결합하여 사회를 이루게 되었고, 나아가 모든 개인은 자신의 권리를 자발적으로 국가에 위임하거나 지배자의 권력을 인정하게 되었다는 것이다.

흐로티위스가 주권의 본래적인 담지자를 인민으로 보고 절대권력이 전제주의로 타락하는 데 대해 저항할 권리를 제한적으로나마 인민에게 허용함으로써 지배자가 신으로부터 주권을 부여받았다는 신학적 견해를 부정하고 있다는 점은 주목할 만하다. 그러나 다른 한편으로 그의 자연법 이론은 자유와 권리에 대한 인민의 자발적 포기를 인정함으로써 타협적 자세를 보여주기도 한다. 이러한 점에서 그의 이론은 이중적이며 과도기적이라고 할 수 있다. 자연법적 사회이론 및 국가이론의 발전에 가장 중요한 기여를 한 것은 앞에서 이미 서술한 것처럼 영국의 홉스와 로크이다.

계몽주의 시대에 나타난 대부분의 사상가들이 자연법 사상에 기초하여 봉건체제와 절대주의를 공격했지만, 이들 가운데서 가장 뛰어나게 자연법 사상을 발전시킨 것은 바로 중농주의자들이었다. 특히 케네의 자연법 사상은 역시 중농주의 경제학자인 피에르 사뮈엘 뒤퐁Pierre Samuel du Pont de Nemours, 1739-1817이 케네와 그 제자들의 경제이론을 모은 『중농주의Physiocratie, 1768』에 잘 요약되어 있다. 케네에 의하면 사회적으로 결합된 인간을 규제하는 법칙에는 자연법lois naturelles과 실정법lois positives의 두 가지가 있다. 자연법은 다시 물리적 법칙과 도덕적 법칙으로 구분되는데, 물리적 법칙은 인간 외부의 모든 물리현상을 규제하는 자연법칙이며 도덕적 법칙은 인간 행위의 율법이다. 따라서 물리적 법칙이 인과론적 법칙이라면 도덕적 법칙은 목적론적 법칙이다.

그러나 자연법과 실정법은 서로 대립하는 것이 아니라 하나로 합체됨으로써 자연법을 형성한다. 자연법은 신에 의해서 창조된 절대적이고 보편적이며 영구불변한 진리로서 모든 시대와 사회에 대해서도 타당한 가장 완전한 법이다. 자연적 질서는 바로 이 자연법의 질서적 표현이다. 물론 이 자연법은 신의 의지에 의한 것이므로 도덕적 성격을 가지며, 강제적 구속력을 가지는 것은 아니다. 따라서 인간이 여기에 복종하느냐 그렇지 않느냐는 전적으로 그의 자유지만, 이에 복종한다면 인간은 물리적 및 도덕적 선善을 얻을 수 있으나 만약 거부한다면 재앙을 자초하게 될 것이다. 인간이 자연법에 복종하지 않는 것은 무지의 소산이며, 따라서 인간은 이성에 인도되어 자연적 질서에 순응하도록 계몽되어야 하는 것이다.

자연법과 대비되는 실정법은 주권에 의해 설정된 공정한 규율을 말하는데, 그것의 질서적 표현이 실정적 질서, 즉 인간이 만든 질서이다. 따라서 실정법은 도덕적 성격의 것이 아니라 강제적 구속력을 가지며 형벌이라는 제재 수단에 호소한다. 그러나 실정법의 근원은 자연법에 있기 때문에 자연법의 이념이 실정법에 완전히 반영되어야 한다. 만약 인간이 제정한 현실의 실정법과 실정적 질서가 자연법과 자연적 질서에 위배될 경우 사회의 재생산 질서는 혼란스러워져 부의 감소와 그에 따르는 사회적 모순이 발생한다. 중농주의자들의 이러한 생각은 절대주의 국가에 대한 태도에서도 나타난다. 이들은 농업에서의 자본주의적 발전을 추구하면서도 절대주의 그 자체의 타도를 주장한 것은 아니며, 오히려 기존의 절대주의적 정치체제 아래서의 자본주의적 개혁을 지지했다. 특히 케네는 몽테스키외의 삼권분립론에 대해 반대했으며, 군주제를 가장 이상적인 체제라고 변호했다. 물론 그렇다고 해서 중농주의자들이 당시의 절대주의체제 그 자체를 무조건적으로 승인한 것은 아니다. 이들이 가장 이상적인 정치 형태로 생각한 것은 절대적인 권력을 가진 군주가 자연법에 따라 정치를 행하는 형태였다. 말하자면 중농주의자들은 종래의 자의적 전제주의depotisme arbiraire에 대하여 합법적 전제주의depotisme légal를 주장했던 것이다.

중농주의자들에 의하면 자연법에 의해 인간 개개인이 향유하는 권리가 바로 자연권droit naturelles이며, 실정법에 의해 승인된 권리가 실정권droit légitime이다. 자연권은 신이 인간에게 부여한 자기보존의 본능에서 유래하며, 자기보존은 생활수단의 소유에서 가능해진다. 따라서 재산에 대한 소유권은 인간의 자연권 가운데 하나이다. 소유권은 인간이 자신의 향락에 적합한 모든 물건을 가질 수 있는 권리인데, 그중에서 가장 중요한 것은 토지소유권이다. 그러나 중농주의자들은 자연권으로서의 소유권은 자신의 노동에 의해 획득된 것에만 한정했다. 재산권에 대한 이러한 생각은 영국의 대표적인 자연법 사상가인 로크의 영향을 받은 것으로 보인다. 그런데 원래 자연권이란 모든 사람에게 평등하게 주어진 것이므로 재산에 대한 소유권도 마땅히 평등해야 한다.

그러나 케네에게 소유권의 분배가 불평등하다는 것은 신이 만든 자연적 질서에 위배되지 않았다. 그 이유는 첫째, 모든 개인은 자연이 그에게 부여한 능력을 타인의 이익을 해치지 않는다는 조건 아래서 자유롭게 행사하여 최대의 이익을 얻을 권리를 가지고 있으므로, 이 권리의 자유로운 행사에 의해 생기는 경제적 불평등은 자연적 질서의 결과에 지나지 않는다. 둘째, 소유권의 불평등은 인간 자신의 행위의 결과이기 때문이다. 즉 근면하고 검소한 사람은 나태하고 낭비하는 사람보다 더 많은 재산을 소유하는 것이 당연하므로 재산의 불평등은 개개인의 과실에 의한 것이고 그 책임은 각자에게 있다는 것이다. 이와 같이 소유권의 불평등은 자연적 질서의 필연적인 결과인 동시에 인간 행위의 결과이기도 하다. 이러한 생각을 통해 케네는 소유권의 신성함과 불평등, 그리고 경제활동의 자유의 원칙을 이끌어냈다. 반면 실정적 질서가 자연적 질서와 일치할 때에는 부의 재생산 질서가 안정되고 사회적 부는 증가할 것이다. 따라서 경제학의 사명은 위정자가 따라야 할 자연적 질서와 자연법을 명확히 하고 그것에 의해 위정자를 교육시킴으로써 자연적 질서에 합치되는 통치를 시행하도록 하는 데 있다는 것이다.

중농주의가 추구한 경제정책의 개요는 케네의 「농업국가의 경제적 통일의 일반법칙Maximes générales de gouvernement economique d'un royaume agricole, 1758」이라는 논문에서 찾아볼 수 있다. 여기서 케네는 30개에 달하는 정책적 제안을 설명하고 있는데, 이것들은 모두 크게 보아 두 가지로 분류될 수 있다. 그 하나는 경제적 자유주의laissez faire이고,

다른 하나는 토지단일세impôt unique이다. 먼저 중농주의자들이 주장한 경제적 자유주의는 그들의 자연법 사상으로부터 자연스럽게 도출된다. 현실에서 케네가 실정적 질서라고 부른 것은 봉건적 질서, 특히 당시의 절대주의 왕권 아래서의 중상주의 정책을 의미하며, 자연적 질서란 자본주의적 생산양식이 봉건적 모순을 극복하고 완전히 발전한 사회였다. 따라서 그는 자본주의적 발전을 저해하는 곡물수출의 금지나 자의적인 조세부과의 폐지를 비롯한 봉건적 제한의 철폐를 주장했다. 자본주의가 달성되고 유지되기 위해서는 개인의 자유로운 활동이 보장되어야 하므로 자유방임주의가 필요하다는 것이다. 특히 케네는 국내외에서의 상업상의 자유를 주장했는데, 그럼으로써 특권상인에 의한 전매상업을 배격하고 곡물의 양가良價, 즉 좋은 가격을 구축하고자 했다. 케네가 말한 좋은 가격이란 생산과 재생산을 유지 내지 증가시키는 데 필요한 가격으로, 애덤 스미스가 자연가격natural price이라고 부른 것과 거의 같은 의미이다.

토지단일세는 토지로부터의 순생산물에 대해서만 세금을 부과해야 한다는 주장이다. 인간이 각자의 능력을 자유롭게 행사하려면 그 결과로 얻어지는 소유권이 보장되어야 한다. 이 소유권을 보장하는 권력이 곧 후견적 권력 또는 주권자이다. 후견적 권력이 재산의 소유권과 경제적 자유를 보장하지 못한다면 국가나 사회는 전혀 존재할 수 없고, 오직 독재나 무정부가 있을 뿐이다. 따라서 국가의 기본적인 임무는 재산의 소유권, 특히 토지소유권의 신성함을 보장하는 데 있다. 그런데 국가가 그 임무를 수행하려면 조세를 필요로 한다. 그러나 비생산계급에게 세금을 부과하면 가격 상승을 초래하고 이 상승분은 결국 생산계급이 부담하여야 하므로 생산의 원활한 발전을 저해한다. 생산의 운영자금에 대해서도 세금을 부과해서는 안 되는데, 이 또한 생산을 위축시킬 것이기 때문이다. 공채를 발행해서 재정을 충당하는 것은 이자로 생활하는 유한계급을 만들게 되는데, 이들이 소비할 재화 역시 생산계급에 의해 생산되어야 하므로 옳지 않다. 결국 생산을 순조롭게 운영하고 양가를 유지하기 위해서는 오직 토지에 대해서만 세금을 부과해야 한다는 것이 중농주의자들의 생각이었다.

중농주의자들의 경제적 자유주의는 농업에서 자본주의를 확립하기 위한 정책이다. 그러나 프랑스에서는 그들의 의도가 충분히 실현될 수 없었다. 중농주의자들은 농업의 자본주의를 위해서는 공업의 자본주의가 발전해야 한다는 것을 인식하지 못했기 때문이다. 다만 중농주의자들의 사상과 정책, 특히 토지단일세에 관한 주장은 100여 년 뒤에 미국의 경제학자 헨리 조지 Henry George, 1839-1897 에 의해 계승된다. 이론적으로 조지는 리카도의 차액지대론에 입각하여 지대의 불로소득분을 징수해야 한다고 주장했지만, 중농주의자들의 경제사상과 정책에 대해서도 높이 평가했다.

3. 케네와 『경제표』

중농주의의 창시자인 케네는 파리 근교의 농촌에서 태어났다. 그는 다양한 학문을 연구했지만, 그중에서 가장 전문적인 분야는 의학이었다. 1718년 케네는 외과의로서 의사면허를 획득했는데, 그 후 내과의로 더욱 유명해졌다. 1749년에는 궁정 시의로 임명되어 루이 15세의 총애를 받았으며, 1752년에는 국왕으로부터 귀족의 칭호를 받기에 이르렀다. 케네가 경제적 문제에 관심을 갖게 된 것은 만년에 가까운 1750년대에 와서이다. 당시 지식인들 사이에서는 경제문제를 논하는 것이 하나의 유행처럼 되어 있었는데, 특히 논의의 초점이 된 것은 곡물가격과 조세의 문제였다.

경제학의 역사에서 케네의 『경제표』는 국민경제의 순환과정을 통일적으로 설명하고자 한 최초의 시도로 평가된다. 케네는 사회계급을 생산계급, 지주계급, 그리고 비생산계급으로 나누었다. 생산계급은 토지의 경작에 의해 매년 국부를 재생산하는 계급을 말하는데, 여기에는 차지농업가와 농업자본가, 농업노동자 및 소규모 자영농 등 농업에 종사하는 모든 계층이 포함된다. 반면 비생산계급이란 수공업자처럼 토지를 가지고 있지 않거나 농업 이외의 직업에 종사하는 모든 계층을 포함한다. 『경제표』에서 케네는 자본을 선불先拂이라 불렀다. 토지선불은 토지에 투하된 자본으로서 지주계급에 의해 미리 지출된 것으로 가정한다. 원原선불은 고정자본을 의미하는데, 매년 일정 부분이 소모되는 감가상각분으로 생산계급이 지불한다. 연年선불은 임금이나 사료비 등과 같은 유동자본인데 매년 소모되는 것으로서 역시 생산계급이 지불한다. 원선불과 연선불을 합해 연회수라고 하는데 이것이 매년 회수되어야만 생산이 가능하기 때문이다. 총생산물에서 연회수를 뺀 것이 순생산물이며, 이것이 지주에게 지불되는 지대로서 케네가 생각한 유일한 잉여가치이다.

케네의 『경제표』는 중농주의의 경제사상과 이론을 집약적으로 요약하고 있는 만큼 그들이 가지고 있던 몇 가지 한계 또한 그대로 드러내고 있다. 첫째, 경제순환의 출발점을 토지의 순생산에 두고 농업만 생산적이며 상공업은 비생산적이라는 주장이다. 『경제표』에서 순생산물=잉여라고 부르는 것은 생산된 사용가치와 생산에 사용된 사용가치의 차이를 의미하는데, 이것은 추상적인 인간 노동의 집적, 즉 가치를 보지 않고 실물인 소재로 가치를 인식했음을 의미한다. 둘째, 생산계급에게는 원선불, 즉 고정자본이 있지만 비생산계급에는 원선불이 없다는 가정은 공업생산이 고정자본 없이도 가능하다는 것을 의미한다. 또한 『경제표』에는 토지선불이 나타나 있지 않은데, 만약 토지선불에 대한 대가가 지대라면 순생산물은 만들어질 수 없다. 셋째, 『경제표』에 나타나 있는 계급 분류가 명확하지 않다는 점이다. 가령 노동자는 농업에 종사할 경우에는 생산계급인 반면에 상공업에 종사할 경우에는 비생산계급이 된다. 여기에 계급 사이의 관계도 불명확하며 계급의 내면적 분석 또한 결여되어 있다.

그러나 이러한 한계와 문제점에도 불구하고 케네의 『경제표』가 갖는 의의는 경제학과 경제사상의 역사에서 매우 큰 것이었다. 『경제표』의 역사적 의의는 다음과 같이 요약된다. 첫째, 『경제표』는 개별적인 이론들을 일반적인 관련성에 입각하여 해명함으로써 경제이론을 체계화하고 경제학을 하나의 과학으로 성립시켰다. 특히 국민경제의 흐름을 일목요연하게 표시했다는 점에서 그것은 경제학의 발전에 획기적으로 기여했다. 둘째, 『경제표』는 경제를 순환하는 유기체로 파악함으로써 국가와 사회의 총산출물 순환과정을 밝히고, 이 총생산물이 일정 기간 동안에 어떻게 소비되어 다음의 생산조건을 형성하는지를 규명한 점에서 경제균형의 안정조건을 제시했다고 볼 수 있다. 뿐만 아니라 『경제표』는 이러한 균형이 사치적 소비에 의해 파괴될 수도 있다는 것을 밝힘으로써 오늘날의 경기순환이론의 효시가 되었다. 셋째, 『경제표』에 의해 경제학은 비로소 계산이 가능한 학문이 되었다. 『경제표』는 자본과 인구, 여러 계급과 개인의 소득 및 경작면적에 이르기까지 모든 투입요소와 산출의 순환을 숫자로 표시했다. 이는 오늘날의 계량경제학이 사용하는 방법을 선구적으로 제시했다고 평가할 만하다.

케네가 처음 발표한 『경제표』는 흔히 '원표(原表)'라고 불리는데, 지나치게 복잡하여 대중이 이해하기에는 어려움이 많았다. 그래서 유력한 귀족 출신이면서 케네의 제자이자 중농주의자를 자처했던 미라보가 자신의 저서인 『농업철학(Philosophie Rurale, 1763)』에서 그 내용을 간추려 설명한 것을 '약표(略表)'라고 부른다. 그 후 케네가 「경제표의 분석(Analyse de la formule arithmétique du Tableau, 1766)」이라는 논문에서 다시 그 내용을 간추려 발표했는데, 이를 '범식(範式)'이라고 부른다. 오늘날 『경제표』라고 하면 대개이 '범식'을 가리키는 것이 보통이다. 물론 여전히 매우 복잡하고 난해한 것이 사실이다. 미라보는 프랑스 대혁명의 지도자 가운데 한 사람인 미라보 백작의 아버지로도 유명하다. 케네의 독실한 지지자였던 그는 『경제표』를 문자, 화폐와 함께 인류의 3대 발명품이라고 불렀다.

TABLEAU ECONOMIQUE.

4. 튀르고의 경제사상

케네의 경제사상과 이론은 당시 프랑스의 진보적인 경제학자들에게 중요한 영향을 미쳤다. 그 가운데서도 가장 대표적인 인물이 두 사람의 저명한 개혁가인 빅토르 미라보Victor de Riqueti marquis de Mirabeau, 1715-1789와 튀르고이다. 경제이론가로서 튀르고는 그다지 많은 저작을 남기지는 못했다. 그가 남긴 체계적인 저작으로는 『부의 형성과 분배에 관한 고찰Réflexions sur la formation et la distribution des richesses, 1766』 정도이다. 그러나 튀르고는 지방자치체의 책임자로서, 또 루이 16세의 재무장관으로서 케네의 사상과 정책을 직접 실현하고자 시도했던 실천적 사상가였다. 사회경제사상사에서 차지하는 튀르고의 지위는 그가 인류의 문명사를 진보사로 이해한 최초의 인물이었다는 데 있다.

튀르고에 의하면 인류는 농업 단계에 이르러 비로소 잉여생산물을 산출했다. 여기에서 생긴 여가를 이용할 수 있게 됨으로써 인류는 정신적 진보를 가져올 수 있게 되었다. 인류는 생활필수품의 수요를 초과하여 기호품을 만들어냄으로써 분업과 상업을 발전시키고 도시의 형성을 촉진했으며, 예술과 철학을 완성해 나갔다. 이러한 과정은 인간 사이의 불평등을 확대하는 것이었다. 또한 토지의 경작은 필연적으로 토지의 사적 소유를 가져오고 여기에서 지주와 노동자의 계급 대립이 발생했다. 그러나 이러한 불평등 없이는 인간 정신의 진보가 실현될 수 없었다. 왜냐하면 불평등이 없으면 여가를 가진 인간이 존재하지 않기 때문이다. 이처럼 튀르고는 인간의 역사를 먼저 인간 정신의 진보의 역사로서 파악하고, 그러한 진보의 원인을 경제적 발전 속에서 찾았다. 그리고 이러한 경제적 진보의 조건을 찾아냄으로써 케네의 이론이 가지고 있던 한계를 뛰어넘을 수 있었다.

튀르고가 중농주의의 발전에 특히 기여한 것은 계급이론이다. 그의 계급이론도 기본적으로는 케네의 이론에서 출발한다. 그러나 튀르고는 생산적 계급과 비생산적 계급 내에 자본을 소유하는 자본가와 모든 자본으로부터 분리되고 독립적으로 생산하기 위한 모든 가능성을 상실하여 임금만을 유일한 생활수단으로 하는 노동자를 구별했다. 이처럼 튀르고는 아직 자본가와 노동자계급 사이의 대립과 투쟁이 노골적으로 현저하게 나타나는 현실을 목격하지는 못했지만 그들 사이의 기본적인 대립관계는 분명하게 인식하고 있었으며, 또 이 두 계급의 경쟁이 그 당시의 주요한 사회적 쟁점 가운데 하나였던 최저임금을 성립시키는 근원이라고 생각했다. 또한 튀르고는 경제적 자유주의의 적극적인 지지자였다. 그는 정신적 진보의 기초를 이루는 경제적 발전과정은 경제적 자유주의 아래서 가장 잘 발현된다고 주장했다. 중상주의와 귀족계급의 특권에 반대한 그의 개혁 활동들은 바로 이러한 인간 정신의 진보에 대한 장애물을 제거하기 위한 것이었다.

그러나 케네가 그랬듯이 튀르고도 구체제를 폭력적으로 전복시키기보다는 군주를 계몽시킴으로써 자유주의를 실현하는 데 필요한 개혁조치들을 추진할 수 있을 것으로 기대했다. 루이 16세의 재무장관으로 임명된 그는 조세체계의 합리화, 농업육성, 도로건설, 징병제도의 개혁, 곡물거래와 영업의 자유화, 의료제도 및 자선사업의 진흥 등에 전력을 다했다. 그러나 이러한 개혁으로 타격을 입게 된 봉건귀족들과 특권상인들의 반발로 튀르고는 불과 1년여 만에 재무장관에서 물러나지 않으면 안 되었다. 그의 실각과 함께 그가 추진했던 개혁조치들도 모두 원상태로 돌아가고 말았다. 대혁명이 일어난 것은 그로부터 13년 후였다. 튀르고의 개혁조치가 실패한 이후 프랑스의 계몽주의는 보다 급진적이고 혁명적인 경향으로 전환되었다. 튀르고의 개혁정책이 제대로 실현되었다면 과연 프랑스의 역사는 어떤 방향으로 진행되었을까를 생각해보게 하는 대목이다. 비록 그의 개혁조치들은 실패했다 하더라도 튀르고의 사상과 실천은 프랑스 계몽운동의 발전에 독자적인 기여를 했다. 특히 그의 진보적 역사관은 나중에 맬서스와 관련해서도 자주 언급되는 윌리엄 고드윈William Godwin, 1756-1836이나 마르키 드 콩도르세Marquis de Condorcet, 1743-1794 등과 같은 급진적 개혁주의자들에게 중요한 영향을 미쳤다. 물론 애덤 스미스 또한 튀르고의 영향을 받은 후대의 경제학자 가운데 빼놓을 수 없는 인물이다.

5. 중농주의의 역사적 의의

중농주의의 역사적 의의 가운데 가장 중요한 것은 바로 이들이 경제학의 역사에서 처음으로 일관된 방법론과 이론체계를 갖춘 학파를 형성했다는 점이다. 그래서 중농주의는 중농학파phisiocratic school라고 부르기도 한다. 그럼에도 불구하고 중농주의는 비교적 짧은 기간의 성공을 거둔 이후 영국에서 출현한 고전학파이론에 의해 대체되었고, 이후 오랫동안 대다수의 경제학자들에게 제대로 평가받지 못했다. 아마 중농주의자들에 대한 오랜 외면은 이들에 대한 고전학파 경제학자들의 인색한 평가가 한 원인일지도 모르겠다. 스미스는 『국부론』에서 중상주의자들과 중농주의자들을 나란히 소개하면서 중농주의의 경제이론을 더 높이 평가했다. 하지만 스미스의 이런 평가는 다분히 유보적이고 제한적이었다. 유력한 정치가이자 자신의 후원자인 찰스 타운센드 Charles Townshend, 1725-1767의 의붓아들의 가정교사로 프랑스를 여행한 적이 있는데, 훗날 『국부론』을 쓰게 된 최초의 구상은 이 여행 기간 동안의 무료함을 달래기 위해서라고 술회한 바 있다.

그러나 이 여행이 스미스의 말처럼 무료한 것만은 아니었던 듯하다. 당시의 프랑스에서는 계몽운동이 매우 활발하게 진행되고 있었다. 스미스는 프랑스에서 여러 계몽사상가와 중농주의자들을 만나 교류했는데, 특히 철학자이자 문필가로 유명한 볼테르는 스미스를 두고 "프랑스에는 이렇게 대단한 인물이 없다"는 말로 감탄했다고 한다. 그런데 정작 중농주의자들을 만난 스미스는 "대단할 것도 없지만 세상에 해악을 끼칠 일도 없는 이론"이라고 평가했다고 한다. 오늘날에는 대부분의 경제학자들이 『국부론』이 중농주의자들의 경제사상과 이론에서 적지 않은 영향을 받았다는 사실을 긍정한다는 점에서 보면 스미스의 평가는 지나치게 인색하다. 어쩌면 경제학의 아버지로서의 명성을 나누고 싶지 않았기 때문은 아니었는지도 모르겠다.

중농주의자들의 업적에 주목한 최초의 인물은 과학적 사회주의의 창시자인 마르크스이다. 마르크스는 『자본Das Capital』 제1권에서 중농주의자들을 여러 번 인용했다.[14] 그의 사후에 유고로 발견된 『잉여가치학설사Theories of Surplus Value, 1862-63』에서도 마르크스는 경제학의 발전에 기여한 케네와 중농학파를 높이 평가했다.[15] 중농주의자들이 과학적으로 인정받게 된 것도 사실상 이때부터이다. 마르크스의 『자본』 제2권의 유명한 '재생산표식reproduction schema'도 케네의 『경제표』에서 아이디어를 얻었다는 사실은 잘 알려진 대로이다. 산업연관분석으로 노벨 경제학상을 받은 소련의 경제학자 바실리 레온티에프Wassily Wassilyovich Leontief, 1906-1999도 수상 연설에서 자신의 연구가 케네에게서 시작되었다고 술회했다. 나아가 오스트리아 출신의 경제학자 조지프 슘페터Joseph Alois Schumpeter, 1883-1950는 케네를 경제학의 역사에서 가장 위대하고 독창적인 인물들 가운데 한 사람이라고 평가했다.

이미 서술한 것처럼 중농주의자들의 출현은 당시 광범하게 전개되고 있던 중상주의 이론과 정책에 대한 반발로서 시작되었다. 중상주의자들은 '부=화폐'의 원천은 상업에 있으므로, 한 나라를 부강하게 하는 가장 좋은 수단은 광범위하게 해외무역을 발전시키는 것이라고 주장했다. 이에 반해 중농주의자들은 한 나라의 유일한 부의 원천이 농업에 있음을 주장했다. 중상주의의 이론과 정책을 논박하기 위해 중농주의자들은 화폐와 잉여가치에 대한 새로운 원리를 구축했다. 이들은 화폐는 생산물을 유통시키기 위한 수단에 불과하며, 한 나라의 부는 화폐가 아닌 생산물, 즉 농업 인구가 자연으로부터 추출한 물적 소재로 이루어져 있다고 생각했다. 따라서 농업을 희생시킴으로써 무역과 공업을 장려하고자 한 중상주의 정책은 오히려 국부의 증진을 저해할 뿐이며, 이러한 정책들에 수반되는 국가의 규제와 통제정책은 개인의 경제적 자유를 압박함으로써 자연법을 위반하는 것이 된다. 유통과정에서가 아닌 생산

---

14 Marx, K. H., Das Capital, MEW, vol. 23, 1979. (김영민 옮김, 『자본』, 이론과실천, 1987)

15 Marx, K. H., Theories of Surplus Value, Progress Publishers, Moscow, 1963. (편집부 옮김, 『잉여가치학설사(1)』, 아침, 1989)

과정에서 부가 창출된다는 이러한 생각은 경제학의 역사에서 중대한 발전이다. 그러나 중농주의자들은 노동의 경제적 생산성과 토지의 물질적 생산성을, 그리고 가치의 생산과 물적 소재의 생산을 올바로 구분하지 못함으로써 그 시대적 한계를 완전히 극복하지는 못했다. 중농주의자들이 한 단계 높이 발전시킨 가치이론에 새로운 기초를 부여한 것은 애덤 스미스와 고전학파 경제학자들이었다.

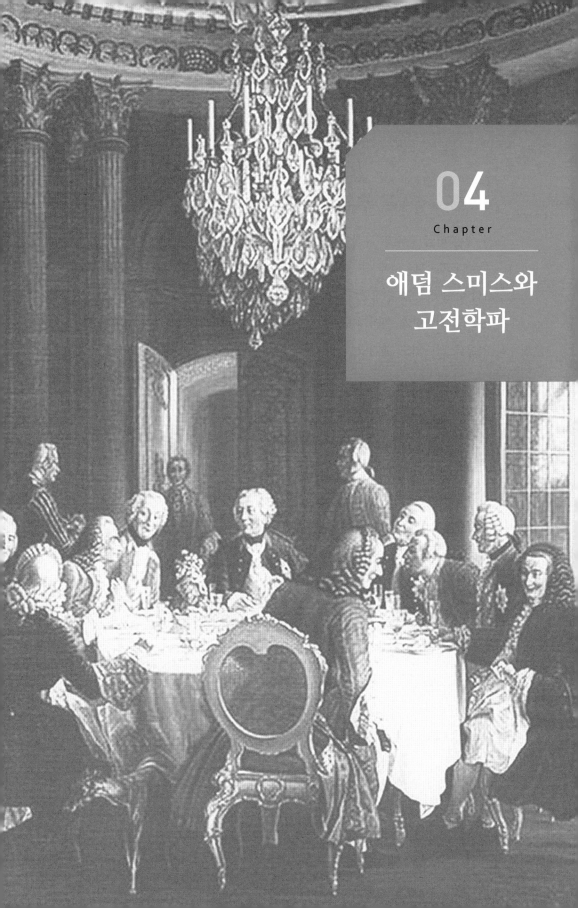

04
Chapter

애덤 스미스와
고전학파

제 **1** 절

스미스 경제사상의 배경

1. 스미스의 생애와 시대적 배경

애덤 스미스는 산업혁명의 전야인 1723년 스코틀랜드 동부 해안의 작은 도시 커칼디에서 세관 하급 관리의 유복자로 출생했다. 부친은 그가 태어나기 6개월 전에 세상을 떠났다고 한다. 14세 때 글래스고대학에 입학한 스미스는 그리스 문학과 수학, 자연과학과 철학 등을 수학했다. 경제학의 아버지가 수학과 자연과학을 수강했다는 사실이 조금 의아하게 여겨지기도 한다. 그 당시에는 자연과학이 모든 대학의 기초과목 가운데 하나기도 했지만, 스미스는 뜻밖에 자연과학 분야에 깊은 관심과 조예가 있었다. 스미스의 사후에 발견된 유고 가운데는 「천문학의 역사The History of Astronomy」라는 논문이 있는데, 유명한 '보이지 않는 손'이라는 말이 처음 사용된 것도 실은 이 논문에서이다. '주피터의 보이지 않는 손invisible hand of Jupiter'이 천체의 운행을 조화롭게 이끈다는 뜻이다.[1]

글래스고에서 스미스는 자신의 인생과 학문에서 가장 중요한 두 사람과 만나는데, 스승인 허치슨 교수와 평생의 친구이자 선배인 흄이다. 특히 글래스고대학의 도덕철학 교수였던 허치슨은 스코틀랜드 계몽주의의 선구자이자 후기 중상주의 이론가이다. 그는 신을 위한 인간이라는 사고에서 인간을 위한 신이라는 사고, 즉 인간 중심의 도덕철학을 주장함으로써 많은 학생들의 존경과 지지를 받았다고 한다. 스미스도 허치슨의 도덕철학 강의를 듣고 깊은 감화를 받았다고 한다. 나중에 스미스는 허치슨에 대해 "결코 잊을 수 없는 사람"이라고 술회하기도 했다.[2]

1740년 스미스는 장학금을 받고 옥스퍼드대학에서 학업을 계속했다. 대학을 졸업한 후 1748년부터 스미스는 에든버러대학에서 강사 자리를 얻어 수사학과 문학을 가르쳤으며, 1750년에는 글래스고대학에 교수로 취임하여 스승인 허치슨 교수로부터

---

1   Smith, A., "The History of Astronomy", *Essays on Philosophical Subjects*, 1795.

2   김광수, 「고전학파」, 아세아문화사, 1992, 18쪽.

도덕철학 강의를 이어받았다. 스미스의 강의는 크게 네 부분으로 구성되었는데, 제1부는 신학(자연철학), 제2부는 윤리학(도덕론), 제3부는 법학(정의론), 그리고 제4부는 행정학(편의론)이다. 행정학 가운데는 오늘날 경제학의 한 부분으로 분류되는 문제들도 포함되어 있었다. 스미스는 이 가운데 제2부를 1757년에 『도덕감정론』이라는 제목으로 발표함으로써 학자로서 상당한 명성을 얻게 되었다. 이 책을 계기로 유력한 정치가이던 찰스 타운센드의 의붓아들인 버클루 공작Henry Scott, 3rd Duke of Buccleuch, 1746-1812의 가정교사를 제안받은 스미스는 교수직을 사임하고 함께 프랑스로 여행을 떠나게 된다. 1764년부터 스미스는 3년간 프랑스를 여행하면서 중농주의학파의 자연법 사상을 접하게 되었으며, 볼테르와 같은 계몽주의 사상가들과도 교류할 기회를 가졌다. 이러한 경험은 그가 『국부론』을 서술하는 데 사상적으로나 이론적으로 매우 중요한 기초가 되었다.

　『국부론』은 본격적인 집필에만 10년 이상의 시간이 걸린 스미스 필생의 작업이었다. 『국부론』은 당시의 지식인들 사이에서 대단한 호평을 받았는데, 당시 정부의 총리이던 윌리엄 피트William Pitt, 1st Earl of Chatham, 1708-1778도 스미스의 제자임을 자처할 정도였다. 흔히 애덤 스미스는 '산업혁명 전야의 경제학자' 또는 '매뉴팩처 시대의 경제학자'라고 불린다. 그가 활동했던 18세기는 농촌에서부터 성장한 공장제 수공업자 manufacturer들이 근대적 시민계급으로 성장함에 따라 보호와 통제를 기초로 한 중상주의적 사회질서가 자유로운 근대 시민사회의 질서로 전환하려는 시기였으며, 상인에 의한 생산자의 지배가 이미 자본주의적 발전에 중대한 장애로 작용하던 시기였다. 당시의 영국 사회는 한편에서는 신흥 산업자본가들의 경제적 기반이 크게 강화되고 있었지만, 다른 한편에서 그들의 사회경제적 활동에 따르는 봉건적이고 절대주의적 제약 요인들도 여전히 강하게 남아 있었다. 상인자본의 수탈과 산업자본의 진출에 대한 견제 이외에도 절대주의 관료들과 결탁한 특권상인들의 전근대적이며 독점적인 지배가 광범하게 남아 있었다. 상업활동에 대해서는 물론이고, 도제제도와 노동자의 자유로운 직업선택과 거주이전을 제한하는 전근대적 법률들이 경제와 산업의 자본주의적 발전을 저해하는 장애로 남아 있었다. 애덤 스미스가 목격한 것은 바로 그러한 영국의 현실이었다. 스미스는 상업자본과 중상주의 정책들의 모순을 밝히고 산업자본주의의 자율적인 발전이 국민경제와 사회 전체의 발전을 위해서 필요하다는 것을 보이고자 했다. 『국부론』은 이러한 목적에서 집필되었는데, 이 책에서 스미스가 의도한 가장 직접적인 목적은 바로 중상주의의 이론과 정책을 근본적으로 비판하고 자본주의 사회의 발전 원리를 과학적으로 규명하고자 한 데 있었다.

2. 스코틀랜드 계몽주의

스미스의 학문과 사상에 직접적으로 가장 많은 영향을 미친 것은 스코틀랜드 계몽운동이다. 막 18세기에 들어설 무렵의 스코틀랜드는 정치경제적으로나 사상과 학문의 측면에서나 후진적이고 폐쇄적인 지역 가운데 하나였다. 당시의 스코틀랜드를 지배한 것은 지극히 보수적인 교회와 정치가들이었다. 이 때문에 스코틀랜드의 지식인들 사이에서는 이러한 현실을 개혁하고 주민들을 계몽하자는 사상운동이 일어났는데, 이를 스코틀랜드 계몽주의Scottish Enlightenment라고 부른다. 이 운동의 선구자는 글래스고대학의 허치슨 교수였다. 이 운동의 절정기는 1740년대에서 1790년대 사이인데, 바로 이 시기에 흄의 『인간본성론Treatise of Human Nature, 1740』과 스미스의 『도덕감정론』, 그리고 『국부론』이 출판되었다. 다만 스코틀랜드 계몽주의의 배경으로 흔히 설명되는 18세기 이 지역의 후진성에 대해서는 다른 주장도 있다. 그 당시 스코틀랜드의 문맹률은 영국의 다른 지역보다 훨씬 낮았으며, 이 운동의 중심지인 글래스고대학은 잉글랜드의 옥스퍼드나 케임브리지대학보다 오히려 교육 환경이 우월했다는 것이다. 어느 쪽으로 단언하기는 어렵지만 사회 전반적인 후진성과 지식 환경의 진보성이 동시에 스코틀랜드 계몽운동의 배경이 되었다고 이해할 수도 있음 직하다.

스코틀랜드 계몽주의가 유럽의 다른 지역들에서 일어난 계몽운동과 가장 크게 구분되는 점은 이들이 베이컨에서 시작하여 홉스와 로크로 이어지는 영국 경험론empiricism의 전통 위에서 출발했다는 점이다. 스코틀랜드 계몽주의자들의 가장 중요한 관심사는 공익과 사익의 관계였다. 이는 스미스의 『국부론』에서 가장 중요한 주제이기도 하다. 스미스가 이야기한 '보이지 않는 손'이란 바로 사익의 추구가 어떻게 공익의 증진에 기여하는가를 성찰한 것이다. 스코틀랜드 계몽주의자들은 현실의 경험과 실천 속에서 덕을 함양할 때 개인과 사회 모두의 발전이 가능하다고 믿었으며, 이를 상업사회의 도덕철학으로 간주했다. 스코틀랜드 계몽주의는 지역적 차원을 넘어 근대 자유주의 사상의 확립과 발전에 큰 영향을 미쳤다. 신자유주의 사상의 원조인 프리드리히 하이에크 Friedrich August von Hayek, 1899-1992 도 자신의 사상은 스코틀랜드 계몽주의에서 나온 것이라고 말했다.

스코틀랜드 계몽주의의 선구자인 허치슨은 도덕감각학파 moral sense school 의 대표자로 불린다. 도덕감각학파란 18세기 영국을 중심으로 보편적 인간 누구에게나 도덕적인 선악의 판단, 행위의 옳고 그름에 대한 판단, 미덕과 악덕의 구분 등을 할 수 있는 도덕감각이 존재한다고 주장한 철학자들을 가리킨다. 이들의 사상을 도덕감각론 moral sense theory 이라고 부르기도 한다. 허치슨과 함께 철학자이자 정치가로도 유명한 섀프츠베리 백작 Anthony Ashley Cooper, 3rd Earl of Shaftesbury, 1671-1713 등이 대표적인 인물이다. 휘그 Whig 당의 유력한 지도자 가운데 한 사람이었던 섀프츠베리는 도덕이 정치, 종교, 논리 등으로부터 독립하여 고유 원리를 지녀야 한다고 주장하면서 귀족과 상인 등 귀족계급과 신흥 부르주아지가 서로 타협할 것을 촉구했다.

이 당시 스코틀랜드 계몽주의자들과 도덕감각학파의 철학자들이 가장 중요시한 문제는 공익과 사익의 조화가 어떻게 가능한가 하는 질문이다. 이에 대해 허치슨은 인간의 심성에는 이기적 경향과는 독립된 이타적 경향이 있으며 또한 미적 감각과 마찬가지로 옳고 그름을 판단하는 자연스럽고 보편적인 도덕감각이 있다고 주장했다. 이러한 허치슨의 사상은 제자인 애덤 스미스의 도덕철학과 경제사상에 가장 큰 영향을 주었으며, 스미스의 『도덕감정론』에서 발전적으로 계승된다. 허치슨은 연구 방법에서도 심리분석적 수법을 이용해 자신의 주장을 체계화함으로써 후대의 공리주의자들에게 커다란 영향을 주었다. 주요한 저서로는 『미와 덕의 관념의 기원 Inquiry into the Original of our Ideas of Beauty and Virtue, 1725 』, 『도덕철학의 체계 A System of Moral Philosophy, 1755 』 등이 있다.

스코틀랜드 계몽주의를 대표하는 또 한 사람의 철학자인 흄은 스미스의 선배이자 가장 절친한 친구이며, 스미스의 유언집행인 가운데 한 사람이기도 했다. 흄은 스미스의 사상과 이론의 형성에 중요한 영향을 주었다. 스미스는 당시 금서이던 흄의 『인간본성론』을 가지고 있다가 대학에서 퇴학당할 뻔하기도 했다. 흄은 스코틀랜드 사

애덤 스미스의 『국부론』이 출판된 1776년은 미국의 독립선언(United States Declaration of Independence)이 있었던 해이기도 하다. 이는 물론 우연의 일치에 불과하지만, 스미스도 미국의 독립전쟁과 약간의 인연이 있다. 미국 독립전쟁의 도화선이 된 것은 '보스턴 차 사건(Boston Tea Party, 1773)'이다. 당시 영국 정부는 식민지에 매우 과도한 세금을 부과했다. 그러나 정작 식민지는 영국 의회에 자신들의 대표를 보낼 권리를 전혀 부여받지 못했다. 이에 식민지에서는 '대표 없이 과세 없다'는 슬로건 아래 납세를 거부하는 운동을 전개했고, 본국과 식민지의 관계는 점점 악화되었다. 그런데 당시 식민지에 과중한 세금을 부과하는 일련의 법안들을 주도한 사람이 바로 재무장관이던 찰스 타운센드이다. 그래서 이 법안들을 통칭해 「타운센드 법(Townshend Acts)」이라고 부른다. 「타운센드 법」은 당연히 식민지의 격렬한 저항을 불러일으켰고, 하나씩 폐지되어 결국은 영국인들이 즐겨 마시는 홍차에 대한 세금만 남게 된다. 이런 와중에 1773년 영국 의회는 파산 위기에 처한 동인도회사를 구하기 위해 식민지 상인들의 차 밀무역을 금지하고, 식민지에 수입되는 동인도회사의 차에 관세를 면제해주는 반면 다른 지역의 홍차에 대해서는 높은 관세를 부과하는 법안을 통과시켰다. 그러자 본국의 정책에 분개한 식민지인들이 1773년 12월 보스턴 항구에 정박 중이던 영국 선박을 탈취하고 배에 실려 있던 차를 모두 바다에 내던져 버렸다. 바로 이 사건이 미국의 독립전쟁이 일어나는 시발점이 된다. 또한 미국인들이 홍차 대신 커피를 즐겨 마시게 된 계기이기도 하다. 이때 타운센드는 이미 사망한 뒤였지만 그의 이름은 지금까지도 미국의 독립전쟁을 일으킨 정치가로 불린다.

람으로서 홉스나 로크처럼 높은 관직을 지내기도 했고 많은 여행도 했다. 1768년부터는 세상에서 물러나 개인적인 생활을 했다. 흄의 첫 번째 철학적 저술인 『인간본성에 관한 소고』는 그가 23세 때 쓴 것이다. 이 원고는 완결되지 못했으나 흄은 이것을 고쳐 원숙하고 유명한 두 개의 저서 『인간본성론1784』과 『도덕원리론1751』을 발표했다.

흄은 철학을 두 가지로 구별했다. 첫째는 인간을 주로 행위를 하기 위해 태어난 존재로 보는 것이고, 둘째는 인간을 행위를 하는 존재라기보다 오히려 이성적인 존재로 보는 것이다. 다시 말해 그는 실천철학과 이론철학을 구분했던 것이다. 흄에게 형이상학이란 원래 학문이 아니며, 오성이 절대로 다다를 수 없는 대상에게 다가가려는 인간의 허영심의 쓸데없는 노력의 산물, 민중의 미신, 교활한 산물에 지나지 않는다. 또 흄은 관념의 근원에 대한 일상적인 물음을 가지고서 연구를 시작한다. 즉 타고난 개념과 원리 — 즉 데카르트의 본유관념idées innées — 이라는 것은 없으며, 오히려 의식의 모든 내용들은 감각적인 경험으로부터 생겨난다는 것이다.

흄은 경험에 의해 직접적으로 감각에 각인된 것을 인상impression이라 하고, 간접적이고 재생된 내용을 관념idea이라고 불렀다. 이런 구별은 실재를 특징짓는 데 중요한 역

미국 화가 존 트럼벌(John Trum-bull, 1756-1843)의 작품 〈독립선언(Declaration independence, 1819)〉.

『국부론』에도 북아메리카의 식민지에 대한 언급이 여러 번 나오는데, 가령 미국의 임금이 영국보다 높은 이유는 경제발전의 속도가 빠르기 때문이라는 것 등이다. 타운센드는 스미스에게 대학교수의 두 배가 넘는 보수와 평생 동안의 연금을 제공했다. 그러나 정작 스미스는 『국부론』에서 「타운센드 법」과 같은 중상주의적 정책들을 매우 엄격하게 비판했다. 스미스와 조지 워싱턴(George Washington, 1732-1799), 토머스 제퍼슨과 같은 미국 독립운동의 지도자들 사이에는 뜻밖의 공통점이 있는데, 바로 무신론자라는 사실이다. 우주의 질서를 이야기하면서 '보이지 않는 손'이라는 표현을 쓰기는 했지만 스미스는 독실한 신앙심과는 거리가 먼 사람이었다. 철저한 불가지론자였던 친구 흄의 영향도 있었지만, 그보다는 당시 영국 지성인들의 일반적인 분위기가 그러했다고 해야 옳다. 미국을 건설한 지도자들도 실은 마찬가지였다.

할을 한다. 실재적인 것은 첫 번째의 생생하고 살아 움직이는 감각뿐이다. 관념들은 이 실재로부터 재생산된 것에 불과하다. 인간의 사고는 경험으로부터 얻은 소재를 결합시켜, 그보다 한 걸음 더 나아간 것을 얻게 된다. 이런 것은 관념의 연합에 의해 생겨난다. 흄은 모든 문제를 일종의 완전한 심리주의를 통해서 해결한다. 어떤 대상을 정의할 때 우리들이 하나로 묶어서 생각하는 여러 징표가 서로 뒤얽혀 있다는 사실을 결정지어주는 것은 사물들의 객관적인 존재 내용, 그 형태, 본질 및 의미 구조가 아니라 생각, 즉 표상을 하는 주체의 심리적인 작용양식이다. 흄에게 있어 이 연합은 마음의 근본법칙일 따름이다.

흄의 철학에 대한 평가는 상반된다. 특히 마르크스 이후의 유물론 철학은 흄의 철학을 가장 반동적인 극단적 주관주의로 비판했다. 그러나 다른 한편 흄의 철학은 근대 철학의 발전에 크게 기여했고, 특히 스미스의 경제사상 형성에도 중요한 영향을 미쳤다.

스미스의 경제사상

1. 『국부론』의 경제이론

스미스를 경제학의 아버지로 불리게 만든 『국부론』, 즉 『국부의 본질과 요인에 관한 연구An Inquiry into the Nature and Causes of the Wealth of Nations, 1776』는 모두 다섯 부분으로 구성되어 있다. 제1편은 분업론, 제2편은 자본축적론, 제3편은 자본주의의 역사적 발전과정, 제4편은 중상주의와 중농주의 비판, 그리고 제5편은 공공수입과 지출의 문제 등을 각각 서술하고 있다. 『국부론』에서 스미스가 가장 중요한 관심을 기울인 문제는 제목 그대로 국부의 원인과 성격, 그리고 그 증진 방법에 관한 분석이었다. 스미스는 국부란 모든 국민이 매년 새롭게 생산한 생산물이며, 이 생산물의 원천은 노동이라고 규정함으로써 국부가 유통과정이 아니라 생산과정에서 발생한다는 점을 분명히 했다.

국부를 증가시키는 방법으로서 스미스는 두 가지를 중시했는데 하나는 분업이고, 다른 하나는 생산적 노동의 증가이다. 『국부론』에서 스미스는 핀 제조 공장을 예로 들어 분업의 이익을 설명하고 있다. 18개 공정으로 분할되어 있는 공장에서는 10명의 노동자가 하루에 48,000개, 즉 노동자 1명당 4,800개의 핀을 생산할 수 있지만, 혼자서 작업을 하면 아무리 숙련된 노동자라고 할지라도 하루 20개도 만들 수 없다는 것이다.[3] 물론 분업의 이익은 스미스가 처음 발견한 것은 아니었으며, 중상주의자들도 분업에 대해 단편적으로 언급하기는 했다. 하지만 그것을 경제이론으로 처음

---

3 스미스, 김수행 옮김, 『국부론(상)』, 14-15쪽.

체계화한 것은 역시 애덤 스미스였다. 분업이 생산성을 증가시키는 이유를 스미스는 그것을 통해 노동자의 기교가 발전하고 공정 간의 이동 시간이 절약되며 기계의 발명과 이용이 가능하기 때문이라고 설명했다.

애덤 스미스가 이러한 경제사상과 이론을 전개할 수 있었던 것은 역시 그가 당시의 영국에서 급속도로 확산되고 있던 매뉴팩처의 생산방식을 목격할 수 있었기 때문이다. 이 시대에는 아직 기계가 널리 사용되지 않았기 때문에 당시 기술적 진보의 토대는 무엇보다도 분업이었다. 분업에 기초한 대규모 산업자본주의의 탄생은 스미스로 하여금 다음과 같은 생각을 할 수 있도록 한 배경이 되었다. 첫째, 스미스는 사회 전체를 분업이 행해지는 거대한 작업장으로 간주했다. 둘째, 그럼으로써 스미스는 상업 및 농업노동과 더불어 공업노동의 중요성을 파악할 수 있었다. 셋째, 스미스는 서로 다른 생산 분야들 간의 교환을 동일량의 노동 지출에 기초한 등가생산물의 교환으로 파악했다. 넷째, 스미스는 상이한 사회계급에게 돌아가는 여러 형태의 수입, 즉 임금, 이윤, 그리고 지대를 구분했다. 『국부론』이 출판된 1776년은 산업혁명이 이제 막 개시되는 시기였다. 산업혁명이 시작되기도 전에 이미 산업혁명 이후 작용할 경제의 원리를 이처럼 정확하게 서술하고 있다는 데 바로 애덤 스미스의 천재성이 있다.

그런데 애덤 스미스의 분업이론에 따르면, 분업에 기초한 사회에서 개인들이 서로 자신의 노동생산물을 교환하고자 할 때, 생산자는 그 생산물의 가치를 어떻게 결정하는 것인가 하는 문제가 제기된다. 이로부터 스미스는 후기 중상주의자들, 특히 페티에 의해 아직은 충분히 체계화되지 못한 상태로 제시되었던 노동가치설labour theory of value을 더욱 발전시킴으로써 가치이론을 경제학 체계에서 가장 중심적인 위치에 놓았다. 스미스의 가치 및 가격이론은 교환을 지배하는 일정한 법칙, 즉 재화의 상대적 가치를 결정하는 법칙을 찾고자 했다. 이를 위해 스미스는 가치를 두 가지로 구분했는데, 하나는 사용가치value in use이고 또 하나는 교환가치value in exchange이다.

사용가치와 교환가치 가운데서 스미스는 교환가치를 객관적 법칙의 근거로 파악하고 다음과 같은 세 가지 문제를 제기했다. 첫째는 교환가치의 척도는 무엇인가, 즉 모든 상품의 진정가격real price의 결정요인은 무엇인가이다. 둘째는 진정가격을 구성하는 요소는 무엇인가이다. 마지막으로 시장가격market price은 왜 때때로 진실가격에서 벗어나는가 하는 것이다. 스미스는 사용가치가 반드시 교환가치를 결정하는 것은 아니라고 설명했다.[4] 예를 들어 물의 사용가치는 매우 크지만 교환가치는 거의 없는 반면에 다이아몬드의 사용가치는 작지만 교환가치는 크다는 사실이다. 흔히 가치의 역설paradox of value 또는 스미스의 역설Smith's paradox로 불리는 이 역설은 두 개의 가치 개념이 서로 다른 근거를 가지고 있는 데서 나타난다. 사용가치는 효용을 나타내고 교환가치는 구매력을 말하는 개념이기 때문에 양자가 반드시 일치하지는 않는 것이다.

스미스는 교환가치의 진정한 척도는 노동이라는 관점에서 노동가치설을 전개했다. 생산물의 가치는 생산자가 자신의 생산물을 교환해 얻을 수 있는 타인의 노동량에 의해 결정된다는 것이다. 하지만 그렇다면 이 노동량은 어떻게 결정되는 것인가 하는 문제가 제기된다. 이에 대해 스미스는 때로는 상품의 가치는 생산에 소비된 노동의 양에 의해 결정된다고 올바르게 지적하는 한편, 때로는 그 상품이 교환될 때 구입할 수 있는 노동의 양에 의해 결정된다고 주장함으로써 자기모순과 혼란을 드러내기도 했다. 단순상품경제에서는 두 개의 노동량이 우연히도 같기 때문에 이러한 개념적 혼동이 거의 문제가 되지 않는다. 그러나 자본주의 경제에서는 그러한 우연적인 일치가 발생하지 않는데, 그 이유는 지대와 이윤이 발생하기 때문이다.

이처럼 스미스의 가치이론에는 상품의 진정한 가치는 그 상품으로 지배할 수 있는 노동의 가치에 의해 결정된다는 지배노동가치설labour command theory of value과 모든 상품의 가치는 그 상품을 획득하는 데 투입한 노동의 가치라는 투하노동가치설labour cost theory of value이 혼재되어 있었다. 스미스는 이 두 가지 가치이론의 차이를 정확히 인식하지 못했다. 따라서 스미스는 자본주의 경제에서 생산물의 가치가 그 생산에 지출된 노동량보다 훨씬 더 크게 창출되는 이유, 나중에 마르크스가 '잉여가치surplus value'라고 이름 붙인 부분이 어떻게 생산되는가를 설명할 수 없었다. 스미스가 노동가치이론으로부터 장기적으로 가격은 생산비, 즉 임금, 이윤, 지대의 합산에 의해 결정된다는 생산비론cost of production theory of value으로 빠지게 된 이유도 이러한 한계 때문이었

---

4   스미스, 같은 책, 34-35쪽.

다. 스미스 이후 지배노동가치설은 맬서스와 장 바티스트 세이 Jean Baptiste Say, 1767-1832 등에 의해 계승되었고, 투하노동가치설은 리카도에 의해 계승되었다가 마르크스에 의해 완성된다.

스미스는 분업의 기원을 인간의 교환 본능에서 보았다. 이것은 스미스가 사회 전체를 서로를 위해 일하고 노동생산물을 상호 교환하는 개인들로 이루어진 거대한 노동사회로 간주했음을 의미한다. 이처럼 사회를 생산활동을 통해 서로 의존하는 개인들로 이루어진 노동사회로 간주함으로써 스미스는 중상주의자들과는 달리 상품과 화폐의 교환이 궁극적으로는 다양한 생산자들이 자신의 노동을 투입해 생산한 생산물들을 교환하는 것이라는 생각에 도달할 수 있었다. 또한 이를 통해 스미스는 경작자로부터 사회의 다른 계급들로 상품이 이동하는 것을 단순히 자연의 물적 소재가 이동하는 것으로 보았던 중농주의자들의 편협성도 극복할 수 있었다. 모든 생산자들이 서로 의존한다는 것은 모든 생산부문이 동등한 지위에 있다는 것을 의미한다. 바로 이러한 인식을 통해서 스미스는 중상주의자들이 무역에 부여했던 특권이나 중농주의자들이 농업에 부여했던 특권적 지위가 부당한 것임을 분명히 할 수 있었다.

스미스가 중상주의자들이나 중농주의자들보다 노동과 자본의 생산성에 대해 훨씬 정확히 이해할 수 있었던 것은 농업과 공업이 서로 독립된 생산 부문임을 올바로 인식했기 때문이다. 스미스는 농업이든 공업이든 간에 가치 또는 잉여가치를 낳는 노동은 생산적이라는 인식에 도달했다. 스미스는 생산적 노동이라는 개념을 확장시킨 동시에 자본이라는 개념도 확장시켰다. 중상주의 시대에 사람들이 자본이라 칭했던 것은 대개 이자를 받고 빌려준 일정 액수의 화폐였다. 중농주의자들은 자본이 실제로는 화폐가 아니라 생산수단으로 사용된 생산물이라고 주장했으나 그들은 농업에 투자된 자본만 생각했으며, 자본을 주로 순생산물, 즉 지대를 증가시키는 수단으로 여겼다. 이에 반해 스미스는 자본이라는 개념을 확장해 공업과 상업에도 적용시켰다. 나아가 그는 자본이라는 개념을 이윤과 연계시킴으로써 자본을 이윤을 낳는 자산으로 간주했다. 이렇게 함으로써 그는 중농주의자들에게서 발견되는 생산된 생산수단이라는 의미에서의 자본 개념을 넘어 이윤을 추출하는 수단으로서의 자본이라는 개념에 도달할 수 있었다.

2. 스미스의 인간관

스미스는 사회의 경제적 진보의 동력을 그 사회를 구성하는 개인들이 자신의 생활 상태를 개선하기 위해 끊임없이 노력하는 데서 찾았다. 사회는 개인들로 구성되어 있다. 그런데 개인은 자신에게 이익이 있을 때만 교환을 통해 타인과 관계를 맺는다. 이러한 교환은 인간의 중요한 본성이다. 따라서 사회는 개인이 이기심에 의해 서로 교환하는 교환체이다. 스미스는 사회의 기원을 개인이 갖고 있는 이기심selfishness 또는 자애심self-love에서 찾았다. 스미스에 의하면 현실에서 이러한 원리는 인간들의 교환행위를 보면 가장 분명하게 드러나는데, 어쩌면『국부론』에서 가장 유명한 인용구일 빵집 주인의 비유도 여기서 나온다. 스미스는 우리가 빵을 얻을 수 있는 것은 빵집 주인의 자비심 때문이 아니라 그의 이기심 때문이라고 주장했다. "개인은 항상 자신의 동료들의 도움을 필요로 하지만 오직 동료의 도움에 의해서 그것을 얻을 수는 없다. 이렇게 하는 것보다는 오히려 자신의 이익을 위해 동료들의 이기심을 자극하고 자신의 요망사항을 들어주는 것이 그들 자신에게 이익이 된다는 것을 보여주는 것이 훨씬 낫다"는 것이다.[5]

애덤 스미스에 의하면 인간은 개인주의적이며, 그렇기 때문에 합리주의적이다. 이러한 인간 유형을 흔히 경제인homo economicus이라고 부르는데, 경제인이란 다른 사람과의 자유경쟁을 통해 자신의 이익을 독립적으로 추구하는 인간으로 정의된다. 스미스는 당시 영국의 독립 소상품 생산자들인 자영농민과 수공업자들을 바로 이러한 경제인으로 생각했다. 개인적 이익을 유일한 행동 동기로 삼는 이러한 인간 유형은 18세기 이후 영국의 고전적 자유주의 경제학에서 경제사회의 합리성을 파악하기 위한 이론적 전제로 설정되었다. 물론 이러한 인식은 사회적으로나 역사적으로 변화하는 인간형을 상정하지 못했다는 점에서 몰역사적인 규정이라 할 수 있다. 역사성의 결여는 고전학파의 결정적 결함으로 지적되는데, 가령 경제인이라는 인간 유형은 훗날 주로 독일 역사학파가 고전학파 경제학을 방법론적으로 비판할 때 논란의 초점이 된 바 있었다. 그러나 경제인이라는 개념은 반드시 현실의 이기적 인간을 뜻하는 것도 아니

---

5   스미스, 같은 책, 22쪽.

고, 또 인간을 순전히 이기적 존재로만 보는 것도 아니다.

스코틀랜드 계몽주의자들에게서 보았듯이 스미스가 자신의 경제사상을 형성해 가던 18세기 중엽의 주된 철학적 과제는 공익과 사익의 관계, 즉 이기심을 가진 개인과 그 집합체인 사회와의 조화를 어떻게 설명하는가 하는 문제였다. 스미스 이전의 사상가들은 인간의 이기심을 전면적으로 허용하게 되면 사람들은 서로 타인의 이익을 침범함으로써 사회적 결합 그 자체가 위협받게 될 것이라고 생각했다. 따라서 국가는 실정법을 만들어 개인들에게 정의로운 덕德의 실천을 강요해야 하며, 사회 전체의 이익을 유지하고 증진하기 위해서는 개인의 영리추구 행위에 대해 적절한 경제적 규제를 만들어 통제해야 할 필요가 있다는 것이다. 그러나 이에 대해 스미스는 사익의 추구가 공익을 창출한다는 유명한 명제를 내놓았다. 본능에 충실한 세속적인 개인들로 구성된 사회에서 이루어지는 구성원들의 이기적인 행위는 그들이 의도하지 않아도 '보이지 않는 손'에 의해 사회 전체의 이익을 만들어낸다는 것이다.[6]

그런데 『국부론』의 내용만을 보면 애덤 스미스가 인간의 이기심에 절대적인 신뢰를 보인 것처럼 생각하기 쉽다. 그러나 스미스에 의하면 이기심이 인간 행위의 주된 원동력인 것은 분명하지만, 여기서 말하는 이기심은 이기심 일반이 아니라 적절하게 조절된 이기심이다. 인간의 본성에는 이기심과 함께, 이기심의 무제한적인 발동에 일정한 제약과 조절을 가하는 방어력이 있어서 개인의 사익과 사회의 공익이 서로 조화를 이루게 한다. 『도덕감정론』에서 스미스는 이러한 교정수단을 네 가지로 설명한다. 첫째, 동정심과 도덕적 기준들을 발견하고 지키도록 도와주는 '공정한 감시자'의 존재, 둘째, 사람들이 자발적으로 인정하고 따르는 자연적인 윤리 규칙, 셋째, 강제력을 가진 국가를 통해 준수하도록 요구받는 법규, 그리고 경쟁 또는 대항 관계가 바로 그것들이다.

스미스는 개인의 이기심과 사회 전체의 이익 사이의 조화를 '동감sympathy의 원리'로 설명하고 있다.[7] 스미스에 의하면 인간은 누구나 동감이라는 특수한 도덕감정을 가지고 태어났으며, 이러한 감정에 근거해 도덕적 판단을 수행한다. 여기서 동감은

---

6   스미스, 같은 책, 434쪽.

7   스미스, 박세일·민경국 옮김, 『도덕감정론』, 3쪽 이하.

단순한 연민이나 동정심을 가리키는 것이 아니라, 선이든 악이든 간에 행위를 하는 행위자에 대해 관찰자가 느끼는 동료감정fellow feeling이며, 자신이 타인과 동일한 처지에 놓였을 때 타인이 느끼는 것과 동일하게 느끼는 것을 의미한다. 관찰자는 다른 개인의 행위를 보면서 '만일 내가 행위자라면' 하고 상상함으로써 동료감정을 지각하고, 반대로 행위자는 '만일 내가 관찰자라면' 하고 상상함으로써 자신의 본능적인 감정을 억제하게 된다. 이때 관찰자가 느끼는 동료감정과 당사자의 본능적인 감정이 일치하면 그 행위는 도덕적으로 적절하며, 그렇지 않으면 부적절한 것으로 판정된다. 이처럼 모든 사람의 마음속에는 자신의 행위를 타인의 관점에서 평가할 수 있도록 하는 '공정한 감시자impartial spectator'가 있기 때문에 사람은 도덕적이라는 것이다.[8]

이처럼 스미스가 『국부론』에서 이야기한 이기심은 본능에 따라 무제한적으로 사익을 추구하는 그러한 이기심이 아니라 철저히 동감에 의해 규제된 이기심이다. 스미스의 경제사상도 이러한 인간관으로부터 출발한다. 개인들의 도덕적 판단은 항상 사회구성원들의 상호관계 속에서 이루어지며, 개인들의 자율적 행위는 동감에 의해 규제되기 때문에 사회의 안정성을 확보할 수 있다. 모든 사회구성원들이 타인으로부터의 간섭 없이 자율적으로 결정하고 선택한다는 경제적 자유주의의 원리도 이러한 인간관으로부터 도출된다. 자유주의에 대해 어떤 이들은 시장에서는 이익을 위하여 어떤 이기적 행위도 용서된다거나 시장에 맡기면 모든 문제가 저절로 해결된다는 잘못된 해석을 내놓기도 하지만, 애덤 스미스가 생각했던 원래의 자유주의는 철저한 동감의 원리에 의해 규제되는 그러한 자유주의였다.

3. 스미스의 경제정책

스미스의 경제사상은 당연히 그의 경제정책에서도 나타난다. 스미스의 경제사상을 흔히 고전적 자유주의, 경제적 자유주의라고 부른다. 여기서 자유란 이론적으로나 정책적으로나 스미스가 살던 시대의 지배적인 견해였던 중상주의적 규제와 간섭에 대한 비판을 의미한다. 스미스는 모든 사물에는 자연적인 경로가 있는 것과 마찬가지

---

8   스미스, 같은 책, 210쪽.

로 경제발전과 사회의 진보에도 자연적인 경로가 있다고 생각했다. 그런데 당시의 영국과 유럽 여러 나라에서 이러한 경제발전의 자연적인 경로를 제약한 것은 바로 중상주의 정책이었다. 그래서 스미스는 직업선택의 자유를 제한했던 「도제조례Statute of Apprentices」나 노동자의 거주이전의 자유를 가로막는 「정주법Settlement Act」과 「구빈법Poor Law」 등의 철폐를 주장했다. 또한 그는 상속에 대한 제한을 철폐함으로써 소유권의 자유로운 이전을 보장할 것을 주장했다. 그의 인간관과 윤리관에서도 나타났듯이 스미스는 이러한 조치들을 통해 사익을 보호하면, 보이지 않는 손에 의해 공익도 발전한다고 생각했다.

이처럼 스미스의 경제정책 근저에 있는 사상은 자유방임주의이다. 스미스는 대내외적인 모든 특권과 규제의 제도를 제거하면 명백하고 단순한 자연적 자유의 제도가 수립된다고 주장했다. 이러한 제도 아래서 모든 개인은 정의의 법을 어기지 않는 한 자신이 요구하는 대로 자신의 이익을 추구하게끔 방임된다는 것이다. 반대로 국가가 경제에 대해 간섭적인 정책을 취하는 것은 오히려 사물의 자연적인 발전을 저해함으로써 불이익을 초래할 뿐이다. 따라서 경제정책에서 국가나 정부가 취해야 할 임무는 개인들의 이기심이 자유롭게 발동될 수 있도록 보장하는 데 있다는 것이다.

무역정책에서도 스미스는 국제분업에 의한 자본과 노동의 자유로운 이동을 강조했다. 그는 자유로운 교역의 원칙이 일국 내에서 사회 전체에 이익을 가져오는 것과 같이 국가 간에 이루어지는 분업과 자유무역 역시 각국의 복지를 증진한다고 믿었다. 일국 내의 분업이 인간의 본성에서 자연적으로 발달한 결과인 것과 마찬가지로 국가들 간의 분업과 교류 또한 자연적인 것이기 때문이다. 스미스가 금은의 획득을 그 정책의 목표로 삼는 중상주의 정책이 수입을 억제하고 식민지 무역을 제한하며, 특히 특권회사로 하여금 외국무역을 독점시킴으로써 자본의 자유로운 이동을 방해하는 것은 사회적 해악이라고 비판한 것도 이러한 원리에서이다.

그런데 여기서 한 가지 주목해야 할 점은 스미스가 『국부론』의 한 권을 따로 할애하면서 정부의 기능과 역할에 대해서 논하고 있다는 사실이다.[9] 스미스의 뒤를 이어 고

---

9   스미스, 김수행 옮김, 『국부론(하)』, 제5편.

에든버러에 있는 애덤 스미스의 묘. 그의 묘비에는 "『도덕감정론』과 『국부론』의 저자 여기에 묻히다"라고 쓰여 있다.

전학파의 완성자로 불리는 리카도의 주저가 『정치경제학과 과세의 원리On the Principles of Political Economy and Taxation, 1817』라는 데서도 알 수 있듯이 이 시대의 경제학자들은 공통적으로 공공 부문의 역할이나 재정문제를 매우 중요시했다. 스미스의 경우에는 경제학을 도덕철학의 한 분야로 간주했지만, 경제학이 아직 독립된 학문으로 발전하지 못한 시대였기 때문에 그 시대의 다른 경제학자들 역시 경제학의 한 분야로서 재정학이 아니라 반대로 재정학, 즉 행정학이나 정치학의 한 분야로서의 경제학이라는 사고방식을 가지고 있었기 때문이다. 따라서 스미스와 고전학파의 자유방임주의 사상은 정부의 기능을 일체 부정하는 무정부주의가 아니라, 정부와 시장의 역할을 명확히 구분하고자 했던 것으로 이해해야 옳다.

고전학파의 개요

고전학파^{classical school} 경제학이 영국을 중심으로 발전한 이유는 현실에서 영국의 자본주의적 발전과 무관할 수 없다. 후기 중상주의 시대에서부터 영국은 세계 최대의 무역국가이자 당시로서는 가장 발전한 산업국가였다. 현실에서의 사회경제적 진보는 학문과 사상의 발전을 자극하는 데 크게 기여했다. 애덤 스미스가 『국부론』을 쓸 수 있었던 가장 큰 이유는 당연히 그의 지적인 천재성 덕분이지만, 다른 한편으로는 스미스가 현실에서 매뉴팩처의 발전을 목격하고 그 안에서 전개되던 분업의 발전과 노동에 의한 가치생산과정을 목격했기 때문이기도 하다. 뿐만 아니라 영국에서는 스미스 이전에 이미 후기 중상주의자들에 의해 경제이론의 발전이 상당한 정도로 진행되고 있었다. 이 또한 영국 사회의 자본주의적 발전이 다른 유럽 나라들보다 몇 걸음 앞서 진행되고 있었기에 가능했다.

'고전학파'라는 용어를 가장 먼저 쓴 사람은 마르크스라는 것이 일반적인 견해이다. 오늘날에는 마르크스의 경제학을 '정치경제학^{political economics}'이라고 부르는 것이 보통이지만, 마르크스의 시대까지만 해도 경제학은 아직 독립된 학문이 아니었기 때문에 정치경제학이라는 용어가 보편적으로 사용되었다. 그래서 마르크스는 자신의 경제학을 정치경제학이 아니라 '정치경제학비판^{Kritik der Politischen Ökonomie}'이라고 불렀다.[10] 마르크스는 자신보다 앞서 활동한 여러 정치경제학자들의 이론을 두 가지로 구분했다.[11] 마르크스에 따르면 자본주의적 체제와 질서를 옹호한다는 점에서는 동일하더라도, 어떤 경제학자들은 이론의 일관성과 분석의 정교함을 갖춘 반면에 다른 경제학자들은 그렇지 못했다. 마르크스는 전자를 고전학파, 즉 '고전적 정치경제학', 후자를 '속류 정치경제학^{vulgar political economics}'이라고 불렀다.

---

10 Marx, K. H., *A Contribution to the Critique of Political Economy*, Progress Publishers, Moscow, 1993. (김호균 옮김, 『정치경제학 비판을 위하여』, 중원문화, 2007.)

11 Marx, K. H., *Theories of Surplus Value*, Progress Publishers, Moscow, 1963. (편집부 옮김, 『잉여가치학설사(1)』, 앞의 책 및 편집부 옮김, 『잉여가치학설사(2)』, 이성과현실, 1989.)

마르크스가 고전학파라고 부른 것은 페티에서 리카도까지의 경제학자들이다. 마르크스는 페티에 대해서는 영국 고전학파 정치경제학의 선구자라고 높이 평가했다. 이는 페티가 노동가치설을 처음 주장했으며, 리카도가 사용한 것과 유사한 분석적 방법을 제안했기 때문이다. 반면에 마르크스는 리카도의 후원자였던 제임스 밀James Mill, 1773-1836에 대해서는 리카도의 이론을 속류화시켰다고 비판했으며, 존 스튜어트 밀에 대해서도 고전학파이론의 아류에 불과하다고 비판했다. 그런데 마르크스와 달리 슘페터는 애덤 스미스로부터 스튜어트 밀까지를 고전학파로 정의했고, 여기에 케인스는 신고전학파Neo-Classical school까지도 고전학파에 포함시켰다. 오늘날에는 스미스부터 밀까지를 고전학파로 부르는 것이 일반적이다.

고전학파의 전개과정은 대체로 세 단계로 구분된다. 첫 번째 단계는 스미스에 의해 고전학파의 기초가 형성된 시기이다. 고전학파의 성립에 직접적으로 영향을 준 것은 선행한 두 개의 경제사상, 즉 중상주의와 중농주의이다. 고전학파 경제이론의 토대인 노동가치설은 후기 중상주의 경제학자들에 의해 처음 주장되었다. 반면에 자유방임주의 경제정책은 중농주의자들에 의해 처음 체계화되었다. 그러나 보다 광범하게 보면 고전학파의 경제사상은 그 시대의 주요한 사회사상인 계몽주의 사상과 자연법 사상에서부터 출발한다. 베이컨 이후 영국 경험론의 사상적 전통도 고전학파 경제이론의 실증주의적 태도에 영향을 주었다. 이러한 경험론적 토대는 홉스와 로크로 대표되는 영국의 계몽주의가 대륙의 계몽주의와 구분되는 가장 주요한 특징 가운데 하나이자, 스미스의 경제사상과 도덕철학을 형성하는 데 가장 직접적으로 영향을 주었던 스코틀랜드 계몽주의의 특징이기도 하다.

고전학파 경제학의 두 번째 단계는 맬서스와 리카도에 의해 전개된다. 흔히 고전학파의 절정기 또는 완성기라 불리는 이 시기에는 수많은 경제학자들이 출현하지만, 그 시대의 문제를 가장 잘 표현한 것은 이 두 사람이다. 스미스 시대의 가장 중요한 사회적 과제는 어떻게 생산력을 증대시킬 것인가 하는 문제였다. 그러나 반세기 이후의 영국에서는 증대한 생산력을 여러 사회계급과 계층들 사이에서 어떻게 분배할 것인가 하는 문제가 더 중요한 사회적 쟁점으로 부각되기 시작한다. 리카도와 맬서스에 의해 고전학파는 생산의 경제학으로부터 분배의 경제학으로 발전하게 된다. 특히 리카도는 고전학파 경제학의 진정한 완성자로 불리는데, 이는 그가 스미스의 경제학에서 모호하거나 모순된 채 남겨져 있던 많은 부분을 정치한 분석과 논리로 해명했기 때문이다. 그러나 리카도의 경제이론에도 여전히 불명료하고 모순된 점이 없지 않다. 가령 리카도는 스미스와 마찬가지로 노동가치이론에서부터 자신의 경제이론을 전개하지만, 그의 분배이론과 노동가치이론 사이에는 양립하기 어려운 모순이 있다.

고전학파 경제학의 세 번째 단계는 흔히 고전학파의 해체기로 불린다. 이 시기는 영국에서 산업혁명이 완료되고, 경제는 물론 정치사회적으로 근대적 체제가 완성되는 시기이다. 그러나 다른 한편 자본가와 노동자 사이의 계급적 갈등과 대립이 더욱 심화된 시기이기도 하다. 사회과학과 사상의 여러 분야에서 치열하게 진행된 논쟁과 토론도 이러한 시대적 배경에서 나타난 것들이었다. 특히 리카도의 경제이론에 남아 있던 노동가치이론과 분배이론 사이의 모순은 고전학파 경제학자들을 분열시켰고, 동일한 학파로서의 통일성을 더 이상 유지할 수 없게 된 고전학파는 끝내 해체의 길로 나아가고 만다. 리카도의 후계자를 자처했던 존 스튜어트 밀처럼 고전학파의 해체를 막기 위해 애쓴 경제학자들의 노력이 무위로 돌아갈 수밖에 없었던 것은, 이 분열이 순수하게 학문적이고 이론적인 차이가 아니라 현실에서 진행되는 여러 사회계급들 간의 대립을 반영한 것이었기 때문이다.

고전학파에 앞서서 중상주의자들이 활동하기는 했지만, 경제학이 하나의 학문으로서 자율적이고 통일된 체계를 갖추게 된 것은 고전학파에 의해서이다. 물론 고전학파 경제학자들 내에서도 사상적·이론적 차이는 적지 않게 존재한다. 그럼에도 불구하고 이들을 고전학파라는 이름으로 묶어서 부를 수 있는 이유는, 이들이 세계관이나 방법론에서는 고전학파의 경제이론을 구성하는 많은 전제들을 공유하고 있기 때문이다. 가령 노동가치이론은 스미스와 리카도만이 아니라 모든 고전학파 경제학자들에게 그들의 경제이론의 출발점이었다. 『인구론』은 맬서스의 책 이름이기도 하지만, 그가 가정했던 인구법칙은 대부분의 고전학파 경제학자들에게 공유되었다. 리카도의 비교우위이론이나 수확체감의 법칙, "공급은 스스로 수요를 창출한다"는 세이의 법칙, 제레미 벤담Jeremy Bentham, 1748-1832의 공리주의Utilitarianism, 그리고 스튜어트 밀의 임금기금설 등도 마찬가지이다. 이에 반해 고전학파 경제학자들 사이의 이론적 차이는 그다지 심각하지 않았다. 그 당시의 사회현실을 바라보는 관점에서도 맬서스와 같은 경우를 예외로 하면 그다지 다르지 않았다.

고전학파의 경제이론과 사상에서 나타나는 일반적인 특징은 다음과 같이 요약된다. 첫째는 경제현상에 대한 자연과학적 태도이다. 스미스가 자연과학에 큰 관심을 가졌다는 사실은 이미 서술했지만, 그를 비롯하여 대부분의 고전학파 경제학자들은 경제현상에도 자연법칙적인 원리가 적용된다고 생각했다. 노동가치이론을 비롯하여 맬서스의 인구법칙이나 리카도의 수확체감의 법칙은 모두 경제현상이 자연법칙적이라는 사실을 보여준다. 물론 도덕철학자였던 스미스는 그러한 자연법칙의 배후에 신의 섭리, 즉 '주피터의 보이지 않는 손'과 같은 형이상학적 원리가 함께 작용한다고 생각하기도 했다. 하지만 그렇다고 스미스가 경제현상의 자연법칙성을 더 낮게 평가했다는 뜻은 아니다. 고전학파 경제학자들이 노동가치이론으로부터 분배이론을 도출하고자 했던 것도 경제현상이 자연현상처럼 일관되고 절대적인 하나의 자연법칙에 근거한다고 생각했기 때문이다. 스튜어트 밀이 생산은 자연의 법칙을, 분배는 사회의 법칙을 따른다는 절충론을 주장한 것은 이미 고전학파가 해체과정에 들어선 이후의 일이다.

둘째는 개인주의적 태도이다. 비단 고전학파에 대해서만이 아니라 근대 경제학을 비유할 때 흔히 '로빈슨 크루소의 학문'이라고 부른다. 무인도에서 홀로 생활한 로빈슨 크루소Robinson Crusoe처럼, 근대 경제학은 사회적 관계로부터 고립된 개인을 기본단위로 전제하고 모든 이론을 전개한다는 것이다. 이에 대해 무인도에서 혼자 생활하기는 했으나 크루소가 이전에 사회생활을 통해 습득한 지식이나 능력을 사용했으므로 결코 사회로부터 고립된 것은 아니라는 반론도 있지만 중요한 문제는 아닐 것이다. 이름을 무엇이라고 붙이든 근대 경제학이 기본적으로 방법론적 개인주의methodological individualism를 채택하고 있으며, 이러한 방법론이 고전학파로부터 비롯된 것은 사실이기 때문이다. 그러나 고전학파의 개인주의적 태도에는 방법론을 넘어 보다 중요한 의미가 있다. 고전학파가 출현한 시대는 절대주의가 경제정책에서뿐만 아니라 정치와 사회 여러 분야에서 개인들의 자유로운 활동을 규제하고 억압하던 시대였다. 따라서 개인의 자유와 권리에 대한 주장은 그 시대의 역사적 요구였다고 해야 옳다. 중상주의가 절대주의적 억압의 경제학적 표현이라면 고전학파의 경제이론은 반대로 그러한 시대적 요구의 경제학적 표현이었다.

셋째는 자유주의적 태도이다. 이미 여러 번 이야기한 것처럼 고전학파의 경제이론은 중상주의의 이론과 정책을 비판하고자 하는 목적에서 나온 것이다. 특히 스미스는 한편에서는 광범한 경쟁적 환경 속에서 스스로 성장해 오는 신흥 산업자본가계급과 그러한 성장을 억압함으로써 자신들의 기득권을 연장하려 하는 봉건계급의 대립을 현실 속에서 생생하게 목격하고 있었다. 스미스의 자유주의 사상을 올바로 이해하기 위해서는 이러한 현실적 맥락을 정확하게 포착하지 않으면 안 된다. 다시 말해 스미스의 자유방임주의는 특정 집단이 자신들의 독점적 특권을 유지할 자유를 방임하라는 것이 아니라, 반대로 그러한 기득권에 대항해 경제활동의 권리를 요구할 자유를 의미한다. 고전학파 경제학자들은 경제법칙도 자연법칙과 다르지 않다고 생각한 것처럼, 사회의 발전원리도 자연의 그것과 다르지 않다고 생각했다. 자연이 아무런 간섭이나 규제 없이도 스스로 조화와 질서를 유지하듯이 사회 또한 자유로운 개인들에게 맡겨 두면 스스로 자연적인 조화와 질서를 유지할 수 있다는 것이 고전학파의 자유주의 사상이다.

제 **4** 절

데이비드 리카도

1. 시대적 배경

맬서스와 리카도는 모두 애덤 스미스보다 약 반세기 뒤의 인물들이다. 스미스 시대의 영국은 이제 막 산업혁명이 시작되는 시기였지만, 리카도 시대의 영국은 산업혁명이 급속도로 진행되고 있던 시기였다. 공업에서는 이전의 수공업적 도구들 대신에 방직기와 방적기 등의 기계가 잇달아 발명되고, 이에 따라 스미스 시대에 지배적이던 매뉴팩처도 공장제 기계공업으로 전환되어 갔다. 농업에서도 공업의 발전과 더불어 도시인구가 급증하고 농산물의 수요 증가와 곡물가격의 상승이 일어남에 따라 자본주의적 농업화가 급속히 진행되었다. 한마디로 이 시기의 영국 자본주의는 산업기술과 생산력의 비약적인 진보에 의해 국부는 증진되고, 경제적 자유주의는 자유경쟁과 자유무역을 토대로 크게 확대되었다.

그러나 이처럼 사회가 전반적으로 발전했음에도 불구하고 당시 영국 사회는 스미스 시대와 같은 낙관적인 분위기는 사라지고 침울하고 무기력한 분위기가 지배하고 있었다. 스미스가 묘사한 자연적 자유의 사회는 개인에게는 자유를, 사회에는 발전을 약속한 조화로운 세계였다. 그러나 현실의 자본주의적 발전은 이러한 조화를 증진시키는 진보가 아니라 여러 가지 부조화를 내포한 발전이었다. 특히 공업과 농업의 발전에 따라 생산수단을 잃은 독립소생산자들과 토지로부터 추방된 농민들은 대량의 실업자와 빈민층을 형성했다. 여기에 나폴레옹 전쟁 Napoleon Wars, 1803-15 동안에 진행된 대륙봉쇄 Continental System, 1806-12 로 발생한 공황은 사람들로 하여금 자본주의적 발전에 대한 전망을 근본적으로 회의하게 만들었다. 이처럼 실업과 빈곤문제가 심각한 상황에서는 당연히 부의 분배와 여러 계급들 간의 대립과 갈등에 관한 문제가 등장하지 않을 수 없었다. 맬서스와 리카도의 경제학은 이러한 배경에서 출현했다. 흔히 스미스의 경제학을 생산의 경제학으로, 맬서스와 리카도의 경제학을 분배의 경제학으로 부르는 것도 이 때문이다.

맬서스와 리카도의 시대에는 사회경제적 문제들을 둘러싼 여러 주제의 논쟁들이 학문적으로는 물론 정치적으로도 매우 치열하게 전개되었다. 그 가운데 어떤 것은 스미스의 시대에서부터 계속되어 왔는데, 가령 「구빈법」을 둘러싼 논쟁이 그렇다. 반면에 어떤 논쟁들은 새로운 시대적 상황에서 나타난 것들인데, 그 가운데 가장 중요한 문제는 크게 세 가지였다. 첫 번째 주제는 당시에 진행되고 있던 공황의 원인과 전망에 관한 문제이다. 두 번째는 곡물가격의 변동이 상이한 여러 사회계급들에게 미치는 영향과 「곡물법」의 폐지를 둘러싼 논쟁이다. 세 번째는 잉글랜드은행의 발권력에 관한 '지금地金 논쟁 bullion controversy'이다. 이 가운데 리카도와 맬서스가 첨예하게 논쟁했던 것은 바로 첫 번째와 두 번째 문제였다.

먼저 '공황 논쟁'에 대해서 보면 자본주의 최초의 공황은 1815년 영국에서 발생했다. 그런데 엄밀히 말하면 이때의 공황은 자본주의의 내적인 운동법칙으로부터 발생한 것이 아니라 나폴레옹 전쟁과 대륙봉쇄라는 외적 계기에 의해 일어난 것이므로 이후의 자본주의적 공황과는 성격이 달랐다. 따라서 이 공황의 직접적인 원인을 설명하는 데 있어서는 리카도와 맬서스의 의견이 크게 다르지 않았다. 그러나 이 공황의 원인을 이론화하는 데 있어서는 두 사람의 의견이 크게 대립되었다. 맬서스는 그것을 자본주의 경제의 피할 수 없는 귀결인 유효수요의 부족 때문이라고 보았으며, 따라서 영국 경제가 공황을 극복하고 번영을 회복하기는 쉽지 않을 것이라고 전망했다. 반면에 리카도는 공황을 외적인 요인들에 의한 일시적인 이윤율 하락의 결과라고 보았으며, 경제순환이 정상화되면 당연히 회복될 것이라고 주장했다. 100여 년 뒤에 케인스가 맬서스 경제이론의 시대를 초월한 탁월함에 대해 재평가하기는 했지만, 당시에는 리카도의 견해가 이론적으로는 물론이거니와 현실에서도 올바른 것으로 나타났다. 고전학파의 완성자라는 리카도의 명예도 실은 여기서부터 시작되었다.

리카도 시대의 더 중요한 논쟁은 「곡물법Corn Law」을 둘러싼 것이다. 「곡물법」이란 곡물의 수출입을 규제하기 위하여 제정한 영국의 법률을 두루 일컫는 말이다. 같은 이름의 법률은 중세 말부터 있었지만, 일반적으로 「곡물법」이라고 하면 1815년에 제정되어 1846년에 폐지된 법률을 가리킨다. 영국은 1770년대까지는 대체적으로 곡물을 수출하고 있었으나 급속한 산업혁명의 전개와 인구 증가로 곡물 수요가 증가하게 되자 곡물의 만성적인 부족 현상이 나타나게 되었고, 이로 인하여 1790년대 이후에는 곡물 수입국으로 전환되었다. 그런데 나폴레옹 전쟁으로 인한 대륙봉쇄는 영국으로 들어오던 값싼 외국 농산물의 수입을 차단했고 여기에 흉작이 겹쳐 영국의 곡가는 1809년 이후 급속하게 상승했다. 이러한 상황은 지주들에게 매우 큰 이익을 주었다. 그러나 나폴레옹 전쟁의 종결과 농업생산성의 급속한 발전으로 곡물 공급이 크게 증대되자 곡물가격은 다시 하락했다. 그러자 당시 의회의 다수파였던 지주들은 1773년의 「곡물법」을 근거로 곡물가격이 소맥 1쿼터(약 12.7kg)당 가격이 80실링이 될 때에만 곡물 수입을 허가하도록 하는 「신新곡물법」을 제정했다. 그러나 높은 곡가는 높은 임금을 유발하여 자본가들의 이윤을 감소시킬 것이 당연하므로 신흥 산업자본가계급은「신곡물법」의 제정에 정면으로 저항했고, 이러한 대립은 의회를 넘어 사회 전반적인 논쟁으로 확산되었다. 특히 1839년 맨체스터에서 결성된 '반⊠곡물법동맹 Anti-Corn Law League'의 주도로 벌어진 반대운동의 결과로「신곡물법」도 1846년에 폐지되었다.

'「곡물법」논쟁'은 여러 계급과 사회집단들의 이해관계에 매우 중대한 영향을 미칠 수 있는 문제였기 때문에, 리카도와 맬서스는 물론 당시의 거의 모든 지식인과 여러 정치세력들이 참가하여 수십 년에 걸쳐 논쟁을 전개했다. 이 논쟁에서 리카도는 신흥 산업자본가계급의 이익을 대변하여「곡물법」의 폐지와 자유무역주의를 주장한 데 반해, 맬서스는 지주계급의 입장에서「곡물법」의 존속과 보호무역의 정당성을 옹호했다. 또한 당시의 공황을 분석하는 데도 역시 맬서스는 지주적 입장에서 그것을 분석한 반면, 리카도는 산업자본가의 입장에서 그것을 분석하고자 했다. 흔히 맬서스보다 리카도를 더욱 진정한 고전학파의 완성자라고 평가하는 것은 당시의 시대적 쟁점들에 접근하는 데 리카도는 시대적 조류의 주류에서 문제를 파악하려 한 반면, 맬서스는 그 지류에서 문제를 파악하고자 했기 때문이다. 맬서스는 사회의 많은 사람들이 빈곤을 극복할 수 없다는 사실을 인구 원리에 의해 설명하고자 했지만, 사회의 많은 사람들이 왜 그러한 빈곤을 감수하지 않으면 안 되는가에 대해서는 논리적으로 설명하지 못했다. 이에 반해 리카도는 지주를 위해서는 지대가 정당하며, 자본가를 위해서는 이윤이 정당하고, 노동자를 위해서는 임금이 정당하다는 것을 논증함으로써 현실의 자본주의적 사회질서를 옹호하고자 했다. 이 때문에 흔히 리카도는 부르주아지의 대변자라는 다분히 비난 섞인 평가를 받기도 하지만, 그가 주목하고자 했던 것은 바로 당시의 시대적 과제를 해결하는 데 있어서 자본주의의 진보적 역할이었다는 점을 이해해야 옳다.

2. 리카도의 경제사상

데이비드 리카도는 네덜란드에서 영국으로 이주한 포르투갈계 유대인의 집안에서 태어났다. 일찍부터 주식중개인이던 부친의 일을 도우면서 정식 교육 대신 실무를 배운 그는 젊은 시절에 이미 금융업자로서 크게 성공했다. 리카도가 경제학에 관심을 갖기 시작한 직접적인 동기는 우연히 휴양지에서 애덤 스미스의 『국부론』을 읽게 된 일이라고 한다. 『국부론』을 읽고 크게 감명받은 리카도는 제임스 밀이나 맬서스와 같은 그 시대의 유명한 경제학자들과 교류하는 한편, 몇 편의 소논문을 발표하면서 경제학적 지식을 다듬어 나갔다. 경제학자로서 리카도의 명성을 확고하게 한 것은 『정치경제학 및 과세의 원리』를 발표하면서이다. 이 책에서 리카도는 가치(투하노동가치설), 지대(차액지대론), 통화(지금주의), 무역(비교우위이론) 등에 관한 자신의 경제이론과 사상을 종합적으로 전개했다.

스미스가 국부의 원천, 즉 생산력의 문제를 정치경제학의 가장 중요한 과제로 생각한 반면에 리카도는 생산물이 사회의 기본적인 세 계급인 지주, 자본가, 노동자 사이에서 어떻게 분배되는지 규명하는 것이 정치경제학의 중심 과제라고 생각했다. 이에 대해 리카도는 『정치경제학과 과세의 원리』에서 "분배를 규정하는 법칙을 확정하는 것이 정치경제학의 중요 문제"라고 스스로 명확하게 정의했다.[12] 스미스와 마찬가지로 리카도의 경제이론도 노동가치이론에서 출발한다. 그러나 스미스와 리카도의 가치이론은 다음과 같은 점에서 구분된다. 첫째, 리카도는 지배노동가치설을 버리고 투하노동가치설을 주장했다. 둘째, 리카도는 상품의 가치에는 두 가지 상이한 성격의 노동이 포함된다고 주장했다. 즉 노동자가 재료에 투하하는 노동과 이러한 노동을 도와주는 도구와 건물 등에 투하하는 노동이 그것인데, 스미스는 전자만을 언급했다는 것이다. 이는 마르크스의 가변자본과 불변자본에 해당한다. 셋째, 리카도는 가치에 두 가지 종류가 있다는 점을 지적했다. 하나는 일정량의 노동시간을 물적으로 표현한 실질가치이고, 다른 하나는 한 상품에 포함된 가치를 다른 상품의 사용가치로 표현한 상대가치이다.

리카도에 의하면 재화의 가치는 생산에 참여한 사람들에 대한 보상으로 결정되는 것이 아니라 생산에 노동량이 얼마나 투하되었느냐에 따라서 결정된다. 스미스가 합산이론에서 주장한 것처럼 임금, 이윤, 지대가 먼저 결정된 후에 그것들을 합해서 재화의 가치가 형성되는 것이 아니라, 투하된 노동량에 의해 상품의 가치가 먼저 결정

---

12 Ricardo, D., *On the Principles of Political Economy and Taxation*, Sraffa & Dobb eds., Works and Correspondence of David Ricardo, Cambridge University Press, 1953. (정윤형 옮김, 『정치경제학 및 과세의 원리』, 비봉출판사, 1991, 69쪽)

된 다음에 그것이 임금, 이윤, 지대 등으로 분배된다는 것이다. 이러한 논리에 따라 리카도는 곡물가격이 자본가, 노동자, 지주 세 계급의 이해관계와 어떻게 연결되는지를 이론적으로 분석했다. 여기서 특히 주목해야 할 것은 리카도의 지대이론과 노동가치이론의 관계이다. 자신의 분배이론을 전개하면서 리카도는 스미스나 맬서스에게 남아 있던 중농주의적 견해를 극복하고 노동가치설에 기초하여 지대를 설명했다.

스미스는 농업에서는 자연이 인간과 더불어 같이 노동한다고 말했지만, 이에 대해 리카도는 지대란 토지의 힘이 쇠멸하고 노동에 대한 산출이 감소하게 되는 경우에 발생한다고 비판했다. 또한 맬서스는 지대를 순이득이자 부의 새로운 창조라고 주장했으나, 이에 대해서도 리카도는 지대는 가치의 창조이긴 하지만 부의 창조는 아니라고 비판했다. 그러나 리카도 역시 지대를 지주의 정당한 소득으로 인정하지 않은 것은 아니었다. 토지의 차등이나 수확체감의 법칙이 불가피한 자연현상이듯이 리카도는 지대 또한 불가피한 현상으로 생각했다. 따라서 그는 지주가 우량의 토지를 소유하는 데서 지대를 받는 것은 자연법칙이라고 주장했다. 지대를 철폐하면 곡물가격이 싸져서 소비자들이 그만큼의 이득을 얻게 된다는 주장에 대해서도 리카도는 지주가 지대를 받지 않는다고 해도 그 이득은 차지농업가, 즉 농업자본가에게 돌아갈 뿐이므로 곡물가격은 하락하지 않는다고 주장했다.

리카도에 의하면 생산물에서 지대를 뺀 나머지는 임금과 이윤으로 분배된다. 임금은 노동의 가격으로서 다른 재화의 가격과 마찬가지로 자연가격과 시장가격이 있다. 노동의 자연가격은 노동력의 생산에 소요되는 노동량에 의해 결정되는데, 이는 노동자가 평균적으로 생활을 유지하고 노동인구의 수에 증감 없이 그 종족을 존속시키기 위해 필요한 가격을 의미한다. 간단히 말해 노동력의 재생산비가 바로 노동의 자연가격이라는 것이다. 그런데 노동력의 재생산을 결정하는 것은 노동자가 자본가로부터 임금으로 받는 화폐량이 아니라 이 화폐를 가지고 구입하는 필수품과 편의품의 수량이다. 따라서 노동의 자연가격은 노동자와 그 가족을 부양하는 데 필요한 필수품과 편의품의 가격에 의해 결정된다. 리카도는 노동의 자연가격은 장기적으로 상승하는 경향이 있다고 보았다. 왜냐하면 사회가 진보함에 따라 노동자의 생활비에서 주요한 부분을 차지하는 곡물의 가격이 수확체감의 법칙으로 인해 상승하기 때문이다.

노동의 시장가격, 즉 노동자에게 지불되는 보수는 노동에 대한 수요와 공급에 의해 결정된다. 그런데 노동의 수요를 결정하는 것은 자본량이며, 노동의 공급을 결정하는 것은 노동자의 수이다. 따라서 인구가 감소하거나 자본축적이 완만해지면 노동의 시장가격은 상승한다. 그런데 현실에서 노동의 시장가격은 지속적으로 저하하는 경향이 있는데, 그 이유는 맬서스의 인구 원리에 의해 인구의 증가가 자본의 축적보다 빠르게 이루어지고, 또 인구 증가로 말미암아 식료품의 가격이 상승하기 때문이다. 따라서 노동의 시장가격은 끊임없이 자연가격에 접근하려는 경향을 갖는다. 이러한 임금의 저하 경향을 독일의 사회주의 이론가인 페르디난트 라살레 Ferdinand Lassalle, 1825-1864 는 '임금철칙 Iron law of wages'이라고 불렀는데, 임금철칙에 따르면 노동자계급은 영원히 빈곤에서 해방될 수 없고 언제나 최저 수준의 생활을 감수하지 않을 수 없다는 결론이 나온다.

리카도의 분배이론에서는 전체 생산물에서 지대를 뺀 잔액에서 임금을 빼고 남은 것이 이윤이다. 이윤은 자본가의 소득으로서, 이윤이 많고 적음은 자본축적과 자본증식을 결정하는 요인이다. 이윤은 자본의 증식을 가능하게 하고 사회경제의 발달과 노동수요의 증가를 가져온다. 따라서 리카도는 자본가가 소득으로서 어느 정도의 이윤을 취득할 필요가 있으며, 임금을 위해 이윤을 희생할 수는 없다고 주장했다. 리카도는 사용가치의 관점에서 농업과 공업을 구분하지 않고 가치의 관점에서 차지농업가나 제조업자를 일괄해서 자본가로 파악했다. 그러나 리카도의 이론에서도 높은 곡가와 지대가 자본축적의 기본인 이윤을 감소시키는 경향 때문에 농업가와 제조업자 사이의 대항관계가 나타난다. 리카도는 자본축적이 진행될수록 노동에 대한 수요가 증가하고 인구 증가로 인한 곡물 수요의 증가는 열등지를 경작케 함으로써 지대를 상승시킨다고 주장했다. 지대의 상승과 곡가 상승으로 인한 임금의 등귀는 결국 이윤을 감소시키고, 따라서 장기적으로 자본의 축적과 생산의 확대가 정체되는 지점에 이르게 된다. 이것이 리카도가 본 자본주의 경제의 정상상태 stationary state, 즉 리카도의 장기동태이론이다.[13] 영국의 문필가 토머스 칼라일 Thomas Carlyles, 1795-1881은 경

---

13   Landreth & Colander, *ibid*, pp.124-26.

제학을 일컬어 "따분하고, 삭막하고, 실로 매우 천하며 고통스러운, 그것은 무엇이라고 부르건 간에 '우울한 학문dismal science'이다"라고 평론한 바 있다. 이에 대해 칼라일이 풍자한 대상이 맬서스의 인구법칙이라는 견해가 많지만, 실은 리카도의 장기 동태이론이 함의하는 비관적 결론이야말로 정작 칼라일을 우울하게 했을 듯싶기도 하다.

자신의 분배이론을 제시하면서 리카도는 두 가지 목적을 전제한다. 하나는 분배이론이 가치이론으로부터 파생되어야 한다는 것이며, 다른 하나는 당시의 영국 사회에서 관찰되던 현실의 분배 현상을 설명할 수 있어야 한다는 것이다. 리카도가 스미스 이론의 한계를 넘어섰다는 점은 분명하다. 하지만 리카도 역시 노동가치이론과 자본주의사회의 현실 사이의 명백한 모순을 설명하는 데는 실패했다. 무엇보다도 그는 이윤과 잉여가치를 동일시했기 때문에 사회적 평균이윤율이 어떻게 성립하는지를 설명할 수 없었다. 이 때문에 리카도는 두 상품의 상대적 가치는 그 생산에 필요한 노동량의 상대적 변동에 따라 변화할 뿐만 아니라 이윤율의 변화 또는 그에 상응하는 임금의 변화에 따라서도 변하게 된다는 노동가 법칙의 예외를 인정했다. 이는 사실상 자본의 이윤도 노동과 마찬가지로 생산물의 가치를 결정하는 독립된 요소라고 인정한 것과 다름없다. 리카도 이후 그의 계승자들 가운데 일부가 노동가치이론을 포기하게 된 이유나, 그로 인하여 결국 고전학파가 분열과 해체의 길로 나아가게 된 한 계기도 바로 여기에 있다.

리카도가 가치의 현상적 설명에 그친 스미스를 넘어서서 가치 현상의 내면 속으로 파고 들어갈 수 있었던 것은 그가 산업혁명의 완성기에 살았다는 점과 관계가 있다. 마찬가지로 그럼에도 불구하고 그가 가치이론을 완성시키지 못한 것은 당시의 영국 사회가 자본가, 노동자, 지주의 세 계급으로 구성되어 있기는 했지만 아직 자본가와 노동자계급 사이의 갈등이 극단적으로 표현되지는 않았다는 사실과 함께, 리카도 자신이 산업자본가계급의 이익을 대표했기 때문에 그러한 대립의 가능성을 굳이 외면하고자 했던 사실에서 이해할 수 있다.

리카도는 스미스의 경제이론과 사상을 가장 잘 계승하여 발전시킨, 고전학파의 진정한 완성자로 불린다. 마르크스는 리카도를 가장 뛰어난 고전학파 정치경제학자라고 평가했다. 그러나 이와 상반된 평가도 적지 않다. 앞에서도 언급했듯이 케인스는 리카도보다 오히려 맬서스의 공적을 높이 평가하면서, 지난 100여 년 동안 리카도의 이론이 경제학계를 지배했기 때문에 경제학이 올바로 발전하지 못했다고 신랄하게 비판했다. 고전학파와 경쟁적 관계에 있던 역사학파 경제학자들이 리카도의 경제이론을 비판의 중심에 놓고 공격한 것은 당연하다고 말할 수도 있다. 하지만 신고전학파의 선구자 가운데 한 사람인 제번스나 오스트리아학파Austrian school of economics 의 뵘바베르크Eugen von Böhm Bawerk, 1851-1914 등의 경제학자들이 리카도의 경제학에 대해 비판적이었다는 사실은 뜻밖이다. 어쩌면 이처럼 찬사와 비난을 동시에 받는다는 사실이야말로 리카도 경제학의 위대함을 간접적으로 증명해주는 것일지도 모르겠다.

제 5 절

맬서스와 『인구론』

1. 『인구론』의 배경

맬서스는 영국의 소도시 루커리에서 태어났다. 1784년 케임브리지대학의 지저스칼리지에 입학하여 수학과를 우등으로 졸업했으며, 1791년에는 석사학위를 받고 대학강사가 되었다. 1789년에는 다시 성직을 얻어 영국 국교회Church of England 의 목사가 되었는데, 그 이유는 경제적 안정과 함께 사색과 연구에 전념할 여유를 얻기 위해서라고 한다. 1805년에는 동인도회사의 부설 대학에서 역사와 정치경제학 과목의 교수직을 받아 평생 재직했다. 맬서스가 경제학에 관한 저술을 하게 된 동기는 당시 시대적 쟁점이었던 「곡물법」 개정문제와 '지금地金 논쟁' 때문이다. 맬서스는 스미스의 영향을 받아 자유주의 경제학을 신봉했으나 자유무역에 대해서는 유보적이었으며, 특히 곡물의 수입문제에 대해서는 국내 농업을 보호해야 한다는 입장에서 보호주의를 주장했다. 맬서스라고 하면 흔히 『인구론』을 연상하는 것이 보통이지만, 이밖에도 그는 화폐이론과 지대이론 등의 발전에 크게 기여했다. 특히 맬서스의 저축과 투자에 관한 이론과 일반적 과잉생산이론은 경제학설사적으로 중요한 의미를 갖는다.

맬서스의『인구론』초판은 1798년 익명으로 출판되었다. 원래의 제목은 '고드윈, 콩도르세 및 기타 저자들의 연구와 관련해 미래의 사회 개선에 대한 영향에서 본 인구의 원리*An Essay on the Principle of Population, as it affects the Future Improvement of Society with remarks on the Speculations of Mr. Godwin, Mr. Condorcet, and Other Writers*'이다. 맬서스가『인구론』을 발표할 당시 영국의 지식인 사회에서는 대혁명 이후 프랑스에서 유행하던 진보사상의 영향을 받아 산업혁명의 폐해를 비판하고 보다 급진적인 사회개혁을 요구하는 이상주의적 경향이 매우 광범하게 확산되고 있었다. 이와 동시에 다른 한편에서는 급진적 자유주의 사상의 확산에 불안감을 느끼고 안정과 질서를 추구하는 귀족과 자본가 등에 의한 보수반동의 경향이 서로 대립했다. 이러한 시대적 상황에서 맬서스는『인구론』을 통해 그 당시 사회문제의 가장 본질적 측면이었던 빈곤문제를 정면으로 다룸으로써 사회문제 전반과 진보에 대한 자신의 신념을 표명했다. 인간사회의 발전 가능성을 근본적으로 부정하고 프랑스 대혁명의 성과에 대해서도 불신했다는 점에서 그는 본질적으로 극단적인 보수주의자였다.

제목에서도 나타나지만 맬서스가『인구론』을 집필하게 된 동기에 대해서는 잘 알려진 일화가 있다. 맬서스의 부친인 대니얼 맬서스Daniel Malthus, 1730-1800는 그 당시 유행하던 진보사상의 신봉자로서, 유명한 계몽사상가인 루소와도 친분이 있었다고 한다. 대니얼은 특히 프랑스의 급진주의자인 고드윈과 콩도르세의 열렬한 지지자였다. 이 때문에 대니얼의 가정에서는 매일 저녁마다 부자간의 토론이 벌어졌는데, 맬서스는 부친의 감상적인 급진주의에 큰 불만을 가졌다고 한다. 말하자면『인구론』은 그러한 부친에 대한 비판을 위하여 집필된 셈이다. 맬서스가 굳이 자신의 이름을 밝히지 않고 익명으로 출판한 데는 책의 내용이 당연히 불러올 비난에 대한 걱정과 함께, 부친에게 자신의 저술임을 숨기려는 생각도 있었던 것으로 보인다.

그러나『인구론』의 집필 동기를 단순히 부친과의 논쟁 때문이라고 설명하는 것은 적절하지 않다.『인구론』이 나온 배경에는 그 당시 영국 사회의 몇 가지 중요한 문제들이 놓여 있기 때문이다. 그 당시의 영국에서는 인구 압박에 의한 식량공급의 부족이라는 문제가 심각한 사회문제 가운데 하나였다. 1790년 무렵까지 영국은 식량을 자급해 왔다. 그러나 산업혁명이 진행되면서 급속한 인구 증가로 영국은 식량을 수입에 의존하게 되었다. 『인구론』의 출발점이 식량과 인구의 문제인 이유도 여기에 있다. 특히 더 심각한 문제는 빈곤층의 증가였다. 그때까지 영국의 농촌 주민들은 공업 부문의 부족한 소득을 농업 부문에서 보충하는 반농반공半農半工의 생활을 하고 있었다. 그러나 공장과 기계의 확산으로 농촌사회가 급속히 도시화하면서 많은 사람들이 도시빈민으로 전락하게 되었다. 『인구론』의 핵심적인 문제의식도 바로 이러한 빈곤문제를 어떻게 해결할 것인가에 있었다.

2. 『인구론』의 경제사상

맬서스가 『인구론』에서 직접 비판하고 있는 고드윈이나 콩도르세 등과 같은 급진주의자들은 빈곤과 실업의 근본 원인이 불평등한 사유재산제도에 있다고 보았다. 따라서 이들은 정치사회제도의 개혁을 통해 사유재산제도를 개선하거나 폐지하게 되면 인류는 이성을 발휘하여 최선의 이상사회를 건설할 수 있다고 주장했다. 그러나 맬서스는 엄밀하게 공평한 정의를 추구하는 애타의 정신은 오히려 모든 인류를 결핍과 곤궁에 빠뜨리게 된다는 자신의 보수주의적 신념을 토대로 이들의 주장을 반박하고자 했다. 이처럼 『인구론』이 담고 있는 가장 핵심적인 논점은 빈곤과 실업을 인구의 증식력과 토지의 생산력 사이의 불균형에서 발생하는 불가피한 자연적 질서의 과정으로 파악한 것이다. 『인구론』은 누구나 승인할 수 있는 다음 두 가지의 전제를 공준으로 설정하고 있다. 첫째, 식량은 인간의 생존에 필요하다. 둘째, 이성 간의 정욕은 필연적이며 대체로 이후에도 현재의 상태가 지속되리라는 것이다. 이러한 두 가지 전제 아래서 맬서스는 다시 인구의 증식력과 토지의 생산능력을 비교하여, 전자는 후자에 비해 무한히 크다고 단언했다. 즉 인구는 제한을 받지 않으면 기하급수적으로 증가하지만, 식량은 산술급수적으로 증가한다는 것이다. 따라서 일정 기간이 지나면 이 두 증식력의 차이에서 발생하는 불균형은 어떤 강제적인 힘에 의해 균형으로 이끌어져야 한다.[14]

---

14 Malthus, T. R., *An Essay on the Principle of Population*, 1803. (이서행 옮김, 『인구론』, 동서문화사, 2012, 18–22쪽.)

맬서스는 식량생산을 증가시키는 데는 한계가 있으므로 빈곤을 억제하기 위해서는 인구를 억제하지 않으면 안 된다고 주장했다. 인구에 대한 제한에는 다시 두 가지 방법이 있는데, 소극적 또는 예방적 억제preventive checks와 적극적 억제positive checks가 바로 그것이다. 맬서스가 제안한 인구 증가에 대한 적극적 억제는 아이들에게 적당한 음식을 주고 돌볼 수 없는 하층사회의 현실적 곤란에 기인하는 것으로서 전쟁, 기근, 질병 및 이와 유사한 재난으로 사망률이 증가하는 것을 의미한다. 예방적 억제는 가족을 부양하는 데 따르는 곤란에 대한 우려에서 기인하는 결혼에 대한 억제와 회피, 영아 살해, 낙태 등이 그것이다. 그런데 『인구론』 초판에서 맬서스는 적극적 억제는 물론 예방적 억제, 특히 결혼에 대한 억제까지도 악덕에 속하는 것으로 권장할 만한 대책은 아니라고 주장했다. 결혼 연령을 늦추면 혼전 성관계가 만연할 터이고 그로 인한 악덕, 빈곤, 타락 등은 피할 수 없을 것이기 때문이다. 요컨대 인간이 식량을 필요로 하고 성적 충동이 지속되는 한 제도를 개선한다고 해서 빈곤과 악덕은 피할 수 없다는 것이다.[15]

세간의 비난을 걱정해 익명으로 발표한 『인구론』 초판이 예상하지 못한 성공을 거두자 맬서스는 1803년 자신의 이름으로 제2판을 발표한다. 우리가 흔히 아는 『인구론』은 바로 이 제2판을 가리키는 것이 보통이다. 제2판에서 맬서스는 자신의 본명을 밝힌 것은 물론 제목도 『인구의 원리 또는 그것이 장차 야기할 폐해의 제거와 완화에 관한 전망에 대한 연구를 통해 본 그것이 인류의 행복에 미친 과거와 현재의 영향에 대한 고찰An Essay on the Principle of Population; or, a view of its past and present effects on human happiness; with an enquiry into our prospects respecting the future removal or mitigation of the evils which it occasions』로 바꾸었다. 이제는 더 이상 자신의 부친이나 그 배후에 있는 고드윈이나 콩도르세의 사상을 굳이 비판해야 할 필요를 느끼지 못했기 때문일 듯싶다.

내용에서도 『인구론』 제2판은 초판과 많은 차이가 있다. 그 가운데 가장 중요한 것은 성관계 없는 결혼 연기를 '도덕적 억제'라고 표현하면서 극단적 비관론을 다소나마 완화하려고 한 것이다.[16] 그러나 기본적으로 맬서스는 도덕적 억제가 인구법칙

---

15 맬서스, 이서행 옮김, 『인구론』, 23쪽 이하.

16 맬서스, 같은 책, 447쪽 이하.

을 부정할 만큼 중요한 것이라고는 보지 않았으며, 궁극적으로 인구 증가를 억제하는 것은 궁핍과 죄악을 수반하는 사후적 수단이라고 생각했다. 따라서 사회의 하층계급에 널리 퍼져 있는 빈곤과 궁핍은 절대로 고칠 수 없다는 사실을 인정하지 않으면 안 된다는 것이다. 이러한 태도는 맬서스가 인구문제를 제기한 이유가 그 해결을 위한 것이 아니라 그 해결은 불가능한 것이므로 이를 방임하고 그것으로부터 발생하는 모든 빈곤과 악덕을 숙명적으로 받아들여야 한다는 사실을 하층민들에게 설득하기 위한 것임을 말해준다. 맬서스에 의하면 사회적 불평등과 하층민의 빈곤은 인구법칙이라는 자연법칙의 필연적인 결과이므로 하층민의 고통은 그들 스스로의 책임이며, 이를 개선하려는 어떤 노력도 자연의 질서를 거역하는 일이다. 맬서스의 이런 사상은 「구빈법」에 대한 태도에서도 잘 나타난다. 「구빈법」에 대한 논쟁은 애덤 스미스 이전부터 있었지만, 맬서스는 스미스와는 조금 다른 이유에서 「구빈법」을 적극적으로 비판했다. 스미스는 「구빈법」이 노동자들의 주거이전과 직업선택의 자유를 가로막을 뿐 아니라 건전한 노동의지를 약화시킨다는 이유에서 비판했다. 맬서스는 「구빈법」이 빈민층의 결혼과 임신을 증가시켜 그들의 사회경제적 처지를 더욱 악화시킬 것이기 때문에 비판했다.[17]

스미스와 리카도의 경제사상을 일관하는 가장 중요한 특징은 낙관주의적 태도이다. 스미스는 그 시대의 많은 사람들이 빈곤한 이유를 재화가 부족하기 때문이라고 생각했다. 따라서 생산능력을 늘려 더 많은 재화를 공급하면 당연히 빈곤과 부족은 해결하고 모든 사람들이 풍요와 행복을 누릴 수 있으리라는 것이 『국부론』의 가장 기본적인 철학이다. 맬서스와 동시대를 살았던 리카도의 경제사상도 크게 다르지 않았다. 애덤 스미스와 그 후계자들의 생각을 가장 잘 보여주는 것이 바로 '세이의 법칙Say's law'이다. 맬서스와 같은 시대를 살았던 프랑스의 경제학자 세이는 "공급은 자신의 수요를 창출한다Supply creates its own demand"는 유명한 말을 남겼다. 생산은 이에 참가한 생산요소들에 대해 상응하는 소득을 가져오게 하며 또 소비나 다른 방도를 통하여 그 생산물의 수요가 된다는 것이다. 따라서 공급은 바로 그것에 대한 수요를

---

17 맬서스, 같은 책, 341쪽 이하.

낳는 결과를 발생시켜 경제 전반에 걸쳐서 과잉생산은 있을 수 없다. 물론 공급이 스스로 수요를 창조한다는 말은 상품을 만들기만 하면 무조건 팔린다는 단순한 의미는 아니다. 세이의 법칙은 일시적으로나 부분적으로는 불균형이 있을 수 있더라도 궁극적으로는 반드시 시장은 스스로 공급과 수요의 균형상태를 찾아간다는 의미이다. 그러나 이에 대해 맬서스는 그렇게 더 많이 생산하면 그 재화들은 도대체 누가 다 소비하는가 하는 의문을 던진 것이다.

앞에서도 이야기한 것처럼 맬서스와 리카도 시대의 가장 중요한 정치적, 학문적 쟁점은「곡물법」논쟁이다. 곡물의 수입을 허가할 것인가 아닌가가 이 논쟁의 핵심인데, 값싼 외국산 곡물의 수입은 당연히 곡물을 소비하는 자본가와 노동자들에게는 유리하지만 지주에게는 불리하다. 신흥 산업자본가계급의 대변자로 불렸던 리카도는 당연히 곡물의 자유로운 수입을 주장했다. 곡물가격이 하락하면 자본가뿐 아니라 그것을 소비하는 노동자들과 모든 사회계급들이 더 풍요로워질 것이기 때문이다. 리카도가 보기에「곡물법」의 폐지를 반대하는 것은 지주계급뿐이며, 따라서 지주는 사회의 발전과 모든 구성원들의 행복을 가로막는 세력이다. 그러나 맬서스는 반대로 지주야말로 사회와 경제의 발전을 위하여 반드시 필요한 계급이라고 주장한다. 생산능력이 증가할수록 소비도 그만큼 늘어나야 하는데, 자본가는 축적하는 계급이어서 소비하지 않고 노동자는 소비하고자 하여도 빈곤하여 소비하지 못한다. 따라서 생산과 소비, 공급과 수요의 균형을 위해서는 생산하지 않고 소비만 하는 계급이 반드시 필요하다. 지주계급이 바로 그들이라는 뜻이다. 아무리 값싼 외국산 곡물이 수입되어 곡물가격이 하락하더라도 노동자들은 여전히 빈곤할 수밖에 없고 따라서 수요는 증가하지 않는다. 오히려 지주들의 수입이 감소함에 따라 사회 전체의 수요는 줄어들 것이다. 시장에 나온 상품들은 팔리지 않게 되고, 결국은 치명적인 파국만이 기다릴 뿐이라는 것이 바로 맬서스의 주장이었던 것이다.

「곡물법」논쟁에서 보듯이 리카도는 그 당시 경제적으로나 정치적으로나 빠르게 성장해 가던 부르주아, 즉 자본가계급의 이익을 적극적으로 옹호했다. 물론 리카도의 진의를 천박하게 오해해서는 안 될 것이다. 그는 진정으로 자본가계급의 이익이 그 시대 영국 사회의 모든 계급에게 이익이라고 믿었으며, 자본의 축적과 생산능력

맬서스가 인구를 억제하기 위해서 전쟁과 질병, 심지어는 영아 살해를 주장하기 70년 전에 이미 그와 유사한 주장을 한 사람이 있다. 『걸리버 여행기(Gulliver's Travels, 1726)』의 저자로 유명한 아일랜드의 풍자작가 조너선 스위프트(Jonathan Swift, 1667-1745)가 바로 그 사람이다. 스위프트는 『겸손한 제안(A Modest Proposal, 1729)』이라는 작품에서 12만 명의 아이들 중에서 2만 명은 번식용으로 남겨 놓고 나머지 10만 명의 아이들이 한 살이 되었을 때, 그들을 전국에 있는 높은  지위와 재산을 가진 인사들에게 판매용으로 제공하자고 주장했다. 물론 당연히 역설적인 주장이다. 어린 이들이 영양실조와 열악한 주거환경으로부터 벗어날 수 없다면, 또 이런 고통이 세대를 넘어 대물림된다면, 차라리 한 살짜리 아이를 먹을거리로 파는 것보다 더 나을 것이 무엇이냐는 것이다. 따라서 스위프트가 제안하는 대책은 얼핏 맬서스적인 생각으로 들리기도 하지만 실은 정반대라고 해야 옳다.

의 확대가 사회와 역사의 진보를 이룰 것으로 믿었다. 말하자면 그는 자본주의 미래와 모든 계급의 행복에 대해 낙관했던 것이다. 이에 반해 맬서스는 비관론자였다. 맬서스 시대의 영국은 산업혁명의 진전과 함께 경제적으로나 사회적으로나 매우 빠르게 발전하고 있었다. 그러나 다른 한편에서 보면 대다수의 노동자계급은 여전히 극도로 빈곤했고, 물질적으로나 도덕적으로나 비참한 상태에 빠져 있었다. 「곡물법」 논쟁에서 맬서스가 지주계급의 이익을 옹호한 것은 분명하지만, 그가 진정으로 이야기하고 싶었던 것은 지주계급의 이익이 아니라 자본주의 미래에 대한 불안감이었다. 사유재산의 폐지와 무정부주의를 주장하는 급진주의 사상은 많은 사람들을 감동시켰지만, 그만큼의 큰 불안감을 주기도 했다. 진보의 열풍이 강렬하면 할수록, 그러한 시대적 유행에 반발하는 사람들도 있기 마련이다. 맬서스는 진보에 대한 무조건적인 맹신보다 인류 사회가 진보하기 위한 조건과 그것을 가로막는 장애에 대한 구체적인 성찰이 필요하다고 생각했던 것이다.

제 **6** 절

고전학파의 해체

1. 리카도학파의 분열

고전학파 경제학은 리카도에 의해 애덤 스미스 시대의 도덕철학체계로부터 완전히 분리되어 하나의 자율적이고 독립적인 과학으로서 완성되었다. 리카도는 스미스의 노동가치이론을 재분석하여 투하노동가치를 중심으로 한 자신의 독창적인 가치이론을 정립했으며, 이를 토대로 상품의 가치가 지대, 임금, 이윤으로 분배되는 법칙을 확정함으로써 여러 계급들 간의 상호관계를 명백히 했다. 리카도의 경제이론은 자본주의 경제의 내재적 운동법칙을 과학적으로 규명했을 뿐만 아니라 실천적·정책적으로도 중요한 영향을 미쳤다. 리카도는 곡물가격의 등귀로 인한 지대의 증가가 이윤의 감소를 가져와 자본축적을 저해한다는 이유로「곡물법」의 폐지를 주장했고, 또 임금은 필연적으로 노동자가 필요로 하는 생활자료의 가격과 일치한다는 이유로「구빈법」에도 반대했다. 이처럼 리카도의 경제학은 산업혁명의 전야를 살았던 스미스와는 달리 이미 발전하고 있는 자본주의사회를 토대로 한 이론이면서 산업자본의 축적이라는 자본주의 본래의 요구에 대응하는 것이기도 했다.

그러나 다른 한편 리카도가 자연법칙으로 절대화한 그의 이론체계는 내적으로 많은 모순이 있을 뿐만 아니라 이론과 현실 간의 대립에서 중대한 약점을 드러내기 시작했다. 리카도 사후 그의 경제학에 대한 비판은 주로 세 가지 측면에 집중되었다. 첫째, 리카도의 이론은 가치이론과 분배이론 사이에서 명확한 관련성을 결여하고 있다는 점이다. 둘째, 그의 이론체계에는 수요의 이론이 전혀 포함되어 있지 못했다는 점이다. 마지막으로, 리카도는 오늘날의 경제학에서 가장 중요한 개념 가운데 하나인 '한계 원리marginal principle'를 인식하지 못했기 때문에 수확체감의 법칙을 설명하면서도 비례적 수입과 한계 수입을 구분하지 못했다는 것이다. 이러한 문제점들 중에서도 특히 논란거리가 되었던 것은 바로 리카도의 노동가치이론에 관한 문제였다.

『정치경제학과 과세의 원리』이후 리카도는 자신의 노동가치이론에 대해 유보적인 태도를 취했는데, 이로 인하여 경제학자들 사이에서는 노동가치이론이 리카도의 경제이론에서 가지는 의미를 놓고 격렬한 논쟁이 전개되었다. 제임스 밀과 존 맥컬러John Ramsy McCulloch, 1789-1864 등은 리카도의 이론을 조직적으로 해명함으로써 노동가치이론을 옹호하고자 했다. 특히 밀은 자본을 축적된 노동으로 보고, 자본에 대한 이윤을 축적된 노동에 대한 임금이라고 주장함으로써 노동가치이론을 일관되게 적용시키려고 시도했다. 그러나 이에 대해 나소 시니어Nassau William Senior, 1790-1864는 노동가치이론을 수정하여 오늘날의 효용이론에 가까운 주관적 가치이론을 제시했다. 그는 자본가가 자신의 개인적 욕구를 직접 충족시키지 않고 자본을 축적하는 절욕의 대가가 이윤이라는 '제욕설制慾說'을 주장함으로써 이윤의 정당성을 옹호했다. 이 때문에 흔히 밀과 맥컬러를 리카도학파의 정통파라고 부르는 한편, 시니어 등을 수정파라고 부르기도 한다.

그러나 이러한 논쟁에도 불구하고 리카도 이후의 경제학자들은 리카도 경제학의 모순을 시정하여 발전시키기보다는 그의 이론을 이미 결정된 전제로 하고 형식적 체계화나 부분적 수정에 의해 그 모순을 은폐하고자 한 데 불과했다. 따라서 이들은 리카도 경제학의 한계를 근본적으로 뛰어넘을 수 없었고, 결국 고전학파 경제학은 리카도를 정점으로 그 이후에는 해체의 과정에 들어가게 되었다. 고전학파의 해체는 1830년대에 오면서 본격적으로 전개되었다. 특히 자본가와 노동자계급 사이의 갈등이 사회 전면에 대두하게 되자, 부르주아 정치경제학은 차츰 자본주의 경제를 솔직히 묘사하고 설명하기보다는 그것을 합리화하는 방향으로 전환했다. 특히 이 시기의 부르주아 경제학자들은 스미스와 리카도가 발전시킨 노동가치이론을 폐기하고, 이윤이 노동이 창출하는 가치의 일부분이 아니라는 것을 입증하기 위한 새로운 이론들을 제시하고자 했다.

이처럼 부르주아 경제학이 점점 변명론적이고 속류적인 성향을 노골화하자, 이러한 경향에 반대하는 이론들도 다양하게 나타나기 시작했다. 이들은 맬서스와 같이 이미 자본가들에 의해 사회의 주요 계급으로서의 지위를 상실한 지주계급의 이익을 대변하기보다는 새로운 대항계급들에 자신들의 계급적 기반을 가지고 있었다. 이들은 크게 두 가지 방향에서 자본주의사회와 그것을 변호하는 부르주아 경제학을 비판했다. 시몽드 드 시스몽디 Simonde de Sismondi, 1773-1842 와 애덤 뮐러 Adam Müller, 1779-1829 등과 같은 낭만주의 경제학자들은 자본주의의 거대한 힘 앞에서 몰락의 위기에 직면하고 있는 프티부르주아계급과 농민, 수공업자들을 대변하고자 했다. 이에 반해 사회주의 경제학자들은 노동자계급 속에서 자본주의의 미래를 발견하고자 했다.

2. 리카도파 사회주의

리카도의 경제학에 대한 비판은 이론적 관점에서만 제기된 것이 아니었다. 오히려 더욱 중요한 비판은 그의 이론과 그의 사후에 전개된 현실과의 괴리문제에 대해서 제기되었다. 리카도에서 존 스튜어트 밀에 이르는 시기의 영국 사회에서는 자본주의의 급속한 발전의 이면에 노동문제가 첨예하게 대두했다. 러다이트 운동 Luddite Movement 으로 대표되는 1810년대의 맹목적이고 절망적인 저항운동은 1824년 「단결금지법 Combination Act」의 폐지 이후 점점 공공연한 노동조합운동으로 발전하기 시작했다. 특히 로버트 오언에 의해 설립된 전국노동조합총연합 Grand National Consolidated Trade Union 은 50만 명의 조합원을 가지고 있었다. 또 전국적인 노동조합운동과 함께 전개된 차티스트 운동 Chartist Movement 은 근대 이후에 일어난 최초의 대중적 정치운동으로서 1837년부터 1848년까지 10년 이상이나 치열하게 전개되었다. 이러한 사회적 변화에 대해 노동자계급 중심의 경제학을 주창하는 학자들이 나타나게 되었는데, 이들이 바로 리카도파 사회주의자 Ricardian Socialists 들이다. 리카도파 사회주의자들의 공통적 출발점은 리카도의 노동가치이론이다.

노동가치이론에 따르면 상품의 교환가치를 결정하는 것은 그 상품의 생산에 투하된 노동량이다. 그러나 현실의 자본주의적 질서 아래서 노동자들이 그들의 생산물 전부를 얻지 못하는 것은 지주와 자본가가 지대와 이윤이라는 형태로 노동자계급을 착취하기 때문이다. 이러한 인식과 논리에 기초하여 윌리엄 톰슨 William Thompson, 1775-1833 은 올바른 부의 분배를 실현하기 위해서는 모든 노동생산물이 그것을 생산한 이들에게 확보되어야 한다는 '분배의 자연법칙 natural law of distribution'을 주장했다. 또 토머스 호지스킨 Thomas Hodgskin, 1787-1869 은 자본의 소유자가 이윤을 얻는 것은 노동이 축적되었기 때문이 아니라 그것이 노동을 지배하기 때문이라고 지적함으로써 자본의 비생산성을 논증하고자 했다. 노동가치이론과 함께 리카도파 사회주의자들에게 또 하나의 공통적인 출발점이 된 것은 벤담의 공리주의이다. 이들은 모두 '최대 다수의 최대 행복'이라는 공리주의의 원칙을 신봉했다. 물론 공리주의는 경제학뿐 아니라 그 시대 대부분의 사회과학자들에게 공통된 원리 가운데 하나이다. 리카도파 사회주의 자들의 차이점은 이 원리를 보다 급진적으로 해석한 데 있다. 공리주의에 의하면 모든 개인의 최대 행복을 총계하는 것이 최대 다수의 최대 행복을 확보하는 방법이다. 따라서 한 사회의 행복을 최대화하기 위해서는 부자와 빈민 사이의 평등한 소득분배가 달성되지 않으면 안 된다. 바로 이러한 이론적 근거에 따라 리카도파 사회주의자들은 기존의 사유재산제도와 분배제도를 격렬하게 비판했다.

　리카도파 사회주의자들은 아직 고전학파 경제학이 가지고 있던 자유주의적 사상으로부터 완전히 결별한 것은 아니었다. 이들이 지지한 것은 기존의 사회질서를 근본적으로 전복시키기 위한 폭력적 혁명운동이 아니라 자유주의적이고 자주적인 노동조합운동이었다. 이들은 노동자들의 자유로운 조직에 의한 착취 없는 소생산자의 사회를 추구했다. 이들의 이상사회는 중앙집권적인 사회주의 사회가 아니라 고드윈이 주장한 것과 유사한, 무정부주의의 분권주의적 질서에 노동조합의 원칙을 결합한 것이었다. 그러나 노동가치이론에 입각하여 사회주의를 주창한 이들의 이론 속에는 이미 마르크스의 과학적 사회주의사상의 맹아가 성숙하고 있었다. 나중에 페이비언협회Fabian Society를 거쳐 영국 노동당을 결성하는 주요한 세력도 바로 이들이다.

3. 존 스튜어트 밀

노동가치이론과 분배이론을 둘러싼 리카도학파의 분열은, 애덤 스미스 이후로 고전학파 경제학이 지켜 온 조화론적 세계관이 자본주의적 발전의 구체적 현실에 의해 그 토대를 상실하고 말았다는 것을 의미한다. 따라서 이제 고전학파 경제학의 앞에는 새로운 과제가 심각하게 제기되었다. 노동자와 자본가계급 사이의 대립과 투쟁이 첨예한 사회문제로 대두하고 사회운동과 사상이론의 측면 모두에서 사회주의가 급속하게 확산되는 새로운 현실에 맞서, 이미 분열되고 해체된 자신의 이론과 체계를 어떻게 다시 정리하고 종합하여 현실의 요구와 조화시킬 것인가 하는 과제가 바로 그것이다. 이러한 과제를 해결하고자 한 이가 바로 고전학파의 마지막 거장인 존 스튜어트 밀이다.

스튜어트 밀은 그 시대의 대표적인 경제학자이자 사회학자이던 제임스 밀의 아들로 태어났다. 그는 세 살 때부터 부친으로부터 엄격한 천재 교육을 받으면서 그리스어, 라틴어, 문학, 역사, 수학, 물리학, 심리학, 화학, 논리학, 경제학 등에 관한 방대한 지식을 습득했다. 벤담주의자이자 리카도 경제학의 신봉자였던 부친의 영향으로 20세 이전까지 밀은 주로 벤담의 사회사상과 리카도의 경제이론을 연구했다. 『공리주의론Utilitarianism, 1861』의 각주에서 밀은 사회과학적 의미에서 '공리주의'라는 용어를 처음 사용한 사람은 바로 자신이라고 주장하기도 했다.[18] 그러나 20세가 되어서 밀은 정신적 위기에 직면하게 되었고, 그로 인해 벤담의 공리주의 사상에 대해서도 회의를 품기 시작했다. 이 시기에 그는 낭만파 시인인 새뮤얼 콜리지Samuel Taylor Coleridge, 1772-1834 의 이상주의에 깊은 감화를 받았고, 생시몽Saint-Simon, Comte de Claude Henri De Rouvroy, 1760-1825 과 조제프 푸리에Joseph Fourier, 1768-1830 의 사회주의 문헌을 읽었으며, 특히 생시몽의 제자였던 오귀스트 콩트Auguste Comte, 1798-1857 의 실증주의positivism 철학에 큰 영향을 받기도 했다.[19]

이러한 지적 편력을 통해 밀은 벤담의 양적 공리주의를 넘어, 공리주의의 원칙에 사회성과 역사성을 담은 자신의 사회경제사상을 확립했다. 밀은 인간을 그 본성상 반드시 이기적이고 자기중심적인 존재가 아니라 동시에 동정심과 이타심을 가진 존재라고 규정했다. 벤담이 쾌락을 감각적이고 물질적인 것으로 일원화시킨 데 반해, 밀은 인간의 내적 교양이나 예술 등의 다양한 정신적 쾌락을 중시했다. 행복과 복지를 물질적, 감각적인 기준에 의하여 양적으로 환산하고 비교한다는 것은 매우 어려운 일이기 때문에 그 종류에 따라서 다양한 질적 차이를 보다 풍부하게 고려하여 평가해야 한다는 것이다. 또한 벤담은 쾌락이 개인의 행위의 결과에 대한 자기만족이라고 생각했으나, 밀은 오히려 행복을 인류의 향상이라든가 학문의 발전과 같은 보다 고상한 목적들을 위한 행위에서 결정된다고 생각했다. 흔히 "배부른 돼지보다 배

---

18   Mill, J. S., *Utilitarianism*, New York, Prometheus Books, 1967. (서병훈 옮김, 『공리주의』, 책세상, 2010.)

19   Mill, J. S., *Autobiography of John Stuart Mill*, 1873. (배영훈 옮김, 『존 스튜어트 밀 자서전』, 범우사, 2008.)

고픈 소크라테스"라는 말로 잘못 알려져 있는, "만족해하는 돼지보다 불만족스러워하는 인간이 되는 것이 더 낫고, 만족해하는 바보보다 불만을 느끼는 소크라테스가 더 낫다"[20]는 유명한 명제도 이러한 맥락에서 나온 것이다. 이러한 맥락에서 밀은 벤담이 역설했던 인간 행위에 대한 네 개의 외적 제재, 즉 물리적·정치적·도덕적·종교적 제재 이외에 '선의에 의한 내적 제재 internal sanction of goodwill'를 포함시켜 내면적인 교양을 중시했다.

이처럼 한편으로는 벤담의 공리주의를 계승하면서 다른 한편으로는 그에 대한 비판을 토대로 그 위에 콩트의 실증주의를 수용함으로써 밀은 자신의 독자적인 사회과학 방법론을 확립했다. 밀의 사회과학 방법론은 『논리학체계 A System of Logic, 1843』에서 찾아볼 수 있다. 이 책에서 밀은 벤담과 같이 어떤 한 가지 원리에서 모든 사상을 설명하는 방법을 비판하고, 사회과학은 현상에 영향을 미치는 모든 요인을 고려한 인과관계들을 고찰하고 그 결과를 합성하여 어떤 법칙을 추론하는 '구체적 연역법 concrete deductive method'을 사용해야 한다고 주장했다. 그러나 사회현상에 나타나는 인간 행위의 모든 원인을 파악하기는 매우 어렵고, 그것이 가능하다고 하더라도 사회적 특수성에 따라 동일한 원인에 의한 결과도 다르게 나타나는 것이 일반적이므로 모든 사회에 예외 없이 타당한 법칙을 직접적으로 연역해 낼 수는 없다. 따라서 밀은 구체적인 역사를 직접 관찰함으로써 경험법칙을 추출하고 이것을 다시 인간성의 법칙으로부터의 연역에 의해 검증하는 역연역법 또는 역사적 방법을 함께 사용한다고 주장했다. 이처럼 밀의 사회과학 방법론은 단자론적인 개인주의 세계관에 기초한 벤담의 공리주의에 결여된 역사성을 부여하고 나아가 사회제도, 관습, 종교, 전통, 국민성 등의 차이가 사회와 역사에 미치는 중요성을 강조했다.

밀의 사회과학 방법론은 그의 경제사상이 집약되어 있는 『정치경제학원리 Principles of Political Economy, 1848』에서도 그대로 적용되었다.[21] 이 책에서 밀은 애덤 스미스에서 리카도와 맬서스로 이어지는 고전학파 경제학을 종합하고자 시도했는데, 특히 구체적

---

20 서병훈 옮김, 같은 책, 29쪽.

21 Mill, J. S., *Principles of Political Economy: with some of their applications to social philosophy*, London, 1848. (박동천 옮김, 『정치경제학원리』, 나남, 2010.)

인 역사와 현실의 관찰을 강조한 자신의 방법론에 입각하여 이론적으로뿐 아니라 무수히 많은 역사적 사실들과 제도적인 고찰들을 열거함으로써 고전학파의 이론이 올바름을 입증하고자 했다. 밀의 경제이론에서 가장 특징적인 것은 그가 고전학파 경제학에서는 자연법 사상에 의해 통일되어 있던 생산의 원리와 분배의 원리를 분리해 고찰하고 있다는 것이다. 밀에 의하면 생산의 원리는 물리적 법칙을 따르지만 분배의 원리는 사회의 법률과 관습에 의존한다. 이러한 분리를 통해 밀은 이제까지 자연법칙처럼 영구불변한 것이라고 간주되어 왔던 사유재산제도와 경쟁원리에 의한 사회경제질서를 제도적으로 개혁할 수 있는 가능성을 밝히고자 했다. 따라서 그는 기본적으로 소유권은 신성한 것이라는 기존의 공리주의적 통념과는 반대로 사회는 공공선의 실현에 방해가 된다고 판단되는 어떤 특정 소유권에 대해서도 그것을 제한하거나 개조할 완전한 자격이 있다고 주장했다. 그러나 이처럼 사회개혁을 주장하면서도 밀의 사회개량주의적 입장은 사유재산제도와 자유경쟁원리에 의한 사회질서를 근본적으로 부정하는 것은 아니었다.

애덤 스미스는 권력의 규제가 없어도 자연적 자유의 질서인 효율적인 시장경제질서가 형성되어 자본주의 경제는 조화롭게 발전할 것이라고 보았다. '보이지 않는 손'으로 상징되는 시장가격기구에 대한 그의 낙관적인 해석은 '예정조화preestablished harmony'라는 세계관에서 비롯된 것이다. 하지만 이러한 스미스의 낙관적인 인식은 또한 그가 살았던 시대적 분위기에서 비롯된 측면도 매우 크다. 그는 자본주의 경제가 성숙되기 이전에 살았으므로 자본주의 경제의 구조적인 모순을 보지 못했기 때문이기도 하다. 그러나 자본주의 경제가 발달함에 따라 현실에서는 스미스가 보지 못했던 이러한 현상들이 나타나기 시작했다. 그 가운데서도 특히 밀이 살던 시대의 가장 심각한 문제는 바로 노동자계급과 자본가계급 간의 갈등이었다. 자본주의가 본격적으로 발전하기 이전에 살았던 애덤 스미스는 계층 간 갈등의 문제를 경험하지 못했기 때문에 분배도 자연적인 경로를 따라 바람직하게 이루어질 수 있다고 낙관했다. 그러나 자본주의 경제가 발전할수록 노동자들은 빈곤에서 헤어나지 못했다. 이러한 현실에 대한 부정은 자본주의체제를 전복시키려는 사회주의 운동의 형태로 유럽 여러 나라들로 확산되었다.

이러한 시대적 배경에서 밀은 자유주의 원칙과 양립할 수 있는 분배문제의 개선을 위해 사회경제제도의 개선을 모색했다. 자유주의는 개인의 자유를 가장 중요한 가치로 보며, 재산의 자유로운 처분권을 개인의 기본적인 자유로 보아 사유재산권을 절대시하는 경향이 있다. 그런데 빈부격차를 해소하기 위해서는 이러한 사유재산권에 대한 어느 정도의 제한이 불가피하다. 이 때문에 일반적으로 자유주의자들은 분배문제에 소극적인 태도를 취한다. 하지만 밀은 분배문제의 개선을 위해서 사유재산제도에 일정한 제약을 가해야 한다고 보았다. 『자유론On Liberty, 1859』에서 그는 국민들에 대한 지나친 간섭과 통제는 개성의 발달을 제약하여 사회적 진보를 희생하게 된다고 강조함으로써 사회주의자들이 주장한 중앙집권적 질서에 대해 명백하게 반대했다. 그러나 다른 한편 정도의 차이는 있으나 인간의 인식과 윤리는 모두 불완전하므로 전적으로 자유를 방임하는 것은 옳지 않으며, 경우에 따라서는 자유의 제약을 통해서 사회를 바꾸어야 한다고 주장하기도 했다.[22]

존 스튜어트 밀의 생애에서 가장 중요한 두 사람을 꼽는다면 부친인 제임스 밀과 아내인 해리엇 밀(Harriet Taylor Mill, 1807-1858)일 것이다. 아직 정신적 위기를 겪고 있던 밀은 1830년 어느 날 테일러라는 사업가의 초청을 받아 그의 저택을 방문한다. 테일러에게는 해리엇이라는 부인이 있었는데, 그녀를 처음 만난 순간 밀은 사랑에 빠지고 만다. 그러나 해리엇이 유부녀였기 때문에 두 사람은 남편의 인정 아래 우정을 나눈다. 밀이 이탈리아에서 요양할 동안 해리엇이 남편의 허락을 받아 그의 옆에서 간병을 하기도 했다. 두 사람은 테일러가 사망한 뒤 1851년에 결혼한다. 밀이 해리엇에게 빠진 이유는 그녀의 지적 능력 때문이었다. 해리엇은 밀의 저술 작업을 도왔을 뿐 아니라 그의 사상과 이론을 형성하는 데도 많은 영향을 미쳤다고 알려져 있다. 가령 『자유론』의 서문에서 밀은 이 책이 사실상 그 전해에 세상을 떠난 해리엇과의 공저라고 밝혔다. 해리엇도 여성인 자신을 동등한 지성의 소유자로 존중해 준 사람은 밀이 처음이었다. 특히 해리엇은 밀의 여성관에도 중요한 영향을 미쳤는데, 밀은 『여성의 종속(The Subjection of Women, 1869)』을 출간하여 여성의 권리를 옹호하기도 했다. 해리엇 자신도 『여성들을 위한 선거권(Enfranchisement of Women, 1651)』이라는 책에서 여성들에게도 선거권을 허용할 것을 주장했다. 만약 해리엇이 남자로 태어났더라면 훨씬 더 많은 학문적 성과를 남겼을 것이다. 만약 해리엇이 여성에 대한 편견과 차별이 없는 사회에서 태어났더라도 역시 그러했을 것이다.

---

22 Mill, J. S., *On Liberty*, London, 1859. (박홍규 옮김, 『자유론』, 문예출판사, 2009.)

밀은 같은 시대의 사회주의자들 못지않게 현실의 불공정한 분배를 비난하고 이것을 시정하기 위해 사회제도를 근본적으로 고칠 것을 역설했다. 현실의 불공정한 분배를 시정하기 위한 제도개혁이라는 점에서 그는 어떤 사회주의자 못지않은 분명한 소신을 가지고 있었다. 사실 그의 진보적 자유주의는 최대 다수의 최대 행복을 가치판단의 기준으로 삼는 공리주의의 자연스러운 귀결이라 할 수 있다. 자본주의 사회에서 다수는 노동자들이기 때문이다. 불공정한 분배로 대표되는 사회적 불평등을 없애기 위해 사회제도의 개혁을 지지한 밀의 진보적 자유주의는 현대의 신자유주의자들과는 전혀 다른 지점에 서 있었다. 밀은 사회주의를 동경했고, 스스로 사회주의자를 자처하기도 했다. 그러나 밀은 인류가 진보해 나가는 과정에서 추구되어야 할 대상은 사유재산제도의 전복이 아니라 그것의 개선, 그리고 그 이익에 대한 모든 사회구성원의 충분한 참여라고 생각했으며 나아가 이러한 개선이 개인의 자유를 실현하는 과정에서 이루어져야 한다고 믿었다. 개인의 자유와 경제의 효율성을 해치지 않으면서 공정한 분배를 실현시킬 수 있는 방법을 모색하는 것이 그의 주된 관심거리였다. 그래서 그는 교육을 통한 노동자들의 의식개혁, 상속과 토지에 대한 사유재산권의 제한, 협동조합과 같은 방안들을 제안했다. 현실적으로 그가 사회개혁의 기대를 걸었던 것은 오언과 푸리에 등이 주장했던 소규모의 협동조합운동이었다.

밀의 학문적 관심사는 윤리학, 논리학, 인식론, 경제학, 사회학 등 다방면에 걸쳐 있고, 복잡할 뿐 아니라 다소 혼란스럽기 때문에 하나의 사상체계로 쉽게 정리되지 않는다. 그러나 그의 생애 전체를 관통하는 주제가 진보라는 것만은 분명하다. 밀은 인간의 부단한 노력을 통해 사회가 진보할 수 있다고 보았다. 사회개혁에 대한 그의 태도에서 드러나듯이 밀의 사회사상은 절충주의적인 성격을 가지고 있었다. 이는 그가 애덤 스미스 이후의 모든 경제학 이론은 물론이거니와, 공리주의를 비롯한 당시의 영향력 있는 사회사상 전부와 심지어는 사회주의 사상까지도 종합하여 자신의 사상과 이론체계 속에서 재구성하고자 시도했기 때문이다. 그러나 동시에 이러한 절충주의 성격이야말로 밀의 사회경제사상이 안고 있는 근본적인 한계였다. 이러한 절충을 통해 그는 고전학파를 계승하고자 했지만 그것을 극복하지는 못했고, 고전학파 경제학 또한 해체의 길을 갈 수밖에 없었다.

마르크스 이전의 사회주의

1. 급진주의와 무정부주의

마르크스주의가 본격적으로 출현하기 이전의 근대 사회주의사상은 몇 가지로 유형화할 수 있다. 가장 먼저 나타난 것은 프랑스 대혁명의 과정에서 평등의 원리를 추구했던 바뵈프주의babouvisme였다. 프랑스 대혁명은 '자유, 평등, 박애liberty, equality, fraternity'라는 슬로건에도 불구하고 3일분의 임금 이상의 직접세를 지불하는 사람만 입법 활동에 참가할 수 있게 함으로써 혁명의 성과는 유산자계급에 한정되어 있었다. 노동자들은 단결권과 파업권마저도 금지당한 상태였다. 프랑수아 바뵈프François Noël Babeuf, 1760-1797가 계몽주의적 평등의 이념으로부터 이탈하게 된 가장 중요한 계기는 특히 테르미도르 반동 이후 대혁명의 성과가 자본가계급에게 독점되고 평등의 원리가 이기주의 체계인 경제적 자유주의로 대체되고 만 현실이었다. '인권선언Déclaration des droits de l'homme et du citoyen만으로는 굶주림을 벗어날 수 없다'는 사실을 자각한 바뵈프는 이념혁명으로부터 생활혁명으로 나아갈 것을 주장하면서 교육과 취직의 기회균등, 토지사유의 제한, 분배의 국가관리, 재산의 평등을 요구했다.

바뵈프 사상의 특징은 빈민혁명론과 민중독재에서 볼 수 있다. 바뵈프는 혁명이 생산력 발전의 결과로 일어나는 것이 아니라, 부자와 특권자의 지배와 억압에 견딜 수 없게 된 빈민대중이 반항하여 일어설 때 일어난다고 생각했다. 바뵈프에 따르면 대혁명이 실현한 법 앞에서의 평등에는 내재적으로 빈부의 사회적 불평등이 존재했다. 따라서 그는 앞으로 도래할 혁명은 가난한 자가 부자의 권력을 탈취하는 빈민혁명이 될 것으로 보고, 그 권력은 가난한 자를 위한 독재에 의해서만 유지된다고 주장했다. 바뵈프는 이러한 부자와 빈자 사이 대립의 근본적인 원인을 사유재산에서 찾았으며, 따라서 사유재산제도는 당연히 폐지되지 않으면 안 되었다. 바뵈프는 이러한 혁명을 음모적 소수의 혁명적 행동과 이를 이은 혁명정부의 독재에 의해 실행하고자 했다. 바뵈프에게 있어서 평등의 원리는 정치적 권리의 평등도 아니고 사유재산의 평등도 아닌 노동과 소비의 공동체, 즉 공산주의에 의해 실현되는 평등이었다. 결국 프랑스 대혁명의 평등 원리를 바뵈프는 직접적으로 공산주의로 연결시켰던 것이다.

바뵈프의 사상은 이전의 빈농적 공동체 사상과는 달리 자본주의사회에 대한 명확한 비판의식과 무장봉기를 위한 치밀한 조직이론에 근거했다. 하지만 1796년 정부를 무력으로 전복시키려 한 계획이 누설되어 바뵈프는 체포되고 1년 후에 단두대에서 처형당하고 말았다. 바뵈프의 실패는 단순히 전술적인 차원의 문제만은 아니었다. 그는 봉건적 질곡으로부터 해방된 자본주의가 산출해내는 거대한 생산력의 의의를 간파하지 못했고, 혁명이 요구하는 객관적인 조건과 역사의 필연적인 법칙을 제대로 이해하지도 못했다. 바뵈프가 처형당한 이후 폭력혁명을 주장한 그의 사상은 프랑스의 사회주의자 루이 오귀스트 블랑키Louis Auguste Blanqui, 1805-1881와 독일 출신의 빌헬름 바이틀링Wilhelm Weitling, 1808-1871 등에 의해 계승되었다. 블랑키는 자유, 평등, 박애라는 프랑스 대혁명의 이념을 실현하기 위한 수단으로서 공산주의를 선택했다. 하지만 바뵈프와 마찬가지로 블랑키에게도 정치혁명이 주된 관심이었고 자본주의에 대한 이해는 여전히 불완전했다.

초기 사회주의 사상가들 중에서 정치권력에 의한 사회주의의 실현을 주장한 것은 바뵈프와 같은 폭력적 혁명론자들만은 아니었다. 이들 가운데는 보통선거에 의한 의회제 민주주의의 건설에 의해 국가를 노동자의 기관으로 변화시킴으로써 합법적으로 사회주의를 실현할 것을 주장한, 사회민주주의의 선구자들도 있었다. 이러한 주장은 공상적 사회주의자들인 푸리에의 협동조합주의나 생시몽주의자들의 국가관리 사상과도 연관된 것으로, 프랑스의 루이 블랑Louis Blanc, 1811-1882이 그 대표자였다. 블랑의 역사관은 역사가 다음의 두 가지 요인에 의해 지배된다는 것이다. 첫째는 경제적 욕망, 즉 하나의 계급에 의한 다른 계급의 억압과 이에 대한 피억압자의 반항(계급투쟁)이며, 둘째는 기술의 진보이다. 이러한 시각에서 그 당시 프랑스의 현실을 들여다보면, 부르주아지의 승리는 역사의 필연처럼 보였다. 여기서 블랑이 부르주아지라고 부른 것은 기계나 도구 또는 자본을 소유하여 타인에게 의존하지 않고 스스로 노동하는 시민계급 전체를 의미한다. 이에 대해 민중이란 어떤 자본도 없이 생활 필수적 욕망에 있어서 완전히 타인에게 의존하는 전체를 지칭한다. 이러한 의미에서의 부르주아지는 자신들의 계급적 이해를 위해서 나폴레옹 전쟁에 반대하게 되었고, 이 것이 나폴레옹 1세Napoleon Bonaparte, 1769-1821가 몰락한 기본적인 원인이라고 블랑은 생 각했다.

혁명 이후의 프랑스 사회에서 이미 전 사회적으로 부르주아지의 세력이 확립되고 있음을 목격한 블랑은 프랑스 대혁명의 원리를 발전적으로 계승하고 부르주아 사회 의 계급 대립을 폐지하는 길은 결국 협동조합과 연합의 형성이라고 보았다. 동시에 그는 보통선거에 의한 민주주의의 실현을 이러한 조합과 연합을 결성하기 위한 전제 조건이라고 주장했다. 이와 같이 민주화된 국가에 의해 금융기관을 국유화하고 최저 임금제 등을 실시하여 국가가 신용과 입법의 양면에서 지원함으로써 노동자의 생산 협동조합을 국민공장으로 전환하는 것이 블랑이 생각한 사회주의로의 길이었다. 그 가 생각한 민주화된 국가는 이러한 활동을 적극적으로 지원하지만 직접생산에 관여 해서는 안 되었다. 따라서 블랑의 협동사회는 완전한 자치적 생산협동체의 성격을 가지고 있었다. 요컨대 블랑은 노동자를 위한 국민공장의 설립과 농촌에서의 협동조 합 건설, 그리고 이러한 조직들의 확대와 생산력 증대를 통해 능력에 따라 일하고 필 요에 따라 분배하는 협동사회를 건설할 것을 자신의 이상으로 삼았다.

무정부주의anarchism는 바뵈프주의나 공상적 사회주의 등과 같은 다양한 사회주 의 사상들과 서로 영향을 주고받으면서도 그들과는 달리 정치권력이나 정치적 행동 을 부정했다. 무정부주의라는 말은 정부나 통치의 부재를 뜻하는 고대 그리스어 'an archos'에서 유래한다. 국가는 물론 모든 종류의 권력과 사유재산을 부정하고 개인의 자유와 경제생활의 유대를 주장하는 것이 가장 중요한 내용이다. 무정부주의의 사상 과 이론을 가장 체계적으로 설명한 사상가는 피에르 조제프 프루동Pierre Joseph Proudhon, 1809-1865이다. 프루동은 프랑스 대혁명에 의해 실현된 정치체제도 하나의 새로운 지 배 형태이며 민주주의 역시 민중이 지배하는 하나의 지배 형태로 보고 거부했다. 프 랑스 대혁명의 이념인 자유와 평등의 원리에 대해서는 옹호했으나, 이러한 원리를 또 다른 정치권력의 확립을 의미하는 민주주의나 의회 등에서가 아니라 자유로운 개인 들의 사회경제적 관계 속에서 직접 실현할 것을 주장했다. 프루동은 노동자가 생산수 단을 소유하여 소생산자 개인의 자유의사에 기초를 둔 협동조합 조직을 만들고, 이들

조직을 지역적으로 연합시켜 지방분권 조직인 연합사회를 건설할 것을 주장했다.

프루동에게 모든 권력은 필연적으로 지배와 피지배의 관계를 수반하기 때문에 악이며, 사적 소유는 착취와 지배로 통하는 수단이었다. 프루동의 사상에서 가장 주요한 특징은 정치를 배제하고 사회혁명을 주장했다는 점과, 사회주의 사회의 건설을 교환에 있어서의 정의와 평등에 의해 실현하고자 했다는 점이다. 1840년에 출간된 『소유란 무엇인가?Qu'est-ce que la propriété?』라는 책에서 프루동은 "재산이란 도둑질한 물건이다"라고 정의하며 사적 소유를 원칙적으로 부정했다. 그런데 프루동에 의하면 생산물의 등가교환에 의한 불로소득의 근절이 곧 정의이며, 이 정의를 실현하는 경제체제는 자유롭고 독립적이며 평등한 생산자들의 교환계약에 의해 이루어지는 상호 관련된 사회조직이었다. 이러한 측면에서 보면 프루동은 사유재산 그 자체를 부정했던 것은 아니었다고 할 수 있다. 이러한 프루동의 사상은 그의 대표적 저서인 『경제적 모순의 체계 또는 빈곤의 철학Système des contradictions économiques, ou philosophie de la misère, 1846』에 요약되어 있는데, 이 책은 마르크스로부터 크게 비판받아 그가 『철학의 빈곤Misère de la philosophie, 1847』을 집필하는 직접적인 동기가 되었다.[1]

2. 공상적 사회주의

근대 혁명사상의 출발점은 프랑스 대혁명이다. 그런데 바뵈프주의나 그와 유사한 혁명적 공산주의 운동의 한계는 대혁명이 차지하는 역사적 의의를 올바로 파악하지 못했다는 것이다. 그들은 혁명을 단순한 정치적 변혁으로만 이해했을 뿐 자본주의의 거대한 생산력과 부의 가능성, 그리고 역사의 전개 방향에 대해서는 냉철한 인식을 갖지 못했다. 자본주의와 그 생산력의 해방을 처음으로 산업이라는 관점에서 파악하여 자신들의 역사관, 국가관, 사회관의 기초로 삼은 것은 공상적 사회주의Utopian Socialism 운동이었다. 프리드리히 엥겔스Friedrich Engels, 1820-1895가 『사회주의 : 공상에서 과학으로 Socialism : Utopian and Scientific, 1880』에서 이들에게 '공상적utopian'이라는 이름을 붙인 것은 물론 마르크스의 과학적 사회주의Scientific Socialism와 대비시키기 위한 의도

---

1   Marx, K. H., *Misère de la philosophie*, 1847. (강민철 옮김, 『철학의 빈곤』, 아침, 1989.)

에서이다. 그러나 이들이 사회경제 사상의 발전에서 이룩한 가장 중요한 공헌 가운데 하나는, 초기 사회주의의 대부분의 경향들이 간과했던 생산력이라는 관점을 강조했다는 점이다. 공상적 사회주의자들은 자본주의의 성과인 생산력이라는 측면에 초점을 맞추어, 권력 획득이라는 정치적 혁명의 문제보다 시민사회와 산업사회의 발전을 중시했다.

공상적 사회주의의 철학적 기초는 18세기의 자연법 사상이다. 이들은 자연적 질서와 인위적 질서를 대립시키고 후자를 가능한 한 전자에 조화시켜야 한다고 주장했다. 그러나 동일한 자연철학적 기초 위에 서 있으면서도 공상적 사회주의자들은, 사유재산제도와 자유경쟁을 자연적 질서라고 생각했던 케네와 달리 그것들을 인위적 질서로 간주했다. 이러한 차이는 어느 정도 양자의 시대적 배경이 달랐던 점에서 비롯된다. 산업혁명 이후 자본주의가 급속하게 발전하면서 부는 소수의 손에 집중되고 사회의 다수를 차지하는 노동자계급은 빈곤과 기아에 허덕이게 되었다. 이러한 참상을 목격한 공상적 사회주의자들은, 사회현실의 개선을 위해서는 그 근본적인 해결책으로서 기존의 사회조직을 타파하고 자연적 질서에 순응하는 새로운 사회조직을 건설해야만 한다고 주장했다. 이러한 인식은 시민사회의 성장기에 등장했던 이전의 사상가들에 비해서는 진일보했지만, 인간성에 대한 정확한 인식과 사회의 역사적 발전에 대한 과학적 이해를 결여하고 있었다는 점에서는 이들 또한 공통의 결함을 여전히 가지고 있었다. 그래서 이들을 '공상적'이라고 부른다.

공상적 사회주의의 선구자는 생시몽이다. 생시몽은 프랑스 명문귀족의 집안에서 태어났다. 가문의 전통에 따라 군대에 들어간 그는 프랑스군의 일원으로서 미국의 독립전쟁에 참여했는데, 이때 미국 산업의 활발한 발전을 직접 목격했고 또 독립과 자유의 의미를 깨닫게 되었다. 군대에서 퇴역한 생시몽은 프랑스 대혁명이 일어나자 스스로 백작의 칭호를 포기하고 혁명에 참여했다. 그러나 이 과정에서 생시몽은 파산과 투옥, 이혼 등 개인적인 불행을 연이어 겪기도 했다. 생시몽의 사상은 그의 역사관에서 잘 나타난다. 그는 정치적 개혁이 인간생활의 개혁에 기여하는 바는 거의 없다고 보고 사회생활의 기초를 정치에서가 아니라 경제에서 찾아야 한다고 주장했다. 이는 생시몽이 생산을 중심에 놓고 그 과정에서 발생하는 계급투쟁을 역사의 중심으로 인식했다는 것을 의미한다. 그는 또 역사상에서 나타났던 각각의 사회 형태는 고립된 것이 아니라 그에 선행하는 발전과정과 밀접하게 관련되어 있으며, 여기에는 우연이 아니라 필연적인 법칙이 지배한다고 파악했다.

생시몽은 역사를 크게 두 단계로 구분했다. 산업사회 이전에는 산업이 매우 유치한 수준에 있었기 때문에 전쟁이 가장 주요한 축적수단이었고 따라서 현실적 권력은 군인과 승려들에게 장악되어 있었다. 그러나 점차 인격적 해방의 과정이 진행되고 실증적 과학이 유입됨에 따라 산업가들은 자신의 생산물을 판매하여 자신의 소유를 점점 증대시켰고 마침내 사회의 대부분을 소유하게 되었다. 생시몽은 프랑스 대혁명의 직접적인 원인도 이러한 산업과 과학의 발달에 따른 사회적 권력의 이동에서 찾았다. 그런데 여기서 생시몽이 산업가라고 부른 것은 재화를 생산하여 사회의 성원들에게 물질적 자료를 공급하고 욕망을 충족시켜 주는 모든 생산자를 의미한다. 따라서 여기에는 농민과 노동자는 물론 과학자, 은행가, 상인, 제조업자, 예술가 등이 모두 포함되었다. 생시몽은 자본가의 이윤도 본질적으로는 관리와 조직이라는 노동에 대한 임금으로 파악했다. 여기서 알 수 있듯이 생시몽은 자본가와 노동자를 대립적으로 파악한 것이 아니라 하나의 결합체로서 파악하고자 했으며, 따라서 그가 문제시한 것은 노동자와 자본가의 대립이 아니라 오히려 노동자계급과 유한계급의 대립이었다.

생시몽은 사회개조의 궁극적인 목적을 산업가에게 정권을 줄 수 있는 이상사회를 만드는 것이라고 주장했다. 학자와 과학자가 정책과 제도를 기획하고 심사하여 산업가, 특히 은행가와 기업가가 정치를 집행하는 중앙집권적인 산업사회의 건설이 바로 그것이다. 그는 사회에서 실현될 수 있는 평등은 오직 모든 사람들이 노동을 할 때에만 비로소 달성할 수 있는 것으로 보았고, 따라서 산업사회를 만인이 노동하는 사회라고 규정했다. 생시몽에게 이러한 산업사회의 궁극적인 이상은 가장 다수이면서 가장 빈곤한 계급의 육체적·정신적·도덕적 발전을 가능하게 하는 데 있었다. 그는 산업혁명이 가져온 사회적 해악과 노동자계급의 궁핍을 분명하게 인식하고 있었다. 그러나 생시몽은 이러한 문제점들을 해결하기 위해서는 노동자들 자신의 투쟁이 아니라 중앙집권적인 신사회의 건설과 새로운 기독교의 교리로 훈육된 인도주의적인 산업가계급에 의한 위로부터의 복음 전파가 필요하다고 생각했다. 이러한 이유에서 그는 자본가들에게 인류애의 정신에 기초한 새로운 기독교를 설교했다. 또한 그는 사유재산을 부정하지 않았으며, 따라서 자신이 주장한 미래사회에서도 빈부의 차이는 존재할 것이라고 보았다. 다만 이 사회에서는 자본가와 노동자의 이익이 일치하므로 그들 사이에 모순이나 충돌은 없다는 것이다. 생시몽은 역사를 창조하는 것은 민중이 아니라 소수의 천재적인 사상가라는 생각을 가지고 있었다. 그러나 이러한 한계에도 불구하고 그가 사회문제의 핵심을 경제에서 구하고, 사회생활의 기초로서 생산을 자신의 역사관의 출발점에 놓았다는 것은 당시로서는 매우 탁월한 사상이었다.

공상적 사회주의의 대표자들 가운데서 가장 탁월한 사상가이자 실천가는 로버트 오언이다. 상인이었던 부친의 영향으로 오언은 어릴 때부터 상인으로서의 직업교육을 받았으며, 불과 20세 때 맨체스터의 한 직물공장의 지배인이 되었다. 오언의 전반기 생애는 활동적이고 경험이 풍부한 공장 경영자이자 실천적이고 열정적인 사회사업가로 특징된다. 그는 공장 경영에서 얻은 이윤의 대부분을 노동자들을 위한 복지 증진과 환경 개선에 투자했다. 아동노동의 금지와 임금하락을 수반하지 않는 노동시간의 단축 등 오언의 활동은 노동자들의 정신적·육체적 생활 개선에 크게 기여했다. 그러나 1817년 경제공황이 발생하자 오언은 단순한 공장직공의 복지와 생활 개선만으로는 해결할 수 없는 사회체제 전체적인 생산과 소비의 불균형을 목격했다. 이를 계기로 그는 생산과 소비를 일치시킬 수 있는 사회, 즉 소비에 합치되도록 생산계획을 수립하여 자급자족을 원칙으로 하는 화합과 협동의 공동체를 설계하게 되었다. 실제로 오언은 자신의 전 재산을 들여 미국의 인디애나에 뉴 하모니 New Harmony 라는 평등촌을 건설하여 이상사회를 실현하고자 했다. 그러나 오언의 시도는 소비의 공동화는 실현했으나 그것을 뒷받침할 생산의 공동화를 실현하지 못함으로써 실패하고 말았다.

영국으로 돌아온 오언은 다시 자본주의 경제의 기반 위에서 사회주의적 노동질서를 건설하고자 시도했는데, 국민평등 노동교환소가 그것이다. 이는 중간상인을 배제하고 직접생산자들이 자신의 노동을 기초로 하는 교환기구에 의해 물물교환을 하는 일종의 협동조합이었다. 그러나 이 시도 또한 실패하자 오언은 새로운 사회제도를 건설하기 위한 전제로서 인간성의 형성과 도덕교육으로 활동의 중심을 옮겨갔다. 공산사회의 건설은 개별 경영체 내의 노동관계 개선과 사회사업적인 구제책으로는 불가능하다는 것을 깨닫고 도덕교육에 의해 노동자계급을 공산주의적 생활에 적응할 수 있는 새로운 인간으로 만들어내고자 했던 것이다. 그러나 그의 시도는 어느 것도 성공하지 못했고, 그는 궁핍 속에서 생애를 마쳤다.

오언에게서 보듯이 공상적 사회주의자들에게는 인도주의에 기초한 공상적 요소가 크게 남아 있었다. 그의 사상의 근저에 놓인 것은 노동자들의 비참한 상태에 대한 깊은 동정심이었다. 그러나 동시에 오언에게서 노동자의 환경 개선과 성격 개선이 생산성을 높인다는 생각도 엿보이는데, 이는 그가 인도주의자였을 뿐만 아니라 실무에 정통한 유능한 공장주이기도 했기 때문일 것이다. 오언의 사상에서 계급투쟁에 관한 이론이 결여되어 있는 것도 역시 이러한 이유에서였다. 다시 말해서 오언은 거대한 생산력이라는 자본주의의 성과를 사회주의 속에 도입하고자 했다. 그리고 이러한 경향은 생시몽의 산업사회관이나 푸리에의 협동조합운동에서도 역시 공통적인 특징이었다.

푸리에는 프랑스에서 중류층 상인의 아들로 태어났으며, 부친의 유산을 바탕으로 자신도 상인으로 활동했다. 푸리에는 자본주의사회를 비판하기 위해 독특한 역사관을 전개했다. 그는 기본적으로 인류의 역사를 계기적인 것으로 보고 인류는 낙원시대, 몽매시대, 가부장시대, 야만시대를 거쳐 문명시대로 발전했다고 주장했다. 그러나 푸리에에게 이 문명시대는 가장 모순되고 해악이 넘치는 시대였다. 그는 문명시대를 개인들 간의 분리와 투쟁의 시대로 보았으며, 이를 촉진하는 것은 상업이라고 주장했다. 생시몽이 산업사회에 대해서 비교적 낙관적으로 전망하고 단지 산업의 조직화와 발전에 적합하지 않은 정치권력에만 비판의 역점을 두었던 데 반해 푸리에는 현존하는 산업사회 자체가 내포하는 비참함을 가차 없이 비판했다. 그러나 푸리에는 이러한 문명사회는 머지않아 타파되고 인간적인 생활이 완전히 보장되는 조화의 시대가 올 것이라고 보았다. 그는 이 사회를 팔랑주Phalanstère/phalange 공동체라는 계획으로 구체화시켰다.

푸리에의 팔랑주 공동체에서 모든 구성원은 공동생활과 공동생산을 실천했다. 그런데 푸리에의 이 공동체에서는 모든 사람에게 최저생활은 보장되었지만 사유재산은 폐지되지 않았다. 왜냐하면 푸리에는 사유재산이 노동과 생산을 자극하고 생산력을 증가시킨다고 생각했기 때문이다. 푸리에는 이러한 팔랑주가 확산되면 팔랑주의 대표들이 서로 모여 연합체의 대표를 선출하고, 궁극적으로는 전 세계의 팔랑주가 하나의 연합체로 결합될 것을 계획했다. 이러한 구상은 이후 그의 제자들에 의해 실제로 시도되었으나, 그 가운데 어느 것도 성공하지는 못했다. 테르미도르 반동의 와중에 혁명과 반혁명에 말려든 푸리에는 모든 상품을 몰수당하고 그 자신도 체포되어 교수형을 선고받았다가 극적으로 생명을 구했다. 그 후 완전히 파산한 푸리에는 점원과 행상 등을 전전하다가 몽마르트르의 한 아파트에서 쓸쓸히 생을 거두었다.

공상적 사회주의자들은 인간에 대한 성선설적 이해로부터 출발했다. 이들에게 인간은 본질적으로 선한 존재이며, 완전을 향하여 발전할 수 있는 가능성을 가진 존재였다. 그럼에도 불구하고 현실은 고통과 궁핍과 대립으로 가득 차 있는데, 그것은 인간이 신의 뜻을 오해하여 그릇된 제도와 조직을 만들었기 때문이다. 따라서 인간은 먼저 인간 본래의 성격을 발견하고 공정한 사회제도와 조직의 원리를 정립해야 하며, 그러기 위해서는 인류의 최대 행복과 인격 완성을 달성할 수 있는 사회를 가져야만 한다. 바로 이러한 논리로부터 공상적 사회주의자들은 이상을 강조하고 사회주의 사회의 건설을 위한 출발점으로서 계몽과 교육의 의의를 중시했다. 인간의 이상을 밝힘으로써, 즉 노동자들을 계몽하고 지배계급의 도덕성에 호소함으로써 자유롭고 평등한 사회주의 사회를 건설할 수 있다는 것이다. 이처럼 공상적 사회주의자들은 노동자계급을 빈곤과 억압으로부터 해방시킬 뿐만 아니라 지배계급 또한 그들이 빠져 있는 도덕적 타락 상태에서 구원하여 인류 전체를 해방시키고자 했다. 이들이 노동자 대중을 반자본주의 투쟁에 나서게 하는 계급적·정치적 실천보다도 저술과 강연과 실험에 더 많은 노력을 기울인 것도 이 때문이다. 그러나 이들이 현실로부터 점점 더 유리되어 간 것도 바로 같은 이유에서이다. 이상만으로는 사회 진화의 과정을 해명할 수 없기 때문이다.

마르크스의 사회경제사상

1. 시대 배경과 사상적 원천

19세기 중후반의 유럽 여러 나라에서는 산업혁명이 완료됨에 따라 공장제 기계공업이 산업의 지배적인 형태로 되었다. 그러나 산업혁명이 완성되었다고 해서 사회적·경제적 모순들이 해결된 것은 아니었다. 산업혁명의 진전은 여러 사회계급과 집단들 사이에서 더욱 복잡한 갈등과 대립을 만들었다. 첫째는 자본가 상호 간의 모순과 대립인데, 이 모순은 자유경쟁이라는 이데올로기의 필연적인 산물이었다. 둘째, 자본가계급과 노동자계급 간의 모순과 대립이 보편화되었다. 물론 고용주와 노동자의 이해 대립은 산업자본주의 시대에 처음으로 나타난 것이 아니다. 그러나 산업자본가와 노동자계급 사이의 대립은 다른 시대에서의 계급 간 대립과 구분되는 역사적 특징을 가지고 있었다. 산업혁명의 진행 정도에 따라, 지역에 따라 빠르고 느리다는 차이나 각각의 상황에 따라 구체적인 요구에 차이는 있었지만, 이 시대에는 노동자계급의 정치적 자기표현이 유럽 여러 나라에서 보편적으로 일어났다. 이는 노동자계급이 자본가계급으로부터 사회적으로 부당한 대우를 받고 있다는 공통의 의식과 생산관계의 변화를 요구하는 공통의 이해에 근거하고 있었기 때문이다.

그러나 아직까지 자본가에 대한 노동자들의 반감은 무질서한 소요와 봉기의 형태로 폭발했다. 이러한 행동들은 시위, 무장봉기, 난투, 살상 등을 통해 하층계급의 저력을 과시하기는 했지만, 그것만으로 상승기에 있는 자본주의 경제를 변혁시키는 힘이 될 수는 없었다. 공상적 사회주의 운동처럼 대중적 기반이 없는 이상사회의 구상만으로는 이미 산업혁명을 달성하고 상품생산사회로서의 제도적 정비를 통해 생산력의 발전과 무한한 축적의 잠재력을 발휘하고 있던 자본주의를 변혁시키기는 불가능했다. 무정부주의자들은 이러한 자본주의 경제의 역사적 의의를 이해하지 못한 채 하층 노동자들을 선동하고 거지들을 혁명적 폭동에 동원함으로써 자본주의와 시민계급을 타도할 수 있으리라고 생각했지만 그 또한 사회혁명의 객관적 조건들을 갖추지 못한 주관적 시도에 불과했다. 이러한 시대적 배경에서 자본주의 경제의 역사적 생성과 발전의 법칙을 과학적으로 분석하고, 자본주의의 필연적 미래와 노동자계급의 역사적 역할을 정립하고자 한 사람이 바로 마르크스였다.

오늘날 거의 모든 사람들이 인정하고 있듯이 마르크스는 19세기가 낳은 사상적 거인들 중에서도 가장 독창적인 철학과 이론을 전개한 인물이다. 러시아 혁명Russian Revolution, 1917의 지도자인 블라디미르 레닌Vladimir Il'ich Lenin, 1870-1924은 「마르크스주의의 세 가지 원천과 세 가지 구성 부분The Three Sources and Three Components of Marxism, 1913」이라는 글에서 마르크스의 사상적 원천으로 독일의 고전철학, 영국의 고전경제학, 프랑스 유물론이라는 세 가지를 지적했다.[2] 젊은 마르크스가 가장 먼저 만난 것은 독일 고전철학이었다. 칸트에 의해 시작된 독일 고전철학은 원래 프랑스 대혁명의 정치적 성과에 대한 당시에는 아직 후진국이었던 독일의 관념적인 대체물이었다. 이 철학은 그 후 피히테와 셸링을 거쳐 헤겔의 관념변증법에 의해 완성되었다. 칸트와 비교하여 헤겔의 철학이 갖는 결정적인 진보는 그가 역사를 발전이라는 개념으로 파악했다는 점이다. 우선 인식론에서 칸트는 그 당시에 지배적이던 뉴턴의 물리학에 근거하여 인간의 사유를 고정된 것으로 다루었지만 헤겔은 그의 『정신현상학Phänomenologie des Geistes, 1807』에서 인식의 여러 단계를 세계사적 발전과정으로 파악했다.[3] 또 『대논리학Wissenschaft der Logik, 1812』에서는 단순한 나열에 불과했던 칸트 철학의 범주들을 상호 간의 논리적 연계를 추구하여 서로 이행하는 것으로 파악했다.[4] 헤겔은 이러한 발전의 인식론을 변증법적 방법으로 완성시켰다. 그러나 헤겔의 경우 이러한 방법들은 철두철미하게 관념의 조작에 머물러 있었다.

그 당시 독일에서는 일군의 젊은 철학자들이 헤겔의 철학을 새롭게 해석하고자 했는데, 이들을 청년헤겔학파Young Hegelians 또는 헤겔좌파Left Hegelians라고 부른다. 이들 가운데 특히 지도적 위치에 있던 인물은 인간학적 유물론자인 루드비히 포이어바흐Ludwig Feuerbach, 1804-1872였다. 포이어바흐의 『기독교의 본질Das Wesen des Christentums,

---

2   Lenin, V., "The Three Sources and Three Components of Marxism", *Prosveshcheniye*, No.3, 1913.

3   Hegel, G. W. F., *Phänomenologie des Geistes*, Berlin, 1807. (임석진 옮김, 『정신현상학』, 한길사, 2005.)

4   Hegel, G. W. F., *Wissenschaft der Logik*, Nürnberg, 1812. (임석진 옮김, 『대논리학』, 지학사, 1989.)

1841」은 출간되자마자 독일의 청년들에게 큰 영향을 주었다. 여전히 봉건적 성격을 완전히 극복하지 못하고 있던 독일 국가권력은 사회체제에 대한 비판의 자유를 인정하지 않았기 때문에 근대지향적인 정치의식을 가진 사람들은 정치권력에 직접 관련되지 않은 현상을 들어 간접적으로 사회를 비판할 수밖에 없었다. 포이어바흐의 기독교 비판은 신학의 비밀은 인간학이라고 선언함으로써 신을 지상으로 끌어내렸고, 이를 독일 청년들은 신성시되고 절대화되었던 권력이 자신들에 의해 전복되었다고 해석했다.[5]

청년헤겔학파와 지적으로 교류했던 마르크스 역시 포이어바흐에게서 많은 영향을 받았다. 그러나 포이어바흐를 포함한 종래의 유물론은 대상, 현실, 감성 등을 단지 객체적이고 직감적이며 형태적인 것으로 파악했을 뿐 감각적이고 인간적인 행동이나 실천으로서, 즉 주체적으로 파악하지 못했다는 결함을 안고 있었다. 포이어바흐에 따르면 종교는 인간의 소외를 의미하며, 신이란 결국 인간과 다를 바 없는 존재였다. 그러나 그가 도달한 것은 역시 인간 일반이었을 뿐, 실천적이고 현실적으로 생활하고 투쟁하는 경우 사회적 규정을 받는 현실적인 인간은 아니었다. 마르크스는 종교에 대한 비판과 극복은 그 자체의 분야에서 완결되는 것이 아니라 종교 자체가 의거하고 있는 현실, 즉 자본주의 사회의 비판과 그것에 대한 실천적 극복에 의해서만 해결될 수 있는 문제라고 인식했다. 그래서 마르크스는 「포이어바흐에 관한 테제 *Thesen über Feuerbach*, 1845」에서 "지금까지 철학자들은 세계를 여러 가지로 해석했을 뿐이지만 중요한 것은 세계를 변혁하는 것"이라고 비판했다.[6] 이것이 마르크스가 독일 고전철학을 비판하게 된 근본적인 이유였다. 마르크스는 기존의 관념적이고 사변적인 고전철학을 비판함으로써 새로운 철학의 체계를 수립하고자 했다. 이 새로운 철학이란 헤겔과 포이어바흐를 모두 지양한 자본주의적 인간 소외에 관한 철학이었다.

마르크스 사상의 두 번째 원천은 프랑스 사회주의 운동의 비판적 수용이다. 마르

5   Feuerbach, L., *Das Wesen des Christentums*, Leipzig, 1841. (강대석 옮김, 「기독교의 본질」, 한길사, 2008.)

6   Marx, K. H., "Thesen über Feuerbach", in Engels, F., *Ludwig Feuerbach und der Ausgang der Klassischen Deutschen Philosophie*, Stuttgart, 1886. (강유원 옮김, 「루드비히 포이어바흐와 독일고전철학의 종말」, 이론과실천, 2008.)

크스 이전의 사회주의자들과 급진사상가들은 자본주의 경제의 해악과 모순을 증오한 나머지 자본주의 경제의 역사적 의의와 그 발전에 대한 전망을 갖지 못했다. 그들은 자본주의 경제를 초월한 이상사회를 추구한다. 하지만 그러한 이상의 실현을 위한 실천운동에서 노동자계급은 아무런 적극적 역할을 하지 못했고, 운동의 중심은 언제나 선택된 소수의 지식인들이었다. 이에 대해 마르크스는 프랑스의 2월 혁명Revolution of February, 1848 직전에 엥겔스와 함께 공산주의자동맹Communist League 의 강령으로 집필한 『공산당선언Manifest der Kommunistischen Partei, 1848』에서 "지금까지 존재해 온 모든 사회의 역사는 계급투쟁의 역사"라고 선언하면서, 사회주의는 역사적으로 발생한 두 개의 계급, 즉 프롤레타리아트와 부르주아지의 투쟁에 의한 필연적인 결과라고 주장했다.[7]

그러나 기존의 사회주의 사상들에 대해 그 한계를 지적하기는 했지만 마르크스 역시 이들로부터 받은 영향이 결코 적지 않았다. 자본주의사회의 기본적인 모순이 사유재산제도와 국가 등에 있다고 소박하게 파악한 이 이론들은 마르크스가 철학과 프롤레타리아트를 결합하는 데 크게 공헌했다. 이들에 의한 자본주의 인식을 토대로 마르크스는 임금노동자계급의 역사적 역할을 파악했고, 다른 한편으로 자본주의 사회에서 계급관계의 기반을 형성하고 있는 경제적 내용을 과학적으로 분석했다. 여기에 결정적인 역할을 한 것은 역사적 유물론과 잉여가치이론이다. 이는 마르크스의 사상체계에서 철학과 경제학과 사회주의가 단순히 병렬되고 있는 것이 아니라 유기적으로 결합되어 있음을 보여준다.

마르크스에게 철학과 노동자계급 운동이 결합하게 된 데는 매우 실천적인 계기가 존재했다. 당시 독일 사회의 후진성 때문에, 프랑스와 영국에서는 부에 대한 사회의 지배가 과제로 되었던 데 반해 독일에서의 과제는 여전히 국민에 대한 사유재산의 지배, 즉 자본주의적 국민경제의 형성이라는 문제였다.[8] 당시에는 세계사적으로 이미 자본주의가 매우 진전된 단계에 있었지만, 독일에서는 이제 겨우 자본주의가 생

---

7   Marx, K. H. & Engels, F., *Manifest der Kommunistischen Partei*, Stuttgart, London, 1848. (남상일 옮김, 『공산당선언』, 백산서당, 1989.)

8   Marx, K. H., *Zur Ktitik der Hegelschen Rechtsphilosopie*, Paris, 1843. (홍영두 옮김, 「헤겔 법철학 비판 서문」, 『헤겔 법철학 비판』, 백산서당, 1988, 193쪽.)

성되고 있었다. 바로 이러한 경제적 시대착오 위에서 정치적 시대착오가 성립하고 있었던 것이다. 마르크스는 이러한 독일의 시대착오를 극복하는 길을 독일 고전철학의 새로운 확립과 이를 담당할 프롤레타리아트, 즉 인간성을 상실당하고 따라서 인간성의 완전한 회복에 의해서만 스스로를 쟁취할 수밖에 없는 계급인 노동자계급에게서 찾았던 것이다. 슐레지엔 지역의 직조공 봉기 Schlesischer Weberaufstand, 1844 는 사회주의를 향한 독일 프롤레타리아트의 열정과 능력을 입증해준 사건이었다. 그래서 마르크스는 『헤겔 법철학 비판 Zur Ktitik der Hegelschen Rechtsphilosopie, 1843』의 「서문 Einleitung」에서 "철학이 프롤레타리아트 속에서 그 물질적인 무기를 발견하는 것처럼 프롤레타리아트는 철학 속에서 그 정신적 무기를 발견한다"고 말했던 것이다.[9]

고전학파 경제학에 대한 마르크스의 비판적 인식은 애덤 스미스와 리카도의 가치이론에 크게 영향을 받았다. 어떤 점에서 마르크스의 경제이론은 그들의 경제학을 확장하고 정교화한 것으로 간주될 수도 있다. 그러나 이 이론들의 다른 측면에 관해서는 마르크스 스스로 적대적인 비평가를 자처했다. 마르크스는 특히 고전학파의 속류화된 형태인 시니어, 세이, 바스티아 Frédéric Bastiat, 1801-1850 등의 속류 경제학에 대해서는 더욱 신랄하게 비판했는데, 이들에게는 역사적 통찰력이 결여되어 있다고 보았기 때문이다.

생산이란 지배적인 사회조직 형태와 이에 대응하는 기술적인 조건에 의존하면서 다양한 형태나 양식을 취할 수 있는 하나의 사회적 활동인 만큼 역사상 여러 가지 생산양식이 존재한다. 여기서 자본주의와 같은 하나의 생산양식을 이해하기 위한 첫 번째 과제는 이 자본주의 생산양식에만 필수적이고 독특한 특징들을 구별해내는 것이다. 그러나 고전학파 경제학자들은 기존의 자본주의적 소유권을 보편적이고 신성불가침의 것으로 인식했으며, 자본을 모든 생산에 공통적인 것으로 간주함으로써 마르크스가 자본주의의 독특한 특징이라고 파악했던 제도들을 분석의 대상에서 누락시켜 버렸다. 따라서 이들은 분석의 대상을 오직 교환에서만 찾게 되었다. 교환은 개인들이 상품을 소유함으로써 시작된다. 따라서 외양적으로 교환체계는 인간의 자유가

---

9   마르크스, 홍영두 옮김, 『헤겔 법철학 비판』, 1988, 203쪽.

지배하는 체계로 나타나고 부르주아적 사회의 모든 내재적 모순들은 단순한 형태로 인식된 화폐관계 속으로 사라져 버린다. 마르크스가 한편에서는 고전학파의 경제이론을 발전적으로 계승하면서 그들의 한계를 비판한 것도 바로 이러한 몰역사성 때문이다.

2. 자본주의와 인간 소외

고전학파 경제학은 자본의 개념을 생산적 노동과정으로서의 가치라고 규정지음으로써 중상주의적 자본, 즉 화폐자본이라는 물신을 해체하고자 했지만, 그들은 물신을 완전히 청산하지는 못한 채 오히려 생산자본이라는 물신을 재생산하고 말았다. 마르크스는 이 생산자본의 물신을 해체하기 위해 '소외Entfremdung'라는 개념을 제시했다.[10] 원래 인간의 자기소외 또는 인간 소외라는 용어는 헤겔에게서 비롯된다. 자신의 본질을 상실하여 타자로 전화하고 자기를 부정하게 된다는 의미의 소외에 마르크스는 독자적인 철학적 의미를 부여했다. 그것은 인간이 자신의 창조물에 의해 거꾸로 지배당하고, 주체로서의 인간이 객체로서의 인간으로 전락하여 단순한 사물이 된다는 것을 의미한다. 마르크스는 근대적 인간의 분열되고 도착된 모습을 인간의 소외라고 표현했다. 마르크스가 본 소외란 자본주의 사회의 고유하고도 본질적인 현상이다. 마르크스에 따르면 근대 시민사회에서 인간 소외는 정치적 자기소외, 경제적 자기소외, 종교적 자기소외로 나타난다.

고전학파 경제학은 인간 노동이 외형화된 형태인 사유재산만을 모든 경제적 범주를 통해 분석할 뿐이고, 그것을 노동의 소외된 형태로 파악하지는 못했다. 마르크스는 두 가지 노동관, 즉 노동에 의한 자기의식의 형성이라는 관점과, 로크에서 스미스에 이르는 노동에 의한 사유재산의 형성이라는 관점을 동시에 포착했다. 따라서 그는 사유재산에서 출발하면서도 사유재산을 '소외된 노동Entfremdete Arbeit'이라는 형태로 파악할 수 있었다. 이렇게 형성된 소외이론은 인간의 유적 본질이라는 철학과 프롤레타리아트라는 계급의 실체 파악과 결합되어 마르크스의 사회혁명론으로 발전했

---

10 Marx, K. H, *Die Ökonomisch-philosophischen Manuskripte aus dem Jahre 1844*, Paris, 1844. (김태경 옮김, 『경제학-철학 수고』, 이론과실천, 1987.)

다. 유적 존재로서의 인간이란 한마디로 말해서 타인 없이는 살아갈 수 없는, 타인과 더불어 살아가는 사회적 존재라는 의미이다. 포이어바흐도 인간의 유類로서의 본질이라는 사상을 자신의 인간학의 기초에 두었다. 마르크스는 포이어바흐의 사상을 계승하는 동시에 고전경제학을 통해 근대적 인간의 경제적인 모습을 비판적으로 인식했다. 마르크스적 인간은 함께 노동함으로써 인간으로서의 사회적 본질을 획득할 수 있다. 이러한 인간관을 정립함으로써 마르크스는 고전경제학적인 이기적 인간과 포이어바흐식의 감성적 인간을 모두 뛰어넘을 수 있었다.

마르크스의 소외이론은 『경제학-철학 수고 Die Ökonomisch-philosophische Manuskripte aus dem Jahre, 1844』에서 계급적 자기소외의 이론으로 체계화된다. 계급적 인간 소외의 유형은 다음의 네 가지로 나타난다. 첫째, 노동생산물로부터의 소외이다. 이것은 간단히 말해 노동자가 생산한 물건이 그것을 창조한 인간에게 귀속되지 않고 타인, 즉 자본가의 소유물이 된다는 것을 의미한다. 여기서 마르크스의 궁핍화이론theory of deterioration of conditions of working class이 등장하게 되는데, 자본주의 세계에서는 노동자가 더 많이 생산할수록 그만큼 더 가난해진다는 뜻이다. 둘째, 노동과정으로부터의 소외이다. 노동자는 예전의 독립생산자처럼 생산적 활동에 자주적으로 참여하는 것이 아니라 처음부터 자본가에게 고용되어 그의 지배 아래서 노동하므로 본질적으로는 강제 노동이나 다름없다. 이제 노동은 이미 어떠한 의미에서도 인간 본래의 생명 활동이 아니라 다만 먹고살기 위한 수단에 지나지 않으며, 그 자체가 고통이라고 마르크스는 보았다.

셋째, 유적 본질로부터의 소외이다. 동물은 자신과 새끼를 위해 직접 필요한 것만을 구하지만, 인간은 유적인 존재이기 때문에 직접적 생활수단으로서의 자연만이 아니라 그 생활 활동의 대상이자 도구인 자연에 대해서도 작용하여 모든 자연을 자신의 비유기적인 육체로 삼는다. 마르크스는 이러한 인간적 특성을 인간이 유적 존재로서 직접적인 욕망을 떠나서 생산할 수 있고, 따라서 목적을 의식하여 생산할 수 있기 때문이라고 보았다. 여기서 마르크스의 자연주의적 인간관이 엿보이는데, 인간 또한 자연이므로 자연과 인간은 동일한 유에 속한다는 것이었다. 그러나 계급 사회에서는 노동자의 경우 자연을 박탈당하고 노동대상과 노동생산물로부터 소외되었다. 마르크스는 노동자는 노동의 대상과 수단을 박탈당함으로써 그 유적 생활을 박탈당하는 것이라고 파악했다.

마지막으로 소외의 최후의 완성된 형태인 인간의 인간으로부터의 소외이다. 유적 본질로부터 소외된다는 것은 본래 인간답게 공동생활을 하고 있어야 할 인간이 비인간적으로 서로 대립하고 배제하며 따라서 모든 인간이 인간적 본질을 상실하고 있다는 것을 의미했다. 마르크스는 시민사회에서는 유산계급과 무산계급 모두 소외당하고 있지만, 노동자들은 이러한 소외에 괴로워하며 상실한 인간적 본질을 회복하려 하는 반면 자본가들은 이 인간 소외 위에 안주하여 퇴폐의 길을 걷는다고 비판했다.[11]

이처럼 마르크스의 소외이론은 그의 인식이 발달함에 따라 단순한 인간 소외에서 계급적 인간 소외로 구체화되었다. 마르크스는 네 가지 소외가 개별적으로 열거된 것이 아니라 서로 순환하는 연쇄적인 것이라고 지적했다. 계급적 인간 소외에 대한 인식이 의미하는 것은 자본과 노동의 분리, 즉 계급적 대립이 자본주의적 인간 소외의 근본 원인이며, 동시에 이러한 인간 소외에 의해 계급 대립 그 자체가 유지되고 재생산된다는 것이다. 소외이론에서 이미 마르크스는 자본주의적 재생산과 축적과정의 본질에 접근하고 있었다. 이러한 인식을 통해 그는 산업자본의 물신성과 그것을 옹호하는 고전경제학의 한계를 동시에 비판했다.

3. 마르크스의 철학과 역사관

마르크스가 자신의 철학을 정립하는 데 가장 큰 영향을 미친 것은 헤겔과 청년헤겔학파이다. 마르크스는 『자본』 제2판의 「후기」에서 헤겔을 두고 "세상이 그를 죽은 개 취급을 하더라도 나는 저 위대한 철학자의 제자임을 공공연히 선언한다"고 말했다.[12] 마르크스가 헤겔 철학에서 계승한 것은 바로 변증법적 논리학이다. 변증법dialectic이란 형식논리학formal logic과 대비되는 방법으로서, 형식논리학이 철학적 사유의 대상인 사물과 개념들을 고정된 것으로 간주하는 데 반해 변증법에서는 대상

---

11 마르크스, 김태경 옮김, 『경제학-철학 수고』, 54쪽 이하.
12 마르크스, 김영민 옮김, 『자본(I-1)』, 26쪽.

을 운동과 변화 속에서 파악한다. 헤겔은 이러한 변증법적 논리를 이용해 역사를 진보의 관점에서 파악한 최초의 인물이다. 그러나 헤겔의 역사관에서는 언제나 정신이 현실보다 선행했다. 헤겔은 역사를 태초에 존재하는 절대정신이 물질적 세계에 자신을 실현해 가는 과정이라고 주장했다. 현실도 역사도 모두 정신과 관념의 산물이라는 것이다. 그래서 헤겔의 철학적 방법은 흔히 관념변증법dialectic idealism 이라고 부른다. 헤겔 철학의 관념론idealism 적 한계를 극복한 것은 포이어바흐의 인간학적 유물론이다. 그러나 다른 한편 포이어바흐는 헤겔의 변증법적 논리를 올바로 이해하지는 못했고, 따라서 그의 철학은 형식논리학적 서술을 벗어나지 못했다. 마르크스는 헤겔의 변증법적 논리학과 포이어바흐의 유물론적 인식론을 발전적으로 수용하면서 그들이 가진 한계를 극복한 새로운 철학체계를 제시했는데, 변증법적 유물론dialectic materialism 이 바로 그것이다.

　마르크스의 진정한 비범함은 자신이 구축한 새로운 철학적 방법론을 단지 사유의 방법으로만 적용한 것이 아니라 철학의 영역을 넘어 역사와 사회의 발전법칙을 규명하는 데 이 방법을 적용했다는 데 있다. 역사와 현실에 적용된 변증법적 유물론의 방법을 역사적 유물론historical materialism 이라고 부른다. 마르크스에게 역사적 유물론은 자신의 철학, 역사관, 경제이론 등이 종합된 결정체이다. 물론 역설적이지만 마르크스 자신이 특별히 역사적 유물론에 대해 체계적으로 설명한 책이나 논문은 없다. 그럼에도 역사적 유물론은 그의 모든 저작을 통하여 일관되고 철저하게 적용되었다. 마르크스는 초기 저작인 『헤겔 법철학 비판』과 『유대인 문제에 대하여Zur Judenfrage, 1843』를 거쳐, 헤겔 좌파적 입장으로부터 변증법적 유물론자로 전환하면서 엥겔스와 함께 저술한 『신성가족, 또는 비판적 비판에 대한 비판 — 브루노 바우어와 그 일파에 반대하여Die Heilige Familie, oder Kritik der kritischen Kritik. Gegen Bruno Bauer & Consorten, 1844』에서 처음으로 유물사관의 정식화를 시도했다. 무정부주의자 프루동을 비판하기 위해 저술한 『철학의 빈곤』에서는 이미 유물사관의 핵심적인 내용들이 완성되어 있다.[13] 특히 그의 저서 가운데 가장 중요한 『자본』 전체를 통해 유물사관은 자본주의의 운동법칙을

13　Marx, K. H., *Die Heilige Familie, oder Kritik der kritischen Kritik. Gegen Bruno Bauer und Consortene*, Frankfurt, 1844. (편집부 옮김, 『신성가족 또는 '비판적 비판주의'에 대한 비판 : 브루노 바우어와 그 일파를 논박한다』, 이웃, 1990.)

해명하는 데 결정적인 기반이 되었다.

역사적 유물론이 무엇인가를 가장 간략하고 포괄적으로 이론화한 것은 『정치경제학 비판Kritik der Politischen Ökonomie, 1859』의 「서문」이다. 여기서 마르크스는 인간은 그 생활의 사회적 생산에서 그들의 특정한 필연적인 의지로부터 독립한 생산관계를 맺게되는데, 이 관계는 그들의 물질적 생산력의 일정한 발전 단계에 조응하는 것이라고 서술했다. 방적기와 역직기의 발명이 재래의 수공업자와 농가의 자녀들을 임금노동자로 전환시킨 것처럼, 일정한 생산력 수준은 그에 대응하는 생산관계를 갖게 된다. 그러나 사회의 물질적 생산력이 기존의 생산관계 속에서 발전하여 일정한 단계에 이르게 되면, 그때까지 내부에서 운동해 온 기존의 생산관계 또는 그것의 법적 표현에 불과한 소유관계와 모순에 빠진다. 이들 생산관계는 이제 생산력의 발전에 질곡으로 변하게 된다. 이어서 마르크스는 하나의 사회구성체Gesellschaftsformation에서 다른 사회구성체로의 이행과정을 설명했다. 하나의 사회구성체는 그것이 포용할 수 있는 생산력이 모두 발전되어 마침내 생산관계가 질곡으로 작용하기 전에는 결코 몰락하지 않으며, 더욱 고도의 새로운 생산관계는 그 물질적 전제조건이 낡은 사회 자체의 모태 내에서 부화가 끝날 때까지는 결코 낡은 것을 대신할 수가 없다. 여기에서 분명히 나타나는 것은 인간의 사회생활은 결코 고정불변의 것이 아니며, 역사적으로 생성되고 발전하여 종말에 이르기도 하고 몰락하기도 한다는 마르크스의 역사관이다. 결국 마르크스는 인류 사회의 발전과정을 생산력과 생산관계의 모순과 통일이라는 변증법으로 파악했던 것이다.[14]

인간의 사회생활을 그 구조 면에서 포착해본다면 물질적 생산력의 발전에 대응한 생산관계의 총체가 사회의 경제구조를 형성한다. 이것이 하부구조로서 사회의 실질적인 토대가 되고, 이에 대응하여 법률적·정치적 상부구조가 구축되며, 다시 이에 대응하여 일정한 사회적 의식 형태가 나타난다. 이러한 토대와 상부구조의 관계는 인간의 의식이 그들의 존재를 결정하는 것이 아니라 오히려 반대로 그들의 사회적 존재가 그들의 의식을 결정한다는 말로 요약된다. 마르크스의 견해에 따르면 정치나

---

14 Marx, K. H., *Kritik der Politischen Ökonomie, Berlin*, 1849. (김호균 옮김, 『정치경제학 비판을 위하여』, 중원문화, 1988.)

법률은 일정한 생산관계에 의해 만들어지며, 그 생산관계를 유지하기 위해 정치기구가 있고 지배계급의 체제를 유지하기 위해 법체제가 필요해진다. 그는 국가 또한 계급적 이해로부터 초연한 어떤 것이 아니라 그 실체는 지배계급을 위한 도구에 불과하며, 따라서 자본주의 사회의 국가는 부르주아 계급 전체의 공동의 사업을 관리하는 하나의 위원회로 규정된다고 보았다. 국가는 어떠한 시대에서나 지배계급이 피지배계급을 억압해서 자신의 지배를 유지하기 위한 권력기구로서 존재했다는 것이다. 정치적·법률적 상부구조의 이러한 성격은 정신문화에 대해서도 똑같이 적용된다. 물론 기본적으로는 토대가 상부구조를 규정하지만, 일단 만들어진 상부구조는 그 하

마르크스의 역사적 유물론은 변증법적 유물론을 역사와 사회의 발전에 적용시킨 것이다. 그런데 마르크스보다 먼저 역사를 변증법적 과정으로 파악한 철학자는 바로 헤겔이다. 헤겔은 『정신현상학』의 한 장에서 그리스의 비극 작가 소포클레스(Sophokles, B.C. 496?- B.C. 406)의 『오이디푸스』 3부작 가운데 하나인 〈안티고네 (Antigone, B.C. 441)〉를 이용해 자신의 역사관을 피력하고 있다. 안티고네는 자신의 아버지를 살해하고 어머니와 결혼한 오이디푸스(Oedipus) 왕의 딸이다. 오이디푸스가 왕위를 버리고 스스로 장님이 되어 방황하자 그의 두 아들인 에테오클레스(Eteocles)와 폴리네이케스(Polyneices)는 왕위를 두고 다투다가 서로의 가슴에 칼을 꽂고 함께 죽는다. 왕이 된 크레온(Creon)은 에테오클레스의 시신은 후하게 장례를 치러 주고 폴리네이케스의 시신은 들판에 버리라고 명령한다. 그러나 안티고네는 왕의 명령을 어기고 자신의 오빠인 폴리네이케스의 시신을 장사 지낸다. 체포된 안티고네는 크레온의 끈질긴 협박과 회유에도 불구하고 자신의 신념을 지키면서 처형당한다. 모든 위대한 예술작품들이 그렇듯이 〈안티고네〉도 후대의 숱한 예술가와 철학자들에 의해 다양하게 해석되어 왔다. 그 가운데 가장 보편적인 해석은 안티고네와 크레온의 대립을 개인의 양심과 그것을 구속하려는 국가권력의 대립, 더 단순화해서 이야기하면 선과 악의 대립으로 파악하는 것이다. 그러나 헤겔은 안티고네와 크레온의 대립을 선과 악이 아니라 선과 선의 대립으로 파악했다. 안티고네의 법과 크레온의 법은 모두 절대정신의 실현이므로 어느 것도 악이 아니다. 다만 비록 반역자일지라도 가족이므로 오빠를 장사 지내야 한다는 안티고네의 선은 국가 이전의 혈연적 공동체의 선인 반면, 가족일지라도 반역자이므로 법에 따라 처우해야 한다는 크레온의 선은 국가의 선이라는 것이다. 크레온의 선 또는 국가의 법은 안티고네의 선 또는 공동체의 법보다 더 진보된 것이다. 따라서 안티고네는 고결한 심성을 가진 인물이지만 파멸할 수밖에 없다는 것이다. 이처럼 절대정신에 의해 더 진보된 선이 덜 진보된 선을 대체하는 과정이 바로 헤겔이 파악한 세계사이다.

부구조인 여러 가지 생산관계와 계급적 관계에 영향을 주게 된다. 도덕, 종교, 예술과 같은 정신문화도 일단 사회적인 관점에서 성립되자마자 역으로 그 토양이 되는 물적 생산관계에 반작용하여 상대적으로 독립된 규정자로서 그 기반에 작용하는 것이다.[15]

마르크스는 역사의 법칙적 파악에 노력했으나 그렇다고 살아 있는 인간의 역할을 무시한 것은 결코 아니었다. 그는 의욕적이고 행동하는 인간 속에 역사를 직접적으로 움직이는 힘이 있음을 인정했다. 마르크스는 사고와 정념에 의해 행동하며 일정한 목적을 지향하며 노력하는 인간이야말로 역사를 형성하는 직접적인 주체라고 보았다. 그는 사회의 발달사와 자연의 발달사의 본질적인 차이점을 여기서 찾으려고 했다. 자연의 경우와 달리 사회의 역사는 의식적인 추구와 의도적인 목표가 없이는 아무것도 발생하지 않는다. 따라서 마르크스는 모든 관념적·의식적 동기를 배제하고 역사를 설명하려는 것은 근본적인 오류라고 강조했다. 그럼에도 불구하고 그는 이러한 주관적 요인을 역사 형성의 중추적인 원동력으로 보지는 않았다. 왜냐하면 사회를 구성하고 있는 다수 개인의 의지는 상호중첩과 교착과 대립을 통해 공통의 합성력을 만들어냄으로써 각자가 의도한 것과는 다른 결과를 낳기 때문이었다.

역사의 추진력은 무수한 개인들의 의지가 발휘하는 힘의 평행사변형이 이루는 합성력으로 나타난다. 마르크스는 이 합성의 결과로서 나타나는 힘이야말로 역사를 형성하는 주관적 동인의 배후에 있는 궁극적인 힘, 즉 원동력의 원동력이라고 파악했다. 역사의 궁극적인 원동력은 무엇인가 하는 물음에 대해 마르크스는 모든 역사의 일차적 전제인 역사를 창조하기 위해서는 인간이 생존할 수 있어야 한다는 전제부터 확인해 나가지 않으면 안 된다고 지적하면서, 그 예로서 영국과 프랑스의 고전학파 경제학이 제공한 유물론적 토대를 들었다. 결국 마르크스에게는 경제의 문제가 역사와 사회의 기초를 이루는 것이고, 따라서 경제학은 사회적 존재로서의 인간의 물질적 관계들을 지배하는 법칙성을 찾아내는 과학이다. 이것이 사회의 토대와 상부구조의 관계에 대한 마르크스의 역사관, 즉 역사적 유물론의 근본사상이다.

---

15 마르크스, 김호균 옮김, 『정치경제학 비판을 위하여』, 7쪽.

4. 마르크스의 경제이론

마르크스의 평생의 친우이자 동지였던 엥겔스는 마르크스의 수많은 업적 가운데서도 역사적 유물론과 잉여가치이론이야말로 가장 '위대한 발견'이라고 술회한 바 있다. 굳이 엥겔스를 빌리지 않더라도 마르크스의 경제이론은 『자본』에서 전개된 잉여가치이론으로 집약된다. 『자본』은 자본주의 사회의 경제적 운동법칙을 규명하는 동시에 지금까지의 모든 경제학에 대한 비판을 시도하고 있다. 따라서 『자본』은 확실히 경제학적인 저작이지만, 일반적 의미의 경제학 저서는 아니다.

마르크스의 사상과 이론에서 『자본』의 특별한 지위는 첫째, 마르크스에게 경제학은 자신의 사회혁명의 전망과 밀접하게 관련되어 있다는 점이다. 시민사회의 해부학으로서의 『자본』은 이와 같은 의도에서 집필된 것이다. 둘째, 마르크스에게 경제학은 단순히 전문과학으로 존재하는 것이 아니라 역사적 유물론이라는 역사관과 결부된 것이었다. 생산력과 생산관계의 모순이라는 관점은 『자본』 전체에서 일관되게 적용되고 있다. 이로써 그의 역사인식에 물질적 기초가 부여되었던 것이다. 셋째, 『자본』은 초기 마르크스가 갖고 있던 인간 해방관, 즉 인간 소외론의 완성이며, 자본주의체제 아래서 인간 소외의 여러 형태를 철저히 추적한 저서였다. 이러한 토대 위에서 『자본』은 마르크스의 잉여가치이론을 전개했으며, 나아가 그의 자본주의관, 역사관, 그리고 사회주의관까지 제시해주었다.

마르크스의 잉여가치이론은 노동가치설에 입각한 착취이론이면서 자본주의 사회는 생산력과 생산관계의 모순에 의해 결국 붕괴한다는 자본주의 붕괴론이며, 사회주의 도래를 필연적으로 받아들이는 이론이다. 잉여가치이론은 영국의 고전학파 경제학, 특히 리카도에 의해 이미 투하된 노동량이 생산물의 가치를 결정한다는 투하노동가치설의 형태로 부분적이나마 나타나고 있었다. 이 때문에 마르크스의 독창성을 인정하지 않는 이들 가운데는 마르크스의 잉여가치이론이 고전학파 노동가치이론의 부연설명에 불과하다고 폄하하기도 한다. 마르크스가 그들의 한계를 비판하면서도 다른 한편 고전학파 경제학자들, 특히 리카도 경제학의 분석능력에 대해 높이 평가한 것은 사실이다. 하지만 이러한 사실들 가운데 그 어느 것도 마르크스의 잉여가치이론이 이룬 독창적인 업적을 부인할 수 있는 근거는 되지 못한다.

애덤 스미스와 리카도의 경제학이 출발점으로 삼고 있는 것은 노동가치이론이다. 앞에서도 언급한 것처럼 리카도학파가 분열되고 만 것도 노동가치이론 때문이다. 노동가치이론은 노동이 또는 노동만이 모든 가치를 창조한다는 뜻이다. 스미스가 당시에 유행하던 중상주의이론과 정책을 비판한 근거도, 가치는 노동에 의해서 창조되므로 상업이 아니라 생산이 국부를 만든다는 것이다. 그러나 스미스와 리카도의 경제이론은 노동가치설에서 출발하면서도 중대한 모순을 안고 있었다. 애덤 스미스는 재화의 가치가 노동에서 나온다고 말했지만, 또한 재화의 가치가 노동자의 임금과 자본가의 이윤과 지주의 지대를 합산한 것이라고 주장했다. 스미스의 가장 훌륭한 계승자답게 리카도는 노동자가 임금을 가져가듯 자본가가 이윤을 가져가고 지주가 지대를 가져가는 것도 정당하다고 주장했다. 자본주의의 진보적 의의에 대한 믿음이 너무 강고했던 탓에 이들에게는 재화의 가치가 오직 노동에 의해서만 생산된다면 도대체 자본가의 이윤이나 지주의 지대는 어디에서 나오는 것인가, 노동자가 생산한 가치를 자본가가 이윤으로 가져간다면 그것이 어떻게 정당한 분배일 수 있는가 하는 의문이 아직 구체적으로 떠오르지 않았던 것이다.

마르크스는 자신의 잉여가치이론이 리카도의 노동가치이론에서 출발했다고 솔직하게 이야기한다. 마르크스는 리카도와 마찬가지로 모든 재화의 가치는 노동에 의해 생산된다는 전제에서 출발한다. 그러나 마르크스의 독창적인 위대함은 단순히 거기에 머무르지 않고 리카도가 해결하지 못한, 실은 제대로 자각하지도 못한 모순을 명료하게 설명해준 데 있다. 마르크스는 노동자가 생산한 가치를 노동자 자신이 임금의 형태로 가져가는 필요가치와 자본가가 가져가는 잉여가치로 구분했다. 노동력이라는 특수한 상품의 성질은 자신의 생산비, 즉 필요노동 이상으로 노동을 지출할 수 있기 때문에, 노동력이 상품화해서 일정한 가격으로 자본의 소유자에게 팔리는 이상 이러한 잉여노동에 의해 생산된 잉여생산물은 당연히 자본가에게 귀속된다. 바로 여기에 이윤의 원천이 있다. 이 잉여가치는 다시 자본의 여러 분파와 지주들에게 산업이윤과 상업이윤 및 지대로 분배된다. 말하자면 이윤은 하나의 허상이며, 그 본질은 잉여가치인 것이다. 잉여가치 역시 노동자가 생산한 것이다. 하지만 자본가들은 그것이 마치 노동의 산물이 아니라 자본의 기여에 대한 정당한 보수인 것처럼 기만하기 위해 잉여가치가 아니라 이윤의 형태로 취득하는 것이다.

필요가치와 잉여가치가 각각 어떻게 분배되는가는 여러 가지 조건에 따라 결정된다. 기본적으로 필요가치는 노동자가 사용한 노동력을 재생산하는 데 필요한 상품의 양이 결정한다. 그러나 현실의 착취율, 즉 필요노동에 대한 잉여노동의 비율을 결정하는 것은 바로 계급투쟁이다. 그렇다고 계급투쟁이라는 말을 대단히 과격하고 특별한 사건처럼 들을 필요는 없다. 마르크스와 엥겔스가 『공산당선언』에서 "인류의 역사는 모두 계급투쟁의 역사"라고 말할 때의 그 계급투쟁은 노동자계급이 총을 들고 권력을 장악하는 행위만을 가리킨 것이 아니라, 일상의 생활과 노동현장에서 노동자와 자본가는 언제나 더 많은 몫을 가져가기 위해 대립한다는 의미이기 때문이다. 가령 최저임금을 얼마로 결정할 것인가, 또 통상임금에 무엇을 포함시킬 것인가가 바로 현실의 계급투쟁이다. 그런데 노동력의 육체적 한도로 말미암아 절대적 잉여가치의 창출은 반드시 제약받기 마련이다. 여기에서 자본의 유기적 구성의 고도화, 즉 가변자본에 대한 불변자본의 비율을 높임으로써 상대적인 잉여가치의 창출이 나타난다. 유기적 구성의 고도화는 필요노동시간을 단축시킬 수가 있으므로 잉여노동시간은 더욱 높은 생산성을 통해 실현된다.[16]

자본축적의 속도보다 유기적 구성이 고도화되는 속도가 더 빠름으로 인하여 두 가지 결과가 발생한다. 첫째는 이윤율 저하의 경향이다. 총자본에 대한 잉여가치의 비율을 나타내는 이윤율은 자본의 유기적 구성의 고도화 속도보다 잉여가치율의 증가 속도가 느리면 계속 저하되는 경향을 나타낸다. 둘째, 가변자본의 감소는 그만큼 고용노동력의 상대적 비중의 감소를 의미하고 결과적으로 그에 상응하는 산업예비군이 증가하게 된다. 이러한 모순에 직면한 자본가는 투하자본량의 증대에 의한 이윤의 절대량의 증대에 의존하게 되는데, 이것은 다시 자본의 유기적 구성도를 더욱 높이게 된다. 이러한 악순환의 누적은 사회적 부의 증대와 빈곤의 증대를 동시에 야기하고 생산력과 소비 사이의 모순, 즉 생산력과 생산관계의 모순으로 말미암아 공황을 일으킨다. 이러한 과정은 자본의 자기조정을 통해 계속 확대되며, 더욱 큰 공황을

---

16 마르크스, 김영민 옮김, 같은 책, 제3편, 213쪽 이하.

누적적으로 초래한다. 결국 자본주의 경제는 자신이 만든 조건에 의해 붕괴하게 된다. 이제 자본주의 경제의 방대한 물적 생산력이 보다 합리적인 사회질서와 경제조직에 인계되고, 사회적 생산 내부에서 지금까지의 생산의 무정부적 성격은 지양되는 대신 계획적이고 의식적인 조직이 나타나게 된다. 이로써 개인들 간의 경쟁은 소멸하고, 동시에 계급대립도 소멸함을 의미한다. 이것이 마르크스의 잉여가치이론에 그려진 자본주의관이다.

5. 마르크스의 사회주의관

마르크스를 과학적 사회주의의 사상적·실천적 창시자라고 부르지만 정작 마르크스의 저술들 가운데 사회주의에 관한 것은 그리 많지 않다. 마르크스는 단 한 번도 자본주의가 저절로 붕괴하여 사회주의로 이행할 것이라고 말한 적이 없다. 자본주의의 내적 모순을 사회주의로 나아가게 만드는 것은 오직 현실의 인간, 즉 노동자계급의 실천뿐이기 때문이다. 마르크스의 가장 중요한 업적은 『자본』처럼 자본주의의 운동법칙을 분석한 데 있다. 따라서 사회주의 사회에 대한 마르크스의 사상과 이론을 이해하려면, 여기저기 흩어져 있는 단편적인 언급들을 찾아보지 않으면 안 된다. 마르크스에 따르면 인류사회는 대체로 아시아적-고대적-봉건적 및 근대 부르주아적 생산양식을 경제적 사회구성체 Ökonomische Gesellschafts formation 의 계기적인 여러 단계로 밟아 왔다. 그런데 마르크스는 이들 여러 단계가 모두 인류의 유적 본질이 제대로 실현되지 못한 사회들이며, 특히 부르주아적 생산관계가 사회적 생산과정 최후의 적대적 형태라고 말했다. 여기서 적대적이란 개인적 적대의 의미가 아니라, 개개인의 사회적 생산조건으로부터 생겨나는 적대를 의미한다. 그러나 마르크스는 부르주아 사회의 태내에서 발전하고 있는 생산력은 동시에 이 적대적 관계를 해결하기 위한 여러 가지 물질적 조건까지도 함께 창출하고 있다고 주장했다. "인류는 스스로 해결할 수 있는 문제만을 제기한다"는 것이다. 따라서 이 사회구성체와 함께 인간 사회의 전사前史는 끝나게 되고 다음에 오는 사회구성체는 보다 고도의 충분한 생산력을 갖는 인간의 본질을 실현할 사회이다.[17]

---

17 마르크스, 김호균 옮김, 같은 책, 7-8쪽.

자본주의로부터 사회주의로의 이행에 관한 마르크스의 사상은 『공산당선언』에 간략하게 서술되어 있다. 여기서 그는 자본주의 사회의 기본적인 계급 대립을 부르주아지와 프롤레타리아트 사이에서 찾았다. 자본주의 경제가 사회 전체를 장악하게 되면 낡은 사회제도는 점점 붕괴되고 프티부르주아 계급까지도 생산수단을 빼앗겨 프롤레타리아트로 전락하게 된다. 이렇게 하여 사회는 크게 소수의 부르주아지와 대다수의 프롤레타리아트라는 양대 계급으로 편성되고 이 두 계급 간의 대립은 격화되는 것이다. 한편 자본주의 경제에는 필연적으로 과잉생산으로 인한 공황이 주기적으로 발생한다. 이로 인하여 프롤레타리아트의 수는 더욱더 증가하게 된다. 프롤레타리아트는 본래 사회의 생산력을 담당하고 있음에도 불구하고 자신의 노동생산물로부터 소외됨으로써 더 많이 생산하면 할수록 더욱 궁핍화된다. 자본축적이 진행되면 될수록 노동시간은 연장되고 임금은 감소한다. 이상에서 나타나는 양극분해론과 주기적 공황론, 그리고 노동자계급의 궁핍화이론의 세 가지가 마르크스의 고전적 자본주의관을 형성했다. 여기서 궁핍화라는 것은 단지 프롤레타리아트가 직업을 상실한다든가, 또는 임금이 인하된다든지 하는 물질적인 문제만을 지적하는 것이 아니라 마르크스 자신이 이미 『경제학-철학 수고』에서도 주장하고 있는 것처럼 비자발적 노동, 즉 소외된 노동을 의미한다.

마르크스는 사회주의 사회에서 프롤레타리아트는 그 정치적 지배를 이용하여 부르

독일의 진보적 잡지 《März Zeitung》에 실린 판화 작품 〈마르크스와 프로메테우스(Marx als Prometheus, 1899)〉
구소련이나 동구권의 출판물에서 마르크스는 그리스 신화에서 인류에게 불을 훔쳐 준 죄로 제우스로부터 독수리에게 간을 쪼이는 형벌을 받은 프로메테우스로 종종 묘사되었다. 굳이 비유하자면 마르크스는 인류에게 불 대신 '역사적 유물론'을 훔쳐 주었다. 프로메테우스에 대해 마르크스는 이렇게 말했다. "철학은 비밀을 지니지 않는다. 프로메테우스의 '진실로 나는 모든 신들을 싫어한다'는 고백은 바로 철학 자신의 고백이며 모든 신들에 대항하는 철학의 신조이다… 프로메테우스는 철학의 축일표에 있어서 가장 고귀한 성자이자 순교자이다."

주아지로부터 일체의 자본을 박탈하고 일체의 생산수단을 국가, 즉 지배계급으로서 조직된 프롤레타리아트의 수중에 집중시킴으로써 생산력을 보다 급속히 증가시키게 된다고 주장했다. 이와 같은 생산력의 증대라는 관점은 원시 공산주의 사상에서는 전혀 찾아볼 수 없었다. 마르크스가 생각한 미래사회의 초기 단계에서는 필연성이 위주가 된다. 즉 개개인들의 협동과 연대성이 우선적으로 강조되는 필연의 왕국이 건설되는 것이다. 그러나 진정한 유적 본질로서의 인간 해방이 실현되는 미래사회의 높은 단계에서는 거꾸로 사람들이 이 필연성을 의식적으로 지배하게 된다. 엥겔스가 『오이겐 듀링씨의 과학혁명 *Herrn Eugen Dührings Umwälzung der Wissenschaft*, 1878』에서 했던 비유처럼 이렇게 해서 인류는 '필연의 왕국'으로부터 '자유의 왕국'으로 비약하게 되는 것이다.[18] 이는 곧 완성된 자유주의로서의 인간주의 또는 완성된 인간주의로서의 자유주의가 실현되어 가는 과정이기도 하다.

---

18 Engels, F., *Herrn Eugen Dührings Umwälzung der Wissenschaft*, Leipzig, 1878. (김민석 옮김, 『반듀링론』, 새길, 1987, 304쪽.)

제 1 절

역사학파

1. 리스트와 국민경제학

영국이 가장 발전한 자본주의 국가로서, 세계의 공장으로서 세계시장을 지배하고 있던 19세기 전반의 독일은 30년 전쟁 Thirty Year's War, 1618-48 의 피해에서 완전히 회복되지 못한 채, 정치적으로는 여러 공국과 도시로 분할되어 있었고 경제적으로도 농업 국가를 벗어나지 못하고 있었다. 특히 나폴레옹 전쟁 동안의 대륙봉쇄로 겨우 발전하기 시작했던 공업은, 봉쇄가 풀리자 대량으로 들어온 영국 상품으로 치명적인 타격을 받고 있었다. 이처럼 후진적인 경제구조를 개혁하고 영국의 경제적 지배로부터 벗어나기 위해서는 당연히 강력한 국가권력에 의한 산업의 보호육성정책이 필요했다.

당시의 독일은 엘베강을 기준으로 서쪽에서는 비교적 봉건질서의 해체가 진행된 지대장원제, 즉 렌텐 그룬트헤르샤프트 Lenten Grundherrschaft 가 지배적이었으나 동쪽에서는 영주농장제 또는 재판농노제로 불리는 구츠헤르샤프트 Gutsherrschaft 가 여전히 지배적이었다. 독일의 산업혁명을 위해서는 이처럼 낙후된 농업생산체제와 토지소유관계를 먼저 변혁하지 않으면 안 되었다. 그러나 이러한 변혁을 위한 농민 내부의 역량이 축적되어 있지 못했기 때문에 엘베강 동쪽 지역에서의 농민해방은 국가의 힘에 의존할 수밖에 없었다. 1807년부터 1811년 사이에 추진된 '슈타인-하르덴베르크의 개혁 Stein-Hardenberg Reformen'은 이러한 위로부터의 농노해방을 위한 대표적인 조치들이었다. 그러나 농민의 신분적 해방과 동시에 진행되어야 할 토지개혁이 미흡했기 때문에 자유농의 전면적인 형성은 이루어지지 못했다. 농민들은 다시 지주의 예속 아래 놓인 채 임금노동자로 전환되었고, 봉건영주들은 신흥 토지귀족으로 변신했는데 이들이 바로 융커 Junker 이다. 융커는 해방에서 제외된 대다수의 부역농민들과 해방 이후 몰락된 예농들을 사역함으로써 오히려 경영을 확대해 나갔다. 따라서 이들은 근대적 지주와 농업자본가의 성격을 동시에 지니게 되었다.

그런데 당시 독일의 반半봉건적 지배계급이었던 융커들은 자유무역을 지지했다.

자유무역에 의해 보다 많은 농산물을 외국으로 수출할 수 있었기 때문이다. 여기에 영국 상품의 중개무역으로 이득을 얻고 있던 프티부르주아 계급도 자유무역 찬성론에 가담했다. 그러나 경제적으로 후진적인 독일이 자유무역정책을 채택한다는 것은 선진국인 영국의 공업적 우위를 극복하는 일은 더욱 어려워진다는 것을 의미했다. 따라서 독일의 산업을 육성하기 위해서는 정통이론과는 다른 경제이론과 사상이 필요했다. 독일 경제의 이러한 현실적 요구에 대응하여 보호무역주의를 옹호하고 나온 것이 바로 프리드리히 리스트의 국민경제학이었다. 이처럼 역사학파는 처음부터 당시 독일 사회의 역사적 조건과 국민적 특수성에 근거하여 형성되었다는 데 주요한 특징이 있다. 따라서 역사학파의 경제학자들은 주로 고전학파에 대한 비판을 염두에 두고서 자신들의 사상과 이론을 제시했기 때문에 고전학파의 그것과 대비해 볼 때 가장 잘 파악할 수 있다. 역사학파의 경제사상과 그들의 방법론에서 나타나는 주요한 특징은 대체로 다음과 같이 요약된다.

첫째, 고전학파가 개인주의적이고 보편주의적이었던 반면, 역사학파는 국가주의적이었다. 근대 자연법 사상의 영향을 받은 고전학파는 사회발전이 개인의 자유롭고 활발한 활동으로 이루어진다고 보았다. 따라서 고전학파는 국가와 사회를 여러 가지 법률적 관계의 결합체 Gefüge 로 간주했다. 이에 반해 역사학파는 국가와 사회를 살아 있는 통일체로서의 유기적 구성체 Gebilde 로 파악했다. 다시 말해서 역사학파는 국민경제를 개인의 경제행위에 의해 형성된 것이 아니라 그 자체로서 하나의 복합적인 유기체이며, 국민 공동체와 밀접한 관련 아래 형성된 것이라고 보았다. 따라서 역사학파는 사회의 이익과 개인의 이익 사이에 큰 간격이 있다는 사실을 인식하고 국가의 역할을 강조했으며, 개인의 행위에 대한 국가의 개입과 간섭의 필요성을 주장했다.

둘째, 고전학파의 경제이론이 추상성과 합리성을 추구했다면 역사학파는 구체성과 현실성을 추구했다. 이들에 의하면 고전학파의 경제학은 경제현상을 다른 사회현상과의 유기적 연계 아래서 파악하지 않고 연역적으로만 추출하고자 했기 때문에 추상적이고 비현실적일 수밖에 없었다. 조급한 일반화와 무리한 합리성의 추구 때문에 현실의 특수성과 복잡성이 상실되고 만 것이다. 이에 반해 역사학파는 현실의 경제사회적 현상들에 대해서는 실용성 있는 원리가 오히려 더욱 진실에 가까운 것이며, 현실과 원리를 직접 연결시킬 수 있다고 생각했다. 역사학파가 강조하고자 했던 것은 비경제적인 요인들이 경제행위와 경제현상에 항구적인 영향을 준다는 것, 다시 말해 경제현상을 타율적으로 지배하는 요인이 있다는 점이다. 이러한 타율적 요인으로서 그들이 특히 강조하고자 한 것은 바로 국민국가^{nation state}였다. 시민계급의 자발적인 성장과 자본축적에 의해 아래로부터의 산업혁명을 달성했던 영국과 달리 당시의 독일에서는 사회경제적인 발전을 주도한 것이 국가였기 때문이다.

셋째, 역사학파는 사회경제적 변화가 진화론에 입각하여 진행된다고 보고 사회과학의 연구에 있어서도 진화론적인 태도를 주장했다. 이들에 의하면 사회조직은 영구불변한 것이 아니라 생성·발전·소멸하는 것이므로 일정한 시점에서 일국에 적합한 경제이론은 다른 시점이나 다른 국가에 대해서는 타당하지 않게 된다. 따라서 고전학파의 접근 방법은 영국에는 적합할지라도 독일에서는 적합하지 않다는 것이다. 따라서 역사학파는 역사적 연구의 중요성을 강조했다. 이들은 역사란 현실의 과거이기 때문에 역사를 연구함으로써 현실을 보다 정확하게 분석할 수 있다고 생각했다. 그러나 고전학파는 이론의 절대주의에 입각하여 경제 상태의 상위와 경제발전 단계를 고려하지 않았기 때문에 이론의 타당성이 역사의 제약을 받는다는 점을 무시했다는 것이다. 이와 같이 고전학파의 방법론은 추상적이고 연역적이며 정태적인 것이었기 때문에 비현실적이고 비역사적일 수밖에 없었다. 이에 반해 역사학파는 역사적인 방법을 통해 경제행위의 논리에만 한정되지 않고 경제현상의 모든 여건과 경제행위의 모든 측면을 연구하고자 했다.

역사학파의 선구자이자 국민경제학이라는 새로운 경제학의 범주를 창시한 프리드리히 리스트는 독일의 작은 도시 로이틀링겐에서 피혁업자의 아들로 태어났다. 독일이 선진국이 되기 위한 조건으로서 국민국가의 형성과 자본주의적 발전을 적극적으로 주장한 리스트의 학문적·정치적 성향은 일찍부터 나타났다. 1817년 튀빙겐대학의 정치학 교수가 된 그는 국내에서의 '통과세' 폐지를 주장하다가 곧 교수직에서 해임되고 말았다. 1824년에는 비텐베르크에서 국회의원으로 당선되었으나, 여기서도 그는 봉건적 세제의 폐지와 관세 감면 및 공공 영지의 매각을 주장하다가 의회에서 제명당했고, 급기야는 비텐베르크에서 추방되고 말았다. 국외 추방으로 인해 미국으로 건너간 리스트는 농장과 신문, 광산 등을 경영하여 크게 성공했다. 당시 미국에서는 자유무역과 보호무역 간의 문제가 정치적으로나 경제적으로나 매우 중요한 쟁점이었다. 영국으로부터 수입되는 값싼 공산품 때문에 유치 단계에 있던 미국의 산업이 심각한 타격을 받고 있음을 목격한 리스트는 알렉산더 해밀턴Alexander Hamilton, 1755-1804과 같은 미국의 보호무역주의자들과 함께 보호관세로 국내산업을 육성해야 한다는 주장을 강력하게 제시했다. 해밀턴은 조지 워싱턴 정부의 첫 재무장관이자 미국 정치 초기의 양대 정파 가운데 하나인 연방파Federalists Party의 지도자로서 주로 북동부 산업자본가의 이해를 대변한 인물이다. 미국의 관세제도와 은행제도 및 화폐제도 등의 기초를 수립하는 데도 주요한 역할을 했다. 1832년 라이프치히 주재 미국 영사의 자격으로 귀국한 리스트는 몇 년 뒤 영사직을 그만두고 다시 독일 언론계에 투신하여 독일의 관세동맹과 철도망 완성을 위해 노력했다. 그러나 계속되는 세상의 비난과 생활고를 비관하여 57세가 되던 1846년 자살로 불행한 생을 마감하고 말았다.

리스트의 대표적인 저작은 1841년에 발표된 『정치경제학의 국민적 체계Das Nationale System der Politischen Ökonomie』이다. 여기서 그는 국제무역, 무역에 대한 국가의 간섭, 독일의 관세동맹 등에 관한 자신의 사상과 이론을 전개했다. 리스트에 의하면 고전학파 경제학의 가장 중요한 결점은 국가라는 요인을 무시하고 있다는 점이다. 리스트에 따르면 애덤 스미스와 그 후계자들의 정치경제학은 세계경제에 관한 것이지 국가를 위한 것은 아니다. 그런데 세계경제 전체를 위해서라면 고전학파가 주장하는 자유무역이 옳지만 개인과 세계경제 사이에는 국가가 있고, 개인의 생산능력은 이 국가라는 사회경제적 여건에 의해서 결정되므로 국가를 도외시한 경제이론은 성립할 수 없다는 것이다. 이러한 생각을 바탕으로 리스트는 정치경제의 기능은 국가의 경제발전을 달성하는 데 있으며, 거꾸로 정부의 역할은 국가의 생산력을 보호하고 증대시키는 데 있다고 주장했다. 그는 자유방임주의란 하나의 망상에 불과하며, 극단적으로 그것은 상인들이나 도둑에게 유리한 정책일 뿐이라고 비난했다.[1]

---

1   리스트, 이주성 옮김, 『국민경제학』, 350쪽 이하.

국가의 경제발전을 위해 리스트가 강조한 것은 공업의 육성이다. 리스트는 경제사회의 발전 단계를 미개 상태, 목축 상태, 농업 상태, 농공업 상태, 농공상업 상태로 구분했다.[2] 그런데 당시의 영국은 이미 농공상업 상태에 도달해 있지만 독일은 겨우 농공업 상태로 진입하고 있는 단계라는 것이다. 따라서 그는 후진국의 입장에서 정치경제학은 자국의 발전 단계에 적절한 경제정책을 제시해야 한다고 주장했다. 그것이 바로 고전학파의 자유무역정책에 대립되는 보호무역주의의 정책체계였다. 영국과 같은 선진국들이 정작 자신들이 아직 후진국일 때는 보호무역 수단과 정책들을 이용하다가 선진국에 진입한 뒤에는 자유무역을 주장한다는, '사다리 걷어차기'라는 유명한 이야기도 바로 여기서 나온 것이다.[3] 그러나 리스트의 보호무역주의는 절대적이고 일방적인 것이 아니라 어디까지나 경제발전 단계에 따른 필요에서 주장된 것이었다. 원시 상태에서는 선진국과의 자유무역이 오히려 원시성의 탈피와 농업발전에 유리하며, 그다음 단계에서는 무역의 제한을 통해 공업과 어업 등을 육성해야 하며, 국부와 생산력이 최고도로 발전한 단계에서는 다시 자유무역으로 돌아가 농민과 제조업자 및 상인들을 경쟁으로 이끌어야 한다는 것이다.[4] 또한 공업제품의 보호에 있어서도 리스트는 원료무역에는 보호가 적당하지 않으며, 공업제품의 생산력이 대등해지면 이러한 보호조치 역시 즉시 철폐되어야 한다고 주장했다. 이처럼 리스트에게 있어서 보호주의는 역사의 발전 단계에 따른 일시적인 경과조치를 의미했다. 리스트의 국민경제학이 국민경제의 형성을 통해 독일 국민국가의 형성과 자본주의적 발전을 추구했다는 것은 잘 알려진 사실이지만, 동시에 그는 국민국가를 적극적으로 발전시킴으로써 국가들 간의 동맹인 세계연합을 실현시키고자 했다. 다시 말해서 그는 국민주의의 발전에 의해 세계주의를 실현시킬 수 있다고 보고, 국민경제의 이론을 통해 모든 인류의 복지에 기여하는 경제이론을 세우고자 했던 것이다.

2　리스트, 같은 책, 255쪽 이하.

3　리스트, 같은 책, 369쪽.

4　리스트, 같은 책, 159-60쪽.

2. 역사학파의 발전과 쇠퇴

리스트 이후 역사학파는 빌헬름 로셔 Wilhelm Georg Friedrich Roscher, 1817-1894, 브루노 힐데브란트 Bruno Hildebrand, 1812-1878, 카를 크니스 Karl Knies, 1821-1898 등과 같은 일련의 독일 경제학자들에 의해 이론적·실천적으로 체계화되어 나갔다. 이들을 나중에 등장하는 후기 역사학파 경제학자들과 구분하여 흔히 전기 역사학파라고 부른다. 역사학파 경제학자들은 고전학파의 이론을 영국의 국민적 이익을 반영한 것으로 보고, 리스트의 보호주의에서 더 나아가 자유주의 정책의 근거가 되어 온 고전학파의 경제이론과 경제사상 그 자체에 대한 비판을 전개했다. 그런데 영국에 비해 거의 반세기나 늦기는 했지만 1870년대에 이르면 독일의 산업혁명도 완성 단계에 들어서게 되고, 이에 대응하여 1871년에는 프로이센을 중심으로 근대적 통일국가가 형성되었다. 독일의 근대적 국가체제를 확립하는 데 특히 중요한 역할을 한 것은 바로 프로이센-프랑스 전쟁 Franco-Prussian War, 1870-71 에서의 승리였다. 뿐만 아니라 이 승리로 얻은 막대한 배상금은 독일의 자본주의를 확립하는 데도 크게 기여했다. 그 후 독일의 산업자본주의는 급속도로 성숙하여 1890년대에는 독점자본주의 단계로 이행하게 되었다.

그러나 급속한 자본주의적 발전은 동시에 중산계급의 몰락과 무산계급의 빈곤화를 가속화시킴으로써 새로운 사회문제와 계급갈등을 만들었다. 사회주의자들은 페르디난트 라살레를 중심으로 한 독일노동자총동맹 Allgemeiner Deutscher Arbeiterverein, 1863 과 마르크스주의자인 빌헬름 리프크네히트 Wilhelm Liebknecht, 1826-1900 와 아우구스트 베벨 August Bebel, 1840-1913 을 중심으로 한 독일사회민주주의노동자당 Sozialdemokratische Arbeiterpartei, 1869 등을 결성함으로써 다양한 방면의 노동운동을 지원하고 자본주의체제 그 자체에 반대하는 사회혁명운동을 전개했다. 이와 같이 사회주의 이념과 노동자계급운동이 급속히 확산되자 자본주의체제와 질서의 존립에 위협을 느낀 지배계급은 부르주아 경제학에 마르크스주의 비판이라는 새로운 임무를 부여하게 되었다. 그런데 당시 독일의 사회과학계를 지배하고 있던 것은 바로 로셔, 힐데브란트, 크니스 등과 같은 전기 역사학파의 이론이었다. 그러나 전기 역사학파는 역사주의의 방법론을 제시하고 이 방법에 따라 경제학의 새로운 체계를 세우고자 했으나, 불충분한 자료를 가지고 성급하게 일반적 이론을 이끌어내고자 했기 때문에 오류와 혼란이 적지 않았다.

뿐만 아니라 이들의 핵심적인 문제의식은 고전학파에 대항하여 역사주의와 국민주의를 내세우고 보호무역주의를 주장하는 데 있었기 때문에, 엄밀한 과학적 분석과 논리를 가지고 새롭게 대두한 마르크스주의에 대항할 만한 이론적 능력을 가지고 있지 못했다. 따라서 학문적으로 역사주의의 방법론을 보다 정치화하고 그 이론체계를 재확립하기 위해서도, 또 고조되는 계급투쟁과 사회적 동요에 대항하여 자본주의 사회를 옹호하고 유지시킬 새로운 이념을 위해서도 전기 역사학파의 이론은 혁신되지 않으면 안 되었다. 후기 역사학파는 바로 이와 같은 시대적 요청에 의해 성립하고 발전하게 되었다.

후기 역사학파는 기본적으로 전기 역사학파와 동일한 전통에서 출발했다. 다만 그들에게는 전기 역사학파와는 다른 시대적 과제가 부여되었다. 후기 역사학파의 의의는 한편으로는 고전학파와 나중에 출현하는 한계효용학파의 추상적 이론체계와 연역적 방법론에 반대하여 역사주의의 방법론을 정치화하고 구체적인 각국 경제사의 실증적 연구로부터 귀납적으로 경제법칙을 이끌어내는 동시에, 다른 한편으로는 마르크스주의에 반대하여 현실의 사회문제를 해결하기 위한 계기를 자본주의 제도의 변혁에서 찾는 대신 일련의 사회정책을 통해 완화하고자 시도한 점에 있다. 후기 역사학파의 대표자로는 '방법론 논쟁'의 슈몰러와 아돌프 바그너Adolph Wagner, 1835-1917, 루요 브렌타노Lujo Brentano, 1844-1931, 그리고 『근대 자본주의Der moderne Kapitalismus, 1902』라는 대작을 남긴 베르너 좀바르트Werner Sombart, 1863-1941 등이 있다. 베버는 역사학파의 전통을 완성시킴과 동시에 그것을 해체시키는 데 결정적인 역할을 했다.

후기 역사학파는 사회문제와 정책적 실천에 많은 관심을 가졌다. 그러나 일반적으로 역사학파의 대표자들은 독일 국민국가의 이익과 현존하는 질서의 옹호자들이었다. 따라서 그들의 정치적 태도는 보수주의적이었으며, 사회문제나 계급 대립에 대해서도 급진적인 개혁보다 체제 안에서의 온건한 개혁을 주장했다. 이들은 정부가 국민들의 건강, 복지, 노동환경 등을 개선함으로써 이들의 국가에 대한 충성심을 높일 수 있을 뿐만 아니라, 특히 노동자계급이 사회주의 이념에 빠지는 것도 막을 수 있다고 생각했다. 역사학파가 마르크스주의자들과 첨예하게 대립했던 이유도 이 때문인데, 현존 질서의 옹호와 체제 내에서의 개혁이라는 보수주의적 태도는 이른바

'강단사회주의Kathedersozialismus'라는 경향으로 나타나게 되었다.

강단사회주의란 1873년에 창립된 독일사회정책학회에 참가했던 학자들의 사상적 경향을 가리키는 말로서, 원래는 자유주의자들이 사회개량을 주장하는 사회정책학자들을 멸시하는 뜻에서 붙인 말이다. 그러나 사회정책학자들은 도리어 이 명칭을 자신들의 학문적 경향을 가장 잘 표현한 것으로 받아들임으로써 널리 쓰이게 되었다. 이들은 자유방임주의적인 경제정책을 비판하고, 사회개량주의의 필요성을 강조하며, 하층계급의 구제와 노사의 협조에 의해서 산업평화를 도모할 것을 주장했다. 강단사회주의에는 크게 나누어 세 개의 분파가 포함되어 있었는데, 그 첫째는 바그너를 대표로 하는 국가사회주의적 재정정책을 주장하는 일파이다. 그들은 계급적 착취의 국가권력에 의한 배제를 목표로 대자본이나 대기업에 대하여 조세정책적 수단에 의한 압력을 가함으로써 소득분배의 불공정을 시정하려고 했다. 둘째는 브렌타노와 같은 노동조합운동의 연구자들이다. 이들은 사회개량의 기초를 노동자들의 단결의 자유에 두고, 노동조합과 같은 노동자의 자주적인 조직을 육성함으로써 노동조건과 생활수준의 향상을 실현할 수 있을 것으로 믿었다. 세 번째 분파는 슈몰러를 대표자로 한 경제사학자들로서, 이들은 독일의 전통적인 중산계급을 적극 보호할 것을 주장했다. 즉 농촌의 자작농과 도시의 중소 상공인 계층을 몰락으로부터 구출하여 그들을 중심으로 계급 대립의 격화를 막고자 시도했다.

1870년대부터 1890년대까지의 기간은 역사학파의 전성시대였다. 당시 독일권의 사회과학계는 직간접적으로 역사학파의 영향력 아래 있었다. 그러나 역사학파는 슈몰러와 오스트리아학파Austrian school of economics의 창시자인 카를 멩거Carl Menger, 1840-1921 사이에서 거의 10년에 걸쳐 전개된 '방법론 논쟁Methodenstreit'과, 역사학파의 후계자임을 자처했던 베버에 의해 제기된 '가치판단 논쟁Werturteilsstreit'에서 결정적인 타격을 받음으로써 해체의 길을 걸어가게 된다. 방법론 논쟁은 멩거가 자신의 책『사회과학 특히 경제학의 방법론에 관한 연구Untersuchungen über die Methode der Sozialwissenschaften und der Politischen Ökonomie insbesondere, 1883』에서 경제학 연구의 목적은 보편적 원리를 규명하는 데 있으며, 따라서 경제학 연구의 가장 좋은 방법은 이성적 방법이라고 역사학파의 방법론을 비판한 데서 시작된다. 멩거의 비판에 대해 슈몰러는「정치사회과학의 방법에 대하여 *Zur Methodologie der Staats-und Sozialwissenschaften*」라는 글에서 격렬한 비판으로 응답했고, 이를 다시 멩거가 반박함으로써 방법론 논쟁은 본격화된다.

후기 역사학파를 대표하는 경제학자인 슈몰러는 국민경제의 유기적 연계와 역사적 방법을 강조함으로써 역사학파의 방법론을 체계화했다. 슈몰러는 역사적 방법을 이론적 명제를 설명하고 확증할 뿐만 아니라, 어떤 이론이 타당성을 유지할 수 있는 범위와 한계를 밝혀주고 또 그 위에 새로운 진리를 귀납적으로 얻게 해 주는, 유일하지는 않지만 가장 중요한 방법이라고 생각했다. 역사학파의 선구자들이 그랬듯이 슈몰러 역시 경제생활은 정신적·사회적 측면을 동시에 포함하기 때문에 경제행위의 동인은 심리적·역사적으로 분석되어야 한다고 생각했다. 추상적인 방법에 의해서는 도덕, 법, 문화 등의 일반적 요인을 광범하게 규명할 수 없으므로 이를 위해서는 역사적 방법이 중심이 되지 않으면 안 된다는 것이다. 이러한 방법론에 기초하여 슈몰러는 역사, 이론, 정책의 구분은 본질적인 것이 아니라 정도의 차이에 불과하며, 정책과학, 즉 실천적 국민경제학도 이론경제학의 수준까지 상승할 수 있다고 주장했다.

그러나 슈몰러의 이러한 주장에 대해 신고전학파 경제학의 선구자 가운데 한 사람인 멩거는 과학이란 그 자격에 의해서가 아니라 그 과제에 따라 구별되어야 하며, 따라서 경제학은 경제사학과 이론경제학 및 실천경제학으로 구분되어 각각의 과제에 충실하지 않으면 안 된다고 비판했다. 역사학파는 이론경제학을 경제사학의 범위로까지 확대시키고 실증경제학을 이론경제학의 범위로 확대시킴으로써 연구 영역의 구분을 혼란시켰다는 것이다. 멩거는 이론경제학의 과제를 경제현상에 대한 단순한 인식 erkenntnis 이 아니라 그것에 대한 이해 verständnis 에 있다고 생각했다. 멩거에 따르면 현상에 대한 이해는 현상의 구체적인 생성과정을 역사적으로 밝히는 역사적 견해와 현상의 법칙을 밝히는 이론적 견해로 나뉜다. 이론적 견해는 다시 경험적이고 실재론적인 것과 정밀적인 것으로 구분되는데, 멩거가 이론경제학의 과제라고 생각한 것은 바로 현상에 대한 정밀적 이해를 통해 현상의 계기와 공존을 통제하는 법칙을 규명하는 것이었다. 슈몰러의 방법론은 사회현상의 상호관련성이라는 개념에 기본적인 토대를 두고 있다. 그러나 흔히 '방법론적 개인주의 methodological individualism'라고 불리는 멩거의 방법론은 슈몰러와는 반대로 경제현상을 고립화하고 분리해서 분석하고자 했다. 멩거는 과학이나 이론이 현상에 대한 정밀법칙을 규명하기 위해서는 실재Sein를 가장 단순한 요소로 분해하지 않으면 안 된다고 생각했다. 그런데 사회현상에 있어서 가장 단순한 요소에 해당하는 것은 바로 개인이므로, 화학에서 순수한 수소를 추출하여 그 법칙을 밝히는 것과 마찬가지로 사회과학에서도 순수한 이기심에 따라 합리적으로 행동하는 개인의 행위를 분석함으로써만 그 법칙을 규명할 수 있다는 것이다.

사회경제사상사적으로 보면 슈몰러와 멩거 사이의 방법론 논쟁에서 첨예하게 대립한 양자의 사상과 이론의 차이는, 역사학파의 슈몰러가 낭만주의에서 발전한 객관적 관념론에 입각해 있었던 반면에 멩거는 합리주의에서 발전한 주관적 관념론에 입각해 있었던 것이다. 그러나 보다 근본적인 측면에서 보면 양자의 대립은 그들의 국민적·역사적 배경에서 비롯한 것이기도 했다. 슈몰러는 독일 국민국가의 확립과 산업자본주의의 급속한 발전과정에서 발생한 계급 대립을 사회정책에 의해 완화하고자 했기 때문에 사회경제적 문제들에 대한 국가권력의 간섭을 이론적으로 합리화해야 했고, 결국에는 경제학을 도덕화하고 정치화하는 윤리적 진화주의로 나아가게 되었다. 이에 반해 멩거가 활동한 오스트리아는 단일한 민족국가가 아니라 중세 이래로 다양한 민족들의 결합으로 구성되어 있었다. 따라서 역사학파가 주장하는 국민주의나 역사주의는 멩거의 개인주의적이면서 세계주의적인 정서와 대립할 수밖에 없었다.

3. 막스 베버와 자본주의 정신

막스 베버는 독일의 에르푸르트에서 전형적인 중산계급의 가정에서 태어났다. 처음 법철학에서 출발한 베버의 학문 세계는 그의 풍부한 세계사적인 지식을 배경으로 경제학, 사회학, 정치학, 비교종교학, 역사, 철학 등 놀라울 만큼 다방면으로 확대되었다. 이러한 점에서 베버는 헤겔과 마르크스, 그리고 존 스튜어트 밀이 그랬던 것처럼 당시까지 세상에 나온 모든 사회과학 지식의 체계를 흡수하여 자신의 학문 세계 속에서 재정리하고자 한 사상가였다. 베버가 활동했던 시기는 19세기의 대불황에서 제1차 세계대전에 이르는 독점자본주의와 제국주의의 시대였다. 베버는 비록 정치무대의 일선에 나서지는 않았지만, 당시 자본주의 사회의 현실적인 정치사회적 문제들, 특히 당시 독일의 현실문제에 대해 언제나 깊은 관심을 갖고서 그것을 자신의 학문 세계의 출발점으로 삼았다.

베버의 학문 세계를 형성하는 데 또 하나의 주요한 계기가 된 것은 마르크스의 사회과학 방법론이다. 그는 일평생 자신의 학문적 과제를 무엇보다도 마르크스가 유물사관에 입각하여 제시한 현실인식 방법을 비판적으로 극복하는 데 두었다. 여기서도 그는 후진 독일의 역사적·특수적 문제는 마르크스의 보편적 법칙에 관한 이론으로는 해명될 수 없다는 인식을 가지고 있었다. 역사적 유물론에 대한 베버의 이러한 관심은 그의 학문적 영역의 확대와 함께 결국은 종교사회학의 연구로 귀착되었다. 베버의 학문적 관심 영역은 매우 다양했지만 그의 생애를 일관하고 있는 문제의식은 크게 두 가지였는데, 그 하나는 역사학파와의 논쟁으로 유명한 사회과학 방법론의 문제이며, 다른 하나는 근대 자본주의의 본질에 관한 문제다. 그러나 이 양자의 관계는 반드시 전자가 방법론이고 후자는 그 실용적 적용이라거나, 전자가 철학적이고 후자는 실증과학적이라는 식으로 구분될 수는 없다. 오히려 베버의 역사철학은 근대 자본주의에 관한 그의 이해 속에 내포되어 있고, 가치판단으로부터의 자유에 대한 그의 요구도 이를 통해서만 충분히 이해될 수 있다.

슈몰러와 멩거에 의해 시작된 사회과학의 방법론 논쟁은 베버에 의해 다시 사회과학에서 가치판단이라는 문제에 관한 논쟁으로 발전했다. 슈몰러는 경제현상을 사회적·도덕적·목적론적 관점에서 파악함으로써 국민경제조직을 인간 윤리관의 산물로 보았다. 이러한 윤리적 진화주의의 관점에서 보면 사회과학은 국민 전체의 복지와 이익에 대한 가치판단을 항상 내포하고 있어야 했다. 그러나 이에 대해 베버는 그것이 행정관리의 입장에서 보는 태도에 불과하며, 정책의 기준을 현실에 두기 때문에 무의식적으로 현실을 옹호하고 국가를 대변하게 된다고 비판했다. 또한 그는 객관적이고 중간자적인 입장에서 현존의 이해관계를 조정하는 것이 국가의 임무라는 슈몰러의 주장에 대해서도 이러한 객관적 절충주의는 과학적 객관성과는 전혀 무관한 하나의 당파적 이론에 불과하다고 비판했다. 베버가 주장하고자 한 것은 과학과 신앙, 이론과 정책은 분리되어야 하며, 사회과학은 단지 사실들의 관련만 밝힐 뿐이므로 여기서 더 나아가 가치판단을 할 수는 없다는 것이다. 베버는 연구자가 주장, 신앙, 주관 등을 과학적 이론에 주입하여 자신의 주관적 이상을 과학이라고 주장하는 데서 오류가 나타난다고 보았다. 즉 일반적으로 규범이나 이상은 주관적인 것이어서 과학적으로 객관화할 수 없으며, 따라서 정책에 대해 어떤 방법을 제공하는 일은 경험적 과학의 과제가 아니라는 것이다. 이러한 입장에서 그는 과학적 진리의 이름으로 자신의 세계관을 주장하고 이에 따른 가치판단을 타인에게 강요하는 것을 적극적으로 배척했다. 이것이 이른바 베버의 '몰가치성 wertfreiheit' 또는 '가치중립성 wertneutralität' 인데, 이로써 사회정책의 과학성이 부정되고 후기 역사학파의 중요한 토대 가운데 하나가 무너지고 말았다.[5]

그러나 베버에게 비판의 대상이 된 것은 가치판단의 방식이었지 가치관이나 가치판단 그 자체는 아니었다. 특히 그가 문제로 삼았던 것은 특정의 가치판단을 사실 인식인 것처럼 제출하거나, 그로부터 사실 인식을 도출해내는 태도였다. 베버는 사회과학에서 관점의 중요성을 강조했는데, 사회과학은 바로 관점, 즉 주관적 가치에 의해 조건이 지어진다는 점에서 역학을 모델로 하는 자연과학과는 구별된다는 것이다. 가치판단 논쟁에서 드러난 것처럼 베버는 존재 Sein와 당위 Sollen를 엄격히 구분하여, 과학의 세계는 전자에 한정되어야 하며 후자에 의한 가치판단이 과학의 영역에 침투하는 것은 철저히 배격되어야 한다고 주장했다. 즉 베버는 사실의 세계와 가치의 세계를 엄밀히 구별하고, 과학자는 어디까지나 사실과 현상의 인과관계의 분석 및 목적과 수단의 적합성을 추구하는 데 그쳐야 한다고 생각했던 것이다. 이러한 인식에서 그는 역사학파에 대한 자기반성적인 비판을 제기했다. 그러나 동시에 베버는 멩거의 방법에 대해서도 전적으로 수긍하지는 않았다. 베버가 보기에 멩거의 정밀법칙에서 얻은 경험법칙은 자연과학적 법칙과 다름없으며, 따라서 경제법칙과 역사적 사실의 연관성이나 이론의 역사성이 도외시되었다. 따라서 그는 이론과 역사의 종합, 또는 역사성을 포함한 이론을 수립하고자 했는데, 이러한 목적에서 고안된 것이 바로 '이념형 Idealtypus'이라는 개념이다.[6]

5   Weber, M., Die *'Objektivität' Sozialwissenschaftlicher und Sozialpolitischer Erkenntnis*, Tübingen, 1904.
6   Weber, M., *Gesammelte Aufsätze zur Wissenschaftslehre*, Tübingen, 1922.

베버의 인식론에서 기본적인 전제는 무한하게 다양한 현실 전체를 유한자인 인간이 파악하기는 원리적으로 불가능하다는 것이다. 이와 같이 유한한 인간의 오성적 능력을 가지고 무한하게 다양한 현실과 맞서게 될 때 인간이 획득할 수 있는 지식은 언제나 현실의 유한 부분, 즉 단편적인 지식일 수밖에 없다. 따라서 인간은 역사와 현실을 아무런 전제 없이 인식할 수는 없으며, 반드시 일정한 문화의 가치이념 속에서 역사와 현실의 사회현상 가운데 중요한 요소를 귀납적으로 형성하게 된다. 베버가 경험적인 것의 사유에 의한 가공이라고 부른 것은 바로 이러한 과정을 의미한다. 베버의 이념형은 이처럼 현실의 일부 요소를 편의상 논리적으로 상호모순이 없는 개념으로 구성한다는 것이다. 따라서 이는 현실의 사회현상과는 다르지만 다양한 역사와 현실을 파악하는 데는 더 효과적일 수 있으며, 그 위에 이론적으로도 정확성과 엄밀성을 갖출 수 있다는 것이 베버의 주장이다. 여기서 이념이라는 말은 어떤 가치판단과도 무관한 것으로서, 분석을 목적으로 노예 소유제의 이념형이라든가 종교적 지도자의 이념형을 구상할 수 있다는 것을 의미할 뿐, 예언자나 노예 소유자가 모범적이라든가 이상적인 생활양식의 전형으로서 모방되어야 한다는 것을 의미하지는 않는다.

이념형이라는 개념을 사용함으로써 베버는 사회과학자나 역사가가 봉건제라든지 로마네스크 건축과 같은 단어를 사용했을 때 그들이 무엇을 생각해 왔었던가를 명백하게 인식시키고자 했다. 그는 사회과학자는 논리적으로 규정되어 모호하지 않지만 역사적 현실에서는 더 멀리 있는 개념을 사용하든가, 그렇지 않으면 비교적 정확하지는 않으나 경험적 세계에 더 밀접하게 조응하는 개념을 사용하든가의 선택을 하게 된다고 생각했다. 세계 전체의 비교에 대한 베버의 관심은 그로 하여금 극단적으로 순수한 사례를 생각하게 했다. 그는 역사적 사실은 대체로 이와 같이 극단적으로 규정된 유형들의 중간지점에 위치할 것이라고 생각했다. 결국 베버는 여러 가지 유형개념을 자신이 주목한 특수 사례와 관련하여 파악함으로써 다수의 특수한 역사적 상황에 접근하려 했다.

사회경제사상사에서 베버의 가장 중요한 공헌은 그의 사회과학 방법론과 함께 근대 자본주의 또는 자본주의 정신에 관한 그의 독창적인 인식이다. 근대 자본주의가 일정한 정도로 성숙하자 20세기 초반의 유럽에서는 근대 자본주의 문화의 물질적·정신적 기원은 어디서 찾아야 하는가 하는 논의가 매우 활발하게 전개되었다. 특히 자본주의의 기원과 관련하여 그것의 본질과 정신에 관한 문제를 처음 제기한 것은 후기 역사학파의 경제학자들이다. 이들은 대체로 자본주의 정신을 자본가의 심리적 태도에서 찾았는데, 가령 브렌타노는 될 수 있으면 많은 이윤을 얻으려는 지향, 즉 영리추구야말로 자본주의의 본질적 속성이라고 보았다. 또 좀바르트는 자본주의를 자연경제와 대립되는 의미에서 화폐경제 일반과 동일시하기도 했다. 이들의 공통점은 자본주의 정신을 화폐의 취득, 이윤추구, 영리정신 등과 같은 심리적인 성향으로 이해하려고 했다는 것이다.

막스 베버도 영리추구가 자본가의 속성이라는 점을 인정했다. 그러나 그는 영리추구를 보다 폭넓게 화폐적 이익을 계산하고 기대하는 심리적 태도로 파악하고, 그것은 자본가에게만 국한되는 것이 아니라 임금노동자들도 공통적으로 가지고 있는 심리라고 보았다. 나아가 그러한 일반적인 성향은 근대 자본주의에만 고유한 것도 아니며, 상품생산과 화폐유통이라는 조건만 주어져 있는 한 어떤 사회나 어떤 시대에도 존재할 수 있다는 것이다. 따라서 그는 왜 근대 유럽에서만 자본주의가 성립했는가 하는 관점에서 근대 자본주의 정신의 기원을 종교에서 찾고자 했다. 『프로테스탄트 윤리와 자본주의 정신*Die protestantische Ethik und der Geist des Kapitalismus*, 1905』에서 베버는 근대 자본주의 정신의 가장 중요한 원천이 금욕적 프로테스탄티즘, 그 가운데서도 특히 칼뱅주의에 있다고 생각했다. 왜냐하면 자본주의뿐만 아니라 나아가 근대 문화 전체의 정신을 이루는 근본적인 요소 가운데 하나는 직업 관념과 소명 의식에 기초를 둔 합리적 행동인데, 그것은 바로 기독교의 금욕주의 정신에서 탄생했기 때문이다.

이러한 주장을 논증하기 위해 베버는 금욕적 프로테스탄티즘의 주류를 네 가지로 구분했는데 칼뱅주의, 감리교, 경건파, 그리고 침례교가 바로 그것이다.[7] 베버는 이들의 교리 속에서 경제활동에서 개인의 실제 행위에 영향을 미친 가장 중요한 요소들을 분석했는데, 그 결과 칼뱅주의 속에서 그는 다음과 같은 세 가지의 주된 교의를

---

7   Weber, M., "Die protestantische Ethik und der Geist des Kapitalismus", *Archiv für Sozialwissenschaft und Sozialpolitik*, 1905. (김현욱 옮김, 『프로테스탄티즘 윤리와 자본주의 정신』, 동서문화사, 2010, 88쪽 이하.)

파악해냈다. 첫째는 우주가 창조된 것은 신의 영광을 드높이기 위한 것이며 신의 목적에 부합하는 한에 있어서만 비로소 의미를 갖는다는 교의이다. 즉 인간을 위해 신이 존재하는 것이 아니라 신을 위해서 인간이 존재한다는 것이다. 둘째, 전능하신 신의 의도는 인간이 이해할 수 없으며, 인간은 단지 신이 밝히고자 한 신성한 진리의 단편밖에는 알 수 없다는 교의이다. 셋째는 흔히 예정조화설pre-established harmony이라 불리는 것으로서, 소수의 인간만이 영원한 신의 은총을 입도록 예정되어 있으며, 이러한 운명은 인간의 행위에 의해서 달라질 수 없다는 것이다.[8]

베버는 이러한 청교도적 신앙이 자본주의적 생활양식에 미친 영향을 다음과 같이 지적했다. 첫째, 칼뱅주의는 인생과 그것이 주는 쾌락의 무한한 향유에 반대함으로써 문화에 대한 향락은 물론 학문과 예술에 대해서도 절제를 요구했다. 둘째, 그들의

영국 화가 존 길버트(Sir John Gilbert, 1817-1897)의 작품 〈재판 후의 샤일록(Shylock After the Trial, 1873)〉

자본주의 정신적, 윤리적 기원이 무엇인가에 대한 관심은 베버뿐 아니라 동시대의 후기 역사학파 경제학자들에게 공통된 것이기도 했다. 특히 베버의 절친한 동료이자 경쟁자이기도 했던 좀바르트는 『유대인과 경제생활(Die Juden und das Wirtschaftsleben, 1911)』에서 기독교 이전에 유대인의 또는 유대교의 윤리와 정신이 근대 자본주의를 형성했다고 주장했다. 자본주의의 가장 핵심 영역인 금융 분야를 바로 유대인들이 장악하고 있다는 사실은 좀바르트의 주장을 뒷받침해주는 좋은 증거이다. 베버가 주장한 칼뱅교와 좀바르트가 주장한 유대교의 공통점은, 서구 사회에서 바로 이 두 종교만 이자를 인정했다는 것이다. 셰익스피어의 희곡 〈베니스의 상인(The Merchant of Venice, 1598)〉에서 샤일록은 왜 그토록 미움과 경멸의 대상이 되었을까? 그 이유는 그의 인간성이 사악해서가 아니라 바로 그가 유대인이기 때문이다. 중세의 유대인들은 개개인의 인간성이 어떻든 유대인이라는 이유만으로도 죄인 취급을 받았다. 왜냐면, 첫째는 그들이 기독교도가 아닌 유대교도이기 때문이다. 유대인은 예수님을 배신하고 고발한 자들이라는 이유로 기독교 세계에서 언제나 배척의 대상이었다. 둘째는 그들이 교회가 금지한 고리대금업자들이었기 때문이다.

---

8   베버, 김현욱 옮김, 같은 책, 110쪽 이하.

생활태도는 시민적 가정의 건전한 행복을 이상으로 삼았기 때문에 외관과 장식을 과시한 중세의 기사계급이나 부를 축적함으로써 궁극적으로는 봉건귀족적 생활을 얻고자 한 모험상인들과도 달랐다. 셋째, 이들은 직업을 신앙의 확증을 얻는 금욕 수단으로 보았기 때문에 직업에 대한 사명감을 갖게 되었다. 이것은 비단 자본가에 대해서만이 아니라 노동자에 대해서도 적용되었다. 마지막으로, 이들은 합법적 형식으로 이루어지는 한 화폐의 획득은 선하다는 관념을 가지고 있었다. 베버가 지적한 이러한 정신이 자본주의의 형성에 지대한 영향을 미쳤다는 것은 분명하다. 특히 자본주의가 역사발전의 자연적 경로를 거쳐서 성장한 영국에서는 자본주의를 결정적으로 성립시킨 시민혁명의 시대에 있어서 역사발전의 원동력이 이러한 정신을 가졌던 시민계급, 즉 경제적으로는 산업적 중산층이었다는 사실이 그것을 뒷받침한다. 베버는 바로 이러한 시민계급의 정신적 분위기에서 자본주의 정신의 이념형을 추출했고, 그 긍정적 성격을 부각시켰던 것이다.

근대 자본주의의 기원에 관한 베버의 이론은 그 영향력만큼이나 많은 비판의 대상이 되기도 했다. 특히 마르크스주의자들을 중심으로 한 비판의 핵심적인 내용은, 베버가 근대 자본주의의 형성과 발전에 있어서 정신적 태도를 지나치게 중시함으로써 현실에서 진행되는 토대의 변화와 그것을 반영한 관념적 변화 사이의 조응 관계를 거꾸로 설명하고 말았다는 것이다. 단순하게 이야기하면 객관적이고 물질적인 관계가 정신적 현상을 만드는 것이지 그 반대는 아니기 때문이다.

제 **2** 절

베블런과 제도학파

1. 시대적 배경

제도학파 institutional economics 가 처음 등장한 19세기 후반 경제학에서의 가장 큰 흐름은 이론과 실천의 두 측면 모두에서 마르크스주의의 확산과 함께 경제체제에 대한 논쟁이 자본주의와 사회주의의 대립이라는 양극화의 경향이 나타난 것이다. 마르크스는 사회체제를 적대적인 두 부류의 계급으로 분리된 것으로 보았으며, 그들 간의 사회적 적대를 변화와 진보의 원천으로 이해했다. 이에 반해 주류 경제학은 사회를 시장의 힘에 의해서 균형을 찾는 개인들의 집합으로 이해했다. 그러나 이러한 양극화 속에서도 중간적 입장을 취하는 일련의 경제사상가들이 형성되었다. 이 제3의 경제사상가들은 인간과 사회를 이기심, 형제애, 호기심, 윤리적 가치, 사회적·경제적 지위 등에 의해 동기가 유발되는 개인들로 구성된 하나의 상호연관된 단위로 볼 것을 주장했다. 인간과 사회의 본성에 대한 이러한 복잡한 견해는 많은 연구자들에 의해 매우 다양한 방법으로 발전했다. 그러나 이들은 인간의 복지가 사회적 정책의 주요한 목표로서 의식적으로 추구되는 사회를 옹호한다는 점에서 공통점을 가지고 있었다.

제도학파는 이러한 시대적 배경에서 출현했다. 제도학파라는 명칭은 이들이 경제순환의 모든 과정을 자연적인 경제법칙에 의해 결정되는 것이 아니라 사회적·인위적으로 창조된 제도들, 즉 사유재산제도, 상속제도, 조세제도, 독점제도, 신용제도 등에 의해 규제되는 것으로 파악했기 때문이다. 이들에게 경제학의 임무는 이러한 제도의 기원과 발달과정 및 그 영향을 객관적으로 연구하는 데 있었다. 그러나 제도학파와 유사한 견해나 방법론을 제시한 경제학자들은 이전에도 있었으며, 흔히 제도학파라고 불리는 경제학자들 사이에도 많은 다양성과 차이점이 존재했다. 따라서 제도학파의 기본적인 성격에 대해서는 다양한 견해가 제시되지만, 그중에서 가장 공통적인 내용은 크게 다음과 같은 네 가지로 요약된다.

첫째, 개인심리학에 근거를 둔 고전학파 경제학의 기계적 사회관에 대해 제도학파는 집단심리학 또는 행동주의 철학에 기초한 유기적 사회관을 주장했다. 둘째, 제도학파는 인간의 본능에 따른 개인적·사회적 행동이 누적된 결과인 제도로서의 경제현상을 진화론적 방법으로 해명하고자 했다. 셋째, 제도학파는 단순한 연역적·이론적 분석 대신에 귀납적·역사적 분석 방법을 사용했다. 마지막으로 제도학파는 사회복지의 증대를 추구하는 사회개량주의적 이념에 의해 지도되었다. 이러한 성격을 지닌 제도학파는 당연히 고전학파와 한계효용학파에 대한 비판자이며 동시에 미국 자본주의에 대한 신랄한 비판자일 수밖에 없었다.

미국 경제학은 그 출발점에서부터 미국 사회의 발전과정에서 계속적으로 일어나는 여러 문제를 해결하고 경제적 진보를 달성하는 데 기여하기 위한 학문으로 발전했다. 미국 자본주의의 발전은 영국의 식민지로서 시작되었는데, 이 시기에는 주로 통화, 특히 불환지폐 문제가 경제학의 중심 과제였다. 미국 독립전쟁 이후 공업을 중심으로 자본주의적 발전을 촉진하려는 정책이 수립되었으나, 자본과 인구의 부족으로 실제 발전은 부진했다. 독립 이후에도 미국 경제는 19세기 초까지 외국에 의존하고 있었으며, 국내 제조공업의 지배적인 부분은 농업에 종속된 가내공업으로 구성되어 있었다. 이 시기에 있어서 정치가나 경제학자들의 주요 관심사는 재정과 관세였다. 미국의 산업자본이 본격적으로 발전하기 시작한 것은 남북전쟁 American Civil War, 1861 -65 이후이다. 특히 1873년의 공황 이후 기업결합이나 합동을 통해서 미국 자본주의는 급속히 독점 자본주의 단계로 이행되었다. 이 시기에는 주로 농업문제, 독점문제, 노동문제 등이 경제학의 주요 관심사가 되었다. 그리고 미국 경제가 고도로 성숙하게 된 20세기 이후에는 경기순환이나 실업문제가 경제학이 해결해야 할 중요한 과제로 제기되었다.

이처럼 미국 경제학의 발전은 통화, 재정, 관세 등의 여러 문제를 둘러싸고 수많은 정치가나 경제학자들에 의해 활발한 논의가 이루어지고 그에 관한 보고서, 논문, 팸플릿 등이 발표되면서 시작되었다. 미국 경제학의 제1세대를 대표한 인물은 식민지 시대의 벤저민 프랭클린 Benjamin Franklin, 1706-1790 이며, 제2세대를 대표하는 것은 독립전쟁을 전후해 활동한 알렉산더 해밀턴, 대니얼 레이먼드 Daniel Raymond, 1786-1849 등이다. 그 후 미국 경제학은 고전학파 경제학의 도입 시대를 맞이하게 되는데, 당시의 선진국이던 영국에서 발전한 고전학파의 이론과 자유무역주의는 아직 후진국에 머물러 있던 미국의 실정에는 적합하지 않았다. 이에 따라 1820년대부터 보호무역주의를 요구해 온 북부 상공업자본가들의 이해관계를 대변한 일련의 경제학자들이 나타나게 됨으로써 미국적인 국민경제학이 비로소 성립하기 시작했다.

남북전쟁 이후 북부의 산업자본가들에 의해 철강업을 중심으로 한 근대적 산업의 눈부신 발전이 시작되고 미국의 자본주의체제가 확고한 기초 위에 확립되자 미국 자본주의는 외국무역의 압력을 극복할 수 있게 되었고, 경제학 또한 독립된 사회과학으로서 급속하게 발전하기 시작했다. 이에 따라 다시 고전학파 경제학이 융성해지고, 존 클라크John Bates Clark, 1847-1938와 프랭크 타우식Frank William Tajussig, 1859-1940 등의 젊은 경제학자들이 유럽으로 유학하여 당시의 가장 첨단적인 경제이론들을 미국으로 전파했다. 이리하여 클라크를 중심으로 한 한계효용이론이 미국 경제학의 지배적인 조류가 되었는데, 이는 곧 현실의 미국 경제에서 자유경쟁과 경제적 자유의 원리를 기초로 한 자유기업체제가 확립되었음을 반영한 것이었다.

그러나 미국 자본주의의 성장은 동시에 그것이 안고 있던 모순들을 드러내게 했다. 즉 한편에서 자본의 축적과 집중이 진행될수록 다른 한편에서는 농민의 몰락, 임금 노동자의 대량 창출과 빈곤화와 같은 현상들이 급속히 진전되었다. 이에 따라 미국 자본주의의 현실과 한계효용이론 중심의 경제학에 대한 비판이 다양하게 제기되었는데, 여기에는 토지 국유화론을 중심으로 한 헨리 조지의 사회경제사상도 포함되어 있었다. 그러나 이러한 정통파 경제학에 대한 비판들 가운데서 가장 대표적인 것은 역시 소스타인 베블런Thorstein Bunde Veblen, 1857-1929을 중심으로 독자적인 경제학 체계를 수립한 제도학파였다.

제도학파는 미국에서의 고전학파 경제학에 대한 비판 위에서 형성되었지만, 그 기본적 사상과 방법론에서 보면 독일의 역사학파와 많은 유사점을 가지고 있다. 이 때문에 제도학파를 간혹 '미국 역사학파'라고 부르기도 한다. 그러나 이 양자 사이에는 차이점도 적지 않다. 첫째, 역사학파는 애덤 스미스 이후의 고전학파 경제학에 대한 비판에서 성립한 반면, 제도학파는 20세기 미국의 주류경제학, 특히 클라크를 중심으로 한 한계효용이론에 대한 비판으로서 성립했다. 둘째, 역사학파는 통일된 사상과 계속성을 가지고 있었으며 학문적으로 하나의 국제적인 세력으로까지 성장했으나 제도학파는 그만큼 통일된 사상과 이론을 가지고 있지는 못했다. 셋째, 역사학파는 자신의 방법론을 역사적 연구라고 명확하게 인식하고 있었으나 제도학파는 그러한 인식을 가지고 있지 못했다. 마지막으로 역사학파는 개혁적인 측면과 보수적인 측면을 동시에 지니고 있었으며 특히 당시에 확산되던 사회주의사상에 대하여 반대했으나, 제도학파의 창시자인 베블런은 상당한 정도로 마르크스의 영향을 받았다. 제도학파를 한편으로 미국에서 역사학파의 계승자라고 보는 한편, 미국의 사회주의 경제학파라고 보는 견해가 있는 것도 이 때문이다. 그러나 제도학파는 마르크스주의 자들처럼 자본주의 제도를 혁명적 수단에 의해 개혁하기보다는 점진적인 개혁을 주장했다는 점에서 사회주의 사상과도 구별되어야 옳다.

2. 소스타인 베블런

제도학파의 창시자인 베블런은 위스콘신의 시골에서 노르웨이 이민자의 아들로 태어났다. 그의 가정에서는 늘 노르웨이어를 사용했는데, 이 때문에 1874년 칼튼칼리지에 입학했을 때까지도 베블런은 영어에 서툴러 큰 곤란을 겪었다고 한다. 칼튼칼리지에서 미국 한계효용학파의 대표자인 클라크 교수의 경제학 강의를 수강한 베블런은 존스홉킨스대학에서 경제학과 논리학을 공부했으나 학위를 받지는 못하고, 다시 예일대학에 진학하여 철학과 경제학을 전공하여 1884년에 경제학자로서는 다소 어울리지 않는 듯한 「인과응보론의 윤리적 근거 Ethical Grounds of a Doctrine of Retribution」라는 논문으로 박사학위를 받았다. 대학을 졸업한 후 베블런은 대학교수가 되기를 희망했으나, 당시에는 철학과의 교수직이 거의 신학교 출신자들에게 독점되어 있었기 때문에 선천적으로 신앙이나 종교적 권위에 대해 거부감을 가지고 있던 그로서는 불가능했다. 이 때문에 그는 그 후 7년간을 고향에서 실의에 잠긴 채 세월을 보내다가 1892년에야 겨우 록펠러 재단에 의해 신설된 시카고대학의 연구원이 되었고, 4년 후에는 강사가 되었다. 1906년 베블런은 스탠퍼드대학의 부교수로 임용되었으나 결혼생활의 파탄과 사생활 문제로 사임했다. 1911년 그는 다시 미주리대학으로 옮겼으나 여기서도 그의 강의는 인기가 없었고, 동료 교수들과도 잘 어울리지 못했다. 결국 교단에 회의를 느낀 베블런은 학교를 떠나 공직과 언론 등을 전전했다. 1924년 미국경제학회는 베블런을 회장으로 선출했으나 그는 이를 거절하고, 1929년 세상을 떠날 때까지 옛 제자의 도움으로 겨우 생계를 유지하면서 고독한 연구생활을 계속했다.

1899년 베블런은 자신의 첫 저작인 『유한계급론 : 제도의 진화에 관한 경제적 연구 The Theory of the Leisure Class: An Economic Study in the Evolution of Institutions』를 발표했다. 이 책에서 베블런은 의례적인 행위와 산업적인 행위의 이원성이라는 자신의 기본개념을 사용하여 자본주의 사회의 지배계급에게 팽배한 과시적 소비 conspicuous consumption, 대리적 여가vicarious leisure, 금전적 경쟁pecuniary emulation 등의 현상을 분석하고 이것을 금전적 문화pecuniary culture라는 개념으로 정리했다. 과시적 소비는 자신이 특정한 사회계급, 즉 상류계급이나 보다 특수한 유한계급에 속해 있다는 것을 과시하기 위해서 재화나 서비스를 낭비적으로 소비하는 행위이다. 대리적 여가는 여가 그 자체를 즐기기 위해서가 아니라 노동하지 않아도 되는 신분임을 과시하기 위해 하는 여가 행위를 말한다. 금전적 경쟁은 재산이 단순한 생존수단을 넘어 업적의 증거가 되고 따라서 존경의 대상이 되는 금전적 사회pecuniary society에서 남으로부터 존경을 받기 위해 더 많은 재산을 획득하고자 경쟁하는 행위를 가리킨다.[9]

베블런은 우리가 살고 있는 자본주의 사회는 두 계급, 즉 놀고먹는 유한계급과 일하지 않고서는 살 수 없는 노동계급으로 구성된다고 보았다. 여기서 말하는 '여가leisure'는 단순히 게으르다는 의미가 아니라 시간을 비생산적으로 사용한다는 의미이다.[10] 이러한 여가시간은 두 가지 이유, 즉 생산활동은 무가치한 것이라는 생각과 게으른 생활을 가능케 하는 돈의 위력을 보여주기 위해 낭비적으로 사용된다. 시간의 낭비와 금전적 낭비는 모두 부유하다는 증거이기 때문에 관습적으로 동일한 것으로 간주된다. 어떤 낭비를 선택하느냐는 단지 어느 쪽이 부를 더 잘 과시할 수 있는가에 달렸을 뿐이다. 베블런은 금전적인 문화가 지배하는 사회에서는 인간의 모든 행위들이 돈과 부에 의해 평가된다는 점을 지적하고, 시장경제에 내재하는 과시적 소비와 금전적 모방 문화는 자원과 생산적 노력, 그리고 시간의 엄청난 낭비를 몰고 온다는 점을 맹렬히 비판했다.[11]

베블런에 따르면 야만 사회에서는 개인이나 집단의 약탈 능력이 존경을 받았고 그러한 힘을 가진 자에게 명예로운 지위가 제공되었으나, 현대 산업사회에서는 이러한 약탈 능력이 소수의 사회구성원에게 높은 소득을 주는 고용에서 나타난다. 그러나 누군가가 높은 소득을 얻고 있다 하더라도 그것을 남들에게 인정받지 못하면 소

---

9   Veblen, T., *The Theory of the Leisure Class: An Economic Study in the Evolution of Institutions*, Macmillan, 1899. (김성균 옮김, 『유한계급론』, 우물이있는집, 2012, 51쪽 이하.)

10 베블런, 김성균 옮김, 같은 책, 74쪽.

11 베블런, 같은 책, 120쪽.

용없기 때문에 자본주의 문화 속에는 자신의 부를 과시하게 하는 다양한 방식이 만들어져 있다는 것이다. 그중에서도 과시적 소비는 자신의 약탈 능력을 드러내는 가장 효과적인 수단으로서 자동차, 주택, 의복, 그리고 하인의 고용 등은 약탈 서열 속에서의 위치를 정확하게 보여준다. 직접적인 소비 활동뿐만 아니라 여가 활동과 스포츠도 문화 속에서 명예로운 지위를 차지하려는 이러한 욕구를 반영한다. 고등교육 또한 이들에게는 대단한 가치를 가지는데, 그것은 고등교육이 사람을 진정한 노동을 하기에는 적합하지 않게 만들기 때문이다. 경쟁이라는 강력한 충동 때문에 부를 과시하는 이러한 활동들은 사회 전역으로 빠르게 확산되는 것이다. 베블런의 핵심적인 논점은 모든 경제주체의 행위 동기는 그 경제주체 자신만의 쾌락과 고통의 계산에 의해 고립적으로 결정되는 것이 아니라 주변의 다른 경제주체들과의 비교에서 비롯된다는 것이다. 어떤 경제주체도 진공 속에 놓여 있는 것이 아니라 주변 환경의 영향을 받기 때문이다.

『유한계급론』은 그 비판적 내용과 과격한 논조 때문에 혹평을 받았으나 그 덕분에 베블런은 지식인들 사이에서 상당한 주목을 받게 되었다. 이에 고무된 베블런은 1904년 두 번째 저서인 『영리기업의 이론 Theory of Business Enterprise 』에서 자본주의의 낭비적 본질에 대한 비판을 생산 측면에 대한 분석으로 확장시켰다.[12] 이 책에서 베블런은 생산을 사용을 위한 생산 production for use 과 이윤을 위한 생산 production for profit 으로 구분하고, 이윤의 추구는 독점을 통해 생산을 제한하게 된다고 주장했다. 즉 독점은 기존의 자본 투자를 보호하기 위해 기술 진보를 방해하며 이는 신용의 과도한 팽창과 금융조작에 의해 침체와 생산의 감축을 초래한다는 것이다. 나아가 베블런은 독점은 현존하는 자본에 대한 더욱 많은 통제를 위해 기업에서의 소유와 통제의 분리를 가져온다고 설명했다. 따라서 오직 이윤을 추구하려는 경제체제는 금전적 문화가 소비에서 낭비를 가져오듯이 생산에서도 기계기술에 의해 얻을 수 있는 이득의 완전한 실현을 방해한다.

『유한계급론』과 『영리기업의 이론』에서 베블런이 비판하고자 한 대상은 분명하

---

12 Veblen, T., *Theory of Business Enterprise*, Macmillan, 1904.

다. 직접적으로 보면 그는 모든 것이 돈과 부로 평가되는 금전적 사회에서 상층계급들에게 팽배한 사회적 속물주의를 풍자적으로 비판하고자 했다. 그러나 베블런은 단순히 그러한 현상을 묘사하는 데 그친 것이 아니라 그를 통해 자본주의 그 자체에 내재하는 낭비적 본질을 맹렬히 비판했다. 베블런의 경제사상에서 일관된 주장은 기업가들과 유한계급이 사회를 지배하고 있지만 변화는 불가피하다는 것이다. 베블런에 따르면 기술은 그 자체의 생애를 가지고 있으며 과학자, 기술자 및 다른 사람들은 이윤과는 상관없이 더욱 효율적인 조직체제와 더 나은 생산 방법을 부단히 추구한다. 물론 기득권을 가진 계급들은 변화에 저항할 것이며, 따라서 기술의 진보와 기존 질서를 지키려는 사람들 사이에 갈등은 불가피하다. 이러한 갈등을 베블런은 중앙계획과 공동체의 복지에 대한 헌신, 그리고 유용한 생산에 기반을 두는 기술에 의해 지배되는 사회주의와 기존의 부와 권력을 지키려고 고안된 군사적 권위주의와의 대립으로 파악했다.

베블런은 신고전학파의 방법론적 전제에 대해서도 신랄하게 비판했다. 「한계효용이론의 한계The Limitations of Marginal Utility, 1919」라는 논문에서 베블런은 정태적인 균형에 사로잡혀 있으며 개인의 쾌락주의적 심리학에 기초한 신고전학파이론의 전제들은 인간의 본성을 협소하게 해석한 데 지나지 않는다고 지적했다. 신고전학파는 고립된 개인에 초점을 맞춤으로써 전체로서의 사회를 무시했으며, 아울러 경제적 제도의 중요성과 제도적 변화과정을 분석에서 배제했고, 그들의 결론은 대부분 기존 질서의 이데올로기적 정당화와 연결되어 있다는 것이다. 이러한 문제의식에 따라 베블런은 인간의 경제행위도 다른 행위와 마찬가지로 그것이 형성된 사회적 맥락 속에서 분석되어야 한다고 보았다. 그래서 베블런은 신고전학파의 공리주의적이고 초역사적인 이론을 거부하고 완전히 새로운 토대로 구축된 경제학, 역사적이고 진화론적인 인간의 개념에 기초한 경제학을 시도했다. 베블런에 따르면 인간의 사회생활은 다른 동물의 생활과 마찬가지로 생존을 위한 투쟁의 과정이다. 따라서 인간생활도 선택과 적응의 과정이라 할 수 있다. 사회구조의 진화도 제도들의 자연선택과정이다. 따라서 그렇게 변화하는 제도들은 최적의 기질을 타고난 개인들을 선택하고, 또한 새로운 제도를 형성시킴으로써 변화한 환경에 개인들의 기질과 습관을 적응시키기도

한다.[13]

베블런에게 있어서 인류의 역사는 사회제도의 진화의 역사이다. 따라서 그의 세계에서 중요한 것은 바로 제도적 환경이다. 사람들은 모두 특정한 제도 아래에서 생활하게 되는데, 그 제도에 가장 잘 적응하는 자는 성공하고 그렇지 못한 자는 낙오한다. 이러한 베블런의 사상은 모든 역사적 상황에서의 인간 본질을 동일시한 신고전학파와 다를 뿐 아니라 오직 제도나 관습 등의 역사적 산물이라고 보았던 마르크스와도 구별된다. 베블런은 인간은 본능이라는 잠재력을 가지고 있으나 어떤 사회제도 아래서는 이런 방향으로 실현되고, 다른 사회제도 아래서는 다른 방향으로 실현된다고 보았다. 그러나 베블런은 자본주의 비판을 넘어 다른 사회의 대안을 제시하지는 않았다. 마르크스의 세계가 배타적인 이해관계를 가진 두 계급이 서로 투쟁하는 무대이고, 신고전학파의 세계가 자유로운 교환을 통해 모두가 이익을 얻는 평화로운 낙원이라면, 베블런의 세계는 전쟁터도 낙원도 아니었다. 한편에는 제작 본능에 따라 생산적 노동을 하는 보통 사람이 있고, 다른 한편에는 생산적 노동을 면제받고 과시적 소비에 몰두하는 유한계급이 있다. 이 두 계급의 이해관계는 서로 대립한다. 하지만 그렇다고 계급투쟁이 반드시 필연적인 것은 아니다. 보통 사람들은 유한계급을 증오하고 타도하는 것이 아니라 오히려 자신이 그 대열에 진입하려 할 것이기 때문이다. 유한계급과 노동계급 모두 보수적인 지향을 가지기 때문에 베블런의 세계는 마르크스의 견해와는 달리 매우 안정적일 수 있다.

3. 베블런 이후의 제도학파

베블런의 영향은 미국을 중심으로 많은 경제학자들에게 중요한 자극이 되었다. 베블런에 필적할 만한 사회 활동과 연구업적을 통해 제도학파의 경제사상과 방법론을 정립한 존 코먼스John Rogers Commons, 1862-1945와 경기변동에 관한 실증연구를 통해 독창적인 이론을 제시한 웨슬리 미첼Wesley Clair Mitchell, 1874-1948 등이 대표적인 인물들이다. 『풍요로운 사회The Affluent Society, 1958』, 『새로운 산업사회The New Industrial State, 1967』 등의

---

13 Veblen, T., "The Limitations of Marginal Utility", *The Place of Science in Modern Civilisation and Other Essays*, New York, 1919.

저작으로 유명한 존 갤브레이스^{John Kenneth Galbraith, 1908-2006}도 제도학파의 후계자로 불린다.

코먼스는 베블런과 함께 제도학파 경제학의 토대를 닦은 경제학자로 평가받는다. 위스콘신대학의 교수로 임용된 이후 코먼스는 학자로서의 연구 활동과 함께 주정부의 정책결정과정에 참여하여 노동문제나 공익사업, 경제정책 등 실제적인 여러 문제의 해결에 적극적인 역할을 했다. 코먼스 경제학의 특징은 크게 두 가지인데, 첫째는 추상적인 여러 전제에 입각하여 연역적 이론을 중시하는 정통파 경제학에 반대하면서 현실 경제문제의 개량적 해결에 기여할 이론을 전개하려 한 점이다. 둘째는 진화론적인 역사관과 행동심리학 등을 도입해 경제사회의 분석도구로서 개인의 경제행위 대신 집단행위의 조직체인 제도를 주장한 점이다. 『제도주의 경제학^{Institutional Economics: Its Place in Political Economy, 1934}』은 제도학파의 경제이론을 체계화한 그의 대표적인 저작이다. 여기서 코먼스는 경제에는 세 가지 유형의 거래가 있다고 주장했다. 첫째는 협상거래^{bargaining transactions}인데, 이는 법률적으로 동등한 사람들 사이에서 자발적으로 이루어지는 소유권의 이전을 가리킨다. 두 번째는 관리거래^{managerial transactions}로 법률적·경제적 강자와 약자 사이에서 이루어지는 지배-피지배 관계이다. 세 번째는 할당거래^{rationing transactions}인데, 합자회사의 구성원들에게 이익과 손실을 할당하는 권한을 가진 참여자들 사이에서 이루어지는 협상이다. 코먼는 경제 안에서는 이 세 가지 유형의 거래가 항상 결합되어 있다고 주장했다. 코먼스에게 '제도^{institution}'란 가족, 기업, 노동조합 등에서부터 국가에 이르기까지 이러한 집단들을 유지하고 운영하는 일정한 원칙들의 총체이다.[14]

코먼스는 경제를 의견을 달리하거나 대립하는 이해를 가진 여러 개인들이 거미줄같이 얽혀 있는 관계로 파악했다. 그러나 개인들은 단순히 대립하기만 할 뿐 아니라, 동시에 사회체제가 효과적으로 기능할 수 있도록 하기 위해 이러한 대립들을 융화하는 데도 이해를 가지고 있기도 하다. 현대 산업사회의 발전은 독점, 경기변동, 노사갈등과 같은 중요한 문제들을 만들었지만, 이러한 문제들을 제대로 풀 수 있다면 모

---

14 Commons, J. R., *Institutional Economics: Its Place in Political Economy*, New York, Macmillan, 1934, pp.67-69.

든 구성원에게 이익이 된다는 데 대부분의 사람들이 동의할 것이기 때문이다. 이러한 전제에서 코먼스는 정부를 대립하는 경제적 이해들 사이의, 그리고 경제적 힘과 개인 사이의 중재자로 파악했다. 시장의 균형력으로부터 모든 영역에서 조화가 나타난다는 신고전학파나, 계급 간의 갈등은 불가피하게 기존의 사회질서를 파괴하게 된다는 마르크스주의자들과는 달리 코먼스는 이러한 양자의 생각을 받아들이면서도 양자를 모두 극복하고자 했다. 그는 시장의 힘이 대립하는 이해의 일부는 조정할 수 있지만 전부는 조정할 수 없다고 생각했다. 그리고 복잡한 산업사회는 끊임없이 새로운 갈등들을 만들어내는데, 이를 공평하게 조정하기 위해서는 정부의 역할이 필요하다고 믿었다.

미첼도 코먼스와 마찬가지로 이론의 영역에서는 물론 실천의 영역에서 더 큰 기여를 한 경제학자로 평가받는다. 경제이론에서 미첼의 주요한 업적은 추상적인 모형에 의존하지 않고 경험적 사실에 근거한 경기변동이론을 제시한 데 있다. 시카고대학에서 철학과 경제학을 함께 수강한 미첼은 형이상학에 비하면 경제학은 매우 쉽고 더러는 미숙하다고 생각했다. 그가 보기에 정통 경제학은 정태적 균형만을 중시하기 때문에 경제현상의 동태적인 상호연관성을 제대로 분석할 수 없었다. 미첼이 통계적 사실들에 기초한 경험적 분석을 더 중시한 이유도 여기에 있다. 이를 통해 미첼은 주저인 『경기변동 Business Cycles, 1913』에서, 경기변동에 관한 몇 가지 결론을 제시했다. 첫째는 경기변동은 순환적이라는 것이며, 둘째는 모든 경기변동은 자기생성적 self -generating 이라는 것이다.[15] 여기서 자기생성적이라는 말은 모든 경기변동들은 서로 다른 원인과 특성을 가지고 있기 때문에 일반화할 수 없다는 뜻이다. 미첼이 추상적 모형의 구축보다 경험적 분석을 더 중시한 이유도 이 때문이다.

베블런에서 출발하여 코먼스와 미첼에 의해 발전한 제도학파의 개혁적 사회복지 철학은 1930년대의 대공황을 겪으면서 뉴딜 정책 등의 수립과 실천에 상당한 결실을 보게 되었다. 오늘날 미첼의 이름은 정책과 실천의 영역에서 더 중요하게 남아 있는 것이 사실이다. 미첼은 20세기 초반부터 약 40여 년에 걸쳐 여러 행정부의 각종 위

---

15 Mitchell, W. C., *Business Cycles*, University of California Press, 1913, p.583.

원회와 정부기구들에서 활동했다. 특히 미첼은 미국경제조사국Ｎational Bureau of Economic Research의 설립자로서 미국 경제학의 발전에도 지대한 공헌을 했다. 하지만 경제학 자로서 미첼의 업적을 과소평가하는 것은 옳지 않다. 슘페터는 자신의 『10대 경제학 자 : 마르크스에서 케인스까지 Ten Great Economists: From Marx to Keynes, 1951』에서 미첼의 이름 을 마르크스, 멩거, 발라, 마셜, 케인스와 같은 위대한 경제학자들과 나란히 놓았다.[16]

제도학파의 경제사상과 이론에서는 명확한 통일성을 발견하기 어렵지만, 미국의 경제학과 경제정책에 기여한 공헌은 매우 크다. 제도학파의 공헌은 대체로 다음과 같이 요약된다. 첫째, 경제학적인 측면에서의 기여를 보면 제도학파는 미국 경제학 의 방법론을 확립했다. 그들은 자동적 균형이라든가 자유방임이라는 정통적인 이론 으로는 자본주의의 변화하는 현실을 설명할 수 없다고 보고 제도적 접근 방법을 채 택했다. 이러한 방법론은 이후 많은 경제학자들에게 계승 발전되어 미국 경제학의 중요한 특징 중 하나가 되었다. 둘째, 당시 자본주의의 현실에 대해 제도학파는 산업 사회에서 이윤추구만을 유일한 목적으로 삼는 기업가들의 약탈행위를 비판하고 참 된 부의 근원은 기술의 발달에 있다고 주장했다. 이러한 주장은 그 후 미국 경제가 기술혁신과 경영합리화를 강조하는 방향으로 발전하는 데 기여했다. 셋째, 제도학 파는 자본주의 제도가 진화론적 발전과정을 통해 발전한다는 입장을 취하여 점진적 인 사회제도의 개선을 주장했다. 나아가 이들은 자본주의 발전과 전망과 구체적인 개혁 방향을 제시함으로써 미국 경제와 사회를 보다 건전한 방향으로 개선하는 데 기여했다.

마지막으로 제도학파는 생산과정을 안정화하고 부의 분배를 완화하고 시장의 파괴 적인 힘으로부터 국민들을 보호하기 위해서는 정부가 경제에 개입해야 한다고 주장 함으로써 뉴딜 정책이나 「독점금지법Anti-Trust Laws」의 제정 등과 같은 경제정책의 수 립과 이를 통한 미국적 경제질서의 형성에 기여했다. 시장경제에 대한 이들의 비판 은 돈을 벌고 부를 축적하는 시장경제의 물질주의는 전통적인 인간성과 공동체적 가 치에 적대적이라는 것이다. 형제애나 공동체의 이상, 개인의 타인에 대한 의무와 같

---

16 Schumpeter, J. A., *Ten Great Economists: From Marx to Keynes*, Allen & Unwin, 1951. (정도영 옮김, 『10대 경제학자』, 한길사, 1998.)

베블런은 대공황이 일어나기 불과 두어 달 전에 세상을 떠났다. 세상을 떠나기 직전에 베블런은 미국의 자본주의가 낭비와 탐욕을 버리지 못한다면 심각한 위기에 빠지고 말 것이라고 경고했다. 미국인들에게 1920년대는 '번영의 시대'인 동시에 '광란의 시대'였다. 제1차 세계대전은 유럽에 폐허를 남겼지만, 미국에는 경제적 풍요를 남겼다. 그러나 풍요는 다른 한편으로 사치와 방탕을 낳기도 했다. 부유층들은 매일 밤 사치스러운 파티를 즐겼다. 「금주법(The Prohibition Law)」이 있었지만 그 때문에 오히려 술은 부와 사회적 지위의 상징이 되었다. 부유층의 여성들에게 음주가 보편적인 습관이 된 것도 바로 이 시대이다. 하지만 비싼 밀주를 사 마실 형편이 못 되었던 가난한 노동자들은, 공업용 알코올을 섞은 저급한 밀주를 마시다가 목숨을 잃기도 했다. 스콧 피츠제럴드(Francis Scott Fitzgerald, 1896-1940)의 소설 『위대한 개츠비(The Great Gatsby, 1925)』는 베블런이 『유한계급론』에서 비판했던 바로 그러한 사회, 그러한 시대의 초상을 그린 작품이다. 광란의 20년대는 결국 대공황으로 막을 내린다. 베버는 전근대적 경제, 즉 경제적 전통주의로부터 자본주의적인 합리주의로의 변화

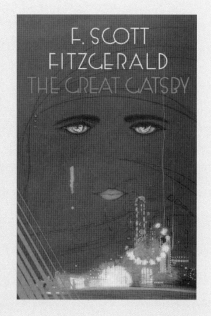

는 도덕적·종교적 원동력 없이는 불가능하다고 주장했다. 베버가 반대자들로부터 비판받는 주요한 이유 가운데 하나도 정신이 물질에 선행한다는 주장 때문이다. 그러나 정작 베버가 고민한 것은 정신이 결여된 물질이 과연 인간을 진정한 의미에서 더 풍요롭고 행복하게 해줄 수 있는가 하는 문제였다. 윤리가 결여된 자본주의의 미래는 무엇인가 하는 뜻이다. 베버가 그러한 미래의 가능성을 베블런과 마찬가지로 한참 번영을 과시하던 당시의 미국 자본주의에서 보았던 것도 우연한 일이 아니다.

은 가치들은 시장경제와 공존할 수 없다. 또한 이들은 실업, 경기변동, 금융위기, 자본가와 노동자 사이의 갈등, 안전하지 못한 작업장, 아동노동, 빈곤의 지속적인 반복 등의 문제들이 국민과 사회에 야기하고 있는 폐해를 지적했다. 결국 이들이 경제에 대한 국가개입을 긍정한 것은, 이미 자유방임이라는 전통적인 방법으로는 자본주의를 유지해 나갈 수 없다는 사실을 인식하고 경제적 자유의 일부를 희생함으로써 적극적으로 자본주의를 방어하고자 한 의도에서였다.

제 **3** 절

진보와 빈곤

1. 시대적 배경

헨리 조지는 필라델피아의 중하층 가정에서 10명의 자녀 가운데 둘째로 태어났다. 가정 형편 때문에 14세에 학업을 중단하고 선원과 노동자 생활을 전전했다. 어려운 상황 속에서도 독학으로 경제학과 사회과학 서적들을 탐구했다. 이때 조지는 고전학파 경제학, 특히 리카도의 지대이론을 접한 것으로 알려지는데, 이는 나중에 그의 경제이론을 형성하는 데 중대한 영향을 미친다. 1879년 조지는 『진보와 빈곤 : 부의 증진에 따른 산업불황과 빈곤증가의 원인에 대한 조사 *Progress and Poverty: An inquiry into the cause of industrial depressions and of increase of want with increase of wealth, 1879*』를 발표하여 단번에 세계적인 명성을 얻었다. 제도학파의 후계자인 갤브레이스는 19세기에 미국에서 출판된 사회과학 서적들 가운데 20세기 후반에도 읽히고 있는 책은 베블런의 『유한계급론』과 헨리 조지의 『진보와 빈곤』뿐이라고 말한 바 있다. 이밖에도 조지의 저서로는 『보호무역 또는 자유무역 *Protection or Free Trade, 1886*』, 『노동의 조건 *The Condition of Labour, 1891*』 등이 있다.

자본주의의 성장기를 목격한 애덤 스미스나 리카도는 자본주의적 진보가 모든 계급을 더욱 풍요롭게 하리라고 믿었다. 그러나 불과 한 세기도 안 되어 마르크스는 자본주의가 더욱 발전하면 할수록 노동자계급은 더 빈곤해진다고 주장했다. 그 이유는 바로 자본가들이 생산수단, 즉 자본을 독점하고 있기 때문이다. 그런데 조지는 같은 질문에 조금 다른 대답을 내놓았다. 사회가 진보할수록 대중이 더욱 빈곤해지는 이유는 바로 지주들이 토지를 독점하기 때문이라는 것이다. 물론 여기서 진보라는 말은 정치적인 의미보다는 생산력에서의 진보를 의미한다. 미국의 북부와 남부는 독립 당시부터 구조적으로 상당한 차이가 있었다. 북부에서는 비교적 공업이 발달하고 있었으나, 남부는 영국의 중상주의적 무역체제에 편입되어 공업의 발전이 매우 부진했다. 산업이 발전함에 따라 영국에서 면화 수요가 늘자, 남부는 영국에 면화를 수출하고 값싼 공산품을 수입했다. 이러한 무역체제는 북부의 산업자본이 성장하는 데 심각한 장애가 되었다. 따라서 북부는 보호무역을 주장했으나 남부는 자유무역을 옹호했다. 남북전쟁이 일어난 데는 이러한 무역체제의 차이가 주요한 원인 가운데 하나로 작용했다. 어떤 의미에서는 남북전쟁이야말로 북부의 산업자본이 자유롭게 성장할 수 있도록 해준 가장 중요한 계기였다고 해도 틀리지 않는다.

남북전쟁이 끝난 뒤 미국은 빠르게 농업사회에서 공업사회로 변화했다. 원래 미국은 자본주의 이행기 영국의 요먼Yeoman 계층에 비유되는 독립 자영농민들을 토대로 해서 건설된 사회이다. 그러나 산업화는 이러한 자영농민들의 경제적 기반을 무너뜨려버렸다. 남북전쟁 뒤 '서점운동westward movement'으로 불리는 서부개척이 진행되고, 서부개척을 위한 철도건설westward expansion trails 붐이 일어나면서, 돈과 권력을 앞세운 철도회사들은 농민들의 토지를 폭력적으로 매수했다. 정부도 철도회사에 이익을 안겨주기 위해 농민들의 토지를 강제로 수용해서 철도회사에 싼값에 매각했다. 특히 1869년에 최초의 대륙횡단철도trans-continental railway가 완공되면서 서부의 여러 도시에서는 광적인 토지투기가 일어났다. 철도회사들은 철도를 운영해 정상적으로 이윤을 획득하려 하기보다 주식거래나 토지의 매각, 현금보조금을 비롯한 갖가지 특혜에서 불로소득을 얻었다. 정부는 철도회사들에 광활한 면적의 토지를 무상으로 매각함으로써 투기를 조장했다. 물론 철도회사들만 온갖 악덕을 저지른 것이 아니다. 미국의 억만장자들은 대부분 남북전쟁에서 제1차 세계대전1914-1918에 이르는 시기에 부를 축적했다. 선박왕이자 철도왕으로 불렸던 코닐리어스 밴더빌트Cornelius Vanderbilt, 1794-1877를 비롯해 금융왕 존 피어폰트 모건John Pierpont Morgan, 1837-1913, 석유왕 존 데이비슨 록펠러John Davison Rockefeller, 1839-1937, 철강왕 앤드루 카네기Andrew Carnegie, 1835-1919 등이 바로 그들이다. 흔히 이들을 부르던 말이 바로 '강도 귀족robber baron'이다.

강도 귀족이라는 표현은 이들의 부가 합리적인 기업 활동과 정당한 거래로 쌓은 것이 아니라 기만과 협잡, 부정부패, 심지어는 범죄단을 동원한 노골적인 폭력과 범죄의 산물이었기 때문에 나왔다. 이들에게 고용된 폭력단은 총기를 들고 다른 회사에 침입하고, 경쟁자를 협박해 회사를 빼앗는 일도 예사였다. 강도 귀족들이 엄청난 부를 쌓을 동안 평범한 보통 사람들은 참혹한 대가를 치러야 했다. 자급자족하면서 건전한 삶을 유지해오던 많은 사람들이 토지에서 내쫓기거나 일자리를 잃었다. 대중은 더욱 빈곤해지고 생활조건은 더욱 가혹해졌다. 조지는 이 모든 참상의 원인이 바로 토지의 독점에 있다고 주장했다. 따라서 이러한 사회악의 해결책도 토지에 있다는 것이다.

2. 헨리 조지의 경제사상

산업화가 진전되고 확대됨에 따라 사회의 물질적 생산력은 커다란 진보를 이루었지만, 평범한 사람들의 생활은 전혀 개선되지 못했다. 오히려 물질적 진보는 평범한 사람들의 생활조건을 더 어렵게 만들었으며, 그들을 자신들이 통제할 수 없는 힘 앞으로 내몰았다. 그런데 조지는 자본의 독점자들을 비난했지만, 그들이 가난과 불황을 야기하는 주된 원인이라고 생각하지는 않았다. 조지가 보기에는 노동자들이 핍박을 받는 이유가 자본의 소유자들 때문은 아니었다. 자본가들 역시 불충분한 수요와 되풀이되는 불황으로 피해를 겪고 있기 때문이다. 조지는 모든 문제의 근원이 부의 분배에 있다고 주장했다. 애덤 스미스와 리카도의 분배이론에 따르면 매년 생산된 소득은 임금, 이윤, 지대로 분배된다. 다시 말해서 생산물에서 지대를 제한 나머지를 자본가와 노동자들이 각각 이윤과 임금으로 분배받는 것이다.

토지가 다른 형태의 재산과 다른 특징은 공급이 거의 절대적으로 제한되어 있다는 점이다. 따라서 장기적으로 지대는 인구 증가와 생산력의 증대로 인한 소득의 증가분을 모두 흡수해 버리는 경향이 있다. 생산력이 얼마만큼 증가하든 간에 지대가 생산력의 증가와 같은 속도로 증가한다면, 임금이나 이윤으로 분배될 몫은 전혀 증가할 수 없다. 조지의 이러한 논리에는 리카도의 차액지대론의 영향이 분명하게 드러난다.[17] 물론 단기적으로는 임금과 이자가 지대보다 빠른 속도로 증가하는 일도 가능하다. 그러나 이러한 호황기에는 다시 토지에 대한 수요가 증가할 것이며, 결국에는 물질적 진보의 대부분이 지대로 지불되고 만다. 따라서 생산은 축소되고 다시 불황

---

17   George, H., *Progress and Poverty: An inquiry into the cause of industrial depressions and of increase of want with increase of wealth*, Doubleday, Page & Co., 1879. (김윤상 옮김, 『진보와 빈곤』, 비봉출판사, 1997, 161쪽.)

이 시작되는 것이다.[18] 로크나 페티와 같은 선구적인 사상가들이 주장했듯이 사유재산으로서 정당화될 수 있는 것은 자기 노동의 산물뿐이므로, 토지의 사적 소유는 비윤리적이다. 따라서 토지와 같은 자연이 제공하는 기회에 대해서는 모든 사람이 평등한 권리를 가져야 한다는 것이 조지의 사상이다.

그러나 헨리 조지는 토지의 전면적인 국유화와 같은 급진적 조치들에 대해서도 반대했다. 대신 그가 주장한 정책은 '지대조세제도 land value taxation' 또는 '토지단일세 single tax'로 불리는데, 지대의 전부를 국가가 조세로 징수하자는 것이다. 지대를 조세로 징수한다면 굳이 토지를 국유화하지 않더라도 동일한 효과를 얻을 수 있기 때문이다. 사실 이러한 아이디어는 조지보다 100여 년 앞서서 중농주의자들이 이미 제안한 바 있다. 정부는 지대에 대한 조세만으로도 재정에 필요한 재원을 충분히 조달할 수 있으므로, 이윤이나 임금에는 세금을 부과할 필요가 없게 된다. 따라서 생산적투자와 노동은 더욱 증가하고, 반대로 불황의 원인이 되는 토지에 대한 투기는 사라질 것이다. 또한 토지가격이 거의 영(0)의 수준까지 하락할 것이므로 노동자들이 토지를 자유롭게 이용할 수 있게 되고 따라서 실업도 없어진다. 더 나아가 불로소득이 사라짐으로써 그로 인한 사회적 병폐들도 사라질 것이다.[19]

『진보와 빈곤』을 발표한 이후 헨리 조지는 영국과 여러 나라를 방문하여 자신의 사상과 이론을 전파했다. 조지의 사상은 한계효용이론에 빠져 있던 같은 시대의 경제학자들에게는 그다지 평가받지 못했다. 하지만 그의 사상은 조지 버나드 쇼 George Bernard Shaw, 1856-1950 나 시드니 웹 Sidney Webb, 1st Baron Passfield, 1859-1947 과 같은 영국의 페이비언 사회주의자들을 비롯하여 여러 나라의 개혁적 사상가들과 실천운동가들에게 더 큰 영향을 주었다. 그 결과가 영국토지개혁연합 English Land Reform Union 과 스코틀랜드토지복구연맹 Scottish Land Restoration League 등의 결성으로 나타났다. 오스트레일리아와 뉴질랜드에서는 그의 토지세제이론을 법으로 제정하기도 했다. 러시아의 문호 레프 톨스토이 Lev Nikolayevich Tolstoy, 1828-1910 의 문학작품들에 묘사된 토지개혁이나, 중국혁명의 아버지인 쑨원 孫文, 1866-1925 의 삼민주의 三民主義, 특히 그 가운데 민생주의 民生主義 도

---

18   조지, 김윤상 옮김, 같은 책, 163쪽.
19   조지, 같은 책, 395쪽 이하.

강도 귀족들을 중세의 탐욕스러운 영주들에 풍자한 삽화

미국 문학의 아버지로 불리는 마크 트웨인(Mark Twain, 1835-1910)은 작가 찰스 워너(Charles Dudley Warner, 1829-1900)와 함께 쓴 『도금시대 : 우리 시대의 이야기(The Gilded Age: A Tale of Today, 1873)』라는 작품에서 토지의 수용과 그를 둘러싼 협잡, 부정부패 등 그 당시 미국 사회의 추악하고 부끄러운 이면을 고발했다. 겉으로는 금인 양 번쩍거리지만 실은 싸구려에 불과한 도금처럼, 당시의 미국 경제가 겉으로는 번영을 누리는 것처럼 보이지만, 그 이면을 들여다보면 강도 귀족들의 탐욕이 보통 사람들의 삶을 짓밟고 있다는 뜻이다. "금에 도금칠을 하거나 백합에 색칠을 하는 것은 낭비적이고 어리석은 짓일 뿐이다"(셰익스피어, 〈존 왕, 1595〉).

조지에게서 영향을 받았다고 알려진다. 요즘도 자주 논의되고 있는 '토지 공☆개념'이나 개발이익을 환수해 공공복지를 위해 사용하자는 주장 등도 모두 그의 사상에서 나온 것이다.

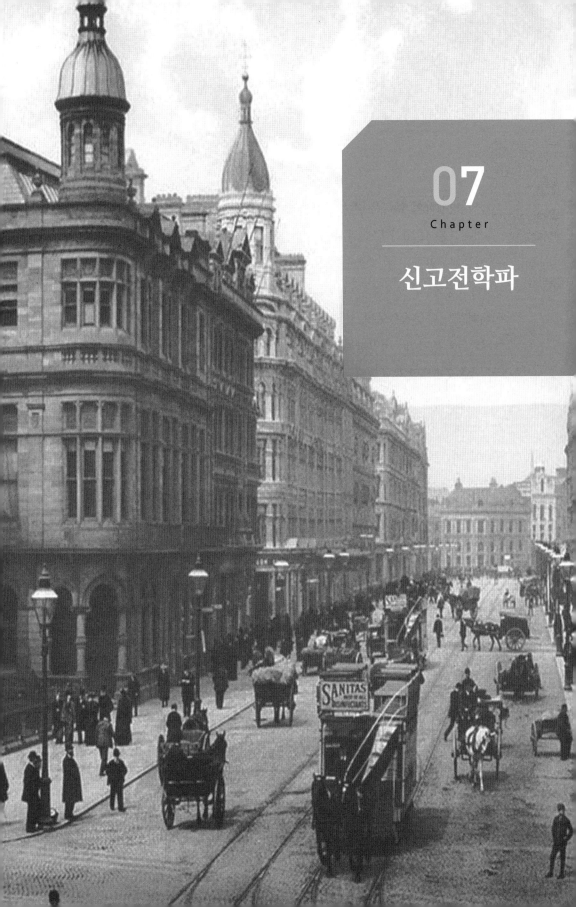

07
Chapter

신고전학파

신고전학파의 출현

1. 시대적 배경

오늘날 경제학의 주류는 흔히 '신고전학파Neo-Classical School'라고 불린다. 신고전학파 경제학은 1870년대에 와서 영국의 제번스, 오스트리아 비엔나대학의 멩거, 프랑스 출신이면서 스위스에서 주로 활동한 로잔대학의 레옹 발라Marie-Esprit Léon Walras, 1834-1910 등에 의해 거의 동시에 '한계효용marginal utility'의 원리에 입각한 새로운 경제 이론체계가 수립됨으로써 시작했다. 제번스의 『정치경제학의 이론The Theory of Political Economy』과 멩거의 『국민경제학의 원리Grundsätze der Volkswirtschaftslehre』는 1871년에, 발라의 『순수경제학의 구성요소와 사회적 부의 이론Éléments d'économie politique pure, ou théorie de la richesse sociale』은 1874년에 각각 발표되었는데, 이처럼 특정한 시기에 거의 동일한 분석 방법과 이론체계가 서로 다른 인물들에 의해 독립적으로 제시되었다는 것은 매우 특별한 일이다. 이는 신고전학파 경제학이 1870년대를 전후한 당시 유럽 사회의 특수한 시대적 배경과 시대정신의 산물임을 의미한다. 과거의 경제학이 가지고 있던 사회적·실재론적 관점이 신고전학파의 개인주의적·관념론적 관점으로 전환된 것은 당시 유행했던 정신적 경향의 한 표현이었다는 것이다.

19세기 후반에는 정치경제적 현실과 철학, 종교, 예술 등 정신문화의 모든 부문에서 중요한 전환이 있었다. 가령 철학에서는 외적 세계로 지식을 확대하고자 한 카를 뒤링Karl Eugene Dühring, 1833-1921의 실증철학으로부터 헤르만 코헨Herman Cohen, 1842-1918의 관념철학으로의 전환이 일어났다. 뒤링은 유물론적 실증주의의 입장에서 마르크스주의와는 다른 독자적인 사회민주주의 사상을 주장했다가 엥겔스로부터 통렬한 비판을 받았던 인물이다.[1] "칸트로 돌아가자"는 구호와 함께 이른바 '신칸트주의Neo-Kantianism' 철학을 주장한 코헨의 저서 『칸트의 경험이론Kant's Theorie der Erfahrung』은 멩거

---

1 엥겔스, 김민석 옮김, 『반뒤링론』, 앞의 책.

의 『경제학의 원리』와 같은 해에 출간되었다. 내성적 논리로의 복귀를 주장한 코헨의 사상은 사회현상의 내면적 분석과 이론으로의 복귀를 강조하는 멩거의 사상과 거의 동일한 철학적 근거로부터 서술되었다.[2]

이러한 정신적 분위기는 문학과 예술의 여러 분야에서도 나타났다. 문학에서는 현실의 객관적 묘사를 중시한 오노레 드 발자크 Honoré de Balzac, 1799-1850 의 사실주의와 에밀 졸라 Émile Édouard Charles Antoine Zola, 1840-1902 의 자연주의 소설로부터, 내면적 고백을 강조하는 톨스토이의 정신주의나 철저하게 주관적 심리를 표현한 아르튀르 랭보 Jean Nicolas Arthur Rimbaud, 1854-1891 의 상징주의 문학으로의 전환이 나타났다. 미술에서는 외적 세계의 묘사를 중시한 폴 세잔 Paul Cézanne, 1839-1906 과 에두아르 마네 Éduard Manet, 1832-1883, 오스카 클로드 모네 Oscar-Claude Monet, 1840-1926 등의 인상주의 미술에서 반 고흐 Vincent van Gogh, 1853-1890 의 후기 인상주의나 에드바르트 뭉크 Edvard Munch, 1863-1944 의 표현주의와 같이 내면의 심리를 표현하고자 하는 경향으로의 전환이 확산되었다. 문학과 예술에서의 이러한 새로운 경향들은 모두 개인의 심리적 경험에서 시장경제의 법칙을 파악하고자 한 신고전학파의 개인주의와 동일한 역사적 사조에서 형성된 것이다. 결국 신고전학파의 출현은 그 시대의 일반적 경향이었던 광범한 문화현상의 일환이었다.

그렇다면 이 시기의 문화현상으로서 외향적·경험적 태도로부터 내향적·관념적·이론적 태도로의 전환은 어떠한 배경에서 일어났는가 하는 문제가 궁금하다. 여기에는 1870년대 대불황 Long Depression 의 시기를 전후하여 자본주의가 금융자본주의 또는 독점자본주의로 발전하게 되었다는 점을 도외시할 수 없다. 애덤 스미스 시대에는 경영자와 자본가가 구분되지 않았다. 대개 경영자들은 자기 돈으로 회사를 설립하고 자기 돈으로 회사를 운영했기 때문이다. 이 시대에는 아직 회사라거나 기업이라는 말보다 공장이라는 말이 더 적절할 듯싶다. 체계적인 경영 관리나 회계 같은 것은 아직 나타나지 않았다. 공장주들은 그저 노동자들에게 더 많이 일하게 하고, 더 많이 생산하게 해서 팔기만 하면 그만이었다. 물론 공장을 운영하는 데 늘 자금이 여유로

---

2   Cohen, H., *Kant's Theorie der Erfahrung*, Berlin, 1871.

운 부자는 그리 많지 않았다. 자기 돈이라고 표현했지만 엄밀히 말하면 그 안에는 남에게서 빌린 돈이 포함되어 있었다. 그때도 직접 생산하는 대신 공장주나 상인들에게 돈을 빌려 주고 그 대가로 이자를 받는 사람들이 있었다. 요즘은 금융업자니 대부자본가니 하는 고상한 말들로 그들을 부르기도 하지만, 그 당시에는 예외 없이 고리대금업자라고 불렀다. 그런데도 자기 돈이라고 표현한 것은 어차피 그 돈은 공장주가 스스로 갚아야 할 돈이기 때문이다.

그런데 금융자본이 경제를 지배하면서 나타난 새로운 현상은 기업에 화폐자본을 제공하면서 기업의 경영에는 전혀 관여하지 않을 뿐 아니라 아예 관심조차 없고, 오직 자신이 제공한 화폐자본에 대한 이자에만 관심을 가지는 사람들이 나타났다. 영국의 산업혁명에서 중심적 역할을 한 중간계급은 귀족이나 지주, 상인 등이 아니라 아래에서부터 성장해 온 독립 자영농민과 독립 수공업자들이었다. 자본주의의 초기에는 계층 간 이동과 신분상승의 기회가 비교적 많았다는 뜻이다. 그러나 자본주의가 발달하고 기업의 규모가 커지면서 아래에서부터 자본가로 성장하는 일은 점점 어려워졌다. 특히 독점자본의 시대에는 주식회사 형태의 기업결합이 일반화되고 기업경영에 대한 금융자본의 배타적 지배가 확산되면서 평범한 중산층이 기업가나 경영자로 상승한다는 것은 거의 불가능해졌다. 이에 따라 중소 자영업자들, 비교적 높은 소득을 받는 전문직 종사자들, 은퇴한 관리자 등과 같이 약간의 저축이 있지만 직접 자본가가 될 만큼의 자금은 가지지 못한 사람들이 나타나게 되었다. 이들이 선택할 수 있는 길은 직접 기업을 설립하거나 운영하는 대신 자신의 저축을 안정적으로 투자해 이자를 받는 것이었다. 오스트리아 출신의 마르크스주의 경제학자 루돌프 힐퍼딩 Rudolf Hilferding, 1877-1941 은 『금융자본론 Das Finanzkapital, 1910』에서 이들을 '금리생활자 rentier'라고 불렀다. [3]

금리생활자들이 과거의 고리대금업자와 다른 가장 중요한 점은, 과거의 금융거래가 공장주와 대금업자의 개인적 차원에서 이루어졌던 데 반해 새로운 금융거래는 기업이라는 조직을 가운데 두고 이루어진다는 데 있다. 기업가가 아니라 기업이 돈을

---

3   Rudolf Hilferding, *Das Finanzcapital*, Vienna, 1910. (김수행·김진엽 옮김, 『금융자본론』, 비르투, 2011, 142쪽.)

빌리는 것이며, 대부자금의 형태가 아니라 주식이나 채권의 형태로 거래가 이루어졌다. 이 거래는 대개 은행이나 증권거래소가 중개한다. 따라서 기업의 경영자와 화폐자본을 제공하는 사람들 사이에는 아무런 사적 관계도 형성되지 않는다. 무엇보다도 고리대금업자들은 사회의 독립된 계층이나 집단을 만들지는 않았던 반면에, 금융자본의 시대에는 금리생활자들이 사회의 중요한 부분을 형성했다는 점이다. 금융자본주의의 발전으로 다양한 신용 형태가 발달하게 되면 축적된 잉여는 생산과는 전혀 관련 없는 사람들의 수중으로 들어가게 되고, 이러한 사람들의 수가 증가함에 따라 하나의 사회계급을 형성하게 된다. 금리생활자들은 직접 생산과정에 참가하지 않고 오직 투자에서 얻는 소득의 소비에만 관심을 가진다. 따라서 소비자의 심리학은 금리생활자의 특징이다. 바로 이러한 금리생활자 계급의 대두에 따라 소비를 경제이론의 출발점으로 보는 주관적·비역사적인 한계효용이론이 형성된 것이다. 흔히 애덤 스미스의 경제학은 생산의 경제학, 리카도의 경제학은 분배의 경제학이라고 부른다. 이제 신고전학파에 의해 비로소 소비의 경제학이 등장하게 된 것이다.

2. 한계혁명

고전학파 학자들과는 달리 19세기 말 경제학의 새로운 조류, 즉 신고전학파 경제학자들은 가치가 공급이 아니라 수요에서 발생한다고 보았다. 다시 말하자면 노동이나 생산요소와 같은 공급 측 요인에 의해 상품의 가치가 결정되는 것이 아니라 수요 측 요인인 인간이 느끼는 주관적인 만족에서 결정된다는 것이다. 이름에서 알 수 있듯이 신고전학파 경제학은 애덤 스미스를 비롯한 고전학파 경제학과 세계관이나 방법론에서 많은 부분을 공유한다. 두 학파의 가장 중요한 차이는 고전학파가 가치이론에서 출발하는 반면에 신고전학파는 가치이론을 자신들의 이론체계에서 아예 배제해버렸다는 것이다. 고전학파는 상품의 가치가 그것에 투입된, 또는 그것으로 지배할 수 있는 노동량에 의해 결정된다고 설명했다. 그러나 신고전학파는 상품의 가치가 그것을 소비함으로써 얻는 '효용utility'에 의해 결정된다고 주장했다. 경제학자이기 이전에 철학자였던 스미스는 상품이라는 현상의 밑바탕에 있는 본질을 객관적으로 규명하고자 했다.[4] 그러나 신고전학파 경제학자들은 상품의 본질이 무엇이든 그 가치는 개인이 느끼는 주관적이고 심리적인 효과에 있다고 주장했다. 이처럼 가치에 대한 판단은 어디까지나 '경제적 개인economizing individual'이 행하는 것인데, 고전학파 경제학자들은 주관적인 가치를 객관적인 무엇으로 규정하려고 함으로써 경제학의 기본원리들을 혼동하고 말았다는 것이다.[5]

신고전학파의 방법론에 따르면 경제학의 분석 대상은 희소성의 문제에 직면한 인간과 자연 또는 사물과의 관계로 환원된다.[6] 신고전학파가 경제학의 핵심적 주제로 삼고 있는 희소성의 극복이란 기본적으로 무한한 인간의 욕망과 한정된 수단이라는 자연적 제약조건 사이의 괴리를 극복하기 위한 인간의 부단한 노력이다. 효용이라는 개념은 사물이 인간의 욕망을 충족시켜 주는 능력을 의미하는 개념이다. 그런데 경제학의 분석대상을 이처럼 인간과 사물 간의 관계로 제한해 버리게 되면 자본주의 사회에서 인간과 인간의 관계에서 발생하게 되는 문제, 즉 계급 간의 대립과 갈등이라는 문제를 비켜갈 수 있게 된다. 사상적으로나 실천적으로나 그 당시 유럽의 지식인들에게 가장 주요한 영향을 미치고 있던 것은 마르크스주의이다. 마르크스주의는 계급 대립으로 표출되는 인간과 인간 사이의 사회적 관계를 주된 분석대상으로 삼아, 노동가치이론을 기초로 자본주의의 부도덕성을 폭로했다. 신고전학파의 효용가치이론은 마르크스주의의 확산에 대항할 수 있는 유력한 대안이 되었다. 신고전학파 이론에 의하면 이 사회는 세속적인 본능을 가진 경제인들의 자발적인 교환으로 이루어진 수평적인 세계이며, 이것을 통해 누구나 세속적인 욕망인 효용을 성취한다. 따라서 이 세계는 혁명이 발생할 하등의 이유가 없는 세계인 것이다.

신고전학파 경제이론을 특히 한계효용이론marginal utility theory이라고 부르는 것은, 상품의 효용이 한계적으로 결정된다고 생각했기 때문이다.[7] 경제학의 발전에 이들이 기

---

4 Menger, *Grundsätze der Volkswirtschaftslehre*, Wilhelm Braumüller, 1871. (민경국·이상헌·김이석 옮김, 『국민경제학의 기본원리』, 자유기업원, 2002, 135-36쪽.)

5 멩거, 민경국·이상헌·김이석 옮김, 같은 책, 138-39쪽.

6 Warlas, *Éléments d'économie politique pure, ou théorie de la richesse sociale*, Rossanne, 1874. (심상필 옮김, 『순수경제학 : 사회적 부에 관한 이론』, 민음사, 1996, 186쪽 이하.)

7 멩거, 같은 책, 147-49쪽.

여한 가장 중요한 공헌은 바로 '한계적 방법marginalism'을 경제학의 분석 방법으로 도입한 데 있다. 한계효용이란 상품의 효용이 소비의 총량이 아니라 마지막으로 소비한 한 단위에 의해 결정된다는 뜻이다. 노동가치이론에 따르면 상품의 가치는 그 생산에 투입된 노동량 또는 그 생산비에 의해 결정된다. 이처럼 가치가 객관적으로 결정된다는 말은 곧 가치가 고정적이라는 뜻이다. 그러나 한계효용이론에 따르면 상품의 가치는 고정되어 있는 것이 아니라 구매량이나 소비량에 따라 가변적이다. 대부분의 경우 소비량이 증가하면 할수록 추가되는 효용의 크기는 작아진다. 오늘날의 경제학 교과서에서는 이를 '한계효용 체감의 법칙law of diminishing marginal utility'이라고 부른다. 이처럼 한계적 방법은 처음에는 소비의 효용을 설명하기 위해서 사용되었다. 그러나 이 새로운 사고방식은 곧 신고전학파 경제학의 거의 모든 분석으로 확장되었다. 오늘날의 경제학 교과서에서는 한계라는 말을 사용하지 않고서는 아무것도 설명할 수 없을 정도이다. 한계적 방법의 출현을 감히 '한계혁명marginal revolution'이라고 부르는 것도 그런 이유에서이다.

제 2 절

신고전학파의 경제사상

1. 멩거와 오스트리아학파

오스트리아학파의 창시자인 카를 멩거는 지금은 폴란드의 영토인 갈리치아에서 법률가의 아들로 태어났다. 비엔나대학과 프라하대학을 거쳐 폴란드의 야기엘론스키대학에서 법학 박사 학위를 받았다. 언론계와 정부에서 활동하다가 『국민경제학의 원리』가 발표된 지 2년 후인 1873년 비엔나대학의 경제학 교수로 임명되었다. 멩거가 활동하던 당시의 유럽에서는 독일을 중심으로 역사학파의 방법론이 유행하고 있었다. 이 때문에 멩거는 자신의 이론을 보급하는 것보다 반대자들의 방법론을 공격하고 자신의 방법론을 옹호하는 데 더 많은 정력을 쏟았다. 특히 후기 역사학파의 거장인 슈몰러와 25년에 걸쳐 진행한 '방법론 논쟁'은, 이론경제학의 대표자로서 멩거의 명성을 높이는 계기가 되었다. 이 논쟁에서 처음 양자의 주장은 사회과학의 방법으로서 귀납법과 연역법의 한쪽만 강조했으나, 장기간의 논쟁을 통해 서로 상대방의 방법을 인정하게 되었다.

멩거와 제번스를 포함하여 여러 경제학자들이 비슷한 시기에 비슷한 내용의 이론을 발표하다 보니 한계효용이론의 진정한 선구자는 누구인가 하는 논쟁이 한동안 벌어지기도 했다. 엄밀히 말하면 한계적 사고 그 자체는 멩거나 제번스에 앞서 여러 경제학자들에 의해 이미 발표되었다. 가령 독일의 경제학자 헤르만 고센 Hermann Heinrich Gossen, 1810-1858은 이들보다 거의 30년 전에 이미 한계효용의 개념과 이론을 발표했다.[8] 제번스도 자신의 『정치경제학의 이론』 제2판의 「서문」에서 고센의 이름을 거론하고 있다.[9] 오늘날의 경제학 교과서에 나오는 '한계효용 체감의 법칙'은 '고센의 제1법칙 Gossen's first law', '한계효용 균등의 법칙'은 '고센의 제2법칙 Gossen's second law'이라고 부르기도 한다. 그런데도 멩거나 제번스가 한계효용이론의 창시자로 불리는 이유는 그 이론의 파급력과 영향력 때문이다. 사실 고센의 이름은 오랫동안 묻혀 있다가, 멩거와 제번스의 이론이 발표된 뒤에야 본격적으로 재평가되었다.

멩거와 제번스의 이론은 내용적 측면에서는 거의 동일했으나 방법론에서는 큰 차이가 있었다. 제번스의 이론은 수학적이었으나 멩거의 이론은 비수학적이었고 설명이 단순하고 도표도 거의 사용하지 않았다. 멩거 경제학의 출발점은 주관적 가치, 즉 개인의 욕망과 효용에 있다. 멩거의 방법론에서 가장 핵심적인 개념은 '원자론적 개인주의 atomistic individualism'이다. 이는 개인을 분석에 중심에 놓고, 경제사회는 자유로운 개인들 간의 교환관계의 집합에 불과한 것으로 간주하는 이론이다. 경제현상은 어떤 사회적 힘의 표현이 아니라 개인행위의 결과이며, 따라서 전체 경제 과정을 이해하기 위해서는 개인의 경제행위를 분석해야 한다는 것이다. 멩거는 이러한 개인을 '경제인 Wirtschaftender mensch'이라고 불렀는데, 이는 호모 에코노미쿠스 homo economicus 의

---

8   Gossen, H. H., *Die Entwickelung der Gesetze des menschlichen Verkehrs, und der daraus fließenden Regeln für menschliches Handeln*, Berlin, 1854.

9   Jevons, W. S., "Preface the Second Edition", *The Theory of Political Economy*, London, 1879.

독일어이다. 멩거는 경제행위의 동기는 욕구의 충족에 있으며 그것의 본질은 효용이라고 보았다.[10] 주류 경제학을 흔히 '로빈슨 크루소의 경제학'이라고 비유하는데, 이도 실은 멩거의 저서에서 나온 말이다. 『국민경제학의 원리』에서 멩거는 '우리 크루소'라는 표현을 자주 사용했다.[11] 무인도에 고립된 로빈슨 크루소야말로 합리적인 개인, 즉 경제인의 모습을 가장 잘 보여주기 때문이다.

오늘날 멩거의 이름이 가지는 영향력은 상당 부분 오스트리아학파로 불리는 그의 후배와 제자들 덕분이다. 오스트리아학파는 멩거 이후 비엔나대학을 중심으로 프리드리히 폰 비저Friedrich von Wieser, 1851-1926, 뵘-바베르크 등에 의해 경제학의 주요한 학파 가운데 하나로 발전한다. 오스트리아학파의 철학과 방법론을 따르는 루트비히 폰 미제스Ludwig Heinrich Edler von Mises, 1881-1973, 하이에크 등도 넓은 의미에서의 오스트리아학파로 부른다. 슘페터도 뵘-바베르크와 미제스로부터 경제학을 배웠으며, 게임이론game theory을 창안한 오스카 모르겐슈테른Oskar Morgenstern, 1902-1977 역시 비저의 제자이다. 한동안 한계효용학파라는 이름은 오스트리아학파를 가리키는 의미로 사용되었다. 그러나 20세기 들어 신고전학파 경제학의 주요한 경향이 수리적 방법에 기초한 추상적 경제이론에 기울어진 반면에 오스트리아학파는 경제사상, 법과 제도, 경제체제 등의 다양한 주제에 폭넓은 관심을 가졌다. 이는 멩거 자신이 수학적 방법을 그다지 선호하지 않았던 데다가, 그 당시 오스트리아의 학문적 경향이 그러했기 때문이기도 하다.

제1세대 오스트리아학파를 형성한 것은 뵘-바베르크와 비저이다. 비저는 멩거가 은퇴하자 그의 뒤를 이어 비엔나대학의 교수가 되었다. '한계효용'이라는 용어를 처음 사용한 것도 비저이다. 그는 오스트리아학파의 분배이론을 발전시키는 데 결정적으로 기여했다. 주요한 저서로는 가치와 비용의 법칙을 다룬 『자연가치론Der Natürliche Wert, 1889』과 한계효용의 원리를 다룬 『사회경제의 이론Theorie der Gesellschaftlichen Wirtschaft, 1914』 등이 있다. 뵘-바베르크는 대학을 수료한 뒤 재무부에 들어가 세 번이나 재무장관을 지내기도 했지만, 비엔나대학의 교수가 된 이후로는 연구에만 전념했다. 특

---

10 멩거, 같은 책, 40쪽.
11 멩거, 같은 책, 160-61쪽.

히 오스트리아학파의 가격이론을 완성한 경제학자로 평가받는다. 생산요소에 대한 보수는 그 요소의 한계생산력marginal productivity에 의해 결정된다는 '한계생산력이론'과 이자는 미래재보다 현재재가 더 높이 평가되기 때문에 발생한다는 '시차설' 등을 주장했다. 주요한 저서로는 『자본과 이자Kapital und Kapitalzin, 1890』가 있다.

제1세대 오스트리아학파 이후에도 멩거의 영향을 받은 많은 경제학자들이 독일, 영국, 미국 등지에서 교육과 연구 활동을 통해 오스트리아학파의 이론을 확산시키는 데 기여했다. 가장 대표적인 인물이 미제스인데, 비엔나대학의 교수를 지낸 다음 미국으로 이주하여 신오스트리아학파의 선구자가 되었다. 화폐의 가치를 효용이론에 근거하여 전개했으며, 화폐적 경기이론의 발전에도 중요한 기여를 했다. 특히 사회주의 경제체제에는 가격기구에 의한 합리성이 없으므로 합리적인 자원배분이 불가능하다고 주장함으로써 이를 둘러싼 국제적인 논쟁을 촉발시키기도 했다. 미제스의 주요한 저서로는 『화폐와 신용수단의 이론Theorie des Geldes und der Umlaufsmittel, 1912』과 『사회주의 : 경제학과 사회학적 분석 Die Gemeinwirtschaft: Untersuchungen über den Sozialismus, 1922』 등이 있다.

미제스 이후 슘페터를 비롯한 많은 오스트리아 출신의 경제학자들은 자신의 독창적인 방법론을 개척함으로써 더 이상 오스트리아학파의 전통을 따르지 않게 되었다. 수학보다 논리를 더 중시했던 멩거의 방법론도 수학과 통계학적 방법에 보다 많이 의존하게 된 현대의 주류 경제학자들에게는 받아들여지지 못했다. 그러나 오스트리아학파의 주요한 사상적 특징인 시장경제에 대한 옹호와 관념적 자유주의의 경향은 미제스와 하이에크에 의하여 사회주의와 정부 개입을 옹호하는 경제이론들에 대한 비판의 유력한 사상적·이론적 토대가 되었다.

2. 제번스

한계효용이론의 선구자들 가운데 한 사람으로 흔히 영국 한계효용학파의 창시자로 불리는 윌리엄 스탠리 제번스는 비국교도인 부유한 상인의 아들로 태어났다. 런던의 유니버시티칼리지에서 수학했으나 부친의 사업 실패에 따른 경제 사정으로 학업을 중단하고, 오스트레일리아의 조폐국 관리로 근무했다. 학업을 재개하여 1863년에 석사학위를 받고 맨체스터의 오웬스칼리지와 유니버시티칼리지의 교수가 되었다. 제번스는 매우 가정적인 성격이면서 책임감이 강했고, 특히 어려서부터 인생의 위대한 목적을 달성하겠다는 야망을 가지고 있었다고 한다. 제번스는 특히 자신의 학문이 독창적이라는 데 매우 큰 자부심을 가지고 있었다. 그래서 발라의 책을 읽고는 그에게 직접 편지를 보내 자신이 몇 년 전에 이미 동일한 결론을 발표한 바 있음을 강변하기도 했다. 이에 발라는 제번스가 자신보다 먼저 동일한 이론을 발표했음을 인정하고 그러한 사실을 다음 출판본에서 명확하게 밝히겠노라고 답변했다. 이를 계기로 두 사람은 제번스가 세상을 떠날 때까지 돈독한 우정을 나누게 되었다.

발라와의 일화를 보면 제번스는 학문적 명성을 중시한 것처럼 보이기도 한다. 그러나 정작 제번스는 어렵게 얻은 교수직에 연연하지 않고 자유로운 연구와 안식을 위하여 아직 젊은 나이에 스스로 강의를 그만두는 선택을 했다. 이처럼 제번스의 개성에는 다양하고 복잡한 측면이 동시에 존재했다. 근본적으로 철저한 개인주의자였던 제번스는 권위를 매우 싫어했는데, 존 스튜어트 밀의 권위로 인하여 경제학의 오류가 영속화되고 진리가 억압당한다고 생각하여 밀과 그 추종자들을 매우 신랄하게 비판했다. 하지만 다른 한편 정치적 태도에서는 영국의 군주정치와 귀족정치의 장점을 인정하여 급진적 사상과 혁명운동을 반대하고, 민주주의를 위해서는 여러 계급들 간의 타협이 유일한 방편이라고 주장하기도 했다. 또 사회문제에 대해서는 대중의 요구를 모두 들어주게 되면 근로와 자기 향상의 의욕을 저해할 가능성이 있다는 이유로 사회보장제도의 실시를 반대했다.

제번스는 논리학, 철학, 과학 등 여러 분야에서 저술을 남겼다. 제번스가 본격적으로 경제이론을 연구하기 시작한 것은 『석탄 문제 : 국가의 진보와 석탄 채굴의 고갈 가능성에 대한 연구 *The Coal Question: An Inquiry Concerning the Progress of the Nation, and the Probable Exhaustion of Our Coal Mines, 1865*』에서부터이다. 이 책에서 제번스는 기술진보로 어떤 생산요소의 효율성이 증가하면 그 요소의 사용량이 증가한다는 '제번스의 패러독스 Jevons' paradox'를 주장했다.[12] 제번스의 경제이론을 체계적으로 정리한 가장 주요한

---

12 Jevons, W. S., *The Coal Question: An Inquiry Concerning the Progress of the Nation, and the Probable Exhaustion of Our Coal Mines,* 1965, Macmillan & Co, London, 1871.

저작은 『정치경제학의 이론 *The Theory of Political Economy* 』이다. 처음 발간된 당시 이 책에 대한 반응은 그다지 고무적이지 않았는데, 앨프레드 마셜 Alfred Marshall, 1842-1924 조차 이 책을 읽고 그 이론은 탁월하며 방법은 독창적이지만 새로운 내용은 없다고 비판했다. 그러나 제번스가 경제학의 발전에 기여한 공헌은 바로 이 새로운 방법이었다. 공리주의자였던 제번스에게 경제학이란 '쾌락과 고통의 계산 calculus of pleasure and pain' 이었다.[13] 따라서 경제학은 수량적으로 다루어져야 하며, 경제학의 방법은 언어가 아니라 수학적인 것이라고 주장함으로써 제번스는 수리경제학의 선구자가 되었다. 제번스가 수학적 방법에 관심을 가진 것은 경제학 연구를 시작하면서부터이다. 그가 「정치경제학의 일반수리이론 *A General Mathematical Theory of Political Economy, 1862* 」이라는 논문을 발표한 것은 『정치경제학의 이론』보다 거의 10년 전의 일이다. 이 논문은 발표 당시에는 거의 주목을 받지 못했고, 제번스는 1866년에 다시 보완한 논문을 발표했으나 역시 세간의 반응은 냉담했다. 그러나 제번스의 이론이 경제학자들 사이에서 널리 인정받게 된 뒤의 일이기는 하지만, 미국 경제학의 아버지로 불린 어빙 피셔 Irving Fisher, 1867-1947 는 경제학에서 수학적 방법은 바로 이 논문에서 시작되었다고 평가했다. 제번스 경제학의 진정한 기여는 바로 수리적 방법의 발전에 있다는 뜻이다.

3. 발라와 일반균형이론

레옹 발라는 스튜어트 밀이나 케인스처럼 경제학자의 아들로 태어났다. 발라가 경제학을 전공하게 된 계기도 부친인 오귀스트 발라 Auguste Walras, 1801-1866 의 서재에서 앙투안 쿠르노 Antoine Augustin Cournot, 1801-1877 의 저서를 읽은 것이 주요한 계기가 되었다고 한다. 그러나 대학을 졸업하고 한동안은 기술자, 언론인, 사업가, 금융가 등 다양한 직업에 종사하던 1870년 스위스로 가서 로잔대학의 정치경제학과 교수가 되었다. 신고전학파의 세 창시자를 굳이 비교하자면 이렇게 요약해볼 수 있다. 제번스는 한계분석을 수요 측면에 응용했으며 경제학 연구의 도구로서 수리적 방법을 정립했다. 멩거는 수요와 공급 양 측면에 한계 분석을 응용했으며, 그의 제자들은 이자 등 다른

---

13 Jevons, W. S., *The Theory of Political Economy*, Macmillan, London, 1871. (김진방 옮김, 『정치경제학 이론』, 나남, 2011.)

다양한 주제들에까지 한계 분석을 확대했다. 이에 대해 발라는 한계 분석의 수학적 근거를 구축했으며, 특히 일반균형이론을 제시했다. 발라는 경제학의 수학적 기초를 확고히 구축하는 데 가장 중요한 기여를 한 경제학자 가운데 한 사람으로 평가받는다. 그런데 정작 발라 자신은 그다지 수학에 익숙하지 못했다고 한다. 훌륭한 수리경제학자가 되는 데 정작 더 중요한 자질은 남보다 뛰어난 수학 실력이 아니라 남들이 생각하지 못한 아이디어를 생각하는 창의력이라는 사실을 잘 보여주는 일화이다.

오늘날 발라의 이름에는 언제나 일반균형이론general equilibrium theory 의 창시자라는 말이 따라 다닌다. 경제학의 역사에서 발라가 차지하는 지위는 그가 한계효용이론을 독자적으로 발견했기 때문이 아니라 시장경제의 여러 부문들 간의 상호의존성을 개념화했기 때문이다. 물론 발라 이전에도 여러 사람들이 가계, 기업, 최종재의 가격, 생산요소의 가격, 최종재와 중간재의 수요량과 공급량 사이의 상호연관성을 인식하기는 했지만 어느 누구도 발라가 연립방정식 체계로 표현하여 설명한 것만큼 정확하게 그 개념을 나타내지는 못했다. 제번스나 멩거는 효용, 최종재의 가격, 생산요소의 가격 사이의 일방적인 인과관계를 추구하는 데 만족했지만 발라의 일반균형이론은 이러한 요인들이 모두 상호 연결되어 있음을 보여 주었다.[14] 한 경제의 모든 초과수요의 합은 반드시 영(0)이 된다는 '발라의 법칙Walras' law'도 일반균형의 개념에서 도출된다.

발라가 제시한 일반균형의 개념은 마셜과 케임브리지학파의 부분균형적 접근법과 대조되면서, 발라와 로잔학파 경제이론의 핵심을 이루고 있다. 발라는 마셜과 함께 현대 신고전학파 경제학의 두 조류 가운데 하나를 형성했다. 오늘날 대학의 학부과정에서 배우는 경제학의 체계를 만든 사람이 마셜이라면 그 내용을 만든 사람은 발라라고 해도 그다지 틀리지 않는다. 사실 두 사람의 이론과 방법에는 상당한 유사성이 있었다. 두 사람의 차이는 주로 기술적인 측면보다 '관심interest'의 차이였다고 해야 옳다. 발라에 의해 시작된 로잔학파의 수학적 전통과 일반균형이론은 이후 많은 경제학자들에 의해 다양한 방향으로 확장되면서 경제학의 발전에 중요한 기여를 했

---

14 발라, 심상필 옮김, 앞의 책, 121쪽 이하.

다. 슘페터는 자신의 『10대 경제학자』에서 발라를 가리켜 모든 위대한 경제학자들 가운데서도 가장 위대한 경제학자라고 불렀다.[15]

발라는 자신의 순수경제학이 이론적인 영역에서뿐만 아니라 경제정책을 수립하는 데도 유용한 도구로 사용될 수 있다고 믿었다. 그는 스스로를 사회주의자로 생각했지만, 생시몽이나 마르크스와 같은 사회주의자들의 주장에 대해서는 강하게 반대했다. 그는 자유로운 경쟁시장에서 이루어지는 생산은 욕구를 최대한으로 만족시켜 줄 것이며, 일정한 한계 내에서 자유는 효용의 극대화를 가져다줄 것이라고 믿었다. 따라서 그는 국가가 제도적으로 완전경쟁의 시장체제를 창출할 것을 주장했다.[16] 그러나 발라는 무조건적인 자유방임의 지지자는 아니었으며, 오히려 많은 영역에서 정부의 개입이 바람직하다고 보았다. 특히 발라는 지대를 불로소득으로 보아서 정부가 그것을 환수해야 한다고 주장했다. 이와 같이 완전경쟁 시장이 정비되고 사적 소득의 원천인 지대가 제거된다면 그에 따른 소득분배는 불평등할 리 없다고 생각했기 때문이다.[17]

발라의 뒤를 이어 로잔대학의 교수가 된 빌프레도 파레토 Vilfredo Federico Damasso Pareto, 1848-1923는 파리에서 이탈리아인 아버지와 프랑스인 어머니 사이에서 태어났다. 이탈리아 통일운동에 참가했다가 프랑스에 망명했던 부친은 특사를 받아 가족을 데리고 이탈리아로 돌아갔다. 파레토는 토리노 공과대학을 졸업하고 거의 20여 년간 엔지니어로서 생활하면서 독학으로 경제학을 연구했다. 한계효용이론의 중요한 결점 가운데 하나는 효용을 어떻게 측정할 수 있느냐는 문제이다. 파레토는 『정치경제학교본 Manuale d'economia politica, 1906』에서 기수적 효용가치이론 대신 계측 가능한 선호에 의한 선택의 이론을 전개함으로써 발라가 수립한 일반균형이론을 재구성했다. 파레토와 프랜시스 에지워스 Francis Ysidro Edgeworth, 1845-1926 등에 의해 발전된 새로운 효용이론은 무차별곡선 이론 indifference curve theory 이라고 불린다.

경제학의 역사에서 파레토의 기여는 다양하지만, 가장 주요한 것은 파레토 효

---

15 슘페터, 정도영 옮김, 앞의 책, 93쪽.

16 발라, 심상필 옮김, 같은 책, 256-59쪽.

17 발라, 같은 책, 470쪽.

율Pareto efficiency과 파레토 최적Pareto optimality 등의 개념을 도입함으로써 후생경제학의 새로운 영역을 개척했다는 데 있다. 또 소득분배에 대해서도 통계조사에 입각하여 소득분포의 불평등도를 나타내는 경험적인 경제법칙을 도출했다. 이를 '파레토의 법칙Pareto's law'이라고 부르는데, 흔히 '20 대 80의 법칙'으로 유명하다. 파레토는 사회학 분야에도 강한 관심을 가져, 로잔대학 은퇴 후에는 제네바에서 사회학 연구와 집필에 몰두했다. 파레토의 사회학은 사회현상의 연구에 자연과학적인 분석 방법을 도입했다는 점에 새로운 의의를 찾을 수 있다. 그러나 인간행동의 불합리한 측면을 중시하고 자유주의를 비판했기 때문에 이탈리아 파시즘Facism의 사상적 원류가 되었다는 비판을 받기도 한다.

4. 마셜과 케임브리지학파

신고전학파라는 이름은 오랫동안 마셜과 케임브리지학파를 가리키는 의미로 사용되었다. 고전학파의 전통을 계승하면서 제번스, 멩거, 발라와 같은 선구자들에 의해 발견된 효용원리를 수용하여 근대 경제학의 체계를 수립하고 집대성한 인물이 바로 마셜이다. 마셜은 1842년 런던에서 태어났다. 독실한 복음파의 신도였던 그의 부친은 그를 영국 국교회의 성직자로 만들기 위해 어려서부터 엄격한 종교적 교육을 실시했다. 그러나 마셜은 케임브리지대학에 다니면서부터 수학에 많은 관심과 탁월한 능력을 나타냈다. 수학 이외에도 마셜은 물리학, 형이상학, 윤리학 등 다양한 분야에 관한 연구에 몰두하다가 1860년대 후반에 와서야 경제학에 열정적인 관심을 보이면서 성직자보다는 학자가 되기로 결심했다. 마셜이 자신의 천직으로 경제학을 선택한 까닭에는 성직자가 되고자 했던 그의 인도주의적 감정과 하층계급의 생활조건을 개선하고자 하는 희망이 크게 작용했다. '차가운 머리와 뜨거운 가슴cool head, warm heart'이라는 유명한 말은 경제학에 대한 마셜의 태도를 잘 보여준다.

마셜은 경제학을 생활의 일상적 측면에서 분석한 인간의 연구로서, 인간의 사회적 행위 가운데서 복지의 물질적 요건의 획득과 사용에 관한 학문이라 생각했다. 마셜의 경제학 체계 속에는 그가 젊은 시절에 연구했던 철학과 윤리학은 물론 당시에 활발하게 발전하고 있던 생물학, 특히 진화론의 대두에서 기인한 과학연구방법상의 새로운 성과들이 근저에 놓여 있었다. 마셜이 자신의 경제학을 '경제생물학economic biology'이라고 불렀던 것도 이 때문이다. 마셜은 제번스가 『정치경제학의 원리』를 발표한 것과 비슷한 시기에 이미 고전학파의 이론을 대체할 만한 자신의 경제이론과 방법을 거의 완성하고 있었다. 그러나 자신의 독창성을 인정받기 위해 출판을 서둘렀던 제번스와는 달리 그는 20년 이상이나 그것을 다시 숙고하고 검토하여 1890년에 가서야 비로소 『경제학원론Principles of Economics, 1890』이라는 이름으로 출판했다. 케인스의 적절한 비유처럼 제번스가 끓는 주전자를 보고 어린아이처럼 기쁨에 차 소리쳤다면, 마셜은 끓는 주전자를 보고 조용히 앉아서 경제학이라는 엔진을 고안했던 것이다.[18]

'정치경제학'이 아닌 '경제학'이라는 용어를 표제로 사용한 것은 마셜이 처음이다. 수요와 공급demand and supply, 시장균형market equilibrium, 탄력성elasticity, 소비자잉여consumer's surplus, 준準지대quasi-rent, 규모의 경제economy of scale, 장기와 단기long and short period, 외부성externality 등 지금도 경제학 교과서에서 결코 빠질 수 없는 수많은 개념들을 창안하거나 그 의미와 용법을 정립한 것도 마셜의 공헌이다. 마셜의 뒤를 이어 케임브리지의 교수가 된 피구는 경제이론에 대해 묻는 후배나 제자들에게 늘 이렇게 말했다고 한다. "모든 것은 이미 마셜에게 있다."

마셜의 경제학 방법론은 흔히 비교정학comparative statics이라고 부른다. 이는 두 개의 정태적 상태를 비교하여 경제이론을 도출하는 방법이다. 가령 가격이 상승하면 수요는 감소한다는 명제는 두 개의 가격 상태를 비교함으로써 얻어진다. 여기에 중요한 것이 '세테리스 파리부스ceteris paribus', 즉 '다른 조건들이 모두 일정하다면'이라는 가정이다. 경제학 전공자가 아니더라도 수요곡선과 공급곡선이 만나는 그래프는 그다지 낯설지 않을 것이다. 이처럼 그래프를 이용하여 경제이론을 설명하는 방식 또한 마셜이 처음 창안했다. 고전학파는 공급, 즉 생산비가 가격을 결정한다고 생각한 반면 신고전학파는 수요, 즉 효용이 가격을 결정한다고 생각했다. 이에 대해 마셜은 가위의 윗날과 아랫날이 동시에 종이를 자르듯이 수요와 공급이 동시에 가격을 결정한

18 Keynes, J. M., Essays and Sketches in Biography, New York, Meridian, 1956. (정병휴 옮김, 『경제학자의 시대』, 삼성문화문고, 1974, 139쪽.)

다고 주장했다. 이를 '마셜의 가위Marshall's scissors'라고 부른다.[19] 오늘날 미시경제학의 핵심 내용인 수요공급의 이론은 여기서 비로소 체계화되었다.

마셜의 경제학이 리카도 경제학의 계승자로서 확립된 것은 분명하다. 마셜은 경제학에서 수학적 도구의 유용함을 잘 알고 있었으며, 리카도를 깊이 연구하면서 추상적 모델의 구축을 통해 얻을 수 있는 통찰력을 이해했다. 그러나 다른 한편 마셜은 고전학파, 특히 리카도의 경제학이 지닌 중요한 결점은 바로 사회가 변화한다는 것을 인식하지 못한 데 있다고 생각하여, 역사학파의 방법이 가진 의의와 고전학파에 대한 그들의 비판에 대해서도 인정했다. 마셜은 애덤 스미스가 그러했던 것처럼 추상적 이론과 역사적 분석을 결합함으로써 고전학파와 그 비판자들이 가진 결점들을 동시에 극복할 수 있을 것으로 생각했다. 그러나 방법론적인 갈등을 화해시키려 한 마셜의 노력은 오히려 그가 양쪽의 경제학자들 모두로부터 비판받게 되는 이유가 되기도 했다. 수학에 탁월했지만 마셜은 수학을 단지 분석의 도구로만 생각했을 뿐 서술의 도구로는 생각하지 않았다. 마셜은 수학적 방법을 이용하여 이론을 증명한 다음에는 수학을 모두 버리고 오직 논리적으로만 경제이론을 서술하라고 주장했다. 그럼에도 어떤 이들은 오늘날 경제학이 수학에 오염된 결정적인 책임이 마셜에게 있다고 비난하기도 한다. 반면에 다른 경제학자들은 마셜이 수학적 방법을 더 적극적으로 사용하지 않았다고 비판한다. 가령 노벨 경제학상 수상자인 케네스 애로Kenneth Arrow, 1921-2017는 "우리는 마셜이 가르쳐 준 길을 따라왔지만, 그 길은 너무 꾸불꾸불했다"고 평하기도 했다.

마셜은 이론적 업적뿐 아니라 케임브리지대학의 경제학 교수로서 수많은 경제학자들을 배출했다. 마셜의 뒤를 이어 케임브리지대학의 교수로 임명된 아서 피구Arthur Cecil Pigou, 1877-1959는 흔히 후생경제학의 아버지로 불린다. 『후생경제학The Economics of Welfare, 1920』에서 피구는 케임브리지학파의 전통을 계승하여 규범적인 경제학에 강한 관심을 보이면서, 공리주의 철학에 기초하여 사회의 경제적 후생을 증대하기 위한 생산과 분배의 조건 및 이를 실현하기 위한 방책을 추구했다. 여기서 피구는 외

---

19   Marshall, A., *Principles of Economics*, Macmillan, London, 1890. (백영현 옮김, 『경제학원리』, 한길사, 2010.)

부성의 개념을 도입하여, 외부성이 존재할 경우 이를 시정하기 위한 수단으로 '피구세Pigovian tax'를 실시할 것을 주장했다.[20] 피구는 고용과 실업문제에도 관심을 가져 『실업의 이론The Theory of Unemployment, 1933』 등을 저술했다. 특히 이 책에서 피구는 "임금과 물가가 하락하면 사람들이 가지고 있는 화폐적 자산의 실질가치가 올라가 소비를 증가시킨다"고 주장했는데, 이것이 바로 '피구 효과Pigou effect'이다.[21]

로버트슨Dennis Holme Robertson, 1890-1963은 경제현상의 분석에 시간이라는 요소를 도입하여 케임브리지학파의 거시동태이론의 발전에 크게 기여했다. 그가 제시한 독창적인 경기변동이론은 케인스의 『일반이론』에도 중요한 영향을 미쳤고, 스톡홀름학파Stockholm school의 이론에도 그의 영향이 적지 않다. 특히 로버트슨은 케인스 경제학의 주요 개념 가운데 하나인 '유동성 함정liquidity trap'을 처음 사용한 경제학자이기도 하다. 이처럼 케인스와 로버트슨은 인간적으로나 학문적으로나 매우 절친한 사이였다. 그러나 『일반이론』이 발표된 이후 케임브리지학파 내에서 일어난 이론적·정책적 갈등으로 두 사람은 결별하게 된다. 로버트슨의 저서로는 『산업변동의 연구A Study of Industrial Fluctuation: An Enquiry into the Character and Causes of the So-Called Cyclical Movements of Trade, 1915』, 『화폐론Money, 1922』 등이 있다.

경제학의 역사에서 가장 위대한 여성 경제학자 가운데 한 사람인 조앤 로빈슨 여사Joan Violet Robinson, 1903-1983는 1965년 케임브리지대학의 교수가 되었다. 시장의 형태에서 완전경쟁과 순수독점이라는 이원론적 가정을 극복한 불완전경쟁시장imperfect competition market의 이론을 확립했으며, 케인스의 경제이론을 장기로 확장하고자 노력했다. 기업의 이윤극대화와 한계비용marginal cost에 관한 로빈슨의 이론은 지금도 모든 경제학 교과서의 가장 중요한 내용 가운데 하나이다. 마르크스주의 경제학에도 관심이 많아 마르크스와 마셜과 케인스의 장기동태이론을 상호 연결된 하나의 경제이론 체계로 설명하고자 했다. 자본축적론, 경제성장론, 분배론 등 다양한 주제의 이론적 연구와 방법론에 대하여 많은 저작을 통하여 다채로운 활동을 계속했다. 주요한 저서로는 『불완전경쟁의 경제학The Economics of Imperfect Competition, 1933』, 『마르크스주의 경

---

20 Pigou, A. C., *The Economics of Welfare*, Macmillan, London, 1920.
21 Pigou, A. C., *The Theory of Unemployment*, Macmillan, London, 1933.

경제학은 흔히 '로빈슨 크루소의 학문'이라고 불리기도 한다. 실제로 경제학 교과서에는 로빈스 크루소가 자주 등장한다. 그런데 경제학자들의 의도와는 다르게, 로빈슨 크루소의 학문이라는 말은 흔히 경제학의 한계를 비난하는 의미로 자주 사용된다. 마치 무인도에 떨어진 로빈슨이 문명사회로부터 고립된 채 혼자 살았듯이, 경제학이 묘사하는 세계는 현실과 지나치게 멀다는 뜻이다. 그러나 무인도에서 혼자 살기는 했지만 로빈슨이 문명사회와 완전히 단절된 생활을 했던 것은 아니다. 로빈슨은 문명사회에서 배우고 익힌 여러 가지 지식과 기술들을 이용했다. 만약 그런 지식들 없이 무인도에 표류했다면 로빈슨이 그토록 오랜 시간을 견디지는 못했을 것이다. 경제학에서는 개별 경제주체들을 호모 에코노미쿠스라고 부른다. 얼핏 보면 호모 에코노미쿠스는 현실경제로부터 완전히 고립된 사람처럼 보인다. 그의 주변에는 아무도 없고 오직 그 혼자뿐이기 때문이다. 경제학을 비판하는 사람들은 바로 그런 이유 때문에 경제학이 현실적이지 못하다고 말하기도 한다. 그러나 로빈슨 크루소처럼 호모 에코노미쿠스도 혼자서 사는 것이 아니다.

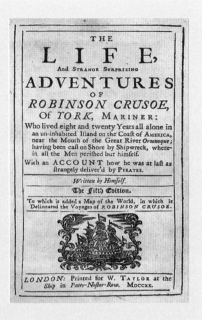

경제학 교과서 속에서 호모 에코노미쿠스가 오직 그 혼자서만 존재하는 것처럼 행동하는 이유는, 그가 다른 모든 사람을 대표하기 때문이다. 경제학은 모든 사람이 똑같이 합리적이라고 가정한다. 그래서 한 사람의 행동만 설명하면 모든 사람의 행동이 똑같이 설명된다고 생각하는 것이다. 경제학이 가정하는 합리적 개인에 가장 가까운 모델이 바로 무인도에서의 로빈슨 크루소이다. 애덤 스미스를 비롯한 경제학의 아버지들이 생각한 경제인도 이러한 유형의 인간형을 의미한다.

제학에 대하여 *An Essay on Marxian Economics, 1942* 』, 『자본축적론 *The Accumulation of Capital, 1956* 』 등이 있다.

오랫동안 케임브리지학파가 신고전학파와 동의어로 불린 것은 이들이 고전학파의 해체와 한계혁명 이후 영국 경제학의 정통파를 형성해 왔으며, 한계효용이론을 채용하면서도 다른 학파에 비하여 공급 면의 분석이나 경제의 장기동태 등에 대한 관심 등에서 고전학파의 전통을 가장 많이 승계하고 있기 때문이다. 대체로 케임브리지학파의 경제학자들은 수요이론에서는 한계효용이론을, 공급이론에서는 생산비설을 취했다. 또 모든 가격은 수요와 공급이 균형을 이룬 점에서 결정된다고 주장했으며, 여기에 단기적 균형과 장기적 균형으로 구분하는 시간 개념을 도입했다. 물론 케임브리지학파라고 하더라도 그들의 경제이론이 세세한 내용에서까지 모두 일치하는 것은 아니다. 특히 케인스의 『일반이론』은 케임브리지학파 내에서 격렬한 토론을 불러일으켰다. 오늘날 경제학의 가장 큰 두 조류인 신고전학파와 케인스학파가 나뉘게 되는 계기이다.

현대 자본주의의
경제사상

제 **1** 절

케인스 혁명

1. 케인스 경제학의 배경

경제학의 역사에서 가장 논쟁적인 인물이자 20세기의 가장 위대한 경제학자 가운데 한 사람임을 부정할 수 없는 존 메이너드 케인스는 영국의 유서 깊은 대학 도시 케임브리지에서 태어났다. 부친인 네빌 케인스 John Neville Keynes, 1852-1949 는 마셜의 친구로 케임브리지대학에서 경제학과 논리학을 강의했으며, 『정치경제학의 범위와 방법 The Scope and Method of Political Economy, 1890 』이라는 저서를 남겼다. 이 책에서 네빌은 실증경제학과 규범경제학과 정책경제학을 구분했는데, 이러한 사고는 마셜이 정치경제학과 경제학을 구분하는 데 영향을 미쳤다. 그러나 네빌의 능력은 학자로서보다 대학의 행정책임자로서 더 뛰어났다고 한다. 모친 플로렌스 Florence Ada Keynes, 1861-1958 는 그 시대로서는 보기 드문 재능을 가진 여성으로서 케임브리지 최초의 여성 의원과 케임브리지 시장을 지냈다. 이처럼 빅토리아 시대의 문화를 대표하는 지성적인 가정환경에서 성장한 케인스는 이튼칼리지를 거쳐 케임브리지의 킹스칼리지에 진학했는데, 여기서 그는 일생의 스승인 앨프레드 마셜과 만나게 되었다. 마셜과 케인스는 스승과 제자의 관계를 넘어 '영혼의 동반자 soul mate'라고 불러도 좋을 만한 사이였다. 마셜의 장례식에서 그를 기리는 조사를 읽은 사람도 케인스였다.

그러나 케임브리지에 입학했을 당시의 케인스는 아직 경제학보다 수학과 철학에 더 큰 흥미를 가졌다. 케인스에게 더 많은 영향을 미친 것은 여러 토론 모임들이었다. 케인스는 작가이자 시인인 조지 모어 George Augustus Moore, 1852-1933 가 지도하던 '사도회 Cambridge Apostles'라는 모임에서 유명한 철학자 버트런드 러셀 Bertrand Arthur William Russell, 1872-1970 과 수학자이자 철학자인 앨프리드 화이트헤드 Alfred North Whitehead, 1861-1947, 작가 리턴 스트레이치 Lytton Strachey, 1880-1932 등을 만났다. 또 여류 작가 버지니아 울프 Adeline Virginia Wolfe, 1882-1941 가 주도한 블룸스버리 그룹 Bloomsbury Group 에도 참가하여 레너드 울프 Leonard Wolfe, 1880-1969, 『인도로 가는 길 A Passage to India, 1924 』의 작가 에드워

드 포스터Edward Morgan Forster, 1879-1970, 화가 던컨 그랜트Duncan Grant, 1885-1978 등과 교류
했다. 이런 모임들에서의 다양한 교류와 토론은 케인스가 자신의 지성을 단련시키는
계기가 되었다. 다만 케인스에 대한 주변 인물들의 평가가 반드시 우호적이지만은
않다. 버지니아 울프는 케인스를 두고 "돼지의 얼굴과 염소의 영혼을 가졌다"고 평
하기도 했다. 그러나 나중에 노벨 문학상을 받은 철학자 러셀은 케인스를 두고 자신
이 만나 본 사람들 가운데 가장 지성적이며, 그와 토론하다 보면 열등감을 느낄 정도
라고 평가했다. 케인스에 대한 주변 인물들의 박한 평가는 아마도 그가 지나치게 지
성적이었던 데다가, 그러한 사실을 누구보다 그 자신이 더 잘 알고 있었기 때문이었
을 듯싶다.

대학을 졸업한 후 케인스는 1906년부터 2년간 외무부의 인도 담당국에서 근무했
는데, 이때의 경험을 바탕으로 발표한 것이 그의 처녀작인 『인도의 통화와 재정Indian
Currency and Finance, 1913』이다. 이 책에서 이미 케인스는 고전적 금본위제도의 종언을 예
언하고 국제통화제도가 금환본위제로 전환되어야 한다고 주장했다. 이러한 그의 생
각은 나중에 『화폐개혁론A Tract on Monetary Reform, 1923』에서 더욱 구체화되었다. 1909
년 케임브리지로 돌아온 케인스는 부친과 선배 경제학자인 피구의 재정적 지원으로
확률이론의 연구에 매진하면서, 마셜이 개설한 경제학 강좌의 강의를 맡기도 했다.
1915년부터 다시 재무부에서 일하게 된 케인스는 제1차 세계대전의 전후 처리 문제
를 다룬 파리 평화회의Paris Peace Conference, 1919의 재무담당 수석대표로 임명되었다.

파리 평화회의에서 케인스는 독일에 대한 배상을 최대한 적게 하고 연합국들 상호
간의 채무는 상쇄할 것을 주장했다. 전채 및 배상에 관한 그의 주장은 그 당시 세계
경제가 처한 현실에 대한 예리한 통찰에 기초한 것이었다. 독일에 거액의 배상금을
요구하면 독일 경제를 파탄으로 몰아넣게 될 것이고, 이는 그렇지 않아도 침체에 빠
져 있는 유럽 경제 전체에 결정적인 타격을 주리라는 것이 케인스의 생각이었다. 그
러나 각국의 이해 다툼으로 자신의 제안이 받아들여지지 않자 케인스는 수석대표직
을 사임하고 『평화의 경제적 귀결The Economic Consequences of the Peace』을 발표함으로써
자신의 주장을 대중들에게 직접 호소했다.

케인스가 고전학파 경제학에 대해 보다 분명한 태도로 비판하기 시작한 것은 1920

년대 중반 무렵부터다. 1926년에 발표된 「자유방임의 종언*The End of Laissez-Faire* 」이라는 글에서 케인스는, 고전학파의 자유방임주의에 근본적인 비판을 가하면서 국가가 해야 할 일과 해서는 안 될 일을 구분하는 경제이론의 확립을 주장했다.[1] 이 당시 케인스는 『화폐론*A Treatise on Money, 1930* 』을 집필하고 있었는데, 나중에 이 책의 서문에서 그는 자신의 작업이 고전학파 경제학에서 벗어나려고 애쓴 고뇌의 기록이라고 서술했다.[2] 『일반이론』은 케인스 경제학의 완성을 의미할 뿐만 아니라 애덤 스미스 이후 지속되어 온 근대 경제학의 전통이 근본적으로 혁신되었음을 의미했다.

케인스의 경제학이 탄생한 1930년대는 세계사의 모든 면에서 파란과 곡절이 많았던 극적인 시대였다. 자본주의의 역사를 분석해보면 장기적인 성장 추세와 함께 호황과 불황의 교체가 순환적으로 반복해 왔음을 확인할 수 있다. 자본주의 경제체제의 내적 필연성에 기인하는 이러한 경기순환 현상에서 가장 심각한 문제는 호황에서 불황으로의 전환이 급격하게 이루어지는 경제공황economic crisis 이다. 경제사 연구가들에 의하면 최초의 자본주의적 공황은 1825년에 일어났으며, 그 후로 국가와 지역에 따라 차이는 있지만 19세기에만 1837, 1847, 1857, 1866, 1873, 1882, 1890년에, 그리고 20세기에 들어와서는 1900, 1907, 1920, 1929년에 일어났다. 특히 1929년의 대공황Great Depression 은 자본주의가 그때까지 한 번도 겪어보지 못했을 만큼 심각하고 참혹한 위기였다. 1929년 미국 증권시장의 폭락으로 시작된 대공황은 전 세계적으로 10년 이상 지속되었다. 1933년 미국의 국민총생산은 1929년에 비하여 절반 수준으로 감소했다. 1933년 이후 세계경제는 서서히 회복세를 나타냈지만 1937년에도 미국에서는 500만 명 이상, 영국에서도 100만 명 이상의 실업자가 남아 있었다.

경제사상사적으로 대공황은 자본주의에 대한 조화론적 세계관을 결정적으로 붕괴시켰다. 대공황으로 만들어진 새로운 현실세계에서는, 그때까지 경제학이 유지해 온 자기조절적 시장self-adjusting market 에 대한 믿음이 이미 현실성을 상실했다. 무엇보다도 이러한 사실은 경제학의 주류를 형성하고 있던 신고전학파 경제학자들에게도 명

1   Keynes, J. M., *The End of Laissez-Fair*, New York, Harcourt, Brace and Co., 1926. (정명진 옮김, 「자유방임주의의 종언」, 『설득의 경제학』, 부글, 2009, 151-164쪽.)

2   Keynes, J. M., *A Treatise on Money*, New York, Macmillan, 1930. (신태환 옮김, 『화폐론』, 비봉출판사, 1992.)

백했다. 규제되지 않은 시장의 무정부성이 자본주의의 존립 그 자체를 위협했다. 오직 정부만이 할 수 있는 대규모의 철저한 조치들이 필요하다는 사실에는 많은 경제학자들이 공감했다. 그러나 신고전학파 경제학은 여전히 시장의 자동조절능력을 강조할 뿐, 정작 현실의 위기에 대해서는 아무런 처방도 제시하지 못했다. 신고전학파 이론의 세계에서는 불황이나 공황이라는 현상이 발생하지 않기 때문에 그것을 치료할 필요도 없었다. 따라서 경제학이 현실에 대해 유용성을 갖기 위해서는 먼저 경제학을 변화시키지 않으면 안 되었다. 이러한 과제를 부여받고 탄생한 것이 바로 케인스의 경제학이다.

"장기에는 우리 모두 죽는다"는 케인스의 너무 유명한 문구는 자주 그 본래의 맥락에서 떨어져, 케인스가 장기적 문제에는 관심이 없고 단기적 과제에만 집착했다는 오해를 받는다. 그러나 케인스의 진의는 시장 기간의 문제가 아니라, 지금 당장 실천할 수 있는 해결책이 있다면 그것을 사용하지 않을 이유가 없다는 뜻이다. 시장의 자기조정능력에 맡기면 장기에는 모든 문제가 저절로 해결될 수도 있다는 사실은 케인스도 동의하지 못할 일이 아니다. 하지만 케인스가 보기에 "경제학자가 장기를 말하는 것은 폭풍우가 몰아치는데 언젠가는 폭풍우가 그칠 터이며 바다는 다시 고요해질 것이라고 말하는 것처럼 너무 쉽고 사태의 해결에는 아무런 도움도 되지 않는 무책임한 주장"이었던 것이다.[3] 경제학자들 사이에서는 케인스에 관해 이런 농담이 있다. "당신이 여섯 명의 경제학자에게 똑같은 과제에 대해 질문하면 일곱 개의 해결책을 들을 수 있을 것입니다. 그 가운데 두 개는 케인스의 것입니다"라는 농담이다. 케인스는 똑같은 질문에 서로 다른 답변을 한다는 뜻이다. 그 당시의 주류 신고전학파 경제학자들이 보기에 케인스의 경제학은 모호하고 때로는 혼란스럽고 일관되기보다는 임기응변적이었다. 그러나 역설적이지만 케인스 경제학의 위대함도 바로 여기에 있다고 해도 틀리지 않는다. 케인스는 순수하고 일관된 경제이론체계를 수립하는 데 자신의 목표를 둔 것이 아니라, 현실의 경제문제를 해결하기 위하여 경제이론을 탐구했다. 따라서 똑같은 질문에 대해서도 상황이 달라지면 다른 대답이 필요하다고

3   Keynes, J. M., *A Tract on Monetary Reform*, Macmillan, London, 1923.

생각했던 것이다. 케인스가 보기에는 상황이 다른데도 과거의 이론만 고집하는 신고전학파 경제학자들이야말로 어리석은 사람들이었다.

2. 『일반이론』의 경제사상

1936년에 발간된 『고용과 이자 및 화폐의 일반이론』The General Theory of Employ-ment, Interest and Money, 1936』의 첫머리는 경제학의 역사에서 가장 오만하고 자부심에 가득 찬 글로 평가받는다. 이 책의 제1장에서 케인스는 이렇게 경제이론의 혁명을 선언했다.

> 나는 이 책을 '일반general'이라는 접두어를 강조하면서 『고용과 이자 및 화폐에 관한 일반이론』이라고 부르기로 했다. 책의 제목을 이렇게 정한 목적은 나의 논의와 결론의 성격을, 같은 주제에 관한 고전학파이론의 그것과 대비시키고자 함에 있다. 나는 고전학파의 전통 속에서 자라 왔으며, 그 이론은 지난 백 년 동안 그랬듯이 현 세대에서도 지배층과 학자들의 실천적·이론적 경제사상을 지배하고 있다. 나는 고전학파이론의 공준公準들은 오직 특수한 경우에 한하여 타당하고 일반적인 경우에는 타당하지 않다는 것을 주장하고자 한다. 왜냐하면 고전학파이론이 상정하고 있는 상태는 가능한 여러 균형상태 가운데 하나의 한계점에 불과하기 때문이다. 뿐만 아니라 고전학파이론이 상정하고 있는 그 특수한 경우의 성격은 우리가 실제로 살고 있는 경제사회의 그것과는 매우 다르며, 따라서 우리가 그 교리를 경험의 세계에 적용하려 할 때는 사람을 오도하고 재해를 자아내는 결과를 빚게 되는 것이다.[4]

대공황과 만성화된 대량실업이라는 새로운 현상에 직면하여 종래의 경제이론들이 적절한 처방책을 내리지 못하고 있을 때 케인스는 『일반이론』에서 소비함수consumption function, 승수효과multiplier effect, 자본의 한계효율marginal efficiency of capital, 유동성선호liquidity preference 등의 새로운 개념과 분석도구들을 사용하여 왜 불완전고용 균형이 가능한가, 또 경제를 사기업의 자의에 맡긴다는 것이 부적절한가를 주장했다. 케인스가 제시한 이론과 정책들은 즉시 경제학자들과 정치가들 사이에서 격렬한 논쟁의 대상이 되었다. 케인스의 『일반이론』은 그 문제의식이나 방법론에서 획기적으로 혁신적인

---

4   케인스, 조순 옮김, 앞의 책, 3쪽.

것으로서, 여러 경제학자들에게 중대한 영향을 미치게 됨으로써 케인스주의Keynesian economics로 불리는 새로운 경제학 체계를 낳았다. 케인스의 새로운 경제이론에 대해 보수주의자들과 급진주의자들 모두 가혹하게 비판적인 논평을 내놓았지만, 그럼에도 케인스주의는 곧 경제학의 새로운 정통이론으로 정착되었다. 드디어 케인스 혁명 Keynesian revolution이 이룩된 것이다.

경제사상사의 측면에서 케인스 경제학의 혁신성은 다음과 같이 요약된다. 첫째, 케인스는 경제에 대한 정부의 개입을 인정했을 뿐만 아니라 나아가 정부가 적극적으로 개입하지 않으면 경제의 원활한 운행이 불가능하다고 주장했다. 이러한 사상은 『일반이론』에서 국민소득 결정의 메커니즘이 정식화됨으로써 나타났다. 즉 불황을 극복하기 위해서는 유효수요를 증대시켜야 하는데, 소비함수는 안정적이기 때문에 케인스는 정책변수로 이용할 수 있는 것은 투자나 정부지출이라고 생각했다. 정부지출에는 정부 자신의 소비지출이나 민간소비를 지원하는 사회보장적 지출이 모두 포함되지만, 케인스가 특히 중시한 것은 공공사업에 대한 정부의 투자지출이었다. 1930년대 대공황을 극복하기 위한 뉴딜New Deal 정책 이후 정부의 대규모적인 경제개입과 공공사업의 중요성을 경험함으로써 케인스주의는 기본적인 경제정책원리로 인정되었다. 특히 제2차 세계대전World War II, 1939 - 45 이후 대부분의 자본주의 국가들에서 광범위한 규모의 정부개입이 필요악이 아니라 필요선으로까지 적극적으로 받아들여지게 되었다. 케인스 혁명의 가장 중요한 의의도 바로 여기에 있다.

둘째, 케인스 혁명은 기존의 경제이론이 그 시대의 핵심적인 사회경제문제인 대량실업과 불황을 설명하지 못함으로써 경제학에의 불신감이 높아지고 있을 때, 다시 경제학에 현실성과 유용성을 부여함으로써 경제학에 대한 신뢰감을 회복시켰다. 뿐만 아니라 케인스 경제학은 경제이론의 발전에도 이론적·방법론적으로 크게 기여했다. 특히 케인스 이론의 골격을 이루는 소득, 소비, 저축, 투자 등의 '집계aggregate' 개념은 원래 통계조작에 적합한 성질을 갖추고 있어서 계량경제학적 분석 방법의 비약적인 발전을 가능하게 했다. 이러한 성과들을 모아 합성의 오류에 대한 케인스의 새로운 사고방식은 저축의 문제를 넘어 마셜 경제학의 미시경제학microeconomics적 체계를 넘어선 거시경제학macroeconomics의 새로운 영역을 개발하는 계기가 되었다.

셋째, 케인스는 애덤 스미스 이래의 저축은 미덕이라는 사고를 부정했다. 케인스 이전에는 개인은 저축에 의해 풍요로워지며 사회도 마찬가지로 저축과 근면에 의해 번영한다는 생각이 당연시되었다. 개인이 저축에 의해 풍요롭게 되는 것은 사실이다. 하지만 저축으로 사회도 풍요롭게 된다는 생각은, 부분에 맞는 명제를 전체에 무조건적으로 적용하는 '합성의 오류fallacy of composition'를 범하고 있다. 왜냐하면 소유와 경영의 분리에 의해 저축을 하는 사람들과 실물투자를 하는 사람들이 서로 다르고, 저축이 곧바로 자본재의 증가로 이어지지 못하기 때문이다. 이러한 생각은 이미 1920년대 중반부터 단편적으로 주장되었지만, 이론적으로 분명하게 주장된 것은 『일반이론』에서이다. 케인스는 저축을 자본의 원천으로서가 아니라 자본의 존립기반인 유효수요의 순환으로부터의 누출leakage로 인식했으며, 반대로 소비는 자본축적의 원천을 소모시키는 것이 아니라 오히려 확실한 수요로 보았다. 소득이 증대함에 따라 상대적으로 소비가 줄고 저축이 늘어나는데, 케인스가 보기에는 이것이 바로 불황의 원인이었다. 그러므로 유효수요를 보장하려면 소비를 증대시킴으로써 누출을 줄이거나 소득의 순환과정에서 누출된 저축을 다시 소득순환 속에 끌어들이는 투자나 정부지출의 증가가 필요하다는 것이다.

시장에 대한 조화론적 사고방식을 비판했다는 이유로 케인스주의를 자본주의의 미래에 대한 비관적 전망으로 해석하는 경우도 없지 않다. 그러나 이러한 세간의 오해와는 정반대로 케인스는 자본주의의 미래를 매우 낙관적으로 전망했다. 가령 1930년에 발표된 「우리 손자들의 경제적 가능성Economic Possibilities For Our Grandchildren」이라는 글에서 케인스는 "백 년 안에 대부분의 경제문제들은 해결될 것"이라고 주장했다.[5] 이처럼 케인스 경제학의 약속은 모든 계층과 세대를 위한 번영이란 큰 구도 안에서 개인의 자유와 사회질서의 안정은 서로 양립할 수 있다는 것이었다. 물론 다른 한편에서 볼 때 오늘날 자본주의 국가들이 안고 있는 경제적 문제들, 즉 스태그플레이션, 공해, 과다한 채무경제 등의 상당 부분이 케인스 경제학과 밀접하게 관련되어 있다는 사실도 부인하기 어렵다. 특히 케인스의 경제학은 불황을 극복하기 위해서는 생

---

5   케인스, 정명진 옮김, 「손자 세대에는 경제가 어떻게 전개될까」, 「설득의 경제학」, 208쪽.

산물의 증가를 수반하지 않는 낭비적 투자가 불가피한 해결책이라는 결론을 암묵적으로 시사하고 있다. 뉴딜 정책 이후 현대 자본주의의 낭비적 측면도 케인스 경제사상의 근저에 놓인 이러한 생산력에 대한 두려움과 일정한 관련이 있다고 해야 옳을 것이다.

제 **2** 절

슘페터와 자본주의의 미래

1. 슘페터의 생애와 업적

슘페터는 지금은 체코의 영토인 오스트리아–헝가리 제국의 모라비아에서 태어났다. 물론 우연의 일치일 뿐이지만, 그가 태어난 1883년은 마르크스가 사망한 해이자 케인스가 태어난 해이기도 하다. 그래서 케인스와 슘페터는 흔히 경제학의 역사에서 유명한 라이벌들 가운데 두 사람으로 불리지만, 재미있는 일은 슘페터는 케인스의 경제이론이나 인품에 대해 여러 번 언급한 반면에 케인스는 자신의 저서에서 단 한 번도 슘페터의 이름을 언급한 적이 없다는 사실이다. 슘페터의 집안은 몇 대에 걸쳐 사업에 종사했지만, 그가 4살일 때 부친이 돌아가자 슘페터는 군인인 양부 아래서 성장했다. 10살 때부터 슘페터는 비엔나의 귀족 자제들 학교에서 고전 중심의 교육을 받았으며, 1901년 비엔나대학의 법학부에 입학하여 뒤에 법학 박사의 학위를 받았다. 당시의 비엔나대학은 경제학 연구의 중심지로 오스트리아학파의 창시자인 멩거와 그의 제자 비저의 이론이 지배하고 있었고, 이러한 학풍이 초기 슘페터의 경제학적 사고에도 큰 영향을 미쳤다.

슘페터는 비엔나대학에서 통계학 세미나에 참석하여 경제학의 통계적 분석 방법을 접했으며, 이 과정에서 발라의 일반균형이론에 확고한 신뢰를 가지게 되었다. 이 세미나 이후에도 슘페터는 경제학자이자 사회학자인 비저와 바베르크의 세미나에 참석하여 사회과학에 관한 지식과 시야를 넓혔다. 특히 바베르크의 마르크스 경제학에 관한 세미나에는 뛰어난 마르크스주의 이론가로 인정받던 루돌프 힐퍼딩과 오토 바우어Otto Bauer, 1882-1938가 참석하여 자유주의를 지지하는 미제스 등과 격렬한 토론을 벌이기도 했다. 슘페터의 마르크스주의에 대한 지식이나 사회주의 운동에 대한 통찰력, 그리고 경제의 장기 동태에 관한 전망 등은 이러한 지적 훈련 덕분이었다. 사회주의자는 아니었지만, 슘페터는 일생에 걸쳐 마르크스의 업적에 대해 존경심을 표현했다. 1906년 대학을 졸업한 후 슘페터는 영국으로 건너가 수개월간 체재하면서 케임브리지와 옥스퍼드를 방문해 마셜과 에지워스를 만나기도 했다. 1915년 이후 슘페터는 독일의 본대학에서 강의와 연구에 몰두하면서 독일과 오스트리아에서 경제학의 상황, 사회계급, 공공재정 등의 이론과 현실분석에 관한 많은 논문을 발표했다.

슘페터의 첫 번째 저작인 『이론경제학의 본질과 내용Das Wesen und der Hauptin-halt der Theoretischen Nationalökonomie』은 1908년에 출판되었다. 이 책은 방법론과 인식론에 관한 연구로서 이론경제학의 연구 방법 그 자체를 지배하는 원리를 제시하고 있다. 여기에는 그 후 슘페터 경제이론의 틀이 되는 정태와 동태의 사고방식, 가격이론의 문제, 분배이론의 원리, 경제발전에 부수되는 동태적 현상으로서 이자를 파악하는 입장에 관한 기본적 견해들이 포함되어 있다. 이 책에서 슘페터는 한계혁명 이후 신고전학파 경제학의 계승자적 입장에서 발라의 일반균형이론의 정학적 분석 방법을 서술적 방법을 사용하여 설명하고자 시도했다. 그는 역사학파의 영향력 아래 이론으로부터 유리되어 있던 당시 독일의 국민경제학에 대하여 발라적 일반균형이론의 중요성을 인식시키고자 했으며, 이를 위해 수학적 방법의 필요성을 강조했다. 한편 슘페터는 이 책에서 정학statics과 동학dynamics을 구분해서 설명했는데, 이는 발라 경제학의 정태적 균형으로부터 출발하여 슘페터 자신의 주요한 관심 영역이었던 경제발전의 현상을 분석하기 위한 새로운 분석도구를 마련하기 위한 작업이었다.[6]

1911년 슘페터는 그의 경제이론 가운데 가장 중요한 내용들을 담은 『경제발전의 이론 : 기업가 이윤, 자본, 신용, 이자 및 경기순환에 관한 연구Theorie der Wirts-chaftlichen Entwicklung: Eine Untersuchung über Unternehmergewinn, Kapital, Kredit, Zins und den Konjunkturzyklus』를 출판

---

6   Schumpeter, J. A., Das Wesen und der Hauptinhalt der Theoretischen Nationalökonomie, Dunker & Humbolt, Leipzig, 1908.

했다. 여기서 슘페터는 경제체제의 운동양식을 순환과 발전의 두 가지로 분류했다. 슘페터에 의하면 '순환'은 일정한 정태적 체계 내에서 동일한 양상으로 반복되는 경제행위의 총체로서, 다소의 변화가 발생하더라도 결코 일정한 체계를 벗어나지 않는 연속적인 변화를 의미한다. 이에 비해 '발전'이란 순환을 제약하는 여건들을 변경시킴으로써 나타나는 변화로서, 이는 연속적인 경제변동이라기보다는 경제체제 자체의 비약적인 변동을 의미한다. 슘페터는 이러한 경제발전을 경제의 내적 요인에서 나타나는 비연속적인 기술혁신이 그 원동력이 된다고 생각했다. 즉 기업가의 창조적이고 영웅적인 기술혁신 활동이 수행됨으로써 경제는 정태적 균형에서 순환의 과정을 벗어나 동태적 과정을 겪게 된다는 것이다. 이처럼 슘페터는 경제발전의 동인을 비연속적인 기업가의 혁신 활동에서 구하고 이 혁신의 생성, 파급, 소멸의 과정을 상세히 분석함으로써 자본주의 경제체제의 발전과정을 설명하고자 했다. 특히 이 책에서 슘페터는 혁신의 창조, 파급에 따른 신용창조의 증대로 발생하는 호황 국면과 혁신의 소멸로 인한 구매력 등의 감소에 의해 발생하는 불황 국면을 상세히 분석했다.[7] 이러한 분석을 통하여 슘페터는 자본주의 경제가 본질적으로 경기변동이라는 현상을 겪지 않을 수 없다는 것을 논리적으로 제시했고, 나중에 『경기변동론』을 구성하는 기본관점과 이론들을 마련할 수 있었다.

유럽에서 파시즘의 세력이 확산되던 1932년 슘페터는 미국으로 이주해 하버드대학에서 경제이론, 경기순환, 경제사상 등의 강좌를 담당했다. 미국에서의 연구성과가 최초로 집약되어 나타난 것이 1939년의 『경기변동론 : 자본주의적 과정의 이론적, 역사적, 통계적 분석Business Cycles: A theoretical, historical and statistical analysis of the Capitalist process』이다. 이 책은 부제에서 알 수 있듯이 자본주의 운동과정의 전개 형태를 실증적인 입장에서 폭넓게 분석하고자 한 책이다. 여기서 그는 경기순환의 원인과 순환 형태, 그리고 순환의 여러 국면에서의 경제적 요인들의 변화 등에 주목했다.[8] 1942년에 출판된

---

7   Schumpeter, J. A., *Theorie der Wirtschaftlichen Entwicklung: Eine Untersuchung über Unternehmergewinn, Kapital, Kredit, Zins und den Konjunkturzyklus*, Berlin, 1911. (박영호 옮김, 『경제발전의 이론』, 지만지, 2012.)

8   Schumpeter, J. A., *Business Cycles: A theoretical, historical and statistical analysis of the Capitalist process*, Martin Publisher, 1939.

『자본주의, 사회주의, 민주주의 Capitalism, Socialism and Democracy』는 슘페터 생전에 발간된 최후의 대작인 동시에 그의 사상을 집대성한 걸작이다. 슘페터에 의하면 사회주의로의 이행은 자본주의 자체의 실패에 의해서가 아니라 그 성공에 의해서 이루어지는데, 그 이유는 혁신의 소멸, 사회적 적대감의 성숙, 자본주의를 옹호하는 중간계층의 몰락 등이다.[9] 특히 이 책에서 슘페터는 경제학은 물론 자신이 가진 사회학과 역사학 등의 지식을 모두 동원하여 자본주의사회의 변화과정을 서술하고 사회주의체제로의 이행과정을 설명했다. 이러한 측면에서 보면 애덤 스미스로부터 존 스튜어트 밀에게로 이어지는 종합적인 사회과학으로서의 경제학의 정신을 계승한 마지막 사상가였다고 평가할 수 있다. 흔히 슘페터를 '마지막 르네상스인'이라고 부르는 이유도 이 때문이다.

슘페터의 경제학 체계에서 가장 주목해야 할 것은 방법론적 합리주의가 정책적 이상과 결합되어 나타난다는 점이다. 방법론으로서의 합리주의는 진보적 합리주의와 보수적 합리주의로 구분할 수 있는데, 전자는 엄격한 논리적 분석으로 현상을 비판하여 변혁으로 이끌어 가는 반면, 후자는 현상의 분석이 가리키고 있는 가정만을 채택한다는 차이가 있다. 그러나 이 양자의 태도에는 공통적으로 정책적 이상이 결여되어 있다. 전자는 국가에 의한 정책이 본질적으로 사회정책이 될 수 없고 계급의 이익에 좌우될 수밖에 없기 때문에 정책적 이상을 배제하려고 하며, 후자는 현존하는 제도나 체제의 불변성 및 그 장래에 대한 낙관이라는 신념에 어긋나기 때문에 정책적 이상을 배제하려고 한다. 따라서 이러한 합리주의는 결국 비합리주의적 신념이나 이데올로기로 전락하기 쉬운 것이다. 슘페터 경제사상의 탁월한 점은 이러한 비합리주의로의 전락을 끊임없이 경계하고자 했다는 데 있다. 이 때문에 슘페터는 똑같은 합리주의에서 출발했으면서도 마르크스처럼 프롤레타리아 혁명에 의한 자본주의 경제사회의 변혁을 주장하거나 베버처럼 역사에 대한 낙관을 결부시키는 결론으로 이끌리지 않고, 현실과 관련된 자신만의 논리적 결론을 이끌어낼 수 있었다. 슘페터의 역사관은 독창적이면서도 그러한 독창성이 빠지기 쉬운 비현실적인 이상주의로 빠지지

---

9   Schumpeter, J. A., *Capitalism, Socialism and Democracy*, New York, 1942. (변상진 옮김, 『자본주의, 사회주의, 민주주의』, 한길사, 2011.)

않는 재생력을 가지고 있다.

슘페터 경제사상의 또 다른 특징은 종합적인 사회과학 체계로 구성되어 있다는 점이다. 슘페터의 모든 연구와 저술은 오직 근대 자본주의 사회의 생성, 성장, 몰락 과정의 분석이라는 하나의 문제의식에 집중되어 있다. 슘페터는 자본주의 사회를 공동사회Gemeinschaft가 아닌 이익사회Gesellschaft, 즉 구성원들 상호 간의 이해관계의 대립이 불가피한 사회로 이해했다. 또한 그는 고전학파 경제학에 의해 정립된 순환운동으로서의 정태적 경제체제가 아니라 발전하는 역사적 현상으로 자본주의 경제를 파악했다. 이러한 인식을 통해 그는 자본주의가 사회발전의 최종 단계가 아니라 변화될 수 있는 과도적 체제라는 결론에 이르렀던 것이다. 경제이론, 경제발전과 경제변동, 경제체제론에 이르는 슘페터의 모든 연구는 그의 역사, 경제, 사회, 문화에 관한 모든 지식을 통합하여 자본주의 경제사회의 전개과정을 분석하는 데 집중되어 있다. 바로 이러한 점에서 그는 경제학을 단순히 경제현상에 대한 전문적 지식의 영역에 국한시키고자 했던 다른 경제학자들과 구별된다. 아마 슘페터 자신도 이러한 점에 대단한 자부심을 가지고 있었던 듯하다. 슘페터가 자신의 경제학을 케인스와 비교하면서 "케인스는 자녀를 가지지 않았기 때문에 그의 인생철학은 근본적으로 단기적이었다"고 평한 일은 유명하다.[10]

2. 경제발전의 이론

경제발전에 대한 슘페터의 분석은 먼저 경제가 정태적 균형상태에서 순환한다는 가정에서 출발한다. 정태적 균형상태에 있는 자본주의 경제는 사유재산, 노동의 분업, 자유경쟁이 일반적인 사회 형태이다. 이러한 균형상태 아래서는 생산에 참가하는 모든 생산요소가 상품으로서 거래되며, 그 생산요소의 가격과 생산된 상품의 가격은 자유경쟁에 의해 결정된다. 가격은 상품의 수요와 공급에 의해 결정되고, 각각의 생산요소가 상품으로서 거래의 대상이 되므로 수요와 공급의 과부족은 일어나지 않는다. 즉 생산된 상품은 모두 판매된다. 이러한 상태에서는 모든 생산요소가 완전히 고

---

10 슘페터, 정도영 옮김, 앞의 책, 314쪽.

용되기 때문에 불완전 고용은 있을 수 없으며, 설사 있다고 하더라도 일시적인 것일 뿐이다. 이러한 세계에서는 생산, 분배, 소비의 과정이 확대되지도 축소되지도 않고 똑같은 규모로 반복된다. 또한 이러한 사회 상태에서는 생산규모가 일정하므로 투자의 확대가 필요하지 않고, 따라서 자금의 수요도 은행의 신용창조가 필요할 만큼 크지 않기 때문에 자금에 대한 이자도 존재하지 않는다.

슘페터의 경제발전이론은 이러한 정태적 상태의 가정에서 출발한다. 균형상태의 단순한 순환에서 그것을 깨뜨리고 발전의 과정으로 전환하는 것은 기업가의 '혁신innovation'이다. 슘페터는 '기업가entrepreneur'와 '사업가businessman'를 구분했다. 간단히 정의하자면 기업가는 기업가정신entrepreneurship을 가지고 혁신을 수행하는 사람이며, 사업가는 기업가의 혁신을 모방하는 사람이다.[11] 완전경쟁적 균형상태에서 사업가는 주어진 여건에 따라 수동적으로만 행동할 뿐 어떤 창조적 역할도 행하지 못한다. 이러한 사업가의 생산활동에서는 생산에 투입된 가치가 생산될 뿐 가치의 증식은 일어날 수 없다. 발전은 이러한 상태로부터 벗어나고자 하는 기업가의 혁신 또는 창조적 파괴라는 행동에 의해 일어난다. 그것은 주어진 여건에 대한 수동적인 적응이 아니라 여건 자체를 변경시켜 경제순환의 흐름을 바꾸려는 혁명적인 성격을 지닌다. 이러한 경제의 변동은 경제 외부에서 주어진 것이 아니라 내부에서 일어나는 과정이다. 물론 경제는 경제 외적인 요인에 의해서도 변동한다. 가령 인구의 증가나 전쟁의 발발에 의해서도 경제변동이 일어날 수 있다. 그러나 슘페터는 체제 내부의 요인에 의한 변화만을 경제변동 또는 발전이라고 불렀다. 자본주의 경제의 운동과정을 정확하게 분석하기 위해서는 먼저 그 내적 원인에 의한 변화를 파악해야 하기 때문이다.[12]

슘페터는 혁신과 발명이나 발견을 엄밀하게 구별했다. 발명과 발견은 순수과학을 발전시키려는 성향에 지배되는 행동인 반면, 혁신은 이를 넘어 과학을 상품생산에 이용하려는 성향에 지배되는 행동이기 때문이다. 따라서 그는 혁신을 본질적으로 생산성을 향상시켜 기업가의 이윤을 획득하려는 경제적인 행위로 파악했다. 슘페터가

---

11 슘페터, 박영호 옮김, 앞의 책, 198쪽.
12 슘페터, 같은 책, 180-81쪽.

혁신이라고 부른 구체적인 내용은 새로운 재화의 생산, 새로운 생산 방법의 도입, 새로운 시장의 개척, 새로운 원료나 반제품 공급원의 획득, 새로운 산업조직의 성취 등이다. 혁신이 경제발전의 원동력이 되는 것은 기업가에게 이윤을 주기 때문이다. 기업가는 혁신이라는 경제발전의 동력을 움직이는 담당자인데, 그가 혁신을 행하는 것은 부를 축적해서 자신의 사적인 왕국을 건설하기 위한 목적 때문이다. 그리고 이러한 그의 목적은 이윤의 획득과 축적을 통해서만 이루어질 수 있다.

혁신은 생산성을 높여 그 기업의 생산비를 낮추거나 새로운 수요를 창조하여 기업의 판매수입을 올리는 효과를 창조함으로써 그것을 수행한 기업가에게 정상이윤, 즉 기업가가 제공하는 현상유지적인 노력에 대한 보수를 초과하는 이른바 '기업가 이윤'을 보장해준다. 소수의 기업가 집단에 의한 이윤의 획득, 즉 상품의 생산에 필요한 투입물의 가치를 넘어서는 산출물의 가치 증가는 경제기구의 질적 변화인 발전을 불러일으킨다. 그것은 그 상품의 생산과정에서 가치를 새롭게 증식시킬 뿐만 아니라 새로운 투자를 자극하는 생산규모의 확대를 가능하게 해 준다. 이윤은 발전에 없어서는 안 될 요소가 된다. 슘페터는 "발전 없이는 이윤이 존재하지 않으며 이윤 없이는 발전도 존재할 수 없다"는 말로 이러한 관계를 요약했다. 자본주의 경제체제에서는 이윤이 있어야 부의 축적이 가능하며, 이윤을 창조하는 것은 바로 기업가의 혁신이라는 것이다.[13]

그런데 혁신이 단순히 누적적으로 경제발전을 가져오는 것은 아니다. 혁신은 연쇄적으로 일어나는 것이 아니라 단속적으로 일어나며, 따라서 불가피하게 경기순환과 변동을 수반한다. 슘페터는 경기순환을 자본주의의 고유한 현상으로 보고 혁신과 경제발전 및 경기순환을 하나의 과정으로 연결해 설명했다. 먼저 창조적인 기업가들이 혁신을 일으켜 기업가 이윤을 얻게 되면 여기에 유인된 사업가들이 대량으로 참여하여 경기의 호황 국면이 전개된다. 호황은 새로운 이윤획득의 기회에 참여하고자 하는 사업가들의 집단적인 행동으로 일어나는 현상이다. 이러한 현상은 혁신을 모방함으로써 커다란 이윤을 획득할 수 있으리라는 그릇된 낙관주의 때문에 일어나기도 하

13　슘페터, 같은 책, 381쪽 이하.

지만, 거꾸로 보면 혁신을 일으킨 기업이 상품의 가격을 하락시키고 생산요소를 집중시키게 되면 그렇지 못한 기업에 대해서 위협으로 작용한다. 따라서 정태적 균형 아래서의 수동적 기업들은 새로운 사태에 적응하기 위해 집단적으로 혁신을 모방하지 않을 수 없게 된다.[14]

그러나 이러한 호황은 그것 자신이 다시 이윤율의 평준화, 즉 정상이윤만의 획득으로 되돌아가게 하는 원인이 된다. 슘페터는 불경기의 유일한 원인은 번영에 있다고 주장했다. 경제가 균형에서 멀어지면 멀어질수록 그 경제 안에서는 균형으로 되돌아가려는 움직임이 강해진다. 호황이 일반화되면 새로운 조정과정이 필요하게 된다. 따라서 여러 가지 돌발적인 혁신이 있고 난 뒤 이루어진 산업상태에 대한 조정의 완성과정으로서 불경기가 뒤따르게 된다. 슘페터는 불경기를 확장 시기의 변화가 창조한 새로운 여건에 적합한 균형상태에 도달하고자 하는 경제체제의 투쟁에 불과하다고 주장했다. 혁신에 의해 생산된 상품이 시장에 과잉 공급되어 가격 하락과 나아가 공황을 일으킨다 하더라도 그것은 자본주의 경제의 본질인 경기변동의 한 국면에 지나지 않는다는 것이다. 따라서 이러한 공황 국면은 자본주의 경제체제 자체의 자동 조절작용에 의해 곧바로 균형으로 되돌아가게 된다. 이처럼 슘페터는 경제발전과 경기순환을 기업가의 혁신이라는 개념을 통해 하나로 설명하고자 했다. 이러한 순환적 발전의 관점에서 본다면 자본주의체제는 어떤 제약이 주어지지 않는 한 기업가의 혁신에 의한 변동과정을 반복하면서 무한히 발전하게 될 것처럼 생각될 수도 있다. 그러나 슘페터는 자본주의 사회발전의 연장선 끝에는 사회주의가 있다고 생각했다. 그에게 사회주의는 자본주의의 미래이며 그 필연적 귀결이었다.

3. 사회주의 이행론

슘페터는 비엔나대학 시절 오토 바우어나 힐퍼딩과 같은 사회주의자들과 교류하면서부터 자본주의로부터 사회주의로의 이행이라는 문제에 관심을 갖기 시작하여, 세상을 떠나기 하루 전에 완성한 「사회주의로의 행진 *March into Socialism, 1950*」이라는 논문에

---

14   슘페터, 같은 책, 581쪽 이하.

이르기까지 줄곧 이 문제에 관심을 기울여 왔다. 사회주의에 대한 슘페터의 연구를 집약하고 완성한 것은 역시 『자본주의, 사회주의, 민주주의』였다. 이 책은 슘페터가 거의 40년에 걸쳐 축적해 온 사회주의에 대한 사색과 연구의 결과를 정리한 성과이다. 슘페터의 사회주의 이행론에서 가장 핵심적인 사상은 자본주의가 그 내부의 모순의 극대화로 몰락하는 것이 아니라 그 성공으로 오히려 몰락해 간다는 것이다. 흔히 사회주의자들에 의해 주장되어 온 것처럼 자본주의가 경제적으로 실패하여 붕괴한다는 생각은 자본주의체제의 현실과 그 장래의 성과를 고찰할 때 부정적이며, 오히려 자본주의의 성공 그 자체가 자본주의를 옹호하는 사회제도를 전복시킴으로써 사회주의로 이행한다는 것이다.[15]

자본주의체제를 지탱하는 사회경제구조가 자본주의의 발전에 따라 붕괴하게 되는 이유는 다음과 같다. 첫째, 기업조직이 거대화하고 자본의 소유와 경영이 분리되어 관료적인 체제가 이루어지면서 기업가의 혁신 동기가 둔화된다. 기업가가 혁신을 꾀하는 주요한 동기는 자본주의의 발전을 위한 것이 아니라 스스로 자본가가 되어 사적인 왕국을 건설하는 데 있다. 그런데 기업조직의 거대화로 인하여 그와 같은 야망이 실현될 기회가 없어지면 혁신의 동기는 약화될 수밖에 없다. 그 대신 거대 기업에서는 전문가 집단들이 생산방법을 개선하기 위한 계획을 만들게 되고, 혁신은 일상적 업무가 되는 혁신의 자동화 현상이 나타난다. 따라서 기업가의 혁신 기능은 점점 더 약화되어 가고 자본주의는 발전의 동력을 상실하게 된다.[16]

둘째, 자본주의를 옹호하는 계급들이 약화되어 간다. 역사적으로 보더라도 자본가계급은 정치적으로는 지주계급의 보호를 받았고, 사상적으로는 중소자본가와 상인들과 같은 중간계급의 활동에 의해 지지되어 왔다. 그 증거로 슘페터는 자본주의 사회가 형성되고 발전해 오는 과정에서 자본가계급이 경제적으로는 우세했지만, 정치적으로는 봉건귀족이 여전히 지배계급으로 남아 있었다는 사실을 지적했다. 또한 슘페터는 중소자본가와 상인들이 사유재산제도와 계약의 자유의 옹호자로서 자본주의

---

15   슘페터, 변상진 옮김, 앞의 책, 150쪽.

16   슘페터, 같은 책, 260-62쪽.

의 정신을 실천하고 지지해 왔다고 지적했다. 이처럼 슘페터는 자본가계급을 보호하는 귀족, 지주, 중소자본가, 상인 등의 계층과 집단들이 쇠퇴하면 자본가계급은 단독으로 국가를 이끌고 갈 수 없을 뿐만 아니라, 자기 자신의 이익도 보호할 수 없다고 주장했다. 그런데 자본주의 사회가 발전함에 따라서 봉건사회의 잔재 세력은 약화되고 중소기업은 멸망하여 대기업에 흡수 합병되고, 상인은 유통과정의 근대화로 몰락하게 된다. 그 결과 자본가계급은 정치적·사상적 보호자를 잃어버리고 무력화되고 만다.[17]

셋째, 지식인의 사회비판이다. 자본주의체제 아래서 성장한 지식계급은 합리적인 사고방식, 비판적 정신구조, 자신의 욕망을 충족시킬 수 있는 사회에 대한 인식과 염원을 가지고 있다. 반면에 이들은 충분한 고용기회를 발견하지 못하면 현실과 이념 간의 괴리에 회의를 느끼게 되며 결국 자본주의체제에 적대적인 집단으로 나타나게 된다. 또한 자본주의의 발전과정에서 이루어진 노동조합의 발전은 노동운동의 강화로 연결되며, 이들이 지식계급의 지도자와 결합하여 자본주의체제의 바탕인 정치기구를 붕괴시키는 사회운동으로 변화하게 된다. 이렇게 하여 결국 자본주의체제의 사회경제적 기반과 정치기구가 무너지면서 자본주의의 가치관은 무력해지고 평등화, 사회보장, 정부개입 등을 선호하는 경향이 일어나게 된다. 여기서 자본주의는 사회주의로의 이행의 길을 걷게 된다.[18]

이처럼 슘페터의 사회주의 이행론의 특징은 이행의 근본적인 원인을 자본주의의 경제발전 그 자체에서 찾아내어 사회주의의 도래가 불가피하다고 보았다는 점이다. 구체적인 이행과정의 설명에서는 차이가 있지만 자본주의 몰락의 계기를 자본주의체제가 안고 있는 본질적인 성격에서 찾고자 했다는 점에서 보면 슘페터와 마르크스의 분석은 동일한 사고방식에 기초하고 있다. 슘페터와 마르크스의 사회주의 개념에서 가장 중요한 차이는, 마르크스가 사회주의를 소유의 문제로 파악한 반면 슘페터는 관리의 문제로 파악했다는 점이다. 슘페터는 사회주의를 생산수단이 통제되어 무엇을 생산하고 어떻게 생산하며 누가 무엇을 획득하는가에 대한 결정이 사적 소유자

---

17 슘페터, 같은 책, 267쪽 이하.
18 슘페터, 같은 책, 285쪽 이하.

와 사적 경영에 의한 기업에 의해서가 아니라, 공공 당국에 의해 행해지는 사회체제라고 정의했다. 따라서 그에게 있어서 사회주의로의 이행은 경제활동의 비중이 점차 사적 영역으로부터 공적 영역으로 옮겨가는 것을 의미했다.

그런데 이러한 논리의 정당성을 제시하기 위해서는 자본주의에 대한 분석이 경제적 분석의 테두리를 넘어서는 것이 되지 않으면 안 되었다. 그래서 슘페터는 자본주의라고 말할 때 단순히 시장기구나 사유재산제도, 신용창출기구 등과 같은 경제제도의 장치만을 지칭하지 않았다. 그에게 자본주의는 정치제도나 계급구조에서부터 사고방식, 가치체계, 생활태도에까지 이르는 광범위한 문화를 의미했다. 이러한 슘페터의 자본주의 몰락론은 그의 경제발전의 이론과 결부된 것으로서, 그 당시로서는 결코 받아들여질 수 있는 견해가 아니었다. 그러나 슘페터는 순수한 이론가의 안목으로 자본주의를 분석하고자 했으며, 그 결과로 그와 같은 결론에 도달했다. 다시 말해 슘페터의 자본주의 몰락론은 자본주의 발전의 분석에서 얻어낸 과학적인 결과이지 그의 사회주의에 대한 가치판단의 결과는 아니었다. 그런데 자본주의가 몰락한다고 해도 사회주의가 실행 가능하지 않으면 사회주의로 이행할 수는 없다. 이에 대해 슘페터는 경제과정에는 변화에 대하여 적응해 가는 반응장치가 준비되어 있으며 그것을 기술하는 것이 균형이론의 임무라고 주장했다. 다시 말해서 이 균형이론은 사회주의적인 계획경제에도 응용될 수 있으며, 따라서 사회주의는 실행 가능한 계획이라는 것이다.

그러나 슘페터의 자본주의 몰락론은 몇 가지 한계를 지니고 있기도 하다. 먼저 슘페터가 기업가의 혁신의 동기를 파악하는 방법이다. 혁신의 중요한 동기로서 슘페터는 기업가가 자본가가 되어 사적 왕국을 구축하고자 하는 욕망을 지적했다. 만약 이것이 혁신의 유일한 동기라면 그의 주장처럼 소유와 경영이 분리된 현대기업에서의 전문경영인들은 혁신을 일으키려는 생각을 갖지 않게 될 것이다. 그러나 슘페터 자신도 이것이 유일한 동기라고는 보지 않았다. 그는 새로운 것을 만들어내고 일을 성취하는 즐거움도 혁신 활동의 중요한 동기가 된다고 보았다. 그런데 창조의 즐거움이라는 동기는 현대기업에서도 생길 수 있다. 슘페터에 앞서 자본주의가 기업의 거대화, 독점화와 더불어 직면하게 될 문제들을 고찰한 바 있는 마셜은 현대기업의 세계에서도 창조의 즐거움은 생긴다고 생각하여 거대 조직 속에서도 혁신의 동기는 살아 있다고 보았다. 슘페터의 이론은 결국 혁신의 동기를 지나치게 좁게 이해했다는 뜻이다.

보다 중요한 문제점은 슘페터의 자본주의 몰락론이 아무런 실천적인 시사점을 가지고 있지 못하다는 점이다. 슘페터의 이론은 자본주의의 몰락이 피할 수 없다고 하면서 그러한 상황에서 현실의 여러 계급들은 어떻게 행동해야 하는가에 관해 전망을 전혀 제공하고 있지 않다. 이 점에서 슘페터의 사회주의 이행론은 계급투쟁의 이론을 제시한 마르크스와는 물론이거니와 케인스의 이론과도 크게 대비된다. 케인스 역시 자유방임 자본주의의 결함을 분석했지만 그는 그 결함을 수정한 자본주의를 형성하게 하는 방법에 관하여 독자적인 방책을 제공함으로써 슘페터의 자본주의 아니면 사회주의의 양자택일로는 해결될 수 없는 새로운 발전을 창출하는 데 큰 역할을 했다. 슘페터의 자본주의 몰락론은 이러한 실천적인 대안이 포함되어 있지 않음으로써 한계를 안고 있기도 하다.

제 **3** 절
하이에크와 신자유주의

1. 사상적 배경

1947년 부활절 저녁, 스위스의 작은 휴양지 몽 페를랭Mont Pelerin에서 젊은 경제학자들의 모임이 열렸다. 이 모임의 좌장은 오스트리아 출신의 프리드리히 폰 하이에크였으며, 하이에크의 스승이라 할 루드비히 폰 미제스를 비롯하여 시카고대학의 프랭크 나이트Frank Hyneman Knight, 1885-1972, 런던정치경제대학의 라이오넬 로빈스Lionel Charles Robbins, 1898-1984, 프라이부르크대학의 발터 오이켄Walter Eucken, 1891-1950과 역시 프라이부르크학파에 속하는 빌헬름 뢰프케Wilhelm Röpke, 1899-1966 등이 참가했다. 참가자들 가운데 맨 끝자리에는 훗날 노벨 경제학상을 받게 되는 시카고대학의 조지 스티

글러George Joseph Stigler, 1911-1991와, 역시 노벨상을 수상한 통화주의monetarism 경제학의 창시자 밀턴 프리드먼Milton Friedman, 1912-2006이 있었다. 가장 눈에 띄는 특별한 참가자는 『열린 사회와 그 적들The Open Society and It's Enemies, 1945』로 유명한 철학자 칼 포퍼Karl Raimund Popper, 1902-1994이다. 학문 분야는 달랐지만 포퍼와 하이에크는 매우 친밀한 사이였으며, 포퍼는 이 책을 하이에크에게 헌정한 바 있다. 20세기의 가장 위대한 경제학자 두 사람인 케인스와 슘페터는 이 모임에 참가하지 않았다. 케인스는 바로 그 전 해에 갑작스러운 심장마비로 세상을 떠났다. 물론 세상을 떠나지 않았다 하더라도 케인스는 이 모임에 초청을 받지도 않았을 것이며 참가하지도 않았을 터이다. 이 날 모인 경제학자들의 공통점은 바로 마르크스와 케인스에 반대한다는 데 있었기 때문이다. 역시 초청을 받지 못한 슘페터는 이 모임의 소식을 듣고는 '쓸데없는 짓'이라고 간단히 치부해 버리고 말았다고 한다. 그러나 이날의 모임은 경제학의 역사에서뿐 아니라 20세기 후반의 자본주의에 매우 중요한 사건이 되었다. 오늘날 신자유주의neo-liberalism라고 부르는 사상은 바로 이 모임에서부터 시작되었다고 해도 틀리지 않기 때문이다.

하이에크는 1899년 비엔나에서 태어났다. 그의 집안은 특별히 학문적이었다고 할 만하다. 그의 조부인 구스타프 폰 하이에크Gustav von Hayek, 1836-1911는 저명한 생물학자로서 뵘-바베르크의 친구이기도 했다. 부친 아우구스트 폰 하이에크August von Hayek, 1871-1928는 의학박사로 비엔나대학에서 식물학을 강의했다. 하이에크의 두 동생도 해부학자와 화학자로서 대학교수였으며, 그의 딸과 아들은 곤충학자와 미생물학자가 되었다. 하이에크를 제외하면 사회과학자는 아무도 없고 모두 자연과학자였다는 사실은 조금 뜻밖이다. 하이에크 자신도 어린 시절 식물학자가 되려는 꿈을 가졌다고 술회한 적이 있다. 식물학에 대한 그의 관심은 진화론으로 옮겨 갔는데, 이러한 경험이 뒤에 그가 사회와 질서의 진화를 탐구하도록 자극했을 법도 하다. 하이에크의 가계에서 굳이 사회과학적 영향을 찾자면 하이에크의 외조부는 법학자로서 오스트리아 통계학회의 회장을 지내기도 했다. 현대철학의 새로운 지평을 개척한 철학자 가운데 한 사람인 루트비히 비트겐슈타인Ludwig Josef Johann Wittgenstein, 1889-1951은 하이에크의 사촌이다.

오늘날에는 대부분의 사람들이 그를 경제학자로 알고 있지만, 하이에크는 비엔나 대학에서 법학을 전공하여 22세 때 법학박사 학위를 받는다. 학위를 받은 다음에도 지적 호기심을 다 채우지 못한 하이에크는 다시 행정학 박사과정에 등록했는데, 이 때의 지도교수가 오스트리아학파의 거장인 비저였다. 하이에크가 본격적으로 경제학 연구를 시작한 것도 비저의 지도에 의해서이다. 그 당시 오스트리아의 많은 경제학 자들이 학문과 공직을 겸했듯이, 하이에크도 두 번째 학위를 받은 이후 한동안 재무 부의 공무원 생활을 했다. 하이에크가 미제스의 경제학 세미나에 참석하게 된 것도 이 무렵의 일이다. 1957년 오스트리아에 새로 설립된 경기연구소의 소장이 되었고, 비엔나대학의 강사로서 경제학과 통계학을 가르쳤다. 한 가지 재미있는 일은, 비엔 나대학 시절 하이에크는 미제스의 강의를 들었지만 그 당시에는 그다지 흥미를 느끼 지 못했다는 사실이다. 뒤에 하이에크의 방문을 받은 미제스 역시 그를 기억하지 못 했다고 한다. 평생을 두고 하이에크에게 가장 깊은 사상적 영향을 미친 인물이 미제 스라는 것은 잘 알려진 사실이다. 그런데도 정작 두 사람의 첫 만남이 서로에게 그다 지 깊은 인상을 주지 못했다는 것은, 그 당시의 하이에크는 아직 미제스의 극단적인 자유주의 사상에 일정한 거리를 두고 있었음을 의미한다. 다시 말해서 하이에크는 처음부터 신자유주의의 도그마를 가지고 경제학 연구를 시작한 것이 아니라, 경제학 연구를 통하여 그러한 사상을 형성하고 발전시켜 나갔다는 뜻이다.

처음 경제학을 연구할 무렵 하이에크가 주로 관심을 가졌던 분야는 화폐이론, 경 기변동과 자본이론 등이었다. 특히 경제학자로서 하이에크는 오스트리아 경기변동이 론으로 불리는 화폐적 경기변동이론의 발전에 주요한 기여를 했다. 첫 저작인『통화 이론과 무역순환*Monetary Theory and the Trade Cycle, 1929*』을 비롯하여, 『가격과 생산*Prices and Production, 1931*』 등 하이에크의 초기 연구는 대부분 이와 관련된 주제를 분석하고 있 다. 하이에크의 경제이론은『자본의 순수이론*The Pure Theory of Capital, 1941*』에서 완성된 다. 하이에크의 경기변동이론을 간단히 설명하면, 은행의 대출 증가로 통화량이 증 가하면 이자율이 하락하고 이는 투자를 증대시켜 호황 국면이 된다. 그러나 은행의 대출 증가가 무한히 계속될 수는 없고, 그 결과로 투자가 감소하고 불황 국면이 도 래한다. 그러나 이를 해결하고자 정부가 통화 공급을 확대하면 인플레이션이 발생하고 시장의 자기조정기능이 방해받는다는 것이다. 하이에크의 경기변동이론은 그 당시 경제학계에서 지배적이던 케인스의 경기변동이론과 대립했고, 두 사람은 오랜 시간에 걸쳐 논쟁을 벌였다. 케인스의 이론은 잘 알려진 것처럼 투자가 저축보다 작으면 불황이 온다는 것이다. 당시에는 케인스의 명성이 하이에크를 압도하는 듯했지만, 40여 년 뒤에 하이에크가 노벨 경제학상을 받게 된 이유는 바로 그의 경기변동이론 덕분이다.

하이에크는 1931년 라이오넬 로빈스의 초청으로 런던정경대학 최초의 외국인 교수가 되었고, 1938년 영국 시민권을 얻어 1950년까지 영국에서 살았다. 하이에크의 관심이 경제조직, 경제학사와 경제철학, 특히 경제학의 방법론으로 옮겨 가게 된 것은 런던정경대학 시절에서부터이다. 하이에크가 일찍부터 제도와 질서의 문제에 관심을 갖기는 했지만, 그의 경제사상이 구체적으로 형성된 것도 대체로 이 시기의 일이다. 하이에크는 케인스를 비롯하여 로빈슨 여사와 피에로 스라파^{Piero Sraffa, 1898-1983} 등 케임브리지대학의 저명한 경제학자들과 토론하면서 자신의 사상을 성숙시켜 갔다. 한편 정치적으로 보면 이 시기는 독일의 나치스와 이탈리아의 파시스트들이 세력을 확장해 나가던 불안과 위기감의 시대이기도 했다. 영국에서도 페이비언 사회주의자들을 중심으로 복지와 계획을 옹호하는 정치적 경향이 우세했다. 하이에크의 사회경제사상은 이러한 학문적·현실적 배경에서 형성된 것이다. 하이에크는 카를 멩거에 의해 정립된 오스트리아학파의 방법론적 개인주의를 경제질서와 개인의 자유라는 문제로 발전시킴으로써 신자유주의 사상의 기초를 제시했다. 경제사상사의 측면에서 하이에크의 첫 번째 대표작이라고 할 『노예의 길 *The Road to Serfdom*』은 1944년에 발표되었다.

1950년 하이에크는 시카고대학으로 옮겨 1962년까지 사회과학과 도덕과학을 강의했다. 이 당시 하이에크는 부인과 이혼하고, 가까웠던 동료들과 사이가 소원해지는 등 개인적인 어려움을 겪었다. 어떻게 보면 시카고로의 이주는 하이에크의 선택이라기보다는 상황의 산물이었다. 이 때문인지 하이에크 스스로 시카고대학은 학문적으로 매우 활력에 차 있었지만 런던에서만큼 안락하지는 못했다고 회고했다. 『자유헌정론 *The Constitution of Liberty, 1960*』은 시카고 시절을 대표하는 저작이다.

1962년에 하이에크는 독일로 옮겨 오이켄의 후임으로 질서자유주의Ordo-liberalism 사상의 본산인 프라이부르크대학의 교수로 부임했다. 프라이부르크는 고국인 오스트리아와도 가깝고, 하이에크가 오래 생활했던 런던과도 가까웠기 때문에 하이에크는 모처럼 마음의 평온을 얻을 수 있었다. 게다가 프라이부르크대학은 하이에크에게 정년의 연장과 평생 연금이라는 파격적인 대우를 제공했다. 그러나 1968년 프라이부르크대학에서 정년을 맞자 하이에크는 심각한 우울증을 앓게 되었다. 개인적으로나 학문적으로나 이 시기는 하이에크에게 가장 힘든 시기였다. 잘츠부르크대학이 그를 명예교수로 초청했지만 하이에크의 사상은 케인스주의가 여전히 강한 영향력을 가지던 당시의 경향에서 소외되었고, 어느 사이에 그는 이미 한물간 원로 경제학자로 취급받고 있었다.

하이에크의 인생에서 가장 극적인 사건은 바로 1974년 노벨상의 수상이다. 하이에크 스스로 전혀 예상하지 못했다고 말할 만큼 그의 노벨상 수상은 뜻밖의 일이었다. 하이에크의 학문과 사상은 경제학을 넘어서 철학과 정치학의 영역을 넘나들었지만, 바로 그런 이유에서 하이에크가 경제이론에 미친 기여는 그다지 높게 평가받지 못했던 것이 사실이다. 게다가 함께 상을 받은 이가 스웨덴의 전투적 사회민주주의자인 군나르 뮈르달Gunnar Myrdal, 1898-1987 이었기 때문에, 두 사람의 공동 수상은 누구에게나 어색한 일로 여겨졌다. 그래서 심지어는 노벨상 위원회가 자국의 경제학자인 뮈르달에게 단독으로 상을 수여할 경우에 있을지도 모르는 비판을 피하기 위하여 하이에크를 끼워 넣었다는 식의 뒷이야기가 나오기도 했다.

그러나 노벨상 수상 이후 하이에크는 젊은 시절보다 더욱 정력적으로 저술과 강연 활동들을 전개하여 나감으로써 신자유주의의 사상적 원류로서의 위치를 확고히 했다. 『법, 입법 그리고 자유Law, Legislation and Liberty, 1973-79』, 『치명적 자만 : 사회주의의 오류들The Fatal Conceit: The Errors of Socialism, 1988』 등이 이 시기의 대표적인 저작들이다. 무엇보다 하이에크의 명성을 드높인 것은 현실에서 신자유주의의 사상을 반영한 신보수주의 정부, 즉 영국의 마거릿 대처Margaret Hilda Thatcher, 1925-2013 나 미국의 로널드 레이건Ronald Wilson Reagan, 1911-2004 정부 등의 집권이다. 드디어 케인스의 시대가 막을 내리고 하이에크의 시대가 도래한 것이다.

2. 예속으로의 길

사회주의와 계획경제에 대한 하이에크의 비판은 미제스의 세미나에 참석하면서부터 형성되었다. 하이에크의 스승인 미제스는 폴란드 출신 경제학자이자 외교관인 오스카르 랑게Oskar Ryszard Lange, 1904-1965와 사회주의에서도 합리적인 가격결정이 가능한가 하는 주제를 두고 수년에 걸친 논쟁을 벌였다. 미제스는 사회주의에서는 시장이 존재하지 않으므로 자원의 희소성을 정확하게 반영하는 가격결정이 불가능하고 따라서 효율적인 경제계획도 불가능하다고 주장했다. 이에 대해 시장사회주의 이론의 선구자인 랑게는 가격이 반드시 시장에 의해서만 결정되어야 하는 것은 아니며, 중앙의 계획당국에 의해서도 충분히 책정될 수 있다고 주장했다. 하이에크는 이 논쟁에 적극적으로 참여하지는 않았지만, 그 과정에서 시장이란 단순히 가격결정의 역할만 하는 것이 아니라 정보를 발견해 가는 과정이기도 하다는 생각을 발전시키게 된다. 시장경제에서 수요자와 공급자들은 처음부터 수요와 공급에 대한 정확한 정보와 적절한 가격을 알고서 시장에 참여하는 것이 아니라, 실제 시장에 참여하여 시행착오를 거듭함으로써 비로소 수요와 공급에 관한 올바른 지식과 정보를 얻게 되고 올바른 가격도 형성된다는 것이다.[19]

하이에크 사상의 출발점은 인간의 인식은 불완전하다는 것이다. 이는 두 가지 의미를 가지는데, 하나는 인간의 사고능력의 불완전성이며 다른 하나는 지식의 불완전성이다. 하이에크는 인간은 합리적인 존재가 아니라 오히려 비합리적이고 오류에 빠지기 쉬운 존재라고 주장했다.[20] 따라서 이러한 오류들은 사회적 과정 속에서만 정정될 수 있다. 그런데 사회주의는 이처럼 불완전한 인간의 인식능력으로 합목적적인 사회를 건설하고자 시도하는 '치명적 자만facial conceit'의 결과일 뿐이다. 하이에크는 사회질서를 '인위적 질서made order'와 '자생적 질서spontaneous order'로 구분했다. 자생적 질서는 말 그대로 스스로 형성된 질서이며, 구성적 질서는 인위적으로 만들어진 질서이다. 자생적 질서는 인간의 본성에 부합되기 때문에 대다수의 사회구성원이 이를

---

19 이근식, 『신자유주의 : 하이에크·프리드먼·부캐넌』, 기파랑, 2009, 102-03쪽.

20 Hayek, F. A., *Individualism and Economic Order*, University of Chicago Press, 1948. (박상수 옮김, 『개인주의와 경제질서』, 자유기업센터, 1998.)

선택하고 준수한다. 시장경제가 바로 자생적 질서의 가장 훌륭한 예이다. 반면에 인위적 질서는 사회주의나 전체주의처럼 소수의 사람이 대중에게 강요하는 질서이다. 따라서 이러한 질서는 장기적으로 존속될 수 없으며, 반드시 붕괴되고 만다. 하이에크는 독일과 이탈리아의 파시스트 정부는 물론 케인스가 추구한 복지국가도 똑같은 결과를 초래할 것이라고 주장했다.[21]

사회경제사상사에서 보면 인위적 질서를 옹호하는 사상이 '구성적 합리주의 constructive rationalism'이며, 자생적 질서를 옹호하는 사상이 '진화적 합리주의evolutionary rationalism'이다. 구성적 합리주의는 불완전할 수밖에 없는 인간의 이성능력에 대한 과도한 신뢰를 바탕으로 사회의 모든 제도를 설계하고, 구성원들에게 필요한 자원을 중앙 계획당국이 효율적으로 배분할 수 있다는 사상이다.[22] 다른 곳에서 하이에크는 구성적 합리주의를 '사이비 개인주의', 진화적 합리주의를 '진정한 개인주의'라고 부르기도 했다.[23] 사이비 개인주의, 즉 구성적 합리주의 사상은 근대 합리주의 철학의 아버지로 불리는 르네 데카르트에서 시작하여 홉스와 루소, 벤담 등을 거쳐 마르크스에게까지 이어진다. 반면에 진정한 개인주의, 즉 진화적 합리주의는 영국 경험론 철학의 아버지 베이컨에서 시작되어 흄과 스미스에 의해 발전한다. 하이에크는 구성적 합리주의와 사회주의 사상가들을 '이념의 중고 중개상second-hand dealers of ideas'들이라고 혹독하게 비판하기도 했다.[24]

『노예의 길』에서 하이에크는 파시즘과 공산주의는 서로 정반대의 체제처럼 여겨지지만 사실상 동일하다고 비판했다.[25] 조금이라도 정부개입을 용인하면 정부는 스스로 자기의 영역을 확대해 가기 마련이고, 마침내는 경제의 모든 결정이 정부에 의해 이루어지는 사회주의, 특히 국가사회주의로 나아갈 수밖에 없기 때문이다. 하이에크

---

21   Hayek, F. A., *The Constitution of Liberty*, University of Chicago Press, 1960. (김균 옮김, 『자유헌정론』, 자유기업센터, 1998.)

22   Hayek, F. A., *The Fatal Conceit: The Errors of Socialism*, University of Chicago, 1988. (신중섭 옮김, 『치명적 자만 : 사회주의의 오류들』, 자유기업원, 2005, 103쪽 이하.)

23   하이에크, 김균 옮김, 앞의 책.

24   하이에크, 신중섭 옮김, 앞의 책, 114쪽.

25   Hayek, F. A., *The Road to Serfdom*, London, 1944. (김이석 옮김, 『노예의 길 : 사회주의 계획경제의 진실』, 나남, 2006, 67쪽.)

는 이러한 경제체제들을 묶어 집산주의collectivism라고 불렀는데, 애덤 스미스를 인용하면서 그는 모든 집산주의는 정부로 하여금 정부 자신을 유지하기 위해 억압적이고 폭력적이 될 수밖에 없게 한다고 주장했다.[26] 하이에크에 따르면 모든 집산주의에는 두 가지 중심적 특징이 있다. 첫째는 그 집단이 공통적으로 받아들이는 목적체계를 가질 것이며, 둘째는 이런 목적들을 달성하기 위하여 그 집단에게 최대한 권력을 부여하려는 욕구이다.[27] 중앙집권적 계획경제는 필연적으로 전체주의적 정치체제를 가지게 되고, 이는 소련에서처럼 모든 시민이 국가의 노예가 되는 길이라는 것이다. 사회주의자들은 필연의 왕국으로부터 자유의 왕국으로 가는 길the road to freedom을 약속했지만, 현실에서 그것은 예속으로 가는 길the road to serfdom이 될 수밖에 없다는 것이다.

오늘날 신자유주의의 위치는 매우 모순적이다. 과거에는 대체로 현실에서 가장 영향력이 큰 이론과 사상이 학문과 지성의 영역에서도 지배적인 경우가 많았다. 1980년대 이후 자본주의의 현실을 지배하는 사상은 신자유주의이다. 그런데 다른 한편에서 보면 신자유주의만큼 모든 악덕의 원인으로 비난받는 사상도 없다. 오늘날 신자유주의가 처한 이처럼 예외적인 모순 상황은 신자유주의에 대한 양극단의 태도를 낳고 있다. 즉 한쪽에서는 신자유주의를 무조건적으로 찬양하고, 다른 한쪽에서는 무조건적으로 비난하는 것이다. 물론 어떤 기회주의적인 지식인들은 비판적 지지라거나 반대로 합리적 비판이라는 이름으로 자신들의 태도를 변명하기도 하지만, 그렇다고 사정이 달라질 일은 없다. 신자유주의에 대한 모순적 상황은 하이에크의 경제사상에 대해서도 그대로 들어맞는다. 오늘날 하이에크에 대한 평가는 전적인 숭배와 전적인 경멸 두 가지뿐이다. 케인스를 비롯하여 자의든 타의든 여러 격렬한 논쟁들에 휘말린 경제학자들이 많지만, 하이에크만큼 극단적인 평가를 받는 경제학자는 드물다. 그러나 이는 하이에크 사상의 모순이 현실에 반영된 것이 아니라, 신자유주의가 지배하는 현실의 모순이 하이에크의 사상에 대한 평가에 반영된 결과라고 해야 옳을 것이다.

---

26 하이에크, 김이석 옮김, 같은 책, 75쪽.

27 하이에크, 같은 책, 217쪽.

참고문헌

강신준, 『자본론의 세계』, 풀빛, 2009.

경제교육연구회, 『근대사회경제사상의 이해』, 시그마프레스, 2008.

김광수, 『고전학파』, 아세아문화사, 1992.

김광수, 『애덤 스미스의 학문과 사상』, 해남, 2005.

김광수, 『중상주의』, 민음사, 1984.

김수행, 『알기 쉬운 정치경제학』, 서울대학교 출판문화원, 2011.

김춘송, 『자본론의 이해』, 민지사, 1992.

김형기, 『새 정치경제학』, 한울, 2001.

박기혁, 『경제학사』, 법문사, 1974.

박은정, 『자연법의 문제들』, 세창출판사, 2007.

변형윤 엮음, 『반주류의 경제학』, 청람, 1981.

변형윤, 『현대경제학연구』, 범조사, 1985.

송현호, 『신제도이론』, 민음사, 1998.

이근식, 『밀의 진보적 자유주의』, 기파랑, 2006.

이근식, 『서독의 질서자유주의 : 오위켄과 뢰프케』, 기파랑, 2007.

이근식, 『신자유주의 : 하이에크·프리드먼·뷰캐넌』, 에크리, 2008.

이근식, 『애덤 스미스의 고전적 자유주의』, 기파랑, 2006.

이태언, 『법철학 강의』, 부산외국어대학교 출판부, 2009.

이필우, 『경제학과 철학의 만남』, 건국대학교 출판부, 2007.

이해주, 『사회경제사상사』, 경세원, 1989.

이해주·김대래·최성일, 『현대경제사상사』, 세종출판사, 1998.

이해주·조준현, 『근대사회경제사상사의 이해』, 신지서원, 2000.

자유주의경제학연구회, 『시카고학파의 경제학』, 민음사, 1997.

정윤현, 『서양경제사상사연구』, 창작과비평사, 1981.

조준현, 『고전으로 읽는 자본주의』, 다시봄, 2014.

조준현, 『누구나 말하지만 아무도 모르는 자본주의』, 카르페디엠, 2011.

참사회경제교육연구소, 『교양인을 위한 경제사』, 다시봄, 2014.

참사회경제교육연구소, 『내일을 위한 경제학』, 다시봄, 2013.

허남결, 『공리주의 윤리문화 연구』, 화남, 2004.

갤브레이스, 노택선 옮김, 『풍요한 사회』, 한국경제신문사, 2006.

갤브레이스, 원창화 옮김, 『불확실성의 시대』, 홍신문화사, 2011.

갤브레이스, 장상환 옮김, 『경제학의 역사』, 책벌레, 2002.

고메스-로보, 강두호 옮김, 『도덕과 인간의 선 : 자연법 윤리학 개론』, 인간사랑, 2008.

노스, 이병기 옮김, 『제도·제도변화·경제적 성과』, 자유기업센터, 1997.

돕, 이선근 옮김, 『자본주의 발전 연구』, 광민사, 1980.

뒤메닐·레비, 이강국·장시복 옮김, 『자본의 반격 : 신자유주의 혁명의 기원』, 필맥, 2006.

디포, 윤해준 옮김, 『로빈슨 크루소』, 을유문화사, 2008.

딜라드, 허창무 옮김, 『케인즈 경제학의 이해』, 지식산업사, 2009.

라파르그, 차영준 옮김, 『게으를 권리』, 필맥, 2009.

레닌, 남상일 옮김, 『제국주의론』, 백산서당, 1986.

로젠탈, 한국철학사상연구회 옮김, 『마르크스 정치경제학의 변증법적 방법』, 이론과실천, 1989.

롤, 정윤형 옮김, 『경제사상사』, 까치, 1977.

루빈, 함상호 옮김, 『마르크스의 가치론』, 이론과실천, 1989.

루소, 정병희 옮김, 『에밀』, 동서문화사, 2007.

루소, 최석기 옮김, 『인간불평등기원론/사회계약론』, 동서문화사, 2009.

리스트, 이주성 옮김, 『국민경제학』, 단국대학교 출판부, 1979.

리카도, 정윤형 옮김, 『정치경제학 및 과세의 원리』, 비봉출판사, 1991.

마르크스, 강민철·김진영 옮김, 『철학의 빈곤 : 프루동의 '빈곤의 철학'에 대한 응답』, 아침, 1988.

마르크스, 강신준 옮김, 『자본』, 이론과실천, 1987.

마르크스, 김태경 옮김, 『경제학-철학 수고』, 이론과실천, 1987.

마르크스, 김호균 옮김, 『정치경제학 비판을 위하여』, 중원문화, 2007.

마르크스, 김호균 옮김, 『정치경제학비판 요강』, 그린비, 2007.

마르크스, 남상일 옮김, 『임노동과 자본』, 백산서당, 1989.

마르크스, 성낙선 옮김, 『자본주의적 생산에 선행하는 제형태』, 지평, 1988.

마르크스, 편집부 옮김, 『잉여가치학설사』, 아침, 1989.

마르크스, 홍영두 옮김, 『헤겔 법철학 비판』, 백산서당, 1988.

마르크스·엥겔스, 남상일 옮김, 『공산당선언』, 백산서당, 1989.

마르크스·엥겔스, 박재희 옮김, 『독일 이데올로기』, 청년사, 1988.

마르크스·엥겔스, 편집부 옮김, 『신성가족 또는 비판적 비판주의에 대한 비판 : 브루노 바우어와 그 일파를 논박한다』, 이웃, 1990.

마셜, 백영현 옮김, 『경제학원리』, 한길사, 2010.

맥밀런, 이진수 옮김, 『시장의 탄생』, 민음사, 2007.

맨더빌, 최윤재 옮김, 『꿀벌의 우화』, 문예출판사, 2010.

맬서스, 이서행 옮김, 『인구론』, 동서문화사, 2012.

멩거, 민경국·이상헌·김이석 옮김, 『국민경제학의 기본원리』, 자유기업원, 2002

모어 외, 김현욱 옮김, 『유토피아/자유론/통치론』, 동서문화사, 2008.

미제스, 김태홍 엮음, 『자유경제의 철학』, 우아당, 1983.

미제스, 안재욱·이은영 옮김, 『자유를 위한 계획』, 자유기업센터, 1998.

미제스, 윤용준 옮김, 『경제적 자유와 간섭주의』, 자유기업센터, 1998.

밀, 박동찬 옮김, 『정치경제학원리』, 나남, 2010.

밀, 박홍규 옮김, 『자유론』, 문예출판사, 2009.

밀, 배영훈 옮김, 『존 스튜어트 밀 자서전』, 범우사, 2008.

밀, 서병훈 옮김, 『공리주의』, 책세상, 2010.

밀러, 서찬주·김청환 옮김, 『자본주의의 매혹 : 돈과 시장의 경제사상사』, 휴먼앤북스, 2006.

백하우스, 김현구 옮김, 『경제학의 역사』, 시아출판사, 2005.

버컨, 이경남 옮김, 『애덤 스미스 경제학의 탄생』, 청람출판, 2008.

베버, 김현욱 옮김, 『프로테스탄티즘 윤리와 자본주의 정신/직업으로서의 학문』, 동서문화사, 2009.

베버, 조기준 옮김, 『사회경제사』, 삼성출판사, 1983.

베블런, 김성균 옮김, 『유한계급론』, 우물이있는집, 2012.

뷰캐넌, 이필우 옮김, 『윤리와 경제진보』, 자유기업센터, 1997.

브레이버만, 이한주·강남훈 옮김, 『노동과 독점자본 : 20세기에서 노동의 쇠퇴』, 까치, 1987.

블로그, 연태훈·옥우석 옮김, 『위대한 경제학자들』, 동인, 1994.

슈타르바티 외, 정진상 외 옮김, 『경제학의 거장들』, 한길사, 2007.

슘페터, 김균 외 옮김, 『경제분석의 역사』, 한길사, 2013.

슘페터, 박영호 옮김, 『경제발전의 이론』, 지만지, 2012.

슘페터, 변상진 옮김, 『자본주의, 사회주의, 민주주의』, 한길사, 2011.

슘페터, 성낙선 옮김, 『경제학의 역사와 방법』, 한신대학교 출판부, 2007.

슘페터, 정도영 옮김, 『10대 경제학자』, 한길사, 1998.

스라파, 박찬일 옮김, 『상품에 의한 상품생산』, 비봉출판사, 1986.

스미스, 김수행 옮김, 『국부론』, 동아출판사, 1992.

스미스, 미크 외 엮음, 서진수 옮김, 『법학강의』, 자유기업원, 2002.

스미스, 박세일·민경국 옮김, 『도덕감정론』, 비봉출판사, 2009.

스키델스키, 고세훈 옮김, 『존 메이너드 케인스』, 후마니타스, 2009.

아리스토텔레스, 손명현 옮김, 『니코마코스 윤리학/정치학/시학』, 동서문화사, 2013.

아파나시예프 외, 박동철 옮김,「위대한 발견」, 푸른산, 1989.

에거트슨, 장현준 옮김,「경제행위와 제도」, 자유기업센터, 1999.

에라스뮈스 외, 장병희 옮김,「바보예찬/잠언과 성찰/인간성격론」, 동서문화사, 2008.

엥겔스, 강유원 옮김,「루드비히 포이어바흐와 독일고전철학의 종말」, 이론과실천, 2008.

엥겔스, 김대웅 옮김,「가족의 기원」, 아침, 1985.

엥겔스, 김민석 옮김,「반듀링론」, 새길, 1987.

엥겔스, 박준식·전병유·조효래 옮김,「영국 노동자계급의 상태」, 세계, 1988.

엥겔스, 한승완·이재영·윤형식 옮김,「자연변증법」, 중원문화, 2012.

발라, 심상필 옮김,「순수경제학 : 사회적 부에 관한 이론」, 민음사, 1996.

워시, 김민주·송희령 옮김,「지식경제학 미스터리」, 김영사, 2008.

조지, 김윤상 옮김,「진보와 빈곤」, 비봉출판사, 1997.

좀바르트, 이필우 옮김,「사랑과 사치의 자본주의」, 까치, 1977.

제번스, 김진방 옮김,「정치경제학 이론」, 나남, 2011.

케네, 김재훈 옮김,「경제표」, 지만지, 2010.

케인스, 신태환 옮김,「화폐론」, 비봉출판사, 1992.

케인스, 정명진 옮김,「설득의 경제학」, 부글, 2009.

케인스, 정병휴 옮김,「경제학자의 시대」, 삼성문화문고, 1974.

케인스, 조순 옮김,「고용, 이자 및 화폐에 관한 일반이론」, 비봉출판사, 1995.

코저, 신용하·박명규 옮김,「사회사상사」, 시그마프레스, 2006.

쿤, 김명자 옮김,「과학혁명의 구조」, 까치, 2004.

토크빌, 신범식 옮김,「미국 민주주의」, 형설출판사, 1992.

파인·새드-필호, 박관석 옮김,「마르크스의 자본론」, 책갈피, 2004.

포이어바흐, 강대석 옮김,「기독교의 본질」, 한길사, 2008.

폴라니, 박현수 옮김,「거대한 변환 : 우리 시대의 정치적·경제적 기원」, 민음사, 1997.

폴라니, 이종욱 옮김,「초기 제국에 있어서의 교역과 시장」, 민음사, 1994.

프리드먼, 심준보·변동렬 옮김,「자본주의와 자유」, 청어람미디어, 2009.

하비, 최병두 옮김,「신자유주의 : 간략한 역사」, 한울, 2007.

하이에크, 김균 옮김, 『자유헌정론』, 자유기업센터, 1998.

하이에크, 김이석 옮김, 『노예의 길 : 사회주의 계획경제의 진실』, 나남, 2006.

하이에크, 민경국 옮김, 『법, 입법 그리고 자유』, 자유기업센터, 1997.

하이에크, 박상수 옮김, 『개인주의와 경제질서』, 자유기업센터, 1998.

하이에크, 신중섭 옮김, 『치명적 자만 : 사회주의의 오류들』, 자유기업원, 2005.

하일브로너, 장상환 옮김, 『세속의 철학자들』, 이마고, 2005.

해즐릿, 강기춘 옮김, 『경제학의 교훈』, 자유기업센터, 1989.

헤겔, 임석진 옮김, 『대논리학』, 지학사, 1988.

헤겔, 임석진 옮김, 『정신현상학』, 한길사, 2005.

홉스, 최공웅·최진원 옮김, 『리바이어던』, 동서문화사, 2009.

홍훈 외, 『경제의 교양을 읽는다』, 더난출판, 2009.

흄, 김성숙 옮김, 『인간이란 무엇인가 : 오성·정념·도덕 본성론』, 동서문화사, 2009.

힐퍼딩, 김수행·김진엽 옮김, 『금융자본론』, 비르투, 2011.

堂目卓生, 우경봉 옮김, 『지금 애덤 스미스를 다시 읽는다』, 동아시아, 2010.

大塚久雄, 조용범 옮김, 『사회과학의 방법과 인간론』, 풀빛, 1982.

大河内一男, 노태구 옮김, 『사회사상사』, 백산서당, 1982.

小泉明·宮澤健一 編, 『ケインズ一般理論研究』, 筑摩書房, 1970.

矢內原忠雄 編, 『古典學派の生成と展開』, 東京, 有翡閣, 1952.

鹽野谷祐一, 박영일 옮김, 『경제와 윤리』, 필맥, 2008.

越後和典, 공병호 옮김, 『경쟁과 독점 : 산업조직론 비판』, 자유기업센터, 1997.

平井俊彦·德永恂, 고영대 옮김, 『사회사상사』, 사계절, 1983.

ブローグ 久保芳和·眞實一男 譯, 『經濟理論の歷史』, 東京, 東洋經濟新報社, 1982.

Baransky, Z. G. & J. R. Short eds., *Developing Contemporary Marxism*, St. Martin's
  Press, New York, 1985.

Clough, S. B., *European Economic History*, McGraw Hill, 1968.

Landreth & Colander, *History of Economic Thought*, Houghton Mifflin, 1994.

집필진 소개 (가나다순)

장지용
경제학 박사/부산외국어대학교 경제학부 외래교수

정향교
경제학 박사/신라대학교 경제학부 초빙교수

조준현
경제학 박사/참사회경제교육연구소 소장

최성일
경제학 박사/한국해양대학교 국제통상학부 교수